let's make Korea happier

우리 모두가 추구하는 행복을 치밀하게 분석하며, 누구나 적용할 수 있는 방법으로 설득력 있게 써 내려간 책이다.

세르게이 브린(구글 공동 창업자)

행복의 반대말은 불행이 아니다. 불행과 행복은 손등과 손바닥의 관계와 같다. 자신이 불행하다고 생각하는 사람은 바로 이 책 속에서 행복을 찾고 느낄 수 있을 것이다. 세계가 부러워하는 구글X의 모 가댓이 들려주는 증언이다.

이어령 (재)한중일비교문화연구소 이사장

읽기 전에는 기대감으로, 읽는 중에는 공감으로, 읽고 나서는 감동에서 오는 행복을 다른 이에게 전해주고 싶어진다. 아들의 갑작스런 죽음이 오히려 삶의 균형을 찾게 해주었다 고백하는 저자의 행복 방정식에 귀 기울여 보시길. 죽기 전에 죽는 법을 배우는 것, 삶을 강처럼 흐르게 하는 것, 현재의 순간에 완전히 몰입하는 것, 자신의 무지를 깨닫는 겸손한 지혜가 곧 행복이라고 깨우쳐준다. 머릿속에만 서성이지 말고 바로 지금 여기에서 삶 자체를 객관적으로 바라보고 놀라워하는 법을 배워야만 행복해질 수 있음을 《행복을 풀다》에서 배우며, 우리 모두 좀 더 행복한 사람이 될 수 있기를.

이해인(수녀, 시인)

성공과 행복은 같은 궤도에 있지 않다. 저자는 세상에서 가장 잘 나가는 기업 구글, 그 안에서도 가장 성공한 사람이다. 이 세상이 깔아놓은 물질의 성공 궤도에서 최고속으로 달리고 있을 때, 그는 정지당했다. 사랑하던 아들의 죽음이 그를 멈춰 세웠다. 그 대가로 그는 비로소 성공의 궤도가 불행의 길이었음을 각성하고, 행복으로의 궤도 상승을 시도한다. 저자는 프로그래머답게 자기가 붕괴된 자리에서 행복 방정식을 세운다. 아들의 마지막 질문에서 시작된 방정식. "우리가 죽으면 어떤 일이 벌어질까?" 그는 죽음을 직면하고, 죽음이 삶의 끝이 아님을 간파하고, 통계와 수학, 물리학과 분자생물학 등을 동원하여 만물의 설계자와 그의 간섭을 입증한다. 바로 자신에게! 지금 여기 살아 있는 날의 행복 수식을 세운다. 행복=순간×(삶-필요한 소유 이상의 집착-부정적 생각)×몰입×환희×무조건! 그리고 이것이 만물을 창조한 설계자의 원초적 설계였다고 공언한다.

이주연(산마루교회 담임목사, 해맞이공동체 대표, 산마루서신 발행인)

인생은 언제나 사건 중심이 아니라 해석 중심이다. 일어난 사건 자체가 우리 인생을 바꾸는 것이 아니다. 이미 일어난 사건을 내가 해석하고 받아들이는 대로 정확히 인생은 풀려 나간다. 그런데 우리가 인생의 사건을 해석해 나가려면, 그 복잡하고 어려운 문제를 풀어 나가려면 반드시 빼야할 잘못된 변수들이 있고, 꼭 더해야 할 진리의 상수들이 있다. 이 책의 저자인 모 가댓은 공학자다운 집념과 과학자의 논리로 그 변수와 상수들을 찾아냈고 자신만의 '행복 방정식'을 완성했다. 그리고 그의 방정식은 우리 인생을 풀어가는 데도 많은 도움을 줄 수 있을 것이다.
김미경(강사, 《김미경의 인생美답》 저자)

자식을 잃은 슬픔을 극복하는 방법은 여러 가지다. 깊은 우울에 빠질 수도 있고, 세상을 원망하거나 운명을 비관할 수도, 떠난 아이를 추모하기 위한 행사를 만들 수도 있다. 구글X의 책임자이자 유명한 공학자인 저자는 아들 알리를 떠나보낸 후 행복을 측정할 수 있는 방정식을 만들었다. 행복은 질적이고 주관적인 것이지 객관적으로 평가하기 어려운 감정의 인식영역이라 여겨왔다. 그러나 저자는 성공한 덕후답게 방대한 지식을 바탕으로 행복은 양이 아니라 '자신이 원하는 방향으로 삶이 움직일 때' 느끼는 것이라 말한다. 지식, 통제, 시간과 연관한 6가지 환상, 7가지 대표적 심리적 맹점, 그리고 사랑, 죽음, 설계를 포함한 5가지 궁극적 진실을 통합하는 고차 방정식을 수립할 수 있다고 단언한다. 심리학자가 아닌 덕분에 기존 학문의 틀에 갇히지 않고, 본인의 경험에 기반해 공식을 만들어낸 것이 도리어 독창적이고 합리적으로 보인다. 지금 느끼는 마음의 행복을 측정해 보고 싶은 분들에게 권하고 싶다.
하지현(정신건강의학과 전문의, 《대한민국 마음 보고서》 저자)

생각이 나를 불행하게 만들고 생각이 나를 행복하게 만든다. 결국 행복은 선택이다. 저자는 생각을 바꾸고 연습을 하면 누구나 행복해질 수 있다는 행복 방정식을 직접 개발, 스스로 실천으로 입증하고 있다. 장성한 아들의 죽음이라는 인생 최대의 비극을 극복케 해준 저자의 행복 방정식이 여러분 인생의 나침반이 되리라 믿는다.
조영탁(휴넷 대표, 행복한 경영이야기 발행인)

"사람이 행복해지는 데 많은 것이 필요하지 않다." 대단한 성공을 거두었지만 행복과 거리가 멀었던 엔지니어의 '행복 탐구'의 결과물이다. 아들을 잃었던 참담한 경험이 그의 행복 제안을 더욱 값어치 있게 만들었다. 행복에 갈증을 느끼는 사람들이 일독할 만한 책이다.
공병호(공병호경영연구소 소장)

행복을 풀다　　　SOLVE FOR HAPPY

구글X 공학자가 찾은 삶과 죽음 너머 진실

행복을 풀다

모 가댓 지음 | **강주헌** 옮김

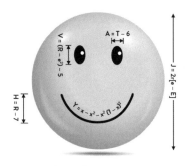

Solve for Happy

한국경제신문

전쟁의 심각성은
평화롭게 살아가는 사람들에게는
아무런 의미가 없다.

알리에게

아빠는 네가 어디에 있든지 행복할 거라고 확신한다.

SOLVE
FOR
HAPPY

C O N T E N T S

———

행복은 어디에 있을까

사랑하는 아들 알리가 죽음을 맞고 17일이 지났을 때부터 나는 글을 쓰기 시작했고 멈출 수가 없었다. 주제는 '행복'이었다. 당시 상황을 고려하면 좀처럼 어울리지 않는 주제였다.

알리는 정말 천사였다. 알리가 만지는 것은 무엇이든 더 좋아졌고, 알리를 만난 사람은 누구든 더 행복해졌다. 알리는 항상 온화했고 항상 행복했다. 생전의 알리를 만난 사람이라면, 알리의 긍정적인 에너지를 느끼지 못한 사람이 없을 것이고, 삶의 여정에서 마주한 모든 생명체를 정겹게 사랑하던 알리의 진정성을 느끼지 못한 사람이 없을 것이다. 따라서 알리가 우리 곁을 떠난 후로 우리는 불행하고, 심지어 우울할 수밖에 없었다. 그러나 알리가 이 땅을 떠났다고, 어떻게 그것이 내가 이 글을 쓰는 이유가 됐을까? 그 이유는 알리가 세상에 태어났을 때쯤, 어쩌면 그보다 훨씬 이전에 시작된 이야기였다.

나는 사회생활을 시작한 그날 이후로 엄청난 성공과 부를 거두었고, 그 결실로 크나큰 인정을 받았다. 그럼에도 불구하고 나는 불행이란 덫에서 벗어나지 못했다. IBM과 마이크로소프트 같은 거대 테크놀로지 기업에서 일하던 사회 초년병 시절에는 자기 만족감과 지적인 만족감을 얻었다. 물론 돈도 많이 벌었다. 하지만 물질적 풍요라는 축복이 더해질수록 행복의 수준은 점점 낮아져간다는 걸 깨달았다.

삶이 복잡해진 것 때문에만 행복이 멀어진 것은 아니었다. 누구나 짐작하듯이, 1990년대의 랩 노래처럼 "돈이 많아질수록 문제도 많아졌다." 심리적인 보상만이 아니라 금전적인 보상까지 누렸지만 삶에서 이떤 즐거움도 찾지 못한다는 게 문제였다. 내게 내려진 가장 큰 축복이던 가족마저도 내게 별다른 즐거움을 안겨주지 못했지만, 그 이유는 내가 가족의 사랑을 받아들이는 법을 몰랐기 때문이었다.

얄궂게도 새파랗게 젊었을 때는 삶의 목표를 찾으려고 발버둥 쳤고 돈벌이도 시원찮아 겨우겨우 살아갔지만 오히려 그때는 항상 행복했다. 그런데 1995년 우리 부부가 짐을 꾸려 두 아이를 데리고 두바이로 이주한 순간부터 모든 것이 변했다. 두바이는 경이로운 도시였다. 그곳의 너그러운 시민들, 즉 에미리트 사람들은 우리를 진정으로 편하게 대해줬다. 더욱이 우리가 그곳에 이주한 때는 두바이가 폭발적으로 성장하기 시작하던 무렵이었다. 따라서 일자리가 어디에나 널려 있고, 행복을 만끽할 방법, 적어도 행복하게 살려고 시도할 만한 방법이 무수히 제공되는 도시였다.

그러나 두바이는 초현실적인 도시로도 느껴졌다. 뜨거운 모래와 비취색 바닷물이 반짝이는 풍경을 배경으로 한 스카이라인은 초현대적인 사무용 건물들과 주거용 고층 건물들로 메워졌다. 수백만 달러를 호가하는 아파트를 구입하려고 세계 전역에서 부자들이 몰려들었다. 길거리에는 포르쉐와 페라리가 람보르기니, 벤틀리와 뒤섞이며 주차 공간을 다투었다. 이처럼 넘쳐흐르는 부의 집중에 눈앞이 어지러울 정도였지만, 이 모든 것과 비교할 때 정작 나는 무엇을 이루어냈는지 나 자신에게 묻지 않을 수 없었다.

우리 가족이 에미리트에 도착했을 때쯤, 나는 어마어마하게 부자인 친구와 나 자신을 비교하며 그때마다 좌절감에 빠지는 습관에 이미 길들어 있었다. 하지만 그런 좌절감에 위축되거나 은둔의 삶에 빠져들지는 않았다. 오히려 더 열심히 노력하는 계기로 삼았다. 어린 시절부터 강박적으로 책을 읽던 괴짜의 습관을 되살려냈다. 주식과 관련된 책을 산더미처럼 구입했고, 그때부터 주가의 흐름을 분석하는 방법을 전문가 수준까지, 심지어 어떤 주식 차트라도 그려낼 수 있는 기본적인 방정식까지 공부했다. 그렇게 공부하고 나자, 주식시장의 단기적인 변동을 전문가 못지않게 예측할 수 있었다. 그 후로, 나는 하루 일과를 마치면 미국에서 나스닥이 개장할 시간까지는 집에 들어와 수학적 재능을 활용해 '데이 트레이더(day trader)'로(정확히 말해, 내 경우에는 나이트 트레이더로) 활약하며 거액의 돈을 벌어들였다.

이런 이야기를 나에게 처음 듣는 것은 아니겠지만, 나는 돈이 많아질수록 이상하게도 더욱더 불행해졌다. 따라서 이런 노력이 머잖아 보상받을 것이고, 성공이라는 무지개 끝에 놓여 있는 황금 단지, 즉 행복을 만나게 될 거라는 잘못된 가정에 현혹돼 더 열심히 일하고 많은 장난감을 사 모았을 뿐이다. 결국 나는 심리학자들이 흔히 '쾌

락의 쳇바퀴(hedonic treadmill)'라고 칭하는 것에 올라탄 햄스터가 됐다. 그렇다! 우리는 많이 가질수록 더 많은 것을 원하게 되고, 뭔가를 얻으려고 노력할수록 더 열심히 노력할 핑곗거리를 찾게 된다.

어느 날 저녁, 나는 온라인에 접속해 두 번의 클릭으로 최고급 롤스로이스 두 대를 구입했다. 왜 그랬을까? 그럴 만한 경제적 여유가 있었기 때문이다. 또한 그렇게라도 내 영혼의 빈자리를 결사적으로 메우고 싶었기 때문이다. 당연한 말이겠지만, 고전적인 아름다움을 지닌 최고급 영국 자동차가 우리 집 앞 갓길에 세워졌을 때에도 내 기분은 조금도 나아지지 않았다.

당시를 되돌이보면, 나는 어울리기에 재밌는 사람이 아니었다. 내 업무는 마이크로소프트의 점유율을 아프리카와 중동 전역에 확대하는 것이었다. 누구나 쉽게 상상하겠지만, 그 때문에 나는 상당히 많은 시간을 비행기 안에서 보내야 했다. 게다가 끊임없이 더 많은 것을 욕심내는 삶의 습관에 길들여진 까닭에 나는 집에서도 안달하며 가족들을 친절하게 대할 수 없었다. 사랑하는 아내에게 고마움을 표현하지도 않았고, 착하고 선한 아들과 딸을 칭찬하는 여유도 갖지 못했다. 한마디로 단 하루도 마음껏 즐기지 못했다.

두 눈을 멀쩡하게 뜨고 있는 시간에는 뭔가에 쫓기는 듯 불안감에 시달렸고, 두 아이에게도 성과와 업적을 요구하며 꾸지람하기 일쑤였다. 나는 세상이 내 생각에 맞춰 돌아가게 만들려고 나 자신과 주변 사람들을 미친 듯이 몰아세웠다. 2001년쯤 나는 끝없는 자학과 공허감에 깊은 어둠에 매몰되고 말았다.

그즈음 이 문제를 더는 무시하고 넘어갈 수 없는 지경에 이르렀다. 거울 속에서 나를 바라보는 안달복달하는 불행한 사내는 나의 실제 모습이 아니었다. 두바이로 이주하기 전 항상 행복하고 낙천적이던 젊은 시절의 내가 그리웠고, 항상 피곤에 찌들어 침울하면서도 공격적으로 보이는 사내로서 살아가야 하는 삶이 지긋지긋했다. 마침내 나는 이런 불행을 반드시 떨쳐내야 할 도전거리로 받아들이기로 결정했다. 다시 광적인 독학자로 돌아가, 공학자의 분석력까지 더해서 불행에서 벗어나는 방법을 파헤치기 시작했다.

나는 이집트 카이로에서 어린 시절을 보냈다. 어머니가 영문학 교수였기 때문이었는지 나는 학교에 들어가기 전부터 책을 닥치는 대로 읽었다. 여덟 살부터는 해마다 집중할 주제를 결정하고, 그에 관련된 책을 내 용돈이 허용하는 범위 내에서 최대한으로 구입했다. 그러고는 모든 책을 한 단어도 빠짐없이 읽으며 한 해를 보냈다. 이런 강박적 집요함 때문에 나는 친구들에게 놀림감이 되기 일쑤였지만, 이런 습관은 내가 도전거리로 삼은 목표를 성취하는 방법이기도 했다. 따라서 삶이 고단해질 때마다 나는 책을 읽으며 뭔가를 배웠다.

이를테면 목공과 모자이크, 기타 연주와 독일어를 순전히 독학으로 터득했다. 특수 상대성 이론도 책을 통해 집요하게 파고들었고, 게임 이론과 수학도 이런 식으로 공부했다. 고도로 복잡한 컴퓨터 프로그래밍을 개발하는 방법도 마찬가지였다. 초등학교 시절부터, 그 후로 10대에도 나는 그야말로 일편단심으로 책을 친구로 삼았다. 나이가 좀 든 후에는 클래식 자동차 복원, 요리, 초현실주의적 목탄화에 열정을 쏟았다. 기업 경영, 금융과 경제 및 투자에 관련된 능력도 나는 주로 책을 통해 합리적인 수준에 도달했다.

주변 상황이 힘들어지면 우리는 자신의 생각에 가장 잘하는 것에 집중하려는 경향을 띤다. 내 경우에도 힘든 상황이 닥치면 곤경과 관련된 책들을 집중적으로 읽었다. 이번에는 행복이란 주제를 다룬 책을 닥치는 대로 구입했고, 눈에 띄는 모든 강연에 참석했으며, 모든 다큐멘터리를 시청했다. 그다음에는 그런 학습을 통해 배운 모든 것을 열심히 분석했다. 그러나 행복에 관련된 책을 쓰고 이런저런 실험을 행하며, '행복 탐구(happiness research)'를 뜨겁고 인기 있는 학문으로 올려놓은 심리학자들과 같은 관점에서 행복이란 주제에 접근하지는 않았다. 물론, 문명이 시작된 이후로 인간의 행복이라는 문제와 씨름해온 철학자와 신학자의 방법론을 따르지도 않았다.

나는 행복이란 주제를 계속 연구하는 동시에, 행복이란 문제를 최소 구성단위로 분해하며 공학적 분석법을 적용했다. 또한 내가 채택한 접근법은 사실에 기초한 까닭에 계량화할 수 있고 재사용할 수 있는 것이었다. 당연한 말이겠지만, 나는 책에서 무조건 실행하라고 가르치는 방법론에 의문을 제기했고, 변수의 적합성을 테스트했다. 또한 입력되는 모든 정보의 타당성을 면밀히 조사하며, 원하는 결과를 끌어낼 만한 알고리즘을 만들어내려고 애썼다. 소프트웨어 개발자답게 나는 내 삶에 반복해 적용하며 매번 예상대로 행복을 전달할 수 있는 코드를 찾아내겠다는 목표를 세웠다.

영화 〈스타 트렉〉의 미스터 스포크가 무색할 정도의 합리적인 노력이 있었지만, 행복의 문제를 해결하는 데 필요한 진정한 실마리를 처음 찾은 때는 이상하게도 어머니와 무심히 대화하는 동안이었다.

어머니는 항상 나에게 열심히 노력하고 금전적 성공을 무엇보다 우선시하라고 가르쳤고, "한 해 동안 먹는 것을 절약하고, 또 한 해 동안 입는 것을 절약하면 평생 행복할 것이다"라고 대략 번역되는 아랍 속담을 귀에 딱지가 앉을 정도로 들먹이던 분이었다. 어렸을 때는 그 조언을 신실한 마음으로 따랐다. 한눈팔지 않고 일했고 열심히 저축했고, 성공이란 꿈도 이뤘다. 요컨대, 방정식에서 내가 할 몫은 충실히 해냈다. 그래서 어느 날 나는 어머니에게 이렇게 물었다. "내가 당연히 요구할 권리가 있는 행복은 대체 어디에 있을까요?"

그 대화를 하는 동안, 행복은 노력한 후에 그 결실로서 기다리는 것이 아니라는 사실을 문득 깨달았다. 한마디로 행복은 노력한 대가로 얻어지는 게 아니었다. 게다가 행복은 외적인 조건에 의해 결정되는 것도 아니었다. 직업의 성공과 순자산의 증가만큼이나 변덕스럽고 덧없는 주변 환경과는 더더욱 관계가 없는 것이었다. 그때까지 내 삶은 성공과 승진의 연속이었다. 그러나 그 경쟁터에서 목표를 향해 접근해갈 때마다 목표라는 골대는 한 걸음 더 뒤로 물러섰다.

내가 이것을 하거나 저것을 얻는다고, 또는 이것을 벤치마킹하면 곧바로 행복해질 것이라는 생각을 고수하는 한 결코 행복해질 수 없다는 걸 깨달았다.

대수학에서는 방정식이 많은 방법으로 해결될 수 있다. 이를테면 $A=B+C$라면 $B=A-C$다. 여기에서 A의 값을 찾아내고 싶으면, B와 C라는 두 매개변수의 값을 찾아내야 한다. 한편, B의 값을 찾아내려면 다른 조치를 취해야 한다. 요점을 말하자면, 우리가 값을 찾아내려는 매개변수가 무엇이냐에 따라 해법에 접근하는 방법이 크게 달라진다. **행복을 위한 해법**을 결정할 때도 마찬가지였다.

어머니와 대화하는 동안, 그때까지 내가 엉뚱한 문제를 해결하려고 발버둥 쳤다는 걸 조금씩 깨닫기 시작했다. 물질적 풍요와 사회적 지위를 높이려고 노력하면, 그 노력의 결실로써 행복이 '궁극적으로' 찾아오는 것이라 믿었던 게 사실이었다. 하지만 정작 나에게 필요했던 대책은 중간 단계를 건너뛰고 행복 자체를 공략하는 것이었다.

행복의 해법을 찾으려는 내 여정은 거의 10년이 걸렸지만, 언제라도 재사용할 수 있는 단순한 행복 방정식을 개발하고 깔끔하게 정리한 때는 2010년쯤이었다. 그 방정식이 완벽하게 맞아떨어지도록 유지하는 방법을 알아낸 때도 그즈음이었다.

나는 그렇게 개발한 시스템을 테스트하며 점검했고, 다행히 그 시스템은 효과가 있었다. 계약 실패에서 비롯되는 스트레스, 공항 보안 검색대 뒤로 길게 늘어선 줄, 불친절한 세관 서비스 등은 내 행복을 조금도 줄이지 못했다. 남편과 아버지로서, 아들로서, 친구와 직원으로서 살아가는 일상의 삶에는 필연적으로 부침이 있을 수밖에 없었다. 좋은 날이든 나쁜 날이든, 또는 좋은 순간과 나쁜 순간이 뒤범벅된 날에도 나는 롤러코스터 같은 삶 자체를 즐길 수 있었다.

마침내 나는 행복을 되찾겠다고 노력하기 시작할 때 목표로 삼은 수준의 '행복한 사람'으로 되돌아갔고, 그 상태를 한참 동안 유지했다. 나는 그 정확한 방법을 많은 친구들에게도 알려주었다. 내 '행복 방정식'은 그들에게도 효과가 있었고, 그들의 피드백 덕분에 행복 방정식을 더욱 정교하게 다듬을 수 있었다. 피드백과 수정은 반드시 필요한 과정이었지만, 당시에는 그 과정이 나에게 얼마나 소중한 것인지 전혀 알지 못했다.

내 아버지는 저명한 토목공학자였고, 남달리 친절한 분이었다. 나는 처음부터 컴퓨터공학에 관심이 많았지만, 순전히 아버지를 즐겁게 해주려고 토목공학을 공부하기도 했다. 아버지의 가르침대로 학교 밖의 세계는 학습이 끊임없이 이루어지는 공간이기 때문에, 나는 학교 교육에 크게 도움이 되는 분야만을 독학으로 공부한 것은 아니었다. 나는 중등학교에 입학한 이후로 방학을 맞으면, 아버지의 권유에 따라 가능하면 외국에서 방학을 보냈다. 처음에는 나에게 그런 소중한 경험을 쌓게 해주려고 아버지가 푼돈까지 짜냈지만, 나중에는 내가 아르바이트를 해서 여행 경비를 내 힘으로 조금이나마 보탰다. 물론 아버지는 내가 여행하며 방문할 만한 친구나 가족에게 미리 연락해두기도 했다. 그야말로 살아 있는 세계를 만나는 무척 소중한 경험이었던 까닭에, 내 자식들에게도 비슷한 경험을 제공하겠다고 맹세했다.

행운이 함께했던지 나는 대학에서 최고로 축복받은 학창 시절을 보냈다. 니발이라는 이지적이고 매력적인 여인을 알게 된 덕분이었다. 그녀가 대학을 졸업하고 한 달 후, 우리는 결혼했다. 그로부터 1년 후, 그녀는 움 알리, 즉 알리의 엄마☺가 됐다. 중동에서는 첫아이를 낳은 여인을 그렇게 불렀다. 다시 18개월 후에는 우리 딸 아야가 태어나 우리 가족의 햇살이 됐고, 활력을 북돋워주는 강력한 힘이 됐다. 내 삶에 니발과 알리와 아야가 차례로 찾아왔다. 내 행운은 한이 없는 듯했다. 가족을 향한 사랑 때문에 나는 더욱 열심히 일했고,

맹렬히 돌진하는 코뿔소처럼 삶의 도전거리를 기꺼이 받아들였다. 그들에게 최고의 삶을 안겨주고 싶었으니까!

2007년 나는 구글에 입사했다. 구글은 눈부신 성공을 거두었지만, 당시 범세계적인 성장이 한계에 부딪친 상태였다. 따라서 내 역할은 구글의 영향력을 동유럽과 중동과 아프리카로 확대하는 것이었다. 6년 후에는 구글 X(Google X: 지금은 X로 알려진 독립된 자회사)로 옮겼고, 결국 신규 사업 개발 총책임자(chief business officer, CBO)가 됐다. 세상의 일반적인 흐름과 달리, X는 점진적 개선을 이루려고 안달하지 않는다. 그 대신, 세상의 존재 방식을 뒤바꿔놓을 만한 새로운 테크놀로지를 개발하려고 노력한다. 우리 목표는 10배(10X)의 개선, 즉 혁명적인 개선을 추구한다. 따라서 공중 풍력 터빈으로 기능하는 탄소섬유 무인 비행기, 콘택트렌즈에 삽입돼 심리적 자료를 수집하고 무선으로 다른 컴퓨터들과 통신하는 초소형 컴퓨터, 인터넷 서비스를 산간벽촌의 인류에게도 제공하기 위해 텔레콤 테크놀로지를 성층권까지 옮기는 열기구 등과 같이 과학 소설에나 등장할 법한 아이디어를 연구한다. X에서는 이런 혁신적인 아이디어를 '문샷(moonshot)'이라고 일컫는다.

기존에 존재하는 것을 적당히 개선하는 게 목표라면, 과거의 테크놀로지가 근거로 삼았던 도구와 가설로 작업해도 충분하다. 사고방식을 구태여 바꿀 필요도 없다. 그러나 10배로 혁신적인 개선을 목표로 삼는다면, '빈 서판(blank slate)'에서 시작해야 한다. 혁신적인 아이디어, 즉 문샷에 몰두하면, 제품보다 문제 자체와 사랑에 빠지게 된다. 따라서 목표를 성취할 능력이 자신에게 있는지 따져보지도 않고 목표에 집중하고 몰두한다. 목표를 대담하게 설정하라! 예를 들면, 자동차 산업은 지난 수십 년 동안 안전에 주력해왔다. 따라서 전통적인 설계, 즉 1900년대 초부터 사용된 설계에 개선 사항을 덧붙임으로써 자동차 산업이 꾸준히 점진적으로 향상된 것은 사실이다. 그러나 X의 접근법은 다르다. 우리는 "도대체 왜 사고가 일어나는 가?"라는 의문을 제기하는 것으로 시작해, 그때부터 '자율주행 자동차'라는 문샷에 전념하게 됐다.

그사이에도 내 행복 방정식은 원만하게 작동했다. 새로운 미래를 만들어가는 데 필요한 내 역할을 해낸 덕분에 회사 생활도 즐겁기 그지없었다. 아들과 딸은 무럭무럭 성장하며 날마다 새로운 것을 배웠고, 아버지의 가르침을 본받아 해마다 여름이면 두 녀석에게 새로운 땅을 여행할 기회를 주었다. 알리와 아야는 전 세계에 걸쳐 친구들을 두었고, 우리는 녀석들이 어디에 있는지 항상 찾아 헤매야 했다.

2014년 알리는 보스턴의 노스이스턴대학교에 재학 중이었다. 그 해 알리는 북아메리카를 횡단하는 여행 계획을 우리에게 일찌감치 알려뒀기 때문에 우리는 알리가 평소처럼 두바이의 집에 오리라고는 전혀 기대하지 않았다. 그런데 그해 5월, 알리가 전화를 걸어 고향 집이 그립다며 여행을 시작하기 전에 우리와 함께 며칠을 보내겠다고 말했을 때 나는 무척 기뻤다. 알리가 어떤 이유로 절박감을 느꼈는지 모르겠지만, 알리는 학기가 끝나자마자 비행기를 탈 수 있도록 비행기 표를 예약해달라고 부탁했다. 방학이 시작되면 아야도 고향에 돌아올 예정이었기 때문에 니발과 나는 정말 황홀할 정도로 행복했다. 우리 부부는 아들과 딸을 맞이할 온갖 준비를 끝내고, 7월에

온 가족이 함께 모이는 즐거움을 목이 빠지게 기다렸다.

두바이에 도착하고 나흘 후, 알리가 갑자기 복통을 호소했다. 알리는 지역 종합병원에 입원했고, 의사들은 일반적인 맹장염으로 진단했다. 그래서 나는 걱정하지 않았다. 오히려 알리가 집에 와 있는 동안 그런 일이 닥쳐 우리가 돌볼 수 있어 다행이라고 안도했다. 내가 상상한 대로 방학의 시간이 흘러가지는 않았지만, 틀어진 계획에 부응하는 건 그다지 어렵지 않았다.

알리는 수술대에 누웠고, 수술하는 동안 배 속을 팽창시켜 공간을 확보할 목적으로 이산화탄소를 불어넣는 주사기가 삽입됐다. 하지만 주삿바늘이 약간 옆으로 밀려나며 알리의 넙다리동맥에 구멍을 내고 말았다. 넙다리동맥은 심장에서부터 피를 운반하는 주된 혈관 중 하나다. 따라서 상황이 급속히 악화됐다. 소중한 시간이 지나간 후에야 그런 엄청난 실수가 있었다는 걸 깨닫기도 했지만, 그 후에 잇달아 발생한 일련의 실수들이 치명적인 결과로 이어졌다. 수술대에 누운 지 몇 시간 만에 내 사랑하는 아들은 하늘나라로 떠나고 말았다.

니발과 아야, 그리고 내가 엄청난 사태를 제대로 인식하기도 전에 친구들이 몰려왔다. 우리 삶에 느닷없이 닥친 사고, 우리 삶을 순식간에 바꿔놓은 사건을 어떻게든 이해하려고 몸부림하는 동안, 친구들은 우리가 현실적인 문제를 해결하도록 아낌없이 도움을 주었다.

자식을 잃은 슬픔은 인간이 가장 견뎌내기 힘든 슬픔이라고들 한다. 하기야 자식을 잃은 부모치고 뼛속까지 흔들리지 않을 사람이 있겠는가. 삶의 황금기를 맞은 알리였는데! 그런 알리를 잃은 슬픔은 더더욱 견디기 힘들었다. 충분히 예방할 수 있었던 인간의 실수로 허무하게 알리를 잃었다는 분노는 정말 삭이기 힘들었다.

그러나 나에게는 알리가 아들을 떠나 가장 좋은 친구였던 까닭에 상실감은 이루 말할 수 없이 컸다. 알리는 내가 상당히 젊었을 때 태어났고, 그래서 나는 우리 둘이 함께 커가는 기분이었다. 우리는 함께 비디오 게임을 했고, 함께 음악을 들었으며, 함께 책을 읽었고, 함께 즐겁게 웃었다. 대학교에 입학한 열여덟 살의 알리는 내가 알고 있던 많은 청년보다 훨씬 똑똑하고 현명했다. 알리는 나에게 든든한 지원군이었고, 속내도 털어놓을 수 있는 친구였다. 그만큼 나는 때때로 **'내가 옛날로 돌아간다면 알리처럼 되고 싶다'** 라는 생각에 젖기도 했다.

모든 부모가 자신의 자식을 예외적인 존재로 생각하겠지만, 솔직히 나 자신도 마찬가지였다. 나는 정말 알리가 특별한 아이라고 굳게 믿었다. 알리가 우리 곁을 떠났을 때 우리는 세계 각지에서 수백 명으로부터 스물한 살의 알리가 자신들의 삶을 어떻게 바꿔놓았는지 설명하는 메시지를 받았다. 10대의 청소년들이 보낸 메시지도 있었고, 70대 노인들로부터도 메시지를 받았다. 알리가 그토록 많은 사람의 삶에 감동을 주는 지혜와 시간을 어떻게 가졌던 것일까? 이 의문은 앞으로도 영원히 풀지 못하겠지만, 알리는 평화와 행복과 친절의 역할 모델이었다. 알리에게는 주변 사람들의 마음을 움직이는 존재감이 있었다. 언젠가 나는 알리가 여자 노숙자 옆에 앉아 한참 동안 이야기를 나누는 걸 멀리에서 지켜본 적이 있었다. 알리는 여자 노숙자를 어엿한 인간으로 대접해주었고, 결국에는 주머니를 탈탈

털어 갖고 있던 모든 것을 그녀에게 주었다. 알리가 일어서 자리를 떠나자, 그녀가 황급히 알리에게로 달려왔다. 그러고는 자루 속에 손을 깊숙이 집어넣고 뭔가를 찾기 시작했고, 십중팔구 그녀가 가장 소중하게 생각했을 물건을 알리에게 주었다. 아직 사용하지 않은 핸드크림이 담긴 작은 플라스틱 통이었다. 그 선물은 알리에게 가장 소중한 보물이 됐고, 이제는 우리가 가장 아끼는 보물이 됐다.

의료 과실로 나는 눈 깜박할 사이에 아들을 잃었다. 그때까지 내가 행복에 대해 배웠던 모든 것이 시험대에 올려졌다. 나 자신과 가족을 깊고 깊은 우울감에서 구해낼 수 있다면 그것만으로도 대성공이라고 할 수 있을 것 같았다.

그러나 우리는 그 이상의 성과를 거두었다.

알리가 급작스레 우리 곁을 떠난 후, 알리의 엄마와 나는 물론이고 우리 딸도 말로 표현할 수 없는 슬픔과 싸워야 했다. 물론 알리를 잃었다는 상실감은 지금도 여전하고, 알리가 더는 우리를 껴안아주지 못하며 우리와 정겨운 대화를 나누지도, 비디오 게임을 즐기지도 못한다고 생각하면 눈물이 앞을 가린다. 이런 심적 고통을 느낄 때마다 우리는 알리를 추념하며, 녀석이 하늘나라에서 편안히 지내기를 기원한다. 하지만 놀랍게도 우리는 변함없이 평온한 마음 상태를 유지할 수 있었고, 심지어 행복감을 느끼기도 했다. 슬픈 날도 있지만 그렇다고 고통에 시달리지는 않는다. 우리 마음은 만족스럽고, 즐거움으로 충만하기도 하다.

쉽게 말하면, 행복 방정식이 극단적인 슬픔에 빠진 우리 가족에게도 여지없이 들어맞았다는 뜻이다. 알리의 죽음으로 극심한 슬픔에 신음하던 순간에도 우리는 분노하거나 삶을 원망하지 않았다. 버림받았다는 서러움도 없었고 우울증에 빠지지도 않았다. 우리는 상상할 수 있는 최악의 사건마저도 알리처럼 편안히 이겨냈다.

알리의 장례식 날에는 수백 명의 조문객이 우리 집을 찾아와 조의를 표했고, 집 밖에서도 수많은 사람이 43도가 넘는 두바이의 뜨거운 여름 햇살을 견디며 조문할 차례를 기다렸다. 그들은 조문을 끝내고도 떠나지 않았다. 알리가 이 땅에 있는 동안 세상에 뿌렸던 행복으로 가득한 이례적인 장례식이었다. 사람들은 눈물을 흘리며 찾아왔지만, 긍정적인 에너지로 가득한 장례 행사에 뒤섞였다. 그들은 우리 품에 안겨 울었지만, 우리와 대화를 나누며 우리가 행복 모델에 영향을 받아 알리의 죽음을 어떻게 받아들이는지 알게 되면 눈물을 그쳤다. 그러고는 집 안을 돌아다니며 모든 벽에 걸린 수백 장에 이르는 알리의 사진을 보았고, 항상 함박웃음을 짓고 있는 알리의 모습에 경탄했다. 또한 곳곳의 탁자마다 놓인 알리가 좋아하던 간식거리를 맛보거나, 알리의 유품을 집어 들고서 알리가 자신들에게 주었던 행복한 기억을 떠올리기도 했다.

장례식이었지만 사랑과 긍정적인 기운이 가득한 분위기였고, 포옹과 미소가 끊이지 않았다. 그날이 장례일이란 걸 모르는 사람이라면, 결혼이나 졸업을 맞아 친구들이 즐겁게 모인 날이라고 생각했을 것이다. 그처럼 고통스런 상황에서도 알리의 긍정적인 에너지가 우리 집을 가득 채웠던 것이다.

장례식을 끝내고 며칠 후, 나는 '알리라면 이런 상황에서 무엇을 했을까? 라는 생각에 몰두하고 있었다. 우리는 곤란한 상황에 부딪치면 습관적으로 알리에게 조언을 구했지만 이제는 알리가 곁에 없었다. 나는 알리가 어떻게 대답할지 알고 있었다. 그래도 "알리야, 너를 잃은 상실감을 아빠가 어떻게 극복해야 할까?"라고 결사적으로 묻고 싶었다. 물론 알리는 "할라스 야 파파(이제 끝났어요, 아빠). 나는 이미 죽었다고요. 아빠가 어떻게 해도 이 상황을 바꿀 수 없어요. 그러니까 이 상황을 최선의 방향으로 이용하세요."라고 대답할 게 뻔했다. 알리의 대답을 찾아 조용히 묵상하는 순간에는 알리가 이렇게 말하는 목소리 말고는 다른 어떤 목소리도 내 귀에 들리지 않았다.

그래서 알리가 세상을 떠나고 17일 후부터 나는 글을 쓰기 시작했다. 알리의 조언을 받아들여 긍정적인 뭔가를 하기로 결심했다. 구체적으로 말하면, 세상 곳곳에서 쓸데없이 고통에 시달리는 사람들에게 우리의 행복 모델을 알려주기로 마음먹었다. 그로부터 4개월 반 후 나는 고개를 들었고, 그렇게 초고가 완성됐다.

나는 수도원에 은거하는 수도자도 아니고, 현자(賢者)도 아니다. 날마다 일터에 나가 회의하며 싸우고 온갖 실수를 저지른다. 때로는 내가 사랑하는 사람들에게 상처를 주는 중대한 실수도 저지르고, 그 때문에 깊은 슬픔에 빠지기도 한다. 물론 나도 항상 행복한 것은 전혀 아니다. 그러나 내가 찾아낸 행복 모델은 효과가 있었다. 그 행복 모델 덕분에 우리는 슬픔을 견뎌낼 수 있었고, 알리는 자신의 삶을 통해 그 행복 모델의 효과를 입증해 보였다. 내가 이 책에서 전하려는 것도 바로 그 행복 모델이다.

내 바람이 있다면, 알리의 메시지, 즉 알리가 세상을 살아가던 방법을 세상에 알림으로써 알리를 추념하는 동시에 알리의 유산을 이어가는 것이다. 나는 이 메시지의 확산으로 기대할 수 있는 긍정적인 영향을 상상해보았고, 내가 세계적인 기업의 고위직으로 일하는 데도 충분한 이유가 있는 게 아닐까 생각해보았다. 따라서 나는 1,000만 명을 더 행복하게 해주겠다는 야심적인 임무를 스스로 떠안았다. 이 '1,000만 명 행복 프로젝트(#10millionhappy)'에 여러분도 동참해주기를 바란다. 그럼 우리 힘으로 '알리의 행복'이라는 전염병을 소규모로나마 세계에 확산시킬 수 있을 테니까.

알리의 죽음은 내가 전혀 예상하지 못한 뜻밖의 충격이었다. 그러나 돌이켜 보면 알리는 어떻게든 자신의 죽음을 예감했던 것 같다. 예기치 않은 죽음을 맞기 이틀 전, 알리는 산전수전을 다 겪은 할아버지처럼 우리 모두를 앉혀놓고는 중요한 할 이야기가 있다고 말했다. 알리는 자식이 부모에게 충고나 조언을 한다는 게 이상하다는 걸 알고 있지만, 꼭 그렇게 해야만 할 것 같다고 솔직히 말했다. 평소에 알리는 말이 없는 편이었다. 하지만 그날 알리는 일부러 시간을 냈고, 니발과 아야와 나에게 어떤 면을 가장 사랑하는지에 대해 장황하게 말했다. 그러고는 우리가 자신의 삶에 기여한 몫에 대해 깊이 감사한다고도 덧붙였다. 알리의 그런 칭찬에 우리는 마음이 훈훈해졌다. 그리고 알리는 우리 한 명 한 명에게 특별한 것을 해달라고 부탁했다.

알리는 나에게 이렇게 부탁했다. "아빠, 일을 절대 그만두지 마세요. 우리 세상을 계속 바꿔주세요. 아빠의 마음을 지금보다 더 자주 믿으세요. 아빠가 여기에서 맡은 역할은 아직 끝나지 않았어요." 알리는 말을 잠시 멈추고, '하지만 내 일은 이제 끝났어요' 라고 말하는 것처럼 의자에 기대앉으며 덧붙였다. "이상이에요. 더 할 말은 없어요."

이 책은 알리가 나에게 부여한 임무를 이행하기 위한 첫걸음이다. 내가 살아 있는 동안은 온 세상을 행복하게 만들려고 노력하는 게 알리를 위한 내 개인적인 임무이자 문샷이기 때문이다.

1부

행복을 찾다

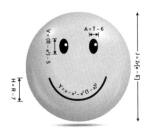

현대 세계에서 행복은 온갖 허황된 신화로 둘러싸여 있다. 행복이 무엇이고, 행복을 어디에서 찾을 수 있느냐에 대해 우리가 알고 있는 지식의 대부분은 왜곡된 것이다. 우리가 무엇을 찾고 있는지 안다면, 그것을 찾아가는 과정이 한결 쉬워진다. 과거의 습관을 떨쳐내는 데 상당한 시간이 걸릴 수 있지만, 행복을 찾아가는 길을 고수한다면 행복이라는 종착역에 반드시 도달할 수 있다.

1장

—

행복 방정식

물질적 풍요, 키, 성별, 나이 등의 차이는 중요하지 않다. 고향이 어디고, 생계를 위해 어떤 일을 하며, 어떤 언어를 사용하고, 지금까지 어떤 비극을 겪어보았는지도 중요하지 않다. 요컨대, 지금 어디에 있고 어떤 일을 하더라도 **누구나 행복하기를 원할 수 있다.** 행복은 내일 아침에 무사히 눈을 뜨기를 원하는 욕망만큼이나 인간의 기본적인 욕구다.

삶의 우여곡절이 완벽하게 맞아떨어지며 모든 것이 제대로 돌아가는 듯싶을 때 느끼는 환희, 즉 한없이 즐거운 감정이 행복이다. 진정한 행복감이 마음속에서 쉴 새 없이 깜박이면 머릿속에서도 기분 좋은 생각만이 떠오르기 마련이다. 시간이 멈추고 현재의 순간이 영원히 지속돼도 상관없을 것만 같다.

우리가 삶을 위해 어떤 일을 하든지 간에 궁극적으로는 행복이라는 감정을 찾아내고 그 감정을 영원히 지속하려는 시도다. 어떤 사람은 그런 감정을 연애에서 찾고, 어떤 사람은 물질적 풍요나 명성에서 행복을 찾는다. 한편, 목표를 이루어내는 성취감을 통해 행복을 추구하는 사람도 적지 않다. 하지만 사랑받기를 원하는 사람, 세상을 여행하는 사람, 돈으로 살 수 있는 것이면 무엇이든 덥석 사는 사람, 온갖 사치품에 탐닉하는 사람, 흔히 행복이라고 일컬어지는 만족감과 마음의 평화라는 까다롭기 그지없는 목표를 열망하는 사람도 있다.

이처럼 기본적인 감정을 찾는 게 그토록 어려운 이유가 어디에 있는 것일까?

사실은 그렇지 않다. 거듭 말하자면, 행복이라는 감정을 찾는 건 그다지 어렵지 않다. **우리가 엉뚱한 곳에서 행복을 찾아 헤매고 있을 뿐이다.**

우리는 행복을 궁극적으로 도달해야 할 목적지라 생각한다. 하지만 그 목적지라는 곳이 실제로는 우리 모두가 시작하는 곳이다.

열쇠를 찾아 온갖 곳을 뒤적거렸는데 나중에야 열쇠가 당신 주머니에 쭉 있었다는 걸 깨달았던 적이 없었는가? 당신은 열쇠를 찾으려고 책상 위의 모든 것을 치웠고, 소파 밑을 뒤졌을 것이다. 행방불명된 열쇠를 찾으려고 안달하는 시간이 길어질수록 불만감과 좌절감은 더욱 깊어졌을 것이다. 행복을 '엉뚱한 곳'에서 찾으려고 발버둥 칠 때도 다를 게 없다. 행복은 언제나 그 자리, 우리 안에 있다. 인간이란 존재가 애초부터 그렇게 설계돼 있기 때문이다.

인간의 초기 상태

컴퓨터나 스마트폰, 그 밖의 기계 장치를 자세히 살펴보라. 모든 장치는 설계자와 프로그래머가 미리 설정해놓은 상태로 출하된다. 예를 들어, 화면의 밝기, 사용자 접속 언어 등이 미리 설정된다. 설계자가 최적이라고 생각하는 상태로 설정돼 공장에서 갓 생산된 장치는 '초기 상태(default state)'에 있다고 일컬어진다.

요컨대, 인간의 초기 상태는 행복이다.

내 말이 믿기지 않으면, 공장에서 갓 생산된 인간, 즉 갓난아이나 젖먹이와 잠시 함께 보내보라. 어린 인간이 가동되는 단계에서는 수없이 울고 수선을 떨지만, 대부분의 기본적인 욕구가 채워지면, 이를테면 배고픔과 두려움이 해소되고, 돌봐주는 사람이 옆에 있고, 신체적 고통 없이 잠을 편하게 자면 갓난아이는 완벽하게 행복한 상태에서 살아가는 게 사실이다. 따라서 고통에 찌든 세상에서도 아이들은 작은 돌멩이를 장난감으로 여기고, 쪼개진 플라스틱 조각을 멋진 스포츠카의 핸들이라고 생각하며 신나게 시간을 보낸다. 아이들은 가축우리 같은 집에서 생활하더라도 먹을 것이 있고 약간의 안전이 보장되면 환한 웃음을 터뜨리며 사방을 뛰어다닌다. 전쟁이나 자연재해로 수천 명이 피신한 난민촌의 취재 보도에서도 카메라 앞의 성인들은 한결같이 음울해 보이지만, 카메라 뒤에서는 아이들이 넝마 뭉치를 공 삼아 축구하며 깔깔대는 소리가 들린다.

그러나 어린아이에게만 초기 상태가 허락되는 건 아니다. 이런 초기 상태는 성인인 우리에게도 적용된다.

당신의 경험을 돌이켜 생각해보라. 짜증나는 것도 없고, 걱정스러운 것도 없고, 마음을 어지럽히는 사건도 없던 때를 기억에 떠올려보라. 그때 당신은 행복했고 평온했으며 느긋했다. 달리 말하면, 행복하기 위해서 굳이 행복해야 할 '이유'가 필요한 것은 아니라는 뜻이다. 당신이 응원하는 팀이 월드컵 경기에서 우승해야 할 필요도 없다. 몇 단계를 단번에 승진하거나 멋진 상대와 뜨거운 데이트를 하거나 헬리콥터 착륙장까지 갖춘 초대형 요트를 가져야 할 필요도 없다. 당신에게 필요한 것은, '불행할' 이유를 갖지 않는 것이다. 다른 식으로 말하면,

기억하라!

→ 행복은 불행이 없는 상태다.

이런 휴지 상태, 즉 모든 것이 중지된 상태에서는 불필요한 걱정거리가 끼어들어 문제를 복잡하고 까다롭게 만들지 않는다.

기억하라!

→ 행복은 '우리'의 초기 상태다.

우리는 프로그래밍된 장치를 사용할 때 간혹 초기 설정 상태를 바꾼다. 그런데 애초의 의도와 달리, 그 결과로 몇몇 기능이 훨씬 사용하기 어려워진다. 예를 들어, 인터넷에 빈번하게 연결되는 애플리케이션을 설치하면, 배터리 수명이 줄어든다. 악성코드를 엉겁결에 다운로드하면 모든 것이 잘못되기 시작한다. 인간에게 기본적으로 설정된 행복이라는 초기 상태도 마찬가지다. 시간이 지남에 따라 부모의 압력과 사회의 압력, 신앙 체계와 부당한 요구 등이 초기 상태에

겹쳐 쓰인다. 요람에서 행복하게 옹알거리고 발가락을 꼼지락거리며 시작한 '당신'은 밀물처럼 밀려드는 오해와 착각에 휩싸인다. 행복은 매일 아침 당신이 눈뜨면 당신을 위해 그 자리에 존재하는 것이 아니라, 당신이 애타게 찾지만 좀처럼 손에 넣을 수 없는 신비로운 목표가 된다.

행복이 무엇인지 머릿속으로 그려보면, 불행한 때는 착각과 사회적 압력과 잘못된 신념으로 채워진 바윗덩어리들에 깔려 있는 기분과 비슷하다. 행복에 도달하려면 이 바윗덩어리들을 하나씩 걷어내고 가장 기본적인 믿음의 상태로 되돌아가야 한다.

착각,
사회적 압력,
잘못된 신념

행복한 당신

기술지원팀에서 근무한 사람이면 누구나 알겠지만, 기계 장치를 올바른 상태로 되돌리기 위한 첫 단계는 공장에서 출하될 때의 상태로 돌려놓는 것이다. 하지만 일반적 기계 장치와 달리, 우리 인간에게는 리셋 버튼이 없다. 그 대신 우리에게는 지난 과정에서 잘못된 것의 나쁜 영향을 버리고 뒤집는 능력이 있다.

리셋

행복을 얻으려면, 다시 말해 행복이라는 목표를 성취하려면 외부에서 행복을 찾아야 한다는 생각이 어떻게 우리 머릿속에 심어졌을까? 행복은 우리 삶을 아주 잠깐 동안만 스치고 지나가는 것이란 끔찍하게 잘못된 생각을 어떻게 우리가 받아들였을까? 대체 우리는 행복이란 생득권을 어떻게 놓쳐버린 것일까?

놀랍게 들리겠지만, '행복은 외부에서 찾아야 하는 것'이라고 **교육받았기 때문일 것이다.**

행복을 위한 해법

내가 귀에 딱지가 앉을 정도로 어머니에게 들었던 유형의 건전한 조언(목표를 성취하기 위해서는 열심히 공부하고 근면하게 일해야 하며, 순간적인 만족을 멀리하고 저축해야 한다)을 어린 시절에 한두 번쯤 듣지 않은 사람은 없을 것이다. 물론 어머니의 조언이 내 성공에 크게 기여한 것은 사실이다. 그러나 나는 어머니의 조언을 잘못 이해했다. 행복을 뒤로 미루라고 가르치는 것이라 생각했고, 내가 성공하면 행복은 자연스레 뒤따르는 것이라 생각했다.

라틴아메리카에서도 가난한 국가들이 이상하게도 행복지수는 무척 높게 나타난다. 따라서 그곳 국민들은 경제적 안정이나, 우리가 성공이라고 생각하는 것을 그다지 중요하게 생각하지 않는 듯하다. 그들은 필요한 것을 얻기 위해 날마다 일한다. 하지만 그 이외에는 무엇보다 행복을 우선적으로 생각하며, 가족이나 친구와 함께 시간을 보낸다.

그렇다고 예스럽고 흥미롭지만 빈곤선 이하의 삶을 낭만적으로 묘사하려는 것은 아니다. 하지만 경제적 조건에 구애받지 않고 행복으로 하루하루를 꾸려가는 사고방식으로부터 소중한 교훈을 얻을 수 있지 않겠는가.

분명히 말하지만, 물질적 성공을 무시하라는 뜻이 아니다. 인간의 발전에 본유적인 호기심이 큰 역할을 해왔다는 것은 부인할 수 없는 사실이지만, 혹독한 겨울이나 가뭄 또는 흉년에도 살아남기에 충분한 자원을 축적해두는 합리적인 욕망도 인간의 발전에 크게 기여했다. 수천 년 전에는 지배하는 영토가 넓고 사냥과 채집의 능력이 뛰어난 부족과 씨족이 생존할 가능성이 높았다. 따라서 망고나무 아래에서 한가하게 앉아 지내는 생각은 뒷전으로 물러났고, 부지런히 일하며 혁신하고, 영역을 확대하고, 만약의 경우에 대비해 잉여 농산물을 비축해야 한다는 생각이 전면에 부상했다.

문명이 발달한 후에는 너 많은 영토와 더 많은 물질이 더 나은 삶의 조건과 장수(長壽)의 가능성을 뜻했다. 마침내 자본주의가 등장했고, 번영은 하느님 은혜의 증거라는 프로테스탄트 윤리에 따라 자본주의는 더욱 강화됐다. 개인의 노력과 개인의 책임에 따라 소득 불평등이라 일컬어지는 현상이 더욱 두드러졌고, 이 때문에 다른 사람들에게 뒤처지고 밀려나지 않기 위해서라도 더욱더 열심히 일하라는 자극과 독려가 빗발쳤다. 경쟁이 심화되자, 가족이나 마을 공동체를 통해 안전을 제공하던 전통적인 지지대가 약화되고 무너졌기 때문이다. 하기야 높은 자리에 올라간 후에 누가 다시 아래로 떨어지고 싶겠는가.

우리 이전 시대에는 대공황과 두 번의 세계 전쟁을 연이어 겪었다. 그 기간 동안에는 최상위 소득자조차도 생활필수품을 걱정해야 할 정도였다. 역경의 극복이 한 세대 전체의 최우선 과제였던 까닭에, 삶에서 가장 중요한 것은 그런 역경을 다시는 겪지 않는 것이라는 생각이 그 세대에는 팽배했다. 그 결과로, 가장 광범위하게 채택되고 널리 확산된 '보험 증서'는 '성공'이었다.

20세기가 끝나고 21세기에 들어서자, 중산층은 자식들에게 경제적 안정을 확보하기 위해 평생 써먹을 수 있는 능력을 얻는 유일하게 논리적인 방법은 학교 교육이라고 가르쳤다. 따라서 우리는 학교 교육을 우선시했고, 설령 학교에서 받는 교육 때문에 불행하더라도 사회에서 성공이라고 정의하는 것을 궁극적으로 성취하면 행복해질 거라는 약속을 굳게 믿었다.

자, 다음 질문들을 자신에게 던지고 솔직히 대답해보자. 위의 약속이 이루어진 걸 주변에서 실제로 본 적이 있는가? 은행가나 경영자로 성공해서 돈은 넘치도록 많지만 우울하고 불행해 보이는 사람을 얼마나 많이 보았는가? 겉보기에는 모든 것을 다 가진 사람이 스스로 목숨을 끊었다는 이야기를 얼마나 자주 들었는가? 이런 비극적인 사건이 일어나는 이유가 무엇이라 생각하는가? 기본적인 약속이 잘못됐기 때문이다. 성공, 부, 권력, 명예가 행복으로 이어지지는 않는다. 요약하면,

기억하라! ➡ **성공은 행복의 필수적인 전제 조건이 아니다.**

행복, 즉 주관적 안녕감(subjective well-being)과 소득의 상관관계에 대한 에드워드 디너와 리처드 이스털린의 연구에 따르면, 적어도 미국에서는 주관적 안녕감이 소득에 비례해 증가하지만 이 원칙은 일

정한 수준까지만 적용된다. 작은 아파트의 집세를 내고 낡은 혼다자동차라도 몰려면, 더구나 학자금 대출까지 상환해야 한다면 불만스럽더라도 투잡(two job)을 뛰어야 한다. 그러나 소득이 일인당 연간 평균 소득, 예를 들어 미국의 경우 약 7만 달러에 도달하면, 주관적 안녕감은 안정 상태를 유지한다. 이보다 소득이 떨어지면 행복감이 줄어들지만, '더' 많이 번다고 반드시 더 행복해지는 것은 아니다.[1] 달리 말하면, 광고회사가 행복의 열쇠라고 유혹하는 값비싼 것들, 예를 들어 성능 좋은 휴대전화, 번쩍이는 자동차, 커다란 집, 신분에 걸맞은 의상 등이 실제로는 그다지 중요하지 않다는 뜻이다.

물질적 풍요, 권력, 많은 장신구는 행복의 전제 소건이 아니다. 오히려 인과관계의 고리가 정반대로 작동한다. 워릭대학교의 앤드루 오스왈드와 에우제니오 프로토, 대니얼 스그로이가 공동으로 발표한 논문에 따르면, 행복감은 생산성을 12퍼센트가량 향상시킨다. 따라서 행복하면 성공할 가능성도 커진다.[2] 결론적으로,

기억하라! ➡ **성공이 반드시 행복으로 이어지는 것은 아니지만**
행복은 성공에 크게 일조한다.

그럼에도 불구하고 우리는 성공을 주된 목표로 끊임없이 추구한다. 에이브러햄 매슬로는 개인의 행복과 욕망의 계층을 집중적으로 연구한 초창기 심리학자 중 한 명이었다. 1933년 매슬로는 우리의 성공 추구를 "인류의 이야기는 자신의 능력을 하찮게 여기는 남녀의 이야기다"라는 의미심장한 한 문장으로 요약했다.

우리 사회에서 합리적인 수준의 성공은 흔한 현상이지만, 가장 높은 수준의 성공을 성취한 사람들에게서는 하나의 공통점, 즉 평범한 사람들과 그들을 구분 짓는 하나의 특징이 발견된다. 그들은 자신의 일을 거의 강박적으로 좋아한다는 것이다. 성공한 체육인, 음악가, 기업가는 자신의 일을 미칠 정도로 좋아한 까닭에 그 행위 자체에서 행복감을 느꼈고, 그로 인해 전문가가 됨으로써 성공을 이루어냈다. 말콤 글래드웰이 《아웃라이어》에서 말했듯이, 우리가 어떤 일에 1만 시간을 투자하면 그 일에서 세계 최고가 될 수 있다.[3] 한 가지 일에 그처럼 많은 시간을 보낼 수 있는 가장 쉬운 방법이 무엇이겠는가? 우리를 행복하게 해주는 일을 하며 시간을 보내면 된다! 성공하면 결국 행복으로 이어질 거라고 소망하며 성공하려고 발버둥 치며 평생을 보내는 것보다 그 방법이 더 낫다는 생각이 들지 않는가? 일터에서나 개인적인 삶에서, 인간관계와 가정생활에서 지금 어떤 일을 하고 있더라도 직접적으로

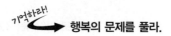

기억하라! **행복의 문제를 풀라.**

행복이란 무엇인가?

최악의 상태에서 발버둥 치던 2001년, 내가 찾고 있는 것이 무엇인지 정확히 알아내지 못하면 생득권인 행복의 권리를 영영 회복하지 못할 것이라는 사실을 깨달았다.

따라서 공학자답게 나는 나를 행복하게 해주는 것이 무엇인지 알

아내기 위해 필요한 자료들을 수집하기 시작했다. 처음에는 그런 자료를 수집하는 기법이 너무 단순하고, 심지어 유치하게 여겨진 까닭에 망설이지 않을 수 없었다. 하지만 인간의 행복에 관련해 설정된 초기 상태가 젖먹이이고 갓난아이라면 '유치한' 기법, 좋게 말해서 '어린아이 같은 순진한' 기법이 그다지 나쁜 것은 아닐 수 있다.

나는 행복감을 느끼는 순간을 빠짐없이 무작정 기록하는 것부터 시작했고, 그 기록에 **행복 목록(Happy List)**이라는 이름을 붙였다. 물론 당신도 똑같이 할 수 있다. 무엇을 망설이는가? 당장 연필과 종이를 준비하고, 당신을 행복하게 해주는 것들을 생각나는 대로 적어보라. 일단 시작하면 그다지 어렵지 않다. 행복 목록은 자신의 느낌을 간략하게 밝히는 짧고 단순한 서술문에 불과하다. 단도직입적으로 다음 문장을 완성해보라.

"＿＿＿＿＿＿＿＿ 때 나는 행복하다고 느낀다."

부끄럽게 생각하지 마라. 당신의 목록을 누구에게도 점검받을 필요가 없기 때문에 어색하게 생각할 이유가 없다. 강아지를 안고서 턱으로 비비거나 아름다운 석양을 바라보는 행위, 아니면 친구들과 대화하거나 스크램블드에그를 먹는 단순한 행위가 목록에 쓰일 수 있다. 어떤 대답이든 잘못된 것은 없다. 당신이 생각해낼 수 있는 만큼 최대한으로 써보라.

목록이 완성되면, 여하튼 목록이 대략적으로라도 완성되고 여기에 우선순위를 정해야 한다면, 당신을 가장 행복하게 해주는 것들을 목록의 위쪽에 두는 정리 작업이 필요하다. 이른바 핵심 목록을 작성하는 단계로, 뒤에서 입증되겠지만 핵심 목록은 무척 유용하게 쓰인다.

　이쯤에서 좋은 소식을 알려주고 싶다. 당신은 행복 목록을 만들어가는 과정 자체에서 행복을 느꼈을 것이다. 따라서 목록이 완성된 즈음에는 온몸에 활력이 샘솟고 새롭게 태어난 기분일 수 있다. 이런 이유에서 나는 일주일에 한 번씩 목록을 재정리하며 새로운 것을 덧붙인다. 그때마다 내 얼굴에는 미소가 번지기 마련이고, 심리학에서 장기적으로 행복에 기여한다고 말하는 '감사하는 마음(attitude of gratitude)' 을 함양하는 데도 도움이 된다. 누구나 인정하겠지만, 현대인의 삶에 대한 진실을 직시하며 세상에는 우리를 행복하게 해주는 것이 많다는 사실을 인정할 때 감사하는 마음도 가능하다.

　자, 이제부터라도 당신을 행복하게 해주는 것들로 목록을 작성하며 그 순간을 즐겨보라. 나는 커피를 끓여놓고 당신을 기다릴 테니까. (그런데 나는 커피를 혼자 조용히 마실 때 행복감을 느낀다!)

행복 방정식

내 예감이 맞는다면, 당신의 목록은 평범한 순간들로 거의 이루어져 있을 것이다. 예를 들어, 어린 자녀의 어여쁜 미소, 아침에 일어나면 가장 먼저 코끝을 자극하는 따뜻한 커피 향 등 날마다 일상적으로 마주치는 것들로 채워져 있을 것이다.

그럼 무엇이 문제일까? 행복한 순간을 안겨주는 요인이 지극히 평범하고 누구에게나 가능한 것이라면, 셀 수 없이 많은 사람에게 행복을 '발견하는 것'이 큰 도전거리로 여겨지는 이유는 무엇일까? 그리고 어렵게 '발견한' 행복이 그토록 쉽게 사라지는 이유는 또 무엇일까?

공학자는 자료를 받으면 일단 그래프로 표현해 일종의 추세선을 찾아내려 한다. 이 방법을 당신의 행복 목록에 적용함으로써 당신이 행복을 느끼는 경우의 공통분모를 찾아내보자. 어떤 추세선이 눈에 띄는가?

당신이 행복을 느끼는 순간과 내가 행복을 느끼는 순간은 무척 다를 수 있지만, 대부분의 목록은 '삶이 자신의 뜻대로 진행될 때 행복하다'라는 일반론에 수렴된다. 달리 말하면, 자신이 원하는 방향으로 삶이 움직이면 누구나 행복을 느낀다는 뜻이다.

당연한 말이겠지만 정반대의 경우, 즉 당신의 현실이 당신의 바람과 기대에 어긋나면 불행하다고 느끼기 마련이다. 이를테면, 당신은 결혼식 날 날씨가 화창하기를 바란다. 하지만 '예기치 않게' 비가 내리면 우주가 당신을 배신한 것만 같은 암울한 기분에 사로잡힌다. 그에 따른 불행은 영원히 사그라지지 않고, 기분이 울적하거나 배우자가 미워질 때마다 "내가 알아챘어야 했어! 그래서 우리 결혼식 날에도 '비가 왔던' 거야!"라고 소리치며 불행한 기분을 해소하려 할 것이다.

공학자에게는 가장 간단한 방법인 방정식으로 행복을 정의할 수 있다. 그 방정식이 바로 **행복 방정식**이다.

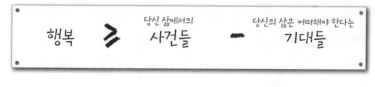

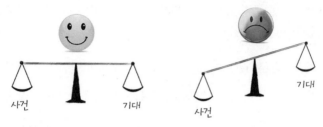

　당신에게 일어난 사건이 당신의 기대와 일치하거나 당신의 기대를 넘어서면 당신은 행복하다. 적어도 불행하지는 않다.

　하지만 여기에서 주의할 점이 있다. 우리를 불행하게 만드는 것은 사건 자체가 아니라는 점이다. '사건에 대해 우리가 생각하는 태도'에 따라 행복과 불행이 결정된다.

생각과 행복

우리를 불행하게 만드는 것은 사건 자체가 아니라는 걸 쉽게 확인할 수 있는 간단한 방법이 있다. 흔히 **빈 머리 테스트(Blank Brain Test)**라고 일컬어지는데, 무척 간단하다. 먼저, 당신이 불행하다고 느끼는 때가 언제인지 기억해보라. 예를 들어, '친구가 나를 무례하게 대하면 불행해진다'고 해보자. 시간을 두고 그 생각을 곱씹어보라. 머릿속에 그 생각을 반복하며 최대한 불행한 기분을 자극해보라. 그와 유사한 생각에 시달리며 하루를 망쳤을 때처럼 그 생각을 계속해보라.

당신을 속상하게 만들 만한 사건을 머릿속으로 생각해보라고 부탁해서 미안하지만, 그런 생각을 찾아냈으면 잠시 시간을 내어 이번에는 '빈 머리 테스트'를 실제로 적용해보자. 현실 세계에서 아무것도 바꾸지 않은 상태에서 그 생각만을 없애보라. 지극히 짧은 순간이어도 상관없다. 그런데 어떻게 해야 그 생각을 떨쳐낼 수 있을까? 다른 생각으로 머릿속을 채우거나, 이 책의 몇 구절을 소리 내어 읽으면 된다. 또는 노래를 크게 틀어놓고 따라 부르면 된다. 아니면 뭔가를 생각하지 않으려고 애쓰면 오히려 결국에는 그것에 내해 생각하게 된다는 '역설적 과정 이론(Ironic Process Theory)'을 시도하는 것도 효과적이다. 예를 들어, '아이스크림에 대해 생각하지 말자. 아이스크림에 대해 생각하지 말자……' 라고 계속 중얼거리면 결국 아이스크림을 생각할 수밖에 없게 되기 때문이다.

이제 기분이 어떤가? 다른 생각을 하느라고 잠깐 동안이었지만, 당신은 친구의 무례한 행동에 대한 생각에서 벗어날 수 있었다. 그 순간에도 속상했는가? 그렇지 않았을 것이다. 생각 이외에는 변한 것이 없었지만, 당신의 기분은 확연히 달라졌다. 당신 친구의 무례한 행동은 사라지지 않았지만, 당신은 더 이상 기분 나쁘지 않았다. 이런 차이가 무엇을 뜻하는지 알겠는가? 생각이 사라지면 그 생각과 관련된 마음의 괴로움까지 사라진다는 뜻이다!

어떤 사람이 당신에게 무례하게 행동했다고 그 행동을 기분 나쁘게 생각하고, 머릿속으로 끊임없이 그 행동을 떠올리며 가슴앓이하기 때문에 불행하다는 생각에 사로잡히는 것이다. 상대편의 무례한 행동을 생각하는 과정 자체가 없다면 누구도 당신을 불행하게 만들 수 없다.

기억하라! ➤ **당신을 불행하게 만드는 것은 생각이지, 사건 자체가 아니다.**

게다가 생각이 실제 사건을 항상 정확히 반영하는 것도 아니다. 따라서 우리가 생각하는 방법을 약간만 바꿔도 우리 행복에 커다란 영향을 끼칠 수 있다. 내가 이 비밀을 어떻게 알게 됐느냐고? 나의 아름다운 클래식 자동차 사브가 충돌로 '완전히 파손' 됐을 때가 내 삶에서 가장 행복했던 순간 중 하나였기 때문이다.

그 자동차는 베이지색 소프트톱에 차체는 짙은 녹색이던 사브 900 터보(사브에서 1978년부터 1998년까지 두 세대 동안 생산한 고급 승용차—옮긴이)였다. 나는 그 자동차를 좋아하는 수준을 넘어 사랑했다. 어느 날, 니발이 그 자동차를 몰고 나갔다가 트럭과 정면으로 충돌하는 사고를 일으켰다. 내 장난감은 완전히 파손됐지만, 에어백과 안전벨트를 비롯해 사브가 자랑하는 온갖 안전장치는 설계대로 완벽하게 작동했고, 니발은 찌그러진 자동차에서 털끝 하나 다치지 않고 무사히 걸어 나왔다. 그걸 알고 나는 정말 황홀할 정도로 기뻤다. 좋아하던 자동차를 잃었지만, 그까짓 것이 대수겠는가? 사랑하는 아내가 무사했는데!

이번에는 이렇게 생각해보자. 만약 내 자동차가 어딘가에 주차된 상황에서 완전히 파손됐더라면, 역시 아무도 다치지 않았더라도 나는 큰 충격을 받았을 것이다. 사랑하는 자동차는 파손되고 니발은 무사하다는 결과는 똑같았겠지만, 그에 대한 내 반응은 사뭇 달랐을 것이다. 사건 자체는 아무런 상관이 없다. 내가 그 사건을 어떻게 바라보느냐가 중요할 뿐이다.

이런 관점에서 행복의 문제에 접근해보자. 사건 자체는 그대로 있지만, 우리가 사건을 어떻게 생각하느냐에 따라 사건에 대한 우리 반응이 달라진다면, 우리가 생각을 바꿈으로써 행복해질 수 있지 않을까?

물론이다! 생각을 바꾸는 것만으로도 우리가 행복해질 수 있다는 것은 민고불변의 진리다.

당신에게 무례한 짓을 범한 사람이 사과하더라도 그 사람이 당신에게 무례를 범했다는 사건 자체는 사라지지 않는다. 하지만 그가 사과하면 당신의 기분은 한결 나아진다. 사과를 받음으로써 그가 당신에게 행한 짓에 대한 당신의 생각이 달라지기 때문이다. 다른 방향으로 생각함으로써 내면의 감정과 외부의 사건이 더욱 적절한 방향으로 조절되고, 당신의 행복 방정식이 균형을 이룬다. 이때부터 당신은 객관적인 세계를 받아들이기 시작하고, 삶 자체가 당신이 원하는 방식과 다르지 않다는 걸 알게 된다. 따라서 당신은 다시 행복을 느끼게 된다. 적어도 더는 불행하다고 생각하지 않는다.

당신에게 무례를 범한 사람이 의도적으로 그렇게 말한 것이 아니고, 당신이 그의 의도를 오해한 것이라는 사실을 알게 되더라도 똑같은 반전이 일어난다. 그의 말에서 한 음절도 달라지지 않았지만, 그의 말에 대해 생각하는 방향이 달라지자 방정식이 균형을 이루며, 불행해야 할 이유를 전혀 남기지 않는다.

우리가 자신의 생각을 실제로 조종할 수 있다는 증거는 무척 많다. 예를 들어, 우리 뇌에 어떤 텍스트를 읽으라고 지시하면 우리는 그 텍스트를 읽기 시작한다. 이처럼 특정한 과제를 완결하라는 요구를 받으면 우리는 그 요구에 맞춰 행동한다. 정확히 말하면, 우리는 뇌에게 무엇을 행하라고 정확히 명령하고, 뇌는 그 명령을 따른다. 완벽하게!

육체적 고통과 심리적 고통

행복 목록이 주로 평범한 것들로 구성되듯이, 일상의 평범한 삶에는 우리 마음에 들지 않는 순간들이 많다. 우리가 행복 모델의 초기 상태로 생각하는 갓난아이들도 그들을 짜증나게 만드는 것들이 많다. 젖은 기저귀, 오랫동안 혼자 내버려두는 방치, 배고픔, 수면 부족 등이 대표적인 예다. 이처럼 불편한 순간은 짧게 끝나더라도 실질적으로 중대한 결과를 유발한다. 이를테면, 젖은 기저귀의 불편함에 아기는 곧바로 울고, 아기의 울음소리에 어머니와 아버지 또는 베이비시터는 즉각적으로 반응해 기저귀를 갈아준다. 달리 말하면, 젖은 기저귀가 발진을 유발하기 전에 문제가 됐다는 뜻이다. 불편함이 사라지면 아기는 곧바로 행복한 상태로 되돌아간다.

성인이 일상의 삶에서 겪는 대부분의 불편도 일시적이지만 유익하다. 예를 들어, 공복감에 극심한 고통이 수반되면 우리는 곧바로 먹을거리를 찾는다. 수면 부족에 따른 피로감이 밀려오면 우리는 자연스레 침대에 눕는다. 가시에 찔리면 본능적으로 손가락을 끌어당기고, 발목을 삐면 휴식을 취하면서 인대가 치유되기를 기다린다. 쉽게 말해, 육체적 고통은 우리 신경계와 주변 환경이 주고받는 메시지인 셈이다. 우리에게 위험을 우회하도록 도움을 주는 육체적 고통이 없다면, 우리는 무모하게 온갖 행동을 다하며 다치기 일쑤일 것이고, 결국에는 제명대로 살지 못할 것이다.

기억하라! ➜ **육체적 고통과 불편함은 지긋지긋한 만큼 우리 삶에 유익하다!**

하지만 우리는 다치면 치료한다. 손가락에 화상을 입으면 얼음찜질을 시도하고, 그럼 통증이 가라앉는다. 신체 조직이 회복되기 시작하며, 염증이나 자극열이 사라진다. 육체적 고통이 본유의 목적을 제대로 수행한 셈이다. 이때 뇌는 다친 부위를 보호해야 할 필요성을 더는 느끼지 않아, 신호를 중단하고 통증에 작별을 고한다. 이런 이유에서 심각한 중병이나 만성질환에 따른 경우를 제외하면 일반적으로 육체적 고통은 행복의 장애물이 아니다.

육체적 고통만큼 명확하지는 않지만 일상에서 겪는 감정적 고통도 생존에 유익한 역할을 한다는 점에서는 비슷하다. 갓난아이가 혼자 오랫동안 방치되면 위험할 수 있다. 따라서 혼자 방치되는 시간이 길어지면 아기는 겁먹고 자지러지게 울며 베이비시터를 찾는다. 성인의 경우에도 흔히 '외로움(loneliness)'이라 일컬어지는 고통스런 고독감은 우리에게 존재 방식을 바꿀 필요가 있다며, 마음의 문을 열고 다른 사람들과 어울리려고 노력하라는 신호를 보낸다. 불안감도 우리에게 눈앞에 닥친 시험이나 프레젠테이션을 진지하게 준비하도록 자극한다는 점에서 유익할 수 있다. 죄책감이나 수치심은 신속히 사과하고 보상하게 유도함으로써 중요한 사회적 유대를 회복하게 한다는 점에서 유익할 수 있다.

감정적으로 상처를 입으면, 상처의 강도에 따라 그 불편함이 몇 분이나 몇 시간, 심지어 며칠 동안 지속된다. 그러나 그 상처에 대한 생각을 멈추면 불편한 느낌이 감쪽같이 사라진다. 시간이 지나고 기억이 희미해지면, 당신은 당시에 느꼈던 거북한 감정을 인정하고 받아들이며, 그로부터 얻을 수 있는 교훈을 끌어낸다. **육체적 고통은 더 이상 필요하지 않게 되면 자연스레 사라지고 소멸된다.**

하지만 심리적 고통은 그렇지 않다.

심리적 고통은 일단 형성되면 지극히 사소한 것도 쉽게 사라지지 않고 계속 잔존하다가, 상상 등 어떤 이유로든 당시의 고통을 되살릴 만한 이유가 제기되면 몇 번이고 되풀이해서 다시 수면 위로 떠오른다. 결국 심리적 고통을 허용한다는 것은, 행복에 맞추어진 초기 상태에 변화를 주며 '불필요한 심리적 고통'을 우선시하도록 재조정한다는 뜻이다.

"나는 멍청하게도 친구에게 마음의 상처를 주었어. 나는 아무짝에도 쓸모가 없어. 나는 벌을 받고 고통을 받아 마땅해!"라며 순전히 상상으로 '거짓' 고통을 더해도 심리적 고통이 확대된다. 이처럼 부정적인 방향으로 점증되는 내적 대화는 우리를 그 사건에 옭아매며 심리적 고통을 더욱더 가중하고, 그 결과로 우리는 불행의 늪에 깊숙이 빠져든다. 그러나 분명히 말하지만, 이때 우리가 느끼는 불행은 우리 주변을 에워싼 세계에서 비롯된 객관적인 결과물이 아니다. 문제의 사건은 이미 끝났지만, 우리는 여전히 심리적 고통에 시달린다. 한마디로, 우리 뇌가 만들어낸 고통일 뿐이다. 이런 점에서,

기억하라! ➜ **심리적 고통은 우리가 자초하는 무익한 고통일 뿐이다.**

어떤 생각이든 행동으로 옮겨지지 않는 한 우리 삶에 직접적으로 영향을 끼치지 못한다. 생각은 사건 자체에 어떤 변화도 주지 못한다. 생각의 유일한 영향이라면 우리 내면에서 온갖 형태의 불필요한 심리적 고통과 슬픔을 만들어낸다는 것뿐이다. 끔찍한 사태가 미래에 일어날 거라고 지레짐작하거나, 과거에 있었던 끔찍한 사건을 끊임없이 되새기는 행위는 일상의 고통처럼 피할 수 없는 것도 아니고, 일상의 고통처럼 유익하고 유용한 자극도 아니다. 심리적 고통의 이런 연장은 우리 시스템을 좀먹는 심각한 벌레일 뿐이다. 그 이유는,

기억하라! ➜ **심리적 고통은 어떤 이득도 없다. 눈곱만큼도!**

우리가 각자의 의지에 따라 심리적 고통을 자초하듯이, 심리적 고통에서 벗어나겠다고 마음먹고 전심전력을 다하면 우리 시스템을 좀먹는 벌레를 잡아냄으로써 얼마든지 그 고통에서 벗어날 수 있다. 하지만 이상하게도 우리는 항상 올바른 방향을 선택하지는 않는다.

예를 들어, 당신이 치아 신경을 치료해야 하는데 치과의사가 (1) 며칠간의 회복 기간이 필요한 표준 처치법이나 (2) 며칠을 더 극심한 통증에 시달려야 하는 신경 치료법을 제안한다고 해보자. 적잖은 사람이 (2)를 선택하는 이유가 도대체 무엇일까?

유감스럽게도 날마다 수많은 사람이 추가로 극심한 통증에 시달려야 하는 신경 치료법을 실제로 선택한다. 선택의 순간에 우리 머릿속을 관통하는 생각(선택을 위한 생각에 매달리는 시간이 길어질수록 고통의 시간도 길어진다)을 절대적인 진리로 받아들이기 때문에 이런 모순된 선택을 하게 되는 것이다.

사랑하는 아들 알리가 세상을 떠난 그날, 모든 것이 멈추었다. 나는 평생 마음의 고통에 시달리며 살아갈 권리를 얻고, 문을 닫고 시름시름 죽어가는 수밖에 없다는 암울한 기분에 사로잡혔다. 하지만 실제로는 나에게 두 가지 선택 가능성이 주어졌다. (1) 평생 마음의 고통과 씨름하는 길을 선택할 수 있지만, 그렇다고 알리가 살아 돌아오는 것은 아니다. (2) 심리적 고통을 부정하지는 않지만 암울한 생각을 중단하고, 알리를 추념하기 위해 온갖 노력을 경주하는 길을 선택하는 것이다. 물론 이 길을 선택하더라도 알리가 살아 돌아오지는 않지만, 세상을 조금이라도 더 견디기 쉬운 곳으로 만들 수 있었다. 이런 두 가지 선택 가능성을 두고, 당신이라면 어느 쪽을 선택하겠는가?

나는 (2)를 선택했다.

그렇다고 내 말을 오해하지 않기를 바란다. 오늘도 매 순간 알리가 보고 싶고 그립다. 알리의 미소와 따뜻한 포옹이 지금도 눈앞에 어른거린다. 그 심리적 고통은 실제로 존재하는 것이며, 나는 그 고통이 영원히 지속되기를 바란다. 그 고통을 억누르려고 저항하지도 않는다. 그러나 끊임없이 그 생각에 사로잡혀 심리적 고통을 증폭하지는 않는다. 아들을 먼저 빼앗아 간 삶을 저주하며 피해자처럼 행동하지는 않는다. 세상에 속았다고 생각하지도 않는다. 병원과 의사를 증오하거나 분노하지도 않는다. 아들을 하필 그 병원에 데려간 나 자신을 원망하지도 않는다. 그런 생각은 부질없는 짓에 불과하다. **나는 심리적 고통을 자초하지 않는 길을 선택했다.** 덕분에 나는 삶을 객관적으로 바라보며 긍정적인 방향으로 나아갈 수 있고, 알리가 하늘나라에서라도 편히 보내기를 바라며 알리와 함께하던 행복한 기억을 생생히 간직할 수 있다.

힘든 시기가 눈앞에 닥친 순간에도 이런 선택을 할 수 있겠는가? 그렇게 할 수 있기를 바란다. 분명히 말하지만, 누구나 이런 선택이 가능하다. **심리적 고통을 중단하기 위해서라도 이 길을 선택해야 한다.** 어쩌면 당신은 지금까지의 삶에서 견디기 힘든 역경, 이를테면 상실과 질병과 가난에서 비롯된 고통을 견뎌왔을지도 모르겠다. 그렇더라도 당신은 고통받아 마땅하다거나, 행복할 자격이 없다는 따위의 생각의 노예가 되지 않기를 바란다.

기억하라! ➡ **행복은 의식적인 선택으로 시작된다.**

삶은 농간을 부리지 않는다. 간혹 힘든 때가 닥칠 뿐이다. 그러나 그런 경우에도 우리에게는 두 가지 선택 가능성이 주어진다. 하나는 육체적 고통은 받아들이지만 심리적 고통은 가능한 범위 내에서 억제하며 평소처럼 최선을 다해 살아가는 것이고, 다른 하나는 심리적 고통에 시달리며 살아가는 길이다. 어느 쪽을 선택하든 삶은 여전히 힘들고 고단하기 마련이다.

지금까지 말한 것을 명심해야 한다. 여하튼 이제 **당신은 '무엇'을 해야 하는지를 배웠다.** 이제부터는 '어떻게' 해야 하는지에 대해 살펴보기로 하자.

2장

—

6-7-5

부정적인 생각은 그 생각을 하는 사람을 수년 동안 심리적 고통에 시달리게 할 수 있다. 생각의 씨앗은 점점 커져 결국에는 성난 괴물로 변한다. 그럼에도 우리는 자신의 생각을 굳게 믿으며, 기꺼이 생각의 포로가 된다. 결국 행복은 우리가 생각을 어떻게 통제하느냐에 전적으로 좌우된다.

그러나 일반적인 생각과 달리, 우리는 행복과 슬픔이란 두 가지 감정만을 경험하는 것이 아니다. 우리를 지배하는 생각의 유형에 따라 심리 상태는 훨씬 다양하게 분류된다.

- 생각이 착각과 환상에 영향을 받으면 당신은 '혼돈 상태'에 빠져 있을 가능성이 크다.
- 부정적인 생각이 지배적이면 당신은 결국 '심리적 고통 상태'에 빠져들게 된다(불행).

- 재밌게 시간을 보내며 생각 자체를 중단하면 당신은 '탈출 상태' 에 있게 된다.

- 긍정적으로 생각하며 사건을 곧이곧대로 받아들이면 당신은 '행복 상태' 에 도달하게 된다.

- 생각의 덫에서 벗어나 삶을 있는 그대로 받아들이면 당신은 영원히 '환희 상태' 로 살게 된다.

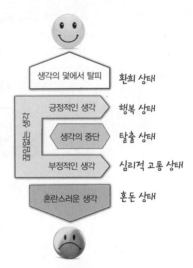

이런 상태들의 차이점과, 이런 상태들 하나하나에 이르게 되는 이유를 정확히 이해하면, 확실한 행복 모델을 구축하는 데 상당히 도움이 된다. 적용할 때마다 행복감을 느끼게 해주는 행복 모델이 있다면, 그 행복 모델을 만들고 싶지 않겠는가! 가장 아래 단계인 '혼돈 상태'부터 시작해 '환희 상태' 까지 모든 상태를 하나씩 자세히 살펴보자.

혼돈 상태

헤어나기 힘든 유사(流沙)에 빠진 것처럼 슬픔에 완전히 매몰된 듯한 기분을 느껴본 적이 있는가? 당신 주변을 에워싼 안개를 걷어낼 수 없다는 무력감, 당신의 시야를 가로막고 당신의 판단을 어지럽히는 장애물을 떨쳐낼 수 없다는 무력감을 느껴본 적이 있는가? 삶이 당신을 배반하고 당신은 운명적으로 불행할 수밖에 없다는 기분이면, 혼돈 상태에 있는 것이다.

이런 혼돈은 우리 모두가 어린 시절부터 무조건 받아들이라고 배운 환상에서 비롯된다. 우리는 환상을 실재하는 것이라 믿으며 세상을 살아가라고 배웠다. 이런 환상이 주변 세계를 해석하는 데 영향을 끼치기 시작하면 우리 판단은 객관성을 결여하고, 행복을 위한 해법을 찾으려는 노력은 엉뚱한 결과를 낳기 마련이다. 여기에서 비롯되는 혼돈은 필연적으로 깊은 심리적 고통으로 이어진다. 왜 우리는 이런 환상을 안고 살아가는 법을 어린 시절부터 배우는 것일까?

당신이 텅 빈 경주로에서 천천히 운전한다고 해보자. 자동차와 관련된 기본적인 기계학이나 회전에 영향을 끼치는 관성에 대해 알지 못하더라도, 한마디로 자동차를 운전하는 법을 전혀 모르더라도 당신을 비롯해 대부분의 사람이 순간순간의 상황에 그럭저럭 대처하며 운전할 수 있을 것이다. 그러나 상황이 악화되고 더욱 까다로워지면, 관련된 지식을 갖추지 못한 행동은 위험하다. 만일 쏜살같이 달리는 운전자들로 경주로가 무척 혼잡하고, 경주로를 빠져나오는 유일한 방법이 결승선을 통과하는 것이라면, 자동차가 작동하는 법에 대한 기본적인 지식이 반드시 필요하다. 그렇지 않으면 살아서 경주로를 벗어나기가 쉽지 않을 것이다.

상황이 악화되는 이유를 설명하는 데 도움이 되는 좋은 예는 '시간의 환상(Illusion of Time)'이다. 시간의 환상적인 속성 때문에 스트레스를 받는 사람이 부지기수다. 시간은 고갈되고, 시간은 덧없이 흘러간다. 더구나 하루하루 시간이 더욱 빨리 지나가는 것 같다. 우리는 스트레스에 짓눌려 힘겹게 살아가지만 그렇다고 시간을 늦추거나 멈출 수는 없다. 시간의 가차 없는 흐름에 우리는 압도될 따름이다. 미치광이 운전자들로 가득 찬 경주로에 갇힌 기분이다.

어떤 환상에 사로잡히면 행복 방정식을 풀려고 노력해봐야 소용없다. 삶은 신경조차 쓰고 싶지 않을 정도로 더욱 혼란스럽게 변한다. 따라서 우리는 운명적으로 불행하게 지낼 수밖에 없다는 또 하나의 잘못된 환상을 받아들이기 시작한다. 그때부터 우리 마음을 괴롭히는 고통은 끈질기게 지속되고, 더욱 깊어진다.

심리적 고통 상태

슬픈 생각이 우리 마음속에 굳건히 자리 잡으면 우리는 심리적 고통에 시달리고, 결국에는 그 고통을 이름표처럼 달고 다닌다. 우리는 행복을 원한다고 말하면서, 왜 부정적인 생각을 받아들여 고통의 연장을 자초하는 것일까? 걱정한다고 시험의 최종적인 결과가 달라지는 것도 아닌데 시험 결과를 걱정하며 자학하는 이유는 무엇일까? 가슴앓이를 한다고 이미 일어난 사건에 영향을 줄 수 있는 것도 아닌데 과거의 사건을 강박적으로 기억에 떠올리면서 후회하고 자학하는 이유는 또 무엇일까? 왜 우리는 행복에 맞추어진 순수한 초기 상태를 무의미한 생각들로 압살하려는 것일까?

우리가 끊임없이 부정적인 생각을 떠올리는 이유는 인간 두뇌의 원초적인 설계에서 비롯되는 듯하다. 우리가 뭔가를 끊임없이 생각하는 과정을 끝없이 반복하는 이유는 인간의 가장 기본적인 본능, 즉

생존에 부합하기 때문이다.

우리 조상들은 가혹한 환경에서 살았던 까닭에 생존을 위해 '투쟁 또는 도피 반응(fight-or-flight response)'이 절대적으로 필요했다. 생존을 위한 기본 원칙은 '뭔가를 위협이라고 인식하고 나서야 위협으로 표지하는 것보다, 위협으로 인식되기 전에 위협으로 표지하는 게 더 안전하다'라는 것이었다. 그것도 신속하게 판단하는 게 최선이었다. 그 결과로, 우리 조상의 두뇌는 현실 세계가 제공하는 정보가 진실을 정확히 반영한 결과가 아니더라도 생존을 위해 충분한 방식대로 해석하는 방향으로 길들여졌다.

인류의 뇌에 각인된 생존 프로그램은 지금도 그대로 남아 있다. 어떤 사건을 평가할 때 우리 뇌는 지나치게 조심하는 경향을 띤다. 최악의 경우에 대비하려고 그런 경우를 머릿속에 그리며, 우리가 제한된 지력으로 신속하고 유효하게 처리할 수 있는 방향으로 진실을 가공하는 경향도 띤다. 이런 습관이 결국 불행으로 이어진다는 걸 깨닫기 전까지는 이 모든 것이 괜찮게 여겨진다.

삶을 살아가는 과정에서 우리는 기대에 부응하지 못하는 사건들을 마주하기 마련이다. 하지만 우리는 그럴 만한 가치가 없는 사건에 과도한 관심을 쏟는 경우가 적지 않다. 객관적인 관점에서 냉정히 관찰하면, 그런 사건들도 대부분 우리에게 삶을 어떤 식으로 살아야 한다고 기대하는 원칙에 정확히 부합하는 것이다. 또한 우리가 그 사건들을 대하는 마음가짐을 고려하지 않는다면, 그 사건들은 어떤 점에서도 잘못된 것이 없다.

우리는 그 사건들을 생생하게 기억하며, 그 때문에 가슴앓이를 한다. 또한 그 사건들이 우리 기대에 미치지 못했다는 '상상'에 매몰돼 심리적 고통을 자초한다.

인간 뇌의 원초적 설계에는 인간의 생존을 보장해주는 특성들이 있었다. 그 특성들이 오늘날 우리 뇌의 작동을 현혹하는 '맹점(blind spot)'으로 변했다. 우리 뇌는 사방에서 현혹돼 좀처럼 우리에게 진실을 말하지 않으며, 그 결과로 우리 행복 방정식이 망그러진다.

그 맹점들을 밝혀내고 바로잡는 방법에 대한 글에서 핵심은 '재미(fun)'가 될 것이다.

탈출 상태

현대인이 가장 좋아하는 소일거리인 재미와 관련해서도, 우리를 행복에서 멀어지게 만드는 엄청나게 허황된 신화가 있다. **'겉으로는 행복하게 보이는 것도 실제로는 행복하지 않은 경우가 비일비재하다!'** 라는 것이다.

'행복'과 '재미'는 다른 것이다. 파티와 음주, 식사, 과도한 쇼핑, 강박적 섹스 등에서 진정한 행복을 찾으려는 사람이 많지만, 이런 행위들은 중요한 문제로부터 많은 사람의 관심을 다른 데로 돌리는 시도(weapon of mass distraction)에 불과하다.

생물학적인 관점에서 생존을 기계에 비유하면, 좋은 기분은 부품으로서 중요한 역할을 한다. 우리 뇌는 생존을 위해 필요하지만 즉각적인 위협과 관계없는 행위를 유도할 때 좋은 기분을 활용한다. 이 기능을 제대로 해내기 위해 우리 뇌는 그런 행위를 하는 동안 세로토닌과 옥시토신 등 좋은 기분과 관련된 화학물질을 분비함으로써 우리에게 그 행위를 더욱 자주 행하도록 유도한다. 예를 들어, 생식은 우리 인간 종의 생존에 필수적인 부분이다. 그러나 어린아이 없이 산다고 장래의 부모에게 즉각적인 위험이 되지는 않는다. 섹스에서 어떤 즐거움도 얻지 못한다면, 생존을 위해 무척 중요한 기능인 섹스도 이미 무시되고 간과됐을 것이다. 짝짓기는 우리에게 즐거움을 준다. 그 즐거움을 얻는 과정에서 우리 인간은 생식하며 자손을 퍼뜨린다.

따라서 재미는 유익한 것에 불과하지만, 적잖은 사람이 힘들고 까다로운 생각을 두려워하며 그런 생각에서 '탈출'하려고 재미를 필사적으로 추구한다. 그들이 추구하는 재미는 마음의 고통을 무디게 한다는 점에서 '**진통제**'와 비슷하다. 그래도 재미는 행복을 모방하며, 우리 뇌를 압살하는 끝없는 생각의 끈을 끊어버린다는 점에서 효과적인 진통제다. 적어도 잠깐 동안은!

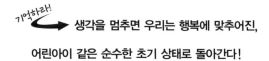

생각을 멈추면 우리는 행복에 맞추어진, 어린아이 같은 순수한 초기 상태로 돌아간다!

하지만 즉각적인 즐거움이 희미해지면 곧바로 부정적인 생각이 되살아나고, 심리적 고통이 다시 시작된다. 따라서 우리는 새로운 재미와 즐거움을 찾아 끊임없이 되돌아가야 한다.

진통제가 그렇듯이, 어떤 진통제의 효과가 줄어들면 우리는 다른 진통제를 필사적으로 찾아 나선다. 하지만 결국에는 일반적인 진통제로는 통증을 완화할 수 없는 지경에 이른다. 그때 우리는 스카이다 이빙과 번지 점프처럼 위험을 동반하는 극한 스포츠, 지금껏 존재한 적이 없는 활동 등 무절제에 가까운 행위에 몰입하며, 극단적인 형태의 즐거움을 추구한다. 그런 행위에서 얻은 황홀감이 강렬할수록 그 효과는 더 신속히 사그라지고, 심리적 고통은 더욱 깊어진다. 이런 순환이 견디기 힘들 정도로 잦아지면 최후의 수단에 의지하게 된다. 달리 말하면, 진짜 환각제나 알코올을 사용해 뇌를 화학적으로 마비시킴으로써 머릿속을 침묵에 빠뜨리는 최후의 수단을 시도한다.

재미를 탈출 수단으로 삼는 행위는 행복 방정식을 풀지 않은 채 방치하고, 우리를 불행하게 만드는 핵심 쟁점을 모르는 체하는 짓이다. 재미는 순간적으로 큰 즐거움을 주지만, 엄격히 말하면 진정한 행복을 가로막는 방해꾼이다.

그러나 재미가 항상 나쁜 것은 아니다. 오히려 재미 자체는 전혀 나쁜 것이 아니다.

지혜롭게 사용된 재미는 잠깐 동안이라도 마음의 평화를 허락해 주는 **비상 정지 버튼**이다. 비상 정지 버튼을 눌러 우리 머릿속에서 끊임없이 쿵쾅거리는 목소리를 꼼짝하지 못하게 얼려놓으면, 그 틈에 이성적 판단이 개입할 수 있지 않겠는가. 따라서 머릿속에서 맴도는 생각이 부정적으로 변해갈 때마다 건전한 재밋거리, 이를테면 운동과 음악과 마사지 등을 즐기면, 부정적인 생각의 흐름을 차단할 수 있다.

건전한 재밋거리는 다른 사람에게는 물론이고 궁극적으로는 당신에게도 상처를 주지 않는 재밋거리를 뜻한다. 그런데 구체적인 계획을 세워두고 건전한 재밋거리를 규칙적으로 즐긴다면, 재미를 훨씬 더 지혜롭게 활용하는 방법이 된다. 이때 재미는 감각을 일시적으로 마비시키는 진통제가 아니라, 건강을 유지하기 위해 규칙적으로 섭취하는 '**행복 보조제(happiness supplement)**'가 된다. 나는 기업에서 일하며 측정되는 것만을 개선할 수 있다고 배웠다. 그러니 '재미 할당량'을 정해보라. 나도 그렇게 하고 있다. 예를 들어, 음악, 코미디, 운동 등 기분을 좋게 해주는 활동들의 목표량을 하루 단위나 주간 단위로 정해둔다. 당신의 삶에 즐거움이 충만하고 평화로운 시간이 길어지면, 당신의 뇌가 쓸데없는 생각의 흐름으로 당신의 하루를 빼앗기가 점점 어려워질 것이다.

그러나 반드시 기억해야 할 것이 있다. 재미와 즐거움은 일시적인 탈출 상태, 즉 미인식(unawareness) 상태에 불과하다는 것이다. 따라서 탈출 상태에서 지나치게 오랫동안 꾸물거려서는 안 된다. 지속적이고 진정한 행복을 향해 한 걸음이라도 가까이 다가가고 싶다면, 최대한 빨리 탈출 상태에서 빠져나와야 한다.

행복 상태

행복은 전적으로 생각, '올바른' 생각에 있다. 올바른 생각은 현실에 맞추어 조정된 생각이며, 행복 방정식을 긍정적으로 풀어낸 생각을 뜻한다. 재미있겠지만, 이 책에서 행복 자체를 논의하지는 않을 것이다. 다만, 심리적 고통을 끊는 방법에 대해 살펴보려 한다. 심리적 고통이 중단되면 행복에 맞추어진 인간의 초기 상태가 회복되기 때문이다. 우리가 눈앞에서 전개되는 삶을 진실이라고 보고, 실제의 삶을 삶에 대한 현실적인 기대치에 비교하면, 불행해야 할 이유가 저절로 사라진다. 또한 모든 것이 생각보다 좋다는 걸 알게 되면 자연스레 행복해진다. 우리 삶에서 일어나는 사건 하나하나에 대해 환상을 깨고 맹점을 바로잡으면 우리는 행복 방정식을 정확히 풀어낼 수 있다. 그러나 삶의 우여곡절에 상관없이 항상 행복하려면 훨씬 더 높은 상태를 목표로 삼아야 한다.

환희 상태

환희 상태에 이른 사람들은 삶을 실제로 존재하는 그대로 받아들일 뿐만 아니라 삶에 완전히 몰입한다. 심리학자 미하이 칙센트미하이의 표현을 빌리면, 현재의 순간과 거의 완벽하게 조화를 이루며 '몰입(flow)'이라 일컬어지는 더없이 행복한 세계에 들어가는 사람들을 가리킨다. 이런 점에서 그들은 미술가와 작가, 공학자와 비슷하다. 한마디로, 그들은 삶의 과정에서 마주하는 모든 것, 지극히 사소한 것에도 한결같은 마음으로 몰입하며, 그 결과로 중단 없이 행복한 상태에 도달한다. 나는 중단 없는 행복을 '환희(joy)'라고 칭했다.[1]

여기에서 '환희'라는 단어는 약간 느슨한 의미로 사용된 것이다. 안타깝게도 영어에는 이런 상태를 정확히 묘사해주는 단어가 없기 때문이다. 내면의 평화, 평온, 평정이란 단어도 거의 비슷하다. 물론 이 단어들을 모두 혼합하면 가장 적합하겠지만, 한 단어만으로는 이 상태의 정확한 의미를 전달하기 힘들다.

내게는 선천적으로 냄새를 전혀 맡지 못하는 친구가 있다. 어느 날, 그 친구가 장미꽃이 어떤 냄새인지 설명해달라고 부탁했다. 나는 적절한 단어를 찾아내려고 안간힘을 다했다. 당신이라면 어떻게 설명했겠는가? 장미 냄새는, 글쎄……, 장미랑 비슷해! 장미 냄새를 올바로 인식하는 유일한 방법은 직접 그 냄새를 맡아보는 것이다. 환희도 똑같다. 환희를 설명하기 위해 내가 할 수 있는 일은, 당신이 환희를 한 번이라도 직접 경험하도록 돕는 것이 전부다. 환희를 경험해야 환희가 무엇인지 제대로 알 수 있을 테니까.

낯선 지역을 돌아다닐 때는 주변을 둘러보며 지도에서 현재의 위치를 끊임없이 파악해야 한다. 구역이 달라질 때마다 동네의 전반적인 모습을 지도와 비교한다. 우리가 행복 방정식을 풀 때 행하는 방법과 무척 비슷하다. 행복 방정식을 풀려면 우리가 삶을 살아갈 때 마주하는 사건들을 충분히 생각해야 하지 않겠는가.

그러나 낯익고 당신 취향에 딱 맞아떨어지는 길에서는 지도가 필요하지 않다. 몇몇 랜드마크를 중심으로 방향을 잡고, 별생각 없이 목표를 향해 직감에 따라 걸어가기만 하면 된다.

환희의 경우도 다를 게 없다. 환희를 경험하려면 무엇보다 삶의 정확한 상황에 대한 깊은 이해가 있어야 한다. 구체적으로 말하면, 2만 피트(약 6,000미터) 상공에서 행복 방정식을 분석하고, 삶이라는 거대한 수레바퀴는 지금까지 굴러왔던 방식대로 앞으로도 계속 굴러갈 것이란 사실을 완벽하게 파악한 결과로써 얻어지는 것이 환희다. 따라서 기대치를 현실적으로 설정해야 한다. 그렇게 할 때 가혹한 삶이 덮치더라도 더는 놀라지 않을 것이다. 삶의 과정에서 그 정도의 가혹함은 맞닥뜨릴 것이라고 현실적으로 예측해두었을 테니 말이다.

낯익은 길을 돌아다닐 때도 짜증스런 장애물을 만나기 마련이다. 물론 달갑지 않은 장애물이지만, 충분히 예측할 수 있는 장애물인 까닭에 우리는 별다른 스트레스를 받지 않고 차분하게 지나간다. 이를테면, 슈퍼마켓의 계산대에서 기다리는 오랜 시간은 예측 가능한 것이다. 또한 까다로운 업무, 관리자의 짜증, 월말이면 바닥나는 월급도 얼마든지 예측할 수 있는 현상이며, 우리가 삶의 과정에서 흔히 마주치는 장애물들로, 조금도 놀라운 게 아니다.

우리 뇌가 삶에서 일어나는 사건들을 가감 없이 받아들이고 재밋거리로 부정적인 생각의 흐름이 중단되면 행복 상태가 시작된다. 한편, 분석이 끝나고 방정식이 영구적으로 해결됐기 때문에 어떤 생각도 더는 필요하지 않게 되면 환희가 시작된다.

내 사랑하는 아들 알리의 등에는 좌우명으로 삼았던 글귀가 문신으로 새겨져 있었다. **'전쟁의 심각성은 평화롭게 살아가는 사람들에게는 아무런 의미가 없다'**라는 말로, 알리의 인간됨을 완벽하게 압축한 좌우명이었다. 이런 믿음을 바탕으로 알리는 노련한 선현처럼 삶의 숲을 헤쳐 나아갔다. 알리는 어떤 경우에도 차분한 마음을 잃지 않았다. 알리는 생각의 덫을 벗어났고, 그곳에서 환희를 발견했다.

환희와 관련해 가장 잘못된 신화는, 삶의 빠른 흐름을 포기한 수도자에게만 허락되는 것이라는 믿음이다. 하지만 그렇지 않다. 우리가 행하는 모든 것에서 환희를 얻을 수 있다. 심지어 스트레스가 극심한 삶에서도 환희를 경험할 수 있다.

'나이트 트레이더'로 활약하며 주식 거래를 하던 때 처음으로 큰 손실을 보았던 상황이 지금도 기억에 생생하다. 내 결정을 후회하고 나 자신을 책망하며 심리적 상실감에 며칠 동안 끙끙 앓았다. 그러나 그 후로도 주식 거래는 수년 동안 계속됐고, 때때로 처음보다 훨씬 큰 손실을 보았지만 차분하고 평온한 마음을 잃지 않았다. 주식시장의 진정한 속성을 알게 되면, 또한 가끔 겪는 손실(나는 이런 손실을 '잔물결(ripple)'이라고 일컬었다)은 주식 거래라는 게임이 행해지는 과정의 일부에 불과하다는 걸 깨닫게 되면, 단편적인 손실에 따른 심리적 고통을 멈추고 더 큰 그림에 집중하게 된다. 주식을 매매하는 트레이더의 삶이 환희에 넘치는 경우는 극히 드물지만, 환희 상태에 이르고 싶다면 주식시장에 내재한 위험을 현실적으로 예측하며 '잔물결'의 영향에 휘둘리지 않아야 한다. 환희 상태를 목표로 하는 우리에게도 이런 능력이 필요하다.

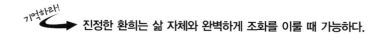

기억하라! ➡ **진정한 환희는 삶 자체와 완벽하게 조화를 이룰 때 가능하다.**

어떻게 해야 환희를 경험할 수 있을까?

낯익은 길을 걸어가듯 삶을 살아가면 환희 상태에 이를 수 있다. 당신에게 삶의 방향을 안내해줄 만한 랜드마크를 찾아라. 달리 말하면, **'진실(The Truth)'**을 찾아라.

행복 모델

우리 삶에서는 날마다 새로운 사건이 일어난다. 따라서 새로운 기대치가 형성되고, 새로운 행복 방정식이 해결을 촉구한다. 대부분의 사람은 일정한 원칙도 없이 각각의 사건에서 다른 상태를 경험한다. 우리는 행복을 향해 한 걸음씩 다가가는 듯하지만…… 갑자기 급전직하로 혼돈 상태로 추락한다. 또 우리는 잠깐 동안이나마 재밌게 시간을 보내며 행복에 다가가는 지름길을 찾아내지만…… 느닷없이 닥친 사건에 가슴앓이한다.

당신도 이런 경우를 숱하게 경험하지 않았는가? 따라서 중단 없는 환희 상태를 성취하려면 그 상태를 직접적으로 공략해야 한다.

기억하라! ➤ **환희가 아닌 어떤 것에도 만족해서는 안 된다.**

그러나 중단 없는 행복 상태에 도달하기란 친구들과 함께 밤을 하얗게 지새우거나 요가 교실에 참석하고 새 자동차를 구입하는 것만큼 쉽지 않다. 환상을 깨뜨리고 맹점을 바로잡으며, 순간적으로만 효과 있는 진통제를 거부해야 한다. 또한 깊이 숙고하며 깨우쳐야 할 진실도 있다.

이제부터 행복 훈련을 본격적으로 시작해보자. 공학자답게 나는 행복 훈련법을 간략하게 제시해보려 한다. 행복론의 거장들을 흉내 내며 엄숙하게 말하고 싶지는 않다. 행복 훈련법을 익히는 데 고도의 지능이 필요한 것은 아니다. 6-7-5라는 숫자 세 개만 기억하면 충분하다.

이 숫자들이 어떻게 작동하는지 대략 설명해보자. 크게 분류하면,

우리를 혼돈 상태에 빠뜨리는 것은 **6가지 큰 환상**이다. 우리가 이런 환상들을 바탕으로 삶을 이해하려고 한다면, 어떤 것도 의미가 없는 것처럼 보인다. 따라서 심리적 고통은 더욱 깊어지고 오랫동안 지속된다.

다음으로는 **7가지 맹점**이 삶의 실제 모습에 대한 우리 판단을 어지럽힌다. 그 결과로 초래되는 왜곡된 모습이 우리를 불행의 늪에 빠뜨린다.

6가지 환상을 제거하고, 7가지 맹점을 바로잡아야 한다. 그와 더불어 탈출 시도를 중단하면, 우리는 더욱 자주 행복 상태에 도달할 수 있다.

그러나 행복이 꾸준히 지속되기를 바란다면 **5가지 궁극적인 진실**을 움켜잡아야 한다.

이 모든 것을 결합하면, 다음과 같은 행복 모델이 만들어진다.

⑥ 가지 큰 환상을 깨뜨려라

⑦ 가지 맹점을 바로잡아라

⑤ 가지 궁극적인 진실을 움켜잡아라

행복 훈련은 내일부터 시작된다.

⑥ 에서 만나자.

당신의
현재
위치

6 — 7 — 5

큰 환상 　　맹점 　　궁극적인 진실

2부

—

큰 환상

6가지 큰 환상은 우리를 혼돈 상태에 빠뜨리며, 세상을 정확히 이해하는 우리 능력을 저해한다. 이런 상태에서 삶은 투쟁이 되고, 행복 방정식을 해결하려는 대부분의 시도가 실패한다. 우리가 환상을 받아들이며, 세상을 있는 그대로 파악하지 못하기 때문이다. 따라서 삶은 잔혹할 수밖에 없는 것인지 의문을 품게 된다. 이 환상들을 꿰뚫어 보는 순간, 우리 앞을 가로막던 안개가 걷히고 시야가 맑아진다. 그때부터 우리는 행복을 더욱 자주 경험하게 된다.

3장
—

머릿속의 작은 목소리

귀를 기울여보라. 그 목소리가 들리는가? 당신 머릿속에서 윙윙거리는 목소리인가? 1분만 이 책을 덮고 침묵의 순간을 즐겨보라. 하지만 1분이 채 지나기도 전에 그 목소리가 느닷없이 튀어나와 당신이 오늘 해야 할 일들에 대해 떠벌리고, 당신이 아침에 길모퉁이에서 마주친 무례한 사람을 떠올려주며, 당신이 학수고대하던 승진에서 탈락될지도 모른다는 걱정을 안겨준다.

구체적인 내용은 다를 수 있지만, 머릿속에서 끊임없이 이어지는 목소리는 우리 모두가 공통적으로 경험하는 현상이다.

이 목소리 때문에 우리는 아직 닥치지도 않은 일로 걱정한다. 우리를 하찮은 존재로 전락시키고, 매섭게 꾸짖고 징계하며, 우리에게 숨 돌릴 틈도 주지 않고 비판하며 비교하는 목소리다. 그 목소리는 하루도 빠짐없이 우리에게 중얼거리고, 그 때문에 우리는 날이면 날마다 그 목소리에 시달린다.

머릿속의 목소리가 상당히 일반적인 현상이지만, 그렇다고 그 목소리가 좋은 것은 아니다. 그 목소리가 우리에게 야기하는 불행과 고통과 슬픔을 경시해서는 안 된다. 하지만 많은 사람이 머릿속의 목소리를 무시하고 살아가지 않는가.

약간의 시간을 투자해서라도 그 목소리에 대해 자세히 살펴보는 게 나을 듯하다. 먼저 기본적인 것부터 시작해보자. 누가 말하는 것인가? '당신'이 '당신'에게 말하는 목소리인가? 만약 당신이 그 목소리의 주인공이라면, 왜 굳이 당신 자신에게 그렇게 말해야 하는가?

그 목소리의 주인은 당신이 아니다

당신의 삶을 영원히 바꿔주기에 충분한 뭔가가 있다면, 당신에게 말하는 그 목소리가 **당신 자신이 아니라는 사실**을 깨닫는 것이다!

이 말을 잠시 생각해보자. 당신 머릿속에서 중얼대는 목소리의 주인은 당신이 아니라는 사실은 너무나 자명해서 증명할 필요조차 없다. 시점(視點)은 인식의 전제 조건이다. 다시 말하면, 뭔가를 관찰하려면 당신은 그것의 바깥에 있어야 한다. 예를 들어, 지구라는 행성을 제대로 보려면 지구를 떠나야 한다. 우주 비행사가 지구를 찍은 사진을 보내준 까닭에 우리는 지구의 모습을 볼 수 있었다. 우리가 우리 자신의 눈을 보지 못하는 이유가 무엇이겠는가? 눈이 우리 몸의 일부이기 때문이다. 거울에 비친 눈은 눈의 반사상이지, 눈 자체가 아니다.

라디오에서 흘러나오는 목소리를 당신이 인식할 수 있는 이유는 그 목소리의 주인공이 당신이 아니기 때문이다. 이와 마찬가지로, 당신 머릿속에서 말하는 목소리를 제대로 인식하려면 당신과 그 목소리는 별개의 개체여야 한다.

믿지 못하겠는가? 그렇다면 다음과 같이 생각해보자. 잠시라도 생각 자체를 멈추면 어떤 일이 일어나는가? 우리 모두가 때때로 생각을 멈추는 경우가 있다. 그 짧은 순간 동안 당신이 존재 자체를 멈추었다는 뜻인가? 당신이 더는 당신이 아니라는 뜻인가? 그럼 누가 그 침묵을 즐기는가? 바로 '당신'이다. 실제로 존재하는 당신이다. 아침에 눈을 뜨면 곧바로 생각의 흐름이 시작되고, 알람 시계를 들여다본다. 누가 알람 시계를 보는가? 창밖의 햇살을 의식하자마자 생각이 주도권을 인계받아 하루를 이야기하기 시작한다. 그때부터 당신은 잠자리에 들 때까지 하루 종일 머릿속의 작은 목소리가 쉬지 않고 중얼대는 소리를 들어야 한다. 그 목소리가 누구인지 따져보면 답은 금세 명확히 드러난다. 이와 관련된 진실은 무척 단순하고 명확하다.

매우 중요! ➔ 당신의 머릿속에서 중얼대는 작은 목소리는 '당신이 아니다!'

무척 단순하게 들리지만, 우리가 생각에 접근하는 방법을 완전히 바꿔주기에 충분한 진실이다. 현대 문화는 생각과 논리를 지나치게 중요시하는 경향을 띤다. 우리 존재 자체를 생각과 동일시하기도 한다. "나는 생각한다. 그러므로 나는 존재한다."라는 프랑스 철학자 르네 데카르트의 유명한 주장은 지성이 지배하는 서구 문화에서 상당한 지지를 받는 듯하지만, 이 주장이 정말 맞을까?

당신이 곧 당신 생각이라는 주장을 곧이곧대로 믿는다면, 당신과 당신 생각을 동일시하는 것이다. 예를 들어, 당신이 외설적인 생각을 머릿속에 떠올린다면 당신은 외설적인 사람이라는 뜻이 된다. 정말 그런가? 하지만 외설적인 생각이 외설적인 사람과 같지는 않다. 외설적인 생각은 당신이 뭔가를 생각하는 동안 당신의 머릿속에 떠올려진 것일 뿐이다. 한마디로, 생각은 뇌의 작용이다. 그 생각으로 무엇을 하느냐는 전적으로 당신이 결정할 몫이지, **당신이 생각에 지배당할 필요는 없다.**

당신이 당신의 생각과 다른 별개의 존재라는 사실을 깨달았다면, 가장 치명적인 환상인 '생각의 환상(Illusion of Thought)'을 간파했다는 뜻이 된다. 그렇다, 당신은 당신의 생각이 아니다. 생각은 당신을 돕기 위해 존재하는 수단에 불과하다.

오히려 데카르트는 다음과 같이 말했어야 마땅하다.

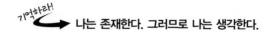

나는 존재한다. 그러므로 나는 생각한다.

그러나 머릿속에서 중얼대는 목소리가 당신이 아니라면 대체 누구일까? 만화에서라면 당신의 왼쪽 어깨 위에 걸터앉은 작은 악마와 오른쪽 어깨를 차지한 작은 천사가 각각 자신의 주장을 당신 귀에 속삭이며 서로 논쟁을 벌이는 모습쯤으로 묘사되지 않을까 싶다. 에크하르트 톨레는 자신의 저서 《삶으로 다시 떠오르기》에서 그 목소리를 '생각하는 자(Thinker)'라고 일컬었다. 한편, 몇몇 종교에서는 머릿속의 목소리를 기만적인 계획을 획책하는 악마라고 해석하고, 어떤 종교에서는 그 목소리를 '속삭이는 자(Whisperer)' 또는 '동반자(Companion)'라고 칭한다. 이런 명칭들에서 하나의 공통점을 찾자면, 머릿속의 목소리를 독립된 개체, 즉 집요한 설득이 없으면 당신이 행하지 않을 일을 당신에게 하라고 끈질기게 말하려고 애쓰는 개체로 해석한다는 점이다.[1]

내 친구는 자신의 머릿속에서 중얼대는 목소리에 '베키'라는 이름을 붙여주었다. 이유가 무엇이냐는 내 질문에 친구는 그 이름이 고등학교 시절에 가장 미워했던 동급생 이름이라고 대답했다. 다시 말해, 내 친구에게 하고 싶지 않은 일을 하라고 귀찮을 정도로 강요하던 동급생이었다는 것이다.

당신도 그 목소리에 마음대로 이름을 붙여보자. 물론 목소리에 어떤 이름을 붙이느냐는 이 책에서 앞으로 다루려는 내용과 관계가 없다. 중요한 것은 목소리의 존재를 인정하고, 그 목소리는 당신이 아니라는 걸 깨닫는 것이며, 그 목소리가 어떻게 행동하는지 정확히 이해하는 것이다. 나는 그 목소리에 간단히 '뇌'라는 이름을 붙였다. 뇌가 그 목소리를 만들어내기 때문이다.

약 2,000억 개의 뉴런과, 뉴런을 연결하는 수백조 개의 시냅스로 이루어지는 뇌는 지구에서 타의 추종을 불허하는 가장 복잡한 기계라 할 수 있다. 뉴런 하나를 소형 컴퓨터 하나로 계산하면, 우리 뇌에는 인터넷망 전체를 형성하는 컴퓨터와 장치를 모두 합한 수보다 30배나 많은 뉴런이 있는 셈이다.[2] 뇌는 우리 감각기관과 접속해 작용, 반작용, 운동 등 근육 기능을 통제한다. 뇌는 복잡한 분석과 수학적 계산 등을 논리적으로 해낼 수 있을 뿐만 아니라, 끊임없이 부정적인 목소리를 쏟아냄으로써 우리가 행복에 다가가는 걸 방해하기도 한다. 뇌는 우리에게 주어진 가장 소중한 도구다. 하지만 안타깝게도 대부분의 사람이 뇌의 올바른 사용법을 모르며, 극소수만이 뇌를 최적으로 사용하는 방법을 배울 뿐이다.

당신이 세계에서 가장 빠른 스포츠카를 선물 받았지만 기껏해야 그 자동차의 오디오 시스템만을 사용한다면 그야말로 낭비가 아닐 수 없을 것이다. 그런 스포츠카를 비포장도로로 끌고 나가면 어떻게 되겠는가? 비포장도로는 스포츠카가 달리기에 적합하지 않은 곳이어서 스포츠카는 오도 가도 못할 것이다. 더구나 당신이 경주용 자동차 운전사에게 필요한 훈련을 전혀 받지 않고서 미치광이처럼 스포츠카를 운전한다면, 당신만이 아니라 주변 사람들까지 다치게 하는 참혹한 비극을 빚어낼 것이다.

우리는 뇌를 사용할 때 위에 언급한 유형의 세 가지 잘못을 범한다. 첫째로 뇌를 엉뚱한 이유로 사용하고, 둘째로 뇌의 역량을 최대한으로 활용하지 못하며, 셋째로는 부정적인 생각으로 뇌를 통제할 수 없는 지경에 빠뜨린다. 그 결과로 우리 자신의 삶만이 아니라 주변 사람들의 삶까지 망가뜨린다. 하지만 우리가 뇌를 이렇게 잘못 사용하는 이유를 정확히 이해한다면, 이런 잘못을 피하며 뇌를 훨씬 효과적으로 활용할 수 있을 것이다.

뇌라는 복잡한 기계가 말이 많은 이유를 정확히 이해하려면, 뇌가 전혀 말하지 않았던 때로 돌아가 갓난아이를 관찰하면 대략적인 실마리를 얻을 수 있다. 어휘를 습득하기 전까지 우리 뇌는 침묵한다. 요람에 드러누워 세상을 관찰하며 세상과 교감할 뿐이다. 조금 나이를 먹으면, 우리는 부모가 '젖병', '맘마', '기저귀', '목욕' 등의 어휘를 부지런히 사용해 메시지를 전달한다는 걸 알아챈다. 이런 어휘들을 따라 하면 칭찬받는다는 걸 눈치채고, 우리는 모든 것을 그것의 이름으로 부르는 능력을 키워간다. 심지어 주변에 듣는 사람이 없을 때에도 어휘를 익힌다. 어휘가 지식을 이해하고 전달하는 유리한 수단이 된다. 따라서 우리가 관찰하는 것을 언어로 표현하기 시작하며 사물을 조금씩 이해해 나간다. 젖먹이인 시절에는 큰 소리로 말하지만, 큰 소리로 말하는 게 사회적으로 어색하고 불편해지면 자신의 이야기를 내면으로 옮기기 시작한다. 그때부터 그 과정은 멈추지 않는다.

1930년대에 러시아의 심리학자 레프 비고츠키는 내면의 목소리에는 후두의 미세한 움직임이 동반된다는 것을 알아냈다. 이런 관찰에 근거해 비고츠키는 내면의 목소리가 외부로 발화되는 말의 내재화를 통해 발달하는 것이라고 주장했다. 1990년대에 이르러 신경과학자들이 비고츠키의 주장을 과학적으로 확증해주었다. 우리가 큰 소리로 말할 때 뇌에서 활성화되는 좌반구 하전두이랑(left inferior frontal gyrus) 같은 영역들이 내면의 발화가 행해지는 동안에도 활성화된다는 것을 신경과학자들이 신경 영상법(neuroimaging)으로 입증한 것이다. 우리 머릿속의 목소리는 주변 사람들에게는 들리지 않고 오직 우리에게만 들리지만, 우리 뇌가 실제로 말하는 목소리인 것은 분명하다.

뇌는 어떤 기능을 하는가

이제 우리는 누가 우리 머릿속에서 말하는지 알아냈다. 그런데 뇌가 우리 머릿속에서 중얼거리는 이유는 무엇일까? 다른 기관들과 마찬가지로 뇌도 특정한 기능을 수행하기 위해 존재한다. 물론 뇌의 핵심 기능은 우리 몸의 안전과 생존을 확실히 보장하는 것이다.

뇌의 몇몇 기능은 본능적으로 행해지기 때문에 우리는 그것이 뇌의 기능인지도 모른 채 살아간다. 예를 들어, 우리가 주변시(peripheral vision)로 우리를 향해 달려오는 자동차를 파악하면, 뇌는 즉시 우리 다리에게 달리라고 명령을 내리는 경우다. 또한 단순한 반사작용 이상의 반응을 요구하는 위협이 있으면, 뇌는 우리에게 투쟁 또는 도피 반응을 준비하도록 아드레날린의 분비를 유도한다. 이런 모든 생존 반응은 완전히 기계적인 반응인 까닭에, 어떤 의식적 결정이 개입할 틈도 없이 일어난다. 뇌의 이러한 기능은 정말 인상적이지 않은가!

뇌가 우리를 잠재적 위험에서 멀리 떼어놓으려고 미리 계획한 경우, 생각이 개입해 추가로 보호막을 설치한다. 뇌는 동굴, 나무와 바위 등 호랑이가 숨어 있을 만한 곳을 빠짐없이 경계한다. 우리가 기막힌 풍경을 눈앞에 두고 있다면, 뇌가 가장 먼저 긴장을 풀고 풍경을 감상할 것 같지만 실제로는 그렇지 않다. 정상적으로 보이지 않으며 위협이 숨어 있을 법한 곳이 없는지 분석한다. 게다가 우리가 겨울을 대비한 계획을 수립하고 어린 자식을 보호할 보금자리를 마련하며, 잘못될 가능성을 지닌 많은 것을 끊임없이 분석하는 것도 뇌가 장기적인 위험까지 고려하도록 프로그래밍된 덕분이다.

인류의 역사에서 우리가 외적인 위협에 완전히 에워싸여 지냈던 초창기에는 위에서 언급한 두 형태의 뇌 기능이 개인과 인류 모두의 생존을 위해 반드시 필요했다. 두려움이 생존에 유익한 역할을 했고, 뇌도 인류의 생존을 위한 본연의 기능을 다했다. 반사작용은 과거에도 그랬지만 지금도 우리가 의식할 틈도 없이 일어난다. 반사작용은 프로그래밍된 행동을 기계적으로 행할 뿐이다. 하지만 위협을 제기하는 문젯거리를 즉각적으로 해결할 필요가 없는 경우, 우리 뇌는 두 가지 접근법을 사용해 문젯거리를 더욱 철저하게 평가하고 분석한다. 하나는 직관적이고 신속한 방법이고, 다른 하나는 느릿하지만 신중한 방법으로[3] 결국에는 다음과 같은 대화를 낳을 수 있다.

이봐, 그 멋진 녀석, 토미 기억해? 호랑이한테 갈기갈기 찢긴 녀석 말이야. 우리한테는 그런 불상사가 일어나지 말아야 할 텐데. 그렇지?

당연하지. 그런 사고가 우리에게도 일어나면 안 되지.

그래. 그런데 저기 저 나무 보여? 호랑이가 숨어 있다가 뒤에서 토미를 덮쳤던 나무와 무척 비슷해 보이는데? 강둑을 따라 걸어 내려가자고. 그래야 될 것 같지 않아?

그렇게 하고 싶지는 않아. 정글을 통과하면 더 빨라. 더구나 강가에는 사냥할 것도 없고.

그럴까? 제시카는 오늘 밤에야 동굴에 도착할 텐데. 나는 호랑이 밥이 되는 것보다, 조심할 수 있으면 조심하고 싶어. 오늘은 그냥 강을 따라 걷자고.

알았어……. 제시카……, 좋아.

이런 대화는 최선의 결정을 끌어내려는 뇌의 시도다. 2002년 노벨 경제학상을 수상한 대니얼 카너먼은 《생각에 관한 생각》에서 이 과정을 훌륭하게 설명했다. 카너먼은 생각의 유형을 둘로 구분한 후에, '시스템 1'은 빠르고 직관적이며 정서적인 사유 방식이고, '시스템 2'는 다소 느리지만 신중하고 논리적인 사유 방식이라고 규정했다. 이 책에서 카너먼은 시스템 1이 범하지만 시스템 2로써 교정되는 실수와 성급하고 부정확한 판단의 사례를 적잖게 소개한다. 두 시스템의 존재는 때때로 우리 머릿속에서 다투는 두 목소리로 이어진다. 두 시스템, 또는 두 목소리는 우리 머릿속에서 당면한 쟁점을 두 가지 관점으로 접근하는 두 가지 사유 방식일 뿐이다.

웃어라! 머릿속에서 두 가지 사유 방식이 충돌한다고 미친 것은 아니니까!

누가 대장인가?

인류가 탄생한 이후로, 뇌는 인간의 생존을 위한 모든 책임을 떠맡았다. 초기에는 생존 가능성이 지극히 미약하고 확실하지 않았기 때문에 우리는 뇌를 반박할 여지가 없는 리더로 인정했다. 그러나 이 원칙이 지금도 유효할까?

우리 뇌가 무난히 해내는 기능도 많지만, 모든 것을 신중하게 처리하는 역량을 지니지 못했다는 건 명백한 사실이다. 뇌가 반사작용과 기계적인 기능에 관계할 때는 어떤 생각도 개입하지 않는다. 생명과 관련된 모든 기능이 여기에 해당하며, 이때 생각은 완전히 배제된다. 허파와 분비샘, 심장과 간 등 많은 기관은 뇌에 의해 기계적으로 기능하지, 의식적인 생각에 지배받지 않는다. 이 기관들이 제대로 작동하는지 걱정하며 살아가는 사람도 없지만, 이 기관들의 기능을 통제할 능력도 우리에게는 없다. 신체 기관의 기능을 지배할 권한이 뇌에 허용된다면 뇌는 엄청난 실수를 범할 것이다. 예를 들어, 뇌가 감정적 고통에 휩싸인다면 심장의 작동을 멈춤으로써 삶을 끝내는 게 낫다는 합리적 결정을 내릴 수 있다. 이처럼 생각이 항상 최선의 결과를 낳는 것은 아니기 때문에, 인간을 설계할 때 이런 특성이 배제된 것이 천만다행이다.

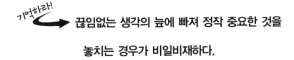

기억하라! 끊임없는 생각의 늪에 빠져 정작 중요한 것을 놓치는 경우가 비일비재하다.

이런 현상을 이미 경험한 적이 있는가?

분명히 말하지만, **행복은 정말 중요하다!** 왜 우리는 때때로 생각의 늪에 빠져 허우적거리며 행복을 상실하는 잘못을 범하는 것일까?

기계적인 기능에 대해서는 뇌를 반박할 여지가 없는 리더로 인정하더라도 생각은 '당신'이 완벽하게 장악해야 한다. 뇌의 임무는 당신에게 고려해야 할 논리를 제공하는 것이다. 쓸데없는 생각이 끼어들더라도 '누가 누구를 위해 일하는 것인가?'라는 근본적인 문제를 망각해서는 안 된다.

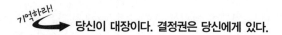

당신이 대장이다. 결정권은 당신에게 있다.

달리 말하면, 당신이 당신 뇌에게 무엇을 하라고 명령하는 것이지 그 반대는 아니라는 뜻이다. 지금 이 책을 읽으며 당신이 당신 뇌에게 이 페이지에 집중하라고 지시하고 있듯이, 당신은 언제라도 뇌에게 무엇에 집중하라고 명령할 수 있다. **당신은 책임을 떠안고** 대장답게 행동하면 된다. 이쯤에서 데카르트의 명제를 완전히 수정해보자.

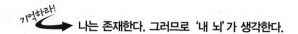

나는 존재한다. 그러므로 '내 뇌'가 생각한다.

유익한 생각

현대 세계에서 제대로 기능하려면 우리를 편드는 것과 우리를 반대하는 것을 구분할 줄 알아야 한다. 우리는 생각이 끝없이 꼬리를 물고 이어지는 쓸데없는 횡설수설에 불과하다는 느낌을 간혹 받지만, 우리에게 가장 유익한 생각은 대체로 침묵하고 있다는 게 현실이다. 우리 뇌가 만들어내는 생각은 대략 세 가지 유형으로 구분된다. 즉,

(문제 해결에 사용되는) 통찰력 있는 생각, (당면한 과제에 집중하는) 경험에 기초한 생각, 객쩍은 공상에 불과한 허구적 생각이다. 세 유형의 생각은 뚜렷이 다르기 때문에 각각 우리 뇌의 다른 부분에서 행해진다. 2009년 MIT 연구진은 통찰력 있는 생각이 어떻게 일어나는지를 밝혔다.[4] 실험 참가자들이 구술형 문제를 푸는 동안 그들의 뇌 신호가 치밀하게 기록됐고, 참가자들은 문제의 답을 생각해내면 즉시 큰 소리로 그 답을 말해야 했다. 실험 결과에 따르면, 뇌의 두 영역이 문제 해결에 관여했고, 두 영역 모두 뇌의 오른쪽에 있었다. 한 영역은 뚜렷이 부각되지 않았지만, 통찰력 있는 생각의 결과로 답을 찾아낸 곳은 다른 영역이었다.

이쯤에서 누구나 짐작하겠지만, 문제 해결에 필요한 유익한 생각에 관여하는 두 영역은, 쓸데없는 생각과 관련된 영역과 완전히 다르다. 이런 추정은 2007년 토론토대학교에서 시행한 연구에서 실제로 입증됐다. 이 연구에서 연구진은 실험 참가자를 두 그룹으로 분류한 후 뇌 기능을 관찰했다. 하나는 무의미한 생각의 흐름에 자주 휩쓸리는 그룹이었고, 다른 하나는 현재에 정신을 집중하는 법을 가르치는 8주 강의를 수강한 그룹이었다.[5] 연구 결과에 따르면, 첫 번째 그룹이 무의미한 생각에 사로잡힌 경우에는 뇌의 중앙 영역이 활발히 움직인 반면, 현재의 순간에 정신을 집중하는 훈련을 받은 두 번째 그룹의 경우에는 뇌의 오른쪽 영역이 활성화됐지만, 통찰력 있는 생각에 사용되는 영역과는 달랐다.

이제 반가운 소식을 알려주고 싶다. 끝없이 이어지는 생각은 단순한 뇌 기능에 불과할 뿐, 우리 생각이 우리 자신은 아니라는 강력한 증거라는 것이다. 달리 말하면, 생각이 우리 자신을 규정하지는 않는다는 뜻이다. 거듭 말하지만, '당신이 당신의 생각은 아니다!' 우리 뇌는 우리에게 도움을 주려고 생물학적 기능으로 생각을 만들어낼 뿐이다. 게다가 이런 유형의 생각들이 각각 완전히 다른 뇌 영역에서 일어난다는 연구 결과는, 우리가 특정한 유형의 생각을 훈련해 키울 수 있다는 뜻이다.

과제를 수행하고 문제를 해결하려면 현재에 집중하는 능력이 필요하다. 현재에 집중하는 힘은 무척 유용한 기능이다. 객쩍은 공상에 불과한 허구적 생각, 즉 끝없이 이어지는 무의미한 생각은 엄격히 말하면 불필요한 생각이다. 더 가혹하게 말하면, 우리를 짜증나게 만들고 심리적 고통의 늪에 빠뜨리는 생각이다.

심리적 고통의 순환 고리

우리 조상들은 주변의 혹독한 환경에서 위험을 인지하면, 물리적으로 '투쟁 또는 도피 반응'을 일으켰다. 한편, 현대 세계에서 우리가 마주치는 대부분의 사건은 심리적인 안녕이나 개인적인 자존심에 위협을 가한다. 생존 메커니즘이 그런 위협으로부터 우리를 지켜주지 못하는 경우가 비일비재하다. 어떤 위협에든 만족할 정도로 반응하지 못하면, 우리 뇌는 그 미해결된 위협을 끝없이 이어지는 무익한 생각의 흐름에서 되살리는 경향이 있다.

행복 방정식에서 보았듯이 어떤 사건을 순환적으로 반복해 생각하면, 그 생각은 우리 기대에 미치지 못하기 때문에 심리적 고통으로 이어지기 마련이다. 이런 순환에 적절히 행동으로 대처하지 못하면, 그 생각은 끝없는 **심리적 고통의 순환 고리(Suffering Cycle)**에서 반복해서 떠오른다.

'심리적 고통의 순환 고리'를 끊어내려면 각 연결 마디에서 부정적 성향을 중화해야 한다.

결과와 상관없이, 가능한 범위 내에서 최선의 행동을 취하는 게 순환 고리를 끊는 가장 확실한 방법이다. 일단 행동이 취해지면, 우리 정신은 마땅히 행해져야 할 행위적 요소에 집중한다. 따라서 우리 뇌의 다른 영역이 관여하고, 우리 생각은 똑같은 생각에 끊임없이 매달리지 않고 행동의 결과를 추적해 관찰하는 쪽으로 이동한다.

순환 고리를 끊는 또 하나의 효과적인 방법은 생각이 심리적 고통으로 전환되는 걸 차단하는 것이다. 이 방법이 원만하게 성취되려면, 우리 뇌가 사건을 있는 그대로 받아들일 수 있도록 맹점을 바로잡아야 한다. 다시 말해, 우리 뇌에 의해 왜곡된 형태로 사건을 받아들여서는 안 된다. 이 방법에 대해서는 9장에서 자세히 살펴보기로 하자.

하지만 애초부터 이런 순환 고리가 시작되도록 허용한 이유는 무엇일까? 머릿속의 목소리를 조금이라도 잠재운다면 더 낫지 않을까?

머릿속 목소리를 관리하는 방법

우리는 심장과 근육을 의도적으로 통제할 수 있을까? 이 의문을 생각해보면 둘 사이에는 차이가 있다는 걸 어렵지 않게 알아낼 수 있다. 심장은 쉬지 않고 박동한다. 또한 심장 박동은 당신의 의도대로 중지할 수도 없다. 심장은 '자율적인' 장치다. 반면에 근육은 부분적으로 우리가 통제할 수 있다. 반사작용에 관련된 근육은 우리 의도와 상관없이 움직이지만, 팔을 사용해 묵직한 물건을 움직일 경우에는 우리 의도가 반드시 개입돼야 한다. 그 물건이 무척 무겁더라도 근육을 단련하면 그 일을 좀 더 효과적으로 수행할 수 있다. 우리 몸에는 이처럼 의식적으로 통제할 수 있는 시스템이 많다. 이제부터 이런 시스템을 '통제 가능한' 장치라고 부르기로 하자.

통제 가능한 시스템은 반사작용과 근본적으로 다르다.

우리는 뇌를 부분적으로 통제할 수 있기 때문에 뇌는 통제 가능한 장치라는 범주에 속한다. 우리는 무엇에 대해 생각하고, 어떻게 생각하며, 심지어 생각을 완전히 멈추라고 뇌에 지시할 수 있다. 연습하면 누구나 그런 통제력을 완벽하게 습득할 수 있다. 정말 믿기지 않는 굉장히 반가운 소식이 아닌가?

뇌를 통제한다는 주장이 공상 과학 영화의 주제처럼 들릴 수 있겠지만, 누구나 일상의 삶에서 얼마든지 뇌를 통제할 수 있다. 숙제에 집중하거나 재무 계획을 세우는 행위, 또는 특정한 주제를 두고 친구와 토론하는 행위는 모두 뇌에 대한 통제력을 연습하며 뇌에 무엇을 하라고 명령하는 사례들이다. 이런 방식을 이용하면, 우리는 머릿속에서 중얼거리는 목소리에 대한 통제력도 훈련할 수 있다.

내면의 목소리를 통제하는 능력을 키우려면 네 가지 기법을 습득해야 한다. 네 가지 기법은 선후 관계가 있기 때문에 순서대로 익혀야 한다. 단순하지만 연습이 필요한 기법들이다. 무엇이든 연습하면 쉬워지는 법이다. 따라서 네 가지 기법이 제2의 천성이 될 때까지 치열하게 연습하라! 잠깐이라도 연습을 중단하면, 우리 뇌는 과거의 습관으로 되돌아가는 경향을 띤다. 따라서 그때까지 연습한 성과가 물거품처럼 사라지는 경우도 적지 않지만, 그렇다고 놀랄 것은 없다. 뇌에게 점잖고 부드럽게 이렇게 말해보라. "네가 지금 무슨 짓을 하고 있는지 내가 잘 알지. 너도 힘들다는 걸 알아. 하지만 지금 네가 나에게 협력한다면 결국 우리 둘 모두에게 더 좋은 일이 생길 거야."

대사를 주시하라

먼저, 약간의 시간을 투자해서라도 당신이 길들이려는 머릿속의 목소리라는 야수와 친해져야 한다. 가장 효과적인 방법은 기회가 닿는 대로 차분히 앉아 머릿속에서 어떤 일이 벌어지고 있는지 관찰하는 것이다. '대사를 주시하기(observing the dialogue)'라고 일컬어지는 기법이다.

순간순간 떠오르는 생각을 억누르지 마라. 오히려 그 생각이 어떻게 전개되는지 유심히 지켜보라. 어떤 생각이든 유심히 관찰하고, 그 생각을 그냥 내버려두는 것이다. 다만, 그 생각이 당신은 아니라는 걸 잊지 말아야 한다. 생각은 나타났다가 사라지는 법이다. 당신이 힘을 부여하지 않는 한 어떤 생각도 당신을 지배하지 못한다.

대사를 주시하는 기법을 완벽하게 습득하면, 당신은 1990년대 미국 시트콤 〈사인필드〉를 시청하는 기분일 것이다. 내가 재밌게 보았던 이 시트콤은 '자질구레한 것들에 대한 이야기(a show about nothing)'로도 일컬어졌다. 당신은 대사를 유심히 따라가거나 빈번하게 웃지만, 대화에 굳이 참여할 필요는 없다. 머릿속의 어떤 말도 잘 잘못을 '심판' 해서는 안 되고, 대사의 단편을 두고 논쟁을 벌이려고 해서도 안 된다. 그저 당신의 뇌가 시트콤의 등장인물들처럼 말하도록 내버려두고, 당신은 듣기만 하라.

지금쯤이면 생각은 당신이 아니라는 걸 분명히 알고 있을 것이다. 따라서 생각에 영향을 받아 짜증내거나 화를 내는 경우가 크게 줄어들었을 것이다. 하나하나의 생각을 있는 그대로 관찰하고, 그 후에는 그대로 내버려두라. 날마다 출퇴근할 때, 다음 약속을 기다려야 할 때 이 훈련을 시도해보라. 약간의 여유가 생길 때마다 연습해보라. 머릿속의 생각을 관찰하는 시간을 가장 즐기는 취미로 삼아보라. 당신만의 '자질구레한 것들에 대한 이야기'를 듣는 시간으로 삼아보라.

이 훈련으로 기대할 수 있는 가장 바람직한 결과는 대략 이런 모습일 것이다. 어떤 생각을 주시하고 내버려두는 기술을 완벽하게 습득하면, 끄집어낼 만한 주제가 당신의 머릿속에서 금방 바닥날 것이다. 당신이 어떤 생각 하나를 고수하는 경우에만 대사의 관찰이 계속될 수 있을 뿐이다. 또한 당신 뇌가 이 훈련에 무척 신속히 길들여지는 것에 놀라지 않을 수 없을 것이다. 이 훈련을 통해 우리는 생각의 거칠고 공격적인 끝없는 흐름을 늦출 수 있다. 이런 경지에 이르렀다고 생각되면 다음 기법으로 넘어가라.

생각에서 감정으로 발전하는 과정을 주시하라

누구도 모든 생각을 무관심하게 내버려둘 수 없다. 어떤 생각이 거머리처럼 들러붙어 좀처럼 떨어지지 않는 경우가 적지 않다. 우리가 어떤 생각에 완전히 몰입해서 주변 세계를 거의 인식하지 못하는 경우가 여기에 해당한다. 이런 징조가 인지되면, 이때가 생각에서 감정으로 발전하는 과정, 즉 드라마를 주시하는 기법을 습득할 기회가 된다.

이 기법의 훈련은 생각에서 촉발되는 감정, 즉 당신의 기분을 솔직히 인정하는 것으로 시작된다. 그 기분에 저항하지 말고, 그 기분을 그대로 받아들여라. 물론 문제를 해결하기 위한 시도가 아니라, 문제를 더 정확히 이해하려는 노력의 일환으로 더 깊이 파고들 수 있다. 이를테면 당신이 화가 난 이유, 또는 불안에 떠는 이유를 곰곰이 따져보라. 어떤 생각이 당신을 여기까지 끌고 왔는가?

한때 나는 조용한 시간을 즐기려고 카페를 찾을 때마다, 어린아이들이 우는 소리나 주변에서 뛰노는 소리에 짜증내곤 했다. 내가 가는 곳마다 꼬마 방해꾼들이 나타나는 것 같았다. 믿기 힘들겠지만, 이 구절을 쓸 때도 나는 손님이 거의 없는 카페를 찾았고, 이번에도 예외 없이 바로 뒷자리에서 꼬마들이 아우성쳤다. 과거였다면 나는 분노한 생각으로 속을 부글부글 끓였을 것이다. '저 부모들은 대체 뭘 하고 있는 거야? 다른 사람들을 위한 배려나 책임감이 전혀 없는 거야?'

이런 생각이 꼬리를 물고 이어질수록 내 분노는 더욱 깊어갔다. 그런데 어느 날, 나는 드라마를 주시하는 법을 터득했다. 시끄러운 꼬마들에 초점을 맞추지 않고, 내게 분노를 촉발한 생각을 주시했다. 그리고 이런 의문을 품었다. '내가 이렇게 열불을 내는 이유가 뭐지? 왜 내가 이렇게 화가 난 거지? 시끄러운 음악에는 짜증을 내지 않으면서 아이들의 소리에는 화를 내는 이유가 뭐지?' (나는 헤비메탈 팬이다. 아이들의 괴성이 헤비메탈보다 시끄럽지는 않다.)

이렇게 접근하자 모든 것이 명백해졌다.

내가 지금보다 젊었을 때, 내게는 따사로운 햇살 같은 딸 아야는 기운이 넘쳤다(물론 딸아이는 지금도 활력이 넘친다). 우리가 함께 외출할 때마다 아야는 끊임없이 종알거렸다. 그 때문에 나는 무척 당혹스럽고 불편하기까지 했다. 자식을 제대로 '통제'하지 못하는 아버지라는 생각은 내 자존심에 상처를 주었다. 게다가 다른 사람의 조용한 시간을 망치고 싶은 의도가 전혀 없었던 까닭에 죄책감마저 느꼈다. 당시 나는 당혹감에 휩싸이면 드라마에서 다른 등장인물이 됐다. 달리 말하면, 나 때문에 마음의 평화가 깨지는 인물이 됐다. 수년이 지난 후에도 내 뇌는 여전히 어린아이의 고함을 당혹감이나 죄책감과 관련시켰던 것이다.

그러나 내가 어떤 느낌이나 감정에 휩싸이는 '이유'를 알게 되자, 그 감정을 다루기가 쉬워졌다. 이제 어린아이의 고함에 나는 크게 신경 쓰지 않는다. 아이들은 비명을 지르고 괴성을 지른다. 그래도 내 평정심은 흔들리지 않는다. 요즘 그런 소음을 들으면, 아야의 어린 시절에 대한 기억이 떠올라 나도 모르게 미소를 짓는다. 아야는 그런 기운을 적극적으로 활용해 지금과 같은 예술가가 됐고, 잠시도 가만히 있지 못하는 성격 덕분에 나보다 훨씬 많은 지역을 여행하며 성장했다. 과거에는 나를 화나게 했던 사건이 이제는 나에게 행복을 안겨주는 셈이다. 생각을 재정리하면 감정도 재정리된다.

요즘에 어떤 가족이 유모차를 끌고 와 내 옆자리에 앉는다고 해보

자. 어김없이 요란한 괴성이 들리지만, 나는 미소를 지어 보일 뿐이다. 맹세하지만 조금도 거짓말이 아니다. 어린 아야, 네가 그립구나.

드라마를 주시하기 시작하라. 현재의 감정이 생긴 이유를 역추적하는 단순한 행위, 즉 현재의 감정을 유발한 생각이 무엇인지 추적하려는 행위만으로도 우리는 숨을 돌리며 냉정을 되찾는 기회를 확보할 수 있다. 생각과 감정의 관련성에 집중하려면, 뇌에서 문제 해결과 관련된 부분을 사용하게 된다. 따라서 역추적은 끝없는 목소리를 중단하는 데도 도움이 되지만, 현재의 감정을 유발한 생각을 정확히 찾아내는 데도 도움이 된다. 현재의 감정을 냉정히 주시하면, 감정이 종종 생각을 정확히 반영하지 않는다는 걸 알게 되고, 감정이란 것이 속을 계속 부글부글 끓으며 가슴앓이할 정도로 가치 있는 것도 아니라는 걸 깨닫게 된다.

이 훈련에 익숙해지면 우리는 뇌의 반복적 패턴을 어렵지 않게 인지할 수 있으며, 뇌의 속임수도 훤히 읽어낼 수 있다. 따라서 뇌가 속임수를 쓰면, 우리는 빙긋 웃으며 뇌에게 이렇게 말해줄 것이다. "헤헤, 멍청한 짓은 그만해, 뇌야! 왜 나한테 더 나은 생각을 제시하지 않는 거야?"

더 나은 생각을 제시해보라

부정적인 생각이 일단 마음속에 자리 잡으면 떨쳐내기가 무척 어려워진다. 미성숙한 뇌에게는 매달리고 의지해야 할 생각이 필요하다. 부정적인 생각을 비워내면 빈자리가 남지만, 그 빈자리는 동일한 분위기를 띤 생각, 즉 또 다른 부정적인 생각으로 금세 채워진다. 따라서 당신이 암울한 곳에 있는 경우에는 온 세상이 금방이라도 무너질 것 같은 기분에 사로잡히기 십상이다. 꼬리를 물고 이어지는 부정적인 생각이 당신을 옭아맬 것이기 때문이다. 이런 순환 고리를 깨뜨릴 수 있다면 얼마나 좋겠는가! 그 빈자리를 행복한 생각으로 채우면, 다른 부정적인 생각이 끼어들 여지가 없을 것이다.

이쯤에서 재밌는 훈련이 시작된다.

무척 단순한 훈련 방법이다. 아래에서 굵은 활자체로 쓰인 단어를 유심히 보라. 온 정신을 집중해 2~3초 동안 그 단어를 뚫어져라 쳐다보라.

코끼리

지금 당신은 무엇에 대해 생각하고 있는가? 혹시 코끼리를 생각하고 있는 것은 아닌가? 조금 전까지 당신이 무엇을 생각했더라도 '코끼리'라는 단어를 보고 읽는 순간 당신의 생각은 분명히 바뀌었을 것이다.

무척 단순하게 들릴 수 있겠지만, 이 비밀은 생각의 순환을 완전히 허물어뜨릴 수 있는 구멍이다. 이 은밀한 유도의 영향은 충분히 예측할 수 있다. 우리 뇌는 어떤 생각의 유혹을 받을 때마다 그 미끼를 어김없이 낚아챈다. 우리 뇌는 그 유혹을 피하지 못한다. 우리는 뇌의 이런 속성을 무척 유효하게 이용할 수 있다. 다시 말하면, 우리가 원하는 것을 의도적으로 생각함으로써 뇌가 그것에 집중하도록 유도할 수 있다.

물론 선택 가능성은 무한하다. 당신이라면 뇌에게 무엇을 생각하라고 명령하겠는가? 그렇다, 정답이다!

우리가 원하는 대로 어떤 생각에나 뇌를 유도할 수 있다면, 행복한 생각으로 뇌를 유도하지 못할 이유가 어디에 있겠는가?

아야가 다섯 살이던 어느 날, 자그마한 일로 상심하고는 끊임없이 울어댔다. 나는 아야에게 그까짓 일로 울어야 할 이유가 없다는 걸 설명하려고 진땀을 흘렸다. 아야는 눈물이 글썽한 눈으로 나를 바라보며 귀엽기 그지없이 말했다. "아빠, 내가 울 때는 나를 울린 것에 대해 아무 말도 하지 마세요. 내가 행복하기를 정말 바란다면 '간지럼'을 태워주세요." 그렇지! 단순하지만 지혜가 담긴 그 말은 가슴에 깊이 파고들었다. 우리는 불행을 쫓아낼 해법이 간절히 필요하다고 생각하지만, 우리가 불행한 이유가 합리적이지 않은 때가 많다. 전제 자체가 잘못된 경우에 그렇듯이, 그런 불행은 완전히 해소할 방법이 없다. 따라서 행복해지는 가장 쉬운 방법은 '그냥 행복한 것' 이다. 불행한 생각을 제거하고, 불행한 생각을 행복한 생각으로 대체한 후에 행복한 생각이 마음대로 활개 치도록 내버려두는 것이다.

이제부터 괴로운 생각이 꿈틀거리면, 다른 생각으로 뇌를 유도해보라. 때때로 우리 삶은 그 정도의 자격밖에 없다!

하지만 반드시 기억해야 할 무척 중요한 사실이 있다. 내재화된 생각은 무의식의 영역에서 일어난다는 것이다. 단어로 표현되는 의식 세계와 달리, 무의식 세계는 우리가 단어를 사용하기 훨씬 전에 형성된다. 따라서 시각 심상(visual image)과 감각은 무의식 세계에서 통용되는 것이다. 무의식 세계에는 '아니요(no)' 에 해당하는 심상이 없다는 점이 중요하다. 달리 말하면, 무의식의 뇌는 부정(否定)을 처리하지 못한다. 의식 세계에서 우리는 어떤 개념을 어렵지 않게 부정할 수 있다. '심리적 고통, 없음(no suffering)' 이라는 예를 생각해보라. 그러나 무의식 세계는 우리가 의식 세계에서는 부정하고 싶은 '심리적 고통' 이라는 개념을 그대로 받아들여, 그 개념에 대해 알고 있는 대로 생각할 뿐이다. 따라서 어떤 개념을 부정하려고 안달하는 대신, 그 개념을 정반대의 것으로 대체해야 한다. 무의식 세계에서는 '심리적 고통, 없음' 이란 개념을 생각할 순 없지만 '행복' 이란 개념은 얼마든지 생각할 수 있다. 결론적으로, 당신이 싫어하는 상황을 '부정' 하는 방향으로 생각하지 말고 완전히 다른 상황에 있다고 생각해보라. 인간관계를 끊겠다며 부정적으로 생각하지 말고, 새롭게 시작하고 싶은 다른 인간관계에 대해 생각해보라. 이것이 당신의 생각 습관을 행복한 생각으로 바꿔가는 최고의 방법이다.

기억하라! ➝ **행복은 어떤 개념에서나 긍정적인 면에 있다.**

행복한 생각이라는 무기를 완벽하게 갖추는 가장 쉬운 방법은 '행복 목록'을 활용하는 것이다(1장 참조). 행복한 생각은 당신에게 아픔을 안겨준 우울한 사건과 어떤 식으로든 관계가 있을 필요가 없다. 목록에 쓰여 있는 행복한 생각들로 부정적인 생각의 흐름을 끊어내고, 그렇게 생긴 빈자리를 신속하게 채우면 된다. 게다가 부정적인 생각의 흐름이 끊어지면, 긍정적인 관점에서 생각을 다시 시작하는 것도 훨씬 쉬워질 것이다.

처음에는 이 기법을 적용하기 쉽지 않을 수 있다. 그럴 경우에는 색인 카드에 행복 목록을 써두고 항상 가지고 다녀라. 이보다 더 효과적인 방법을 알고 있는가? 그렇다면 그 방법을 사용하라. 예를 들어, 휴대전화에 행복한 생각과 관련된 사진이나 그림을 붙여둔다면 언제라도 부정적인 생각을 그 생각으로 교체할 수 있지 않겠는가.

한동안 나는 19가지의 행복한 생각을 정리한 수첩을 어디에나 가지고 다녔다. 지금은 그 수첩을 꺼낼 필요도 없다. 부정적인 생각을 쫓아내기에 적합한 이미지가 머릿속에 자동적으로 떠오르기 때문이다. 이처럼 마음이 긍정적인 상태로 리셋되면, 나는 당면한 문젯거리에 집중하기 시작한다. 특히 내 의지로 통제할 수 있는 부분에 집중하며, 상황을 좋은 쪽으로 바꿔가기 위해 긍정적인 에너지와 유용한 생각을 적극적으로 활용한다.

행복 목록을 수세적으로 사용하지 않고 선제적으로 활용한다면 더 나은 효과를 기대할 수 있다. 예를 들어, 당신의 행복 목록을 하루에 몇 번이고 꺼내 집중해서 읽어보라. 당신을 행복하게 해주는 생각들을 훤히 알게 되면, 부정적인 생각이 꿈틀댈 때까지 굳이 기다릴 필요가 없다. 당신 뇌가 긍정적인 영역에서 활동하는 시간이 길어지면, 부정적인 영역으로 쉽게 옮겨 가지 못한다. 게다가 당신 뇌에서 쓸모없는 부분이 줄어든다(사용하지 않는 부분은 다행스럽게도 기능을 상실한다).

연습을 통해 당신은 이 과정을 한 단계 더 끌고 나아갈 수 있다. 구체적으로 말하면, 뇌가 지금까지 부정적으로 생각하던 사건에 담긴 행복한 면을 생각하도록 뇌를 유도하는 방법도 연습을 통해 습득할 수 있다. 어떤 쟁점의 긍정적인 면을 알아낼 만한 일련의 질문을 미리 준비해두면, 이 연습을 한층 효과적으로 해낼 수 있을 것이다.

'나는 내 직업을 혐오한다' 라는 생각을 예로 들어보자. 당신 뇌가 이 부정적인 생각을 그대로 받아들이면, 직장에서 당신을 우울하게 만드는 모든 업무에 부정적인 생각이 파고들 것이다. 따라서 부정적인 생각에서 벗어나려면, '내 직업에도 내가 좋아하는 것이 틀림없이 있을 거야. 그것이 무엇일까?' 라는 질문으로 당신의 뇌를 유도해야 한다.

처음에 당신의 뇌는 이런 유도에 협력하지 않으며 원래의 길을 고수하고, 심지어 또 다른 부정적인 생각, 이를테면 '나는 이래라저래라 지시하는 상관을 혐오한다' 라는 생각까지 찾아낼 것이다. 이런 저항에는 여섯 살짜리 꼬마에게 말하듯이 차분하게 "이곳에 내가 '좋아하는' 게 뭐가 있을까?"라는 질문을 제기하는 방식으로 대응해 보라. 이렇게 대응하면, 적어도 부분적으로는 긍정적인 면, 이를테면 "그래도 접수원은 친절하잖아. 이곳에서 근무하는 사람들은 험악해도." 같은 면들을 찾아낼 수 있을 것이다. 계속 이런 식으로 대응하면 긍정적인 생각들이 하나둘씩 더 생각나기 마련이다. "아래층 커피숍도 마음에 들어. 출퇴근하는 교통편도 편하고. 월급도 그다지 적지 않아." 이런 긍정적인 생각들을 고수하라! 결국에는 그런 긍정적인 생각들이 유익한 효과를 발휘하며, 컵에 물이 반이나 채워져 있다고 생각하게 될 것이다.

이 세상에 전적으로 나쁜 것은 없다. 따라서 당신은 좋은 면을 찾아내 그것에 생각을 집중하도록 당신의 뇌를 훈련시켜야 한다. 행복 목록을 작성하던 때와 똑같은 방식으로, 예를 들면 "이 상황의 좋은 점은 무엇인가? 나는 여기에서 무엇을 좋아하는 가?" 등과 같이 긍정적인 면으로 우리를 유도할 수 있는 포괄적 질문표를 작성해보라. 이런 질문들은 "이 컵의 절반을 가득 채운 것은 무엇인 가?"라는 하나의 질문으로 요약될 수 있다.

이렇게 생각하는 방식에 익숙해지면 모든 것에서 좋은 면을 어렵지 않게 찾아낼 수 있다. 어디에나 좋은 점은 있다. 좋은 점을 찾으려고 애쓰지 않았을 뿐이다. 이런 식으로 훈련하면, 당신의 뇌는 부정적인 생각으로 크게 발전하지 못하며, 당신의 관심을 얻는 유일한 방법은 긍정적으로 생각하는 것이란 걸 깨닫게 된다. 결국 당신의 뇌는 긍정적인 방향으로 생각하도록 길들여진다.

생각의 방향을 재조정하는 게 쉽게 느껴지면, 그 과정을 훨씬 더 합리적으로 바꿔갈 수도 있는 수준에 이르렀다는 뜻이다. 다음에 부정적인 생각이 머릿속에서 꿈틀대면 '더 행복한 생각을 해야지!' 라고 반응해보라. 그렇게 머릿속으로 말하는 것만으로도 충분할 것이다. 평소처럼 당신 뇌는 처음에는 그 명령을 회피하려 하겠지만, 당신이 고집을 꺾지 않으면 당신 뇌는 당신의 명령을 따른다. 그때부터 당신은 행복한 생각이 실제로 떠오를 때까지 '더 행복한 생각을 해야지!' 라는 말을 되풀이하면 된다. 이처럼 생각의 방향을 그럭저럭 조정하는 사람은 이른바 '뇌 제어(brain control)'에 근접한 사람이다.

축하한다! 이제부터 **대장**은
당신이지, 당신의 뇌가 아니다!

오리야, 제발 그 입 좀 다물라

당신 머릿속에서 중얼거리는 목소리를 한동안 주시했다면 내가 앞으로 무엇이라고 말할지 짐작할 수 있을 것이다. 당신 머릿속에 작은 오리 한 마리가 숨어 있는 기분이 들지 않는가? 그 오리가  잠시도 쉬지 않고 꽥꽥 울어댄다고 생각되지 않는가? 그놈의 오리는 당신에게 잠시도 평화로운 순간을 허락하지 않는다. 끊임없이 꽥꽥 울어댄다. 하지만 나는 뇌를 긍정적으로 생각하도록 유도하는 방법을 배운 후, 《우리가 만들어가는 삶》을 쓴 피트 코헨의 강연을 들을 기회가 있었다. 강연에서 코헨은 머릿속의 끝없는 목소리가 일류 운동선수의 경기력에 어떤 영향을 끼치는지에 대해 설명했고, 나는 강연을 들으며 '이제 나는 오리가 긍정적인 방향으로 꽥꽥거리게 만드는 방법을 알고 있어. 하지만 피트의 말이 옳아. 때로는 오리의 입을 다물게 만들고 싶을 때가 있어!' 라고 생각했다.

마음의 평화를 유지하는 데 도움을 주는 유명한 명상 기법은 많다. 대부분의 명상 기법이 아름다운 장미, 깜박거리는 촛불, 우리 자신의 호흡 등 생각의 범위 밖에 존재하는 것에 정신을 집중하라고 가르친다.

하지만 명상은 생활 방식 자체가 아니다. 명상은 어떤 생활 방식을 우리에게 인도하려는 일종의 훈련이다. 그 훈련이 끝난 후에 우리가 평소처럼 '온갖 생각으로 가득한 머리' 라는 생활 방식으로 돌아간다면 명상이라는 훈련이 무슨 쓸모가 있겠는가? 명상 훈련의 궁극적인 목적은 명상실 밖에서도 각성 상태로 살아가는 것이다. 그 목적이 성취되면 명상은 온종일 우리의 삶을 끌어가는 생활 방식이 된다.

뇌가 작동하는 방식에서 또 하나의 특이한 점은 당신이 마음의 평화를 성취하는 데 도움을 줄 수 있다는 것이다. 뇌는 컴퓨터공학에서 시리얼 프로세서(serial processor: 순차 중앙처리장치)로 알려진 것에 비교된다. 달리 말하면, 뇌가 한 번에 하나의 생각에만 집중할 수 있다는 것이다. 때때로 당신이 머릿속에서 수많은 생각으로 갈등하는 듯한 기분이더라도 당신의 뇌는 실제로 그 생각들을 하나씩 빠른 속도로 훑고 지나가고 있을 뿐이다.

1분 정도의 시간을 투자해 다음 게임을 해보자. 어떤 것이라도 좋으니, 두 가지를 동시에 생각하려고 해보라. 이를테면, 당신이 어제 친구와 한 말다툼의 내용을 기억해내는 동시에 지난 주말에 가족들과 함께 나눈 즐거움을 생각하려고 하는 것이다. 계속 시도해보라. 쉽지 않겠지만 또다시 시도해보라. 어렵지 않은가? 이번에는 643부터 하나씩 마음속으로 헤아려 내려가는 동시에 소리 내어 책을 읽어보라. 책을 읽을 때는 셈이 중단되고, 셈이 시작되면 책 읽기가 중단되는 걸 어렵지 않게 인지할 수 있을 것이다. 내면의 대화도 다르지 않다. 두뇌라는 경이로운 기계도 한 번에 하나밖에 해낼 수 없다.

기억하라! ➡ **두뇌가 멀티태스킹을 한다고? 거짓말이다!**

우리는 뇌의 이런 특성을 우리에게 유리한 방향으로 이용할 수 있다. 우리 머릿속에서 끊임없이 꽥꽥대는 오리의 입을 다물게 할 방법을 나에게 추천해달라고 한다면, 뇌가 생각하거나 평가하고 판단할 수 없는 것, 즉 뇌가 지켜볼 수밖에 없는 것으로 뇌를 넘치도록 채우라고 답할 것이다. 쉽게 말하면, 외부의 것에 관심을 집중하라는 뜻이다. 예를 들어, 방을 환히 밝히는 전등불을 지켜보거나, 책상 위에 놓인 것에 시선을 집중해보라. 아니면 주방에 스며드는 커피 향에 몰두하거나 탁자의 나뭇결을 유심히 뜯어보고, 또는 멀리서 들려오는 자동차 소리에 귀를 기울여보라. 어떤 것도 무심히 지나치지 마라. 사소한 것도 간과하지 말고 주변의 모든 것을 주의 깊게 관찰하라. 당신이 갓난아이였을 때 이렇게 했다. 그저 지켜보기만 하라.

다른 방법으로는 명상 기법을 모방해 관심을 내면으로 돌릴 수도 있다. 당신의 몸에 세심한 주의를 기울여보라. 어제 한 운동 때문에 욱신거리는 근육이나, 너무 오랫동안 의자에 앉아 있어 쑤시듯 아픈 허리의 하소연을 조용히 들어보라. 호흡을 관찰하거나, 온몸을 휘감아 도는 피의 순환을 느껴보라.

당신의 뇌는 무한히 많은 자극을 꾸준히 걸러낸다. 이런 여과를 통해 뇌는 자체의 생각에 사로잡힌 순환 고리에서 벗어날 수 있다. 뇌가 한 번에 처리할 수 있는 하나의 것으로는 '생각이 아닌 다른 것'을 선택해야 한다. 외부 세계의 신호들로 뇌를 가득 채우면, 뇌는 부글거리는 환상에서 살아가는 삶을 중단할 수밖에 없다. 이런 훈련을 통해 여과 장치가 사라질 때마다 뇌에는 처리해야 할 과제가 새롭게 주어지며, 그 결과로 쓸모없는 생각에 관여하는 뇌의 역량도 줄어들기 마련이다.

이 기법은 뇌를 좋은 생각으로 유도하는 게 아니다. 아예 생각하지 않는 방향으로 뇌를 유도하는 기법이다. 이때 침묵이 시작되고, 평화로운 함박웃음이 지어진다!

하지만 조심해야 한다. 침묵은 당신의 뇌에게 무척 불편한 영역일 수 있다. 어쨌든 뇌는 대장 노릇을 하는 데 익숙하므로, 머릿속의 목소리를 끊고 잇는 당신의 힘은 뇌에게 존재의 위협으로 느껴질 수 있다. 따라서 뇌는 더 많은 생각을 만들어내며 반격을 가한다. 이때 최선의 대응책은 차분한 마음을 유지하며, 내면세계만이 아니라 외부 세계까지 침착하게 주시하는 것이다. 그리고 침묵이 회복될 때까지 여과 장치를 하나씩 꾸준히 제거해 나간다.

당시 나는 분석적인 사고와 수리 능력이 뛰어나다는 좌뇌형 테크놀로지 담당 책임자로 수년을 보낸 뒤였지만, 이 기법을 사용해 뇌의 플러그를 뽑는 방법을 터득했다. 달리 말하면, 내면의 목소리를 중단시키는 법을 습득했다. 덕분에 오랜 시간을 비행할 때도 나는 순진해 보이는 미소를 띤 채 거의 생각하지 않으며, 심지어 아무런 생각도 없이 시간을 보낸다. 그야말로 '천국'이다. 마음만 먹으면 언제라도 모든 생각을 끊을 수 있다. 내 뇌에게 단호히 "입을 다물면 좋겠어, 지금 당장!"이라고 말한 후에 감각적 여과 장치들을 제거하고, 뇌의 잔소리가 없는 세계를 즐긴다.

직접 시험해보라. 무엇과도 비교할 수 없는 환희를 맛볼 수 있을 테니까.

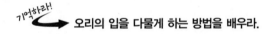
기억하라! 오리의 입을 다물게 하는 방법을 배우라.

'더 원'

1999년에 개봉된 공상 과학 영화 〈매트릭스〉에서는 지각력을 지닌 기계가 만들어낸 '모조품', 즉 가상현실이 인류를 진압할 목적에서 사용된다. 키아누 리브스가 연기한 주인공 '더 원(The One)'으로 알려진 네오는 인류의 구원자로 선택받는다. 매트릭스가 그의 뇌에 심어놓은 가상의 이미지와 생각 너머를 보게 되자, 그의 눈앞에 있는 모든 것이 1과 0으로 변한다. 네오는 이런 변화를 절대적인 통찰력의 형성으로 받아들였고, 그런 통찰력은 주변 환경에 대한 완전한 통제력으로 이어졌다. 그때부터 어떤 것도 네오를 해칠 수 없었다. 매트릭스 '에이전트'들의 놀라울 정도로 빠른 움직임이 네오의 눈에는 슬로 모션으로 보였고, 따라서 네오는 힘들이지 않고 그들의 주먹을 멈추고 그들이 쏜 탄환을 피할 수 있었다.

우리는 '생각의 환상'을 간파하기 시작할 때부터 이 정도의 숙련도에 이르기를 바란다. 우리 행복은 주변 세계의 조건보다, 그런 조건을 두고 우리가 만들어내는 생각에 크게 좌우된다. 대사만이 아니라 생각에서 감정으로 발전하는 과정까지 차분히 주시하는 방법도 터득한 뒤라면, 우리 눈앞의 모든 것이 1과 0의 조합으로 변하기 시작한다. 따라서 우리는 머릿속의 생각을 지켜볼 수 있으며, 생각이 우리를 지배하는 힘은 결국 우리가 생각에게 부여한 힘에 불과하다는 것도 알게 된다.

네오에게 그랬듯이, 우리에게도 생각이 무척 느릿하게 흐르는 것처럼 느껴진다. 따라서 생각 하나하나를 주시하며, 생각의 공격을 재빨리 피할 수 있게 된다. 우리가 뇌에게 잔소리를 끊으라고 명령하는 방법을 습득하고, 더 바람직하고 긍정적인 방향으로 생각하는 힘을 향상하는 방법까지 터득한다면, 우리가 완전한 통제권을 지닌 그런 단계에 도달할 수 있을 것이다. 이때 우리는 뇌에게 주변 세계를 어떻게 이해하라고 명령할 수 있을 것이다.

영화 〈매트릭스〉에서 잊히지 않는 장면 중 하나는, 네오가 세상의 진실한 모습을 알게 됐을 때 지독히도 무덤덤하게 변하는 네오의 얼굴이다. 에이전트들은 공격할 때 감정적으로나 육체적으로나 완전히 몰입하지만, 네오는 매트릭스의 공격에 놀라지도 않고 동요하지도 않는다. 네오는 해야 할 일을 할 뿐이며, 그 싸움에 이미 승리했다는 것도 알고 있다. 따라서 네오의 마음은 그지없이 평화롭다.

당신도 '더 원'이 될 수 있다. 뇌가 발사한 탄환을 멈출 수 있을 뿐만 아니라, 탄환이 번개처럼 지나가더라도 탄환의 궤적을 여유롭게 지켜볼 수 있다.

물론 이런 수준에 이르려면 상당한 시간이 걸리겠지만, 이 수준에 이를 때까지 다른 목표에 한눈팔아서는 안 된다. 태권도에 비유해서 말하면, 이 수준은 마인드 컨트롤의 검은 띠다. 완전한 마음의 평온에 이른 상태다.

더는 헛된 환상에 속는 바보가 되지 마라.

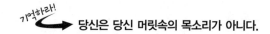

당신은 당신 머릿속의 목소리가 아니다.

그럼 당신은 누구인가?

우리는 우리 머릿속에서 맴도는 생각이 아니라는 말이 무슨 뜻인지 설명하면, 대부분의 사람이 거의 언제나 안도의 미소를 짓는다. 그들의 머릿속에서 꽥꽥대는 오리의 소리에 더는 귀를 기울일 필요가 없다는 걸 깨달았기 때문이다. 하지만 잠시 후 새로운 혼돈이 시작된다. 그들의 뇌가 곧바로 대대적인 공격을 시작하며 근본적인 질문을 제기한다. '내가 내 머릿속의 목소리가 아니라면, 나는 누구란 말인가?'

좋은 질문이다. 다음 장으로 넘어가기 전에 이 질문의 답을 잠시 생각해보라.

4장
—

당신은 누구인가?

당신의 현재 위치

논리적 기록

6 가지
큰 환상

○ 생각
○ 자아
○ 지식
○ 시간
○ 통제
○ 두려움

결함

7 가지
맹점(또는 결함)

○ 여과
○ 추정
○ 예측
○ 기억
○ 분류
○ 감정
○ 과장

통찰

5 가지
궁극적인 진실

○ 지금
○ 변화
○ 사랑
○ 죽음
○ 설계

'당신은 누구인가?'라는 질문은 우리에게 제기되는 가장 핵심적인 질문 중 하나다. 궁극적으로 우리는 우리 자신을 위해 일생을 보낸다고 말해도 지나친 말이 아니다. 물건을 구매하고 싸우고 논쟁하며 사랑하고 부양하고 운동하고 돈벌이하며 새로운 것을 학습하는 이유가 무엇인가? 실제의 당신과는 조금도 닮지 않은 모습, 즉 거짓으로 꾸며진 당신의 욕구를 만족시키기 위한 행위다. 따라서 당신의 진정한 욕구는 결코 충족되지 않고, 심지어 진정한 욕구가 무엇인지 확인조차 되지 않더라도 전혀 놀랍지 않다.

자아의 환상(Illusion of Self)은 우리 내면에 가장 깊이 내재된 다층화된 환상 중 하나다. '자아의 환상'에 대한 판독은 먼 옛날부터 인류에게 주어진 중대한 숙제였다. 따라서 철학자와 신학자와 정신분석학자가 이 환상을 꿰뚫어 보려고 온갖 시도를 다 했지만, 지금도 대부분의 사람이 여전히 가면 위에 가면을 쓴 채 살아가고 있다.

　자아의 환상은 물리적 형태를 띤 몸이 곧 우리라는 믿음에서 시작된다. 한 층 아래에는 우리와 전혀 다른 모습을 띤 존재(ego)가 있으며, 가장 깊은 층까지 내려가면 우리는 세상에서 우리의 위치까지 착각하게 된다. 러시아 마트료시카 인형처럼, 우리의 진실한 모습은 하나씩 벗겨내야 하는 여러 층의 환상 아래에 감춰져 있다.

　이 환상들을 하나씩 벗겨내면, 처음에는 우리와 전혀 다른 모습을 발견하게 된다. 그래도 환상이라는 층을 계속 하나씩 벗겨내면, 확실하고 진실한 층에 결국엔 도달한다. 달리 말하면, '지각(perception)'과 '영속성(permanence)'에 관련된 검사를 견뎌내는 층에 도달한다.

지각 검사는 주체와 객체를 정확히 파악하느냐에 대한 검증이다. 만약 당신이 주변의 대상들을 관찰할 수 있는 주체라면, 당신은 관찰의 대상인 객체가 아니다. 예를 들어 당신이 지금 이 책을 바라보고 있다면, 당연한 말이겠지만 당신은 이 책이 아니다. 지구라는 행성을 관찰하는 유일한 방법은 지구 밖에 관찰점을 두는 것이다. 쉽지 않은가?

한편, 영속성 검사는 불변성 여부와 관계가 있다. 당신과 관련된 어떤 속성이 변하더라도 다른 부분들이 변하지 않은 상태라면, 그 속성이 당신은 아니다. 예를 들어 당신이 과거에는 교사였고 지금은 작가라면, 교사와 작가라는 직업은 변하는 영역이지만 둘 모두 영속적인 당신은 아니다.

3장에서 우리는 현대인의 잘못된 믿음에 대해 지적하며, 당신 생각이 당신을 규정하는 것도 아니고, 당신이 당신 생각도 아니라는 걸 명확히 입증했다. 이 잘못된 믿음에 두 검사를 적용해보자. 당신 생각은 지각 검사를 이겨내지 못한다. 당신이 당신 생각이라면, 어떻게 당신이 당신 생각을 관찰하고 주시할 수 있겠는가? 이미지가 화면에 나타나듯이 온갖 생각이 당신 머릿속에 떠오른다. 당신은 이미지도 아니고, 화면도 아니다. 당신이 이미지를 관찰할 수 있다는 사실은, 이미지가 당신과 완전히 다른 개체라는 증거다. 당신 생각은 영속성 검사도 이겨내지 못한다. 당신은 존재하는 걸 한순간도 중단할 수 없지만 생각하기는 얼마든지 중단할 수 있다. 당신은 끊임없이 존재하지만 생각은 중단되는 때가 있고, 당신은 변함없지만 생각은 변하는 때가 있다는 사실은, 생각이 당신과 완전히 다른 별

개의 개체라는 증거다. 생각은 두 검사를 통과하지 못한다. 따라서 생각은 실제의 당신이 아니다. 이 간단한 검사법을 인간과 관련된 특성들에 적용해보자.

이 장에서는 참신한 아이디어들이 연이어 제시된다. 따라서 맑은 정신으로 편한 자세를 취하기 바란다. 시원한 탄산음료까지 준비해두면 금상첨화일 것이다.

당신은 무엇이 아닌가?

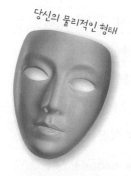

당신의 물리적인 형태

'당신은 누구인가?'라는 핵심적인 질문에 접근하기 전에, 당신이 확실히 아닌 껍질 층을 하나씩 벗겨내기는 더 쉽다.

당신 몸은 모두가 당신이라고 확인해주는 물리적인 형태다. 이목구비와 지문과 DNA는 조금의 오차도 없이 당신을 확인해준다. 당신의 모든 것이 몸뚱이와 관련된다. 당신 몸은 분명히 당신이며, 다른 사람이 될 수 없다!

그러나 솔직히 대답해보자. 당신은 거울에 비친 당신 모습을 보며 당신이 아니라고 느낀 적이 없었는가? 나는 그렇게 느낀 적이 한두 번이 아니었고, 지금도 종종 그렇게 느낀다. 당신은 비디오테이프에 녹화된 당신 모습을 보며 '이상한데? 내 모습 같지가 않아!'라고 생각해본 적이 없는가? 녹음기에서 흘러나오는 당신 목소리를 들어본 적이 있는가? 당신 목소리처럼 들렸는가? 출판사로부터 이 책의 오디오판을 녹음하자는 제안을 받기 전까지, 나는 내 목소리가 어린 여자아이처럼 들린다고 생각했다. 하지만 내가 그렇게 말하자 모두가 낄낄대고 웃었다. 그제야 내 목소리가 굵고 낮은 편이라는 걸 알았다. 지금까지 당신은 당신 자신과 무관하다고 느낀 적이 없겠지만, 나이를 먹어 외적인 모습이 변하면 내적인 기분은 변함이 없더라도 십중팔구 당신은 당신 자신과 아무런 관계가 없다고 생각하게 될 것이다.

영속성 검사와 관련해 생각해보자. 지금 서울에 비친 당신 몸이 당신이라면, 여섯 살이었을 때의 몸은 누구였는가? 그 몸은 당신이 아니었는가? 몸무게가 늘어나 뚱뚱해지면 어떻게 되는가? 그 몸은 더욱더 당신인가? 불운한 사고로 손가락 하나가 유일한 지문과 함께 영원히 사라졌다면, 당신은 더 이상 당신이 아닌가? 잘려 나간 손톱은 당신의 작은 일부인가? 신장 이식수술을 받는다면 어떻게 되는가? 수술받은 후의 당신은 공여자의 일부와 당신의 일부가 되는가?

우리의 물리적인 몸은 50조~70조 개의 세포로 이루어지며, 그중 200만~300만 개는 시시각각 교체된다.[1] 적혈구의 수명은 약 4개월인 반면, 백혈구의 평균 수명은 거의 1년에 가깝다. 피부 세포의 수명은 약 2~3주에 불과하고, 결장 세포는 불쌍하게도 약 4일 후에는 죽어간다. 따라서 우리의 물리적인 몸은 수년마다 거의 완전히 교체되고, 때로는 몇 번이고 교체된다.[2] 그렇다면 이처럼 끊임없이 변하는 형태 중 어느 것이 당신인가?

이번에는 지각 검사와 관련해 생각해보자. 당신 몸이 당신이라면, 어떻게 당신이 그 몸을 지켜보고 관찰할 수 있겠는가? 몸이 객체라면 누가 주체인가?

이 환상에 대한 이해를 돕기 위해 약간의 설명을 더해보자.

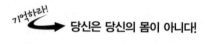

기억하라! 당신은 당신의 몸이 아니다!

잠깐 시간을 내어 이 말에 대해 생각하며 그대로 받아들여보라. 아직은 '당신은 누구인가?'에 대해 생각하지 마라. 지금은 '당신은 무엇이 아닌가?'를 따져보는 시간이다.

당신은 당신 자신에게는 아니어도 당신 몸에는 상당한 관심을 기울인다. 실제로 많은 사람이 자신의 몸을 돌보며 평생을 보낸다. 몸을 햇볕에 태우고, 운동으로 몸을 탄탄하게 만들기도 한다. 몸이 현재와 다른 모습, 이를테면 키가 더 크고, 몸매가 더 날씬하며, 근육이 더 강하기를 바라며 우울하게 살아가는 사람이 적지 않다. 또한 많은 사람이 몸의 극히 작은 일부, 즉 코, 피부색, 모반 등을 하루도 빠짐없이 원망하기도 한다. 따라서 몸의 일부를 잘라내거나 늘리며, 몸에 실리콘을 삽입한다. 어떤 사람은 음식과 술을 무지막지하게 몸속에 밀어 넣는 반면, 종교나 유행을 핑계로 내세우며 기본적인 욕구마저 거부하는 사람도 있다. 한마디로, 우리 몸은 필요 이상으로 많은 관심을 받는다.

여행을 떠나려고 자동차를 렌트했다면, 그때부터 그 자동차가 당신인가? 당신이 수년 전부터 보유한 자동차라면, 뭐가 달라지는가?

몸은 당신을 물질세계로 끌고 들어가는 물리적 아바타다. 달리 말하면, 몸은 매개체이고 용기이지, 그 이상도 그 이하도 아니다. 하지만 몸이라는 매개체는 하찮은 것이 아니며 무척 중요하다. 평생 소유해야 할 단 하나의 매개체만이 허용된다면, 누구나 그 매개체를 애지중지하며 삶이라는 오랜 여정에서 망가져서 애먹지 않도록 완벽하게 작동하고 조심스레 보존할 것이다. 또한 깔끔하고 반짝거려 보이도록 유지하며, 오랫동안 당신에게 일방적으로 묵묵히 제공한 우호적인 관계에도 감사할 것이다. 하지만 당신이 몸이라는 매개체로 무엇을 하고 몸을 번질나게 비춰보았더라도 몸을 당신 자신으로 생각하지는 않을 것이다.

물리적인 몸이라는 환상으로는 마음을 어지럽히는 데 부족한 것처럼, 우리는 더 많은 가면을 덧씌우며 주변 세계를 왜곡하기 때문에 '진짜 우리'는 알아보기 힘들 정도로 희미해진다. 환상을 쫓아가지만 이번에는 약간 속도를 높여보자. 많은 것이 있다. 훨씬 많은 것이 있다.

당신은 또 무엇이 아닌가?

당신은 당신 생각이 아니며, 당신 몸도 아니다. 생각과 몸 이외에 또 무엇이 지각 시험과 영속성 시험을 통과하지 못할까? 그런 항목들을 하나씩 지워 나가면 마침내 '진짜 당신'을 찾아낼 수 있을 것이다.

당신은 당신의 감정일까? '나는 사랑에 빠졌다'라는 말을 예로 들어 이 질문을 풀어보자. 무척 재밌는 예다. 사랑에 빠지기 전에 당신은 누구였는가? 사랑이 점점 커지면 어떻게 되는가? 당신도 더 커지는가? 사랑이 멈추면 어떻게 되는가? 당신은 연기처럼 사라지는가? 결국 **당신은 당신의 감정이 아니다.**

어쩌면 당신은 당신의 신앙일 수 있다. "나는 힌두교인이다" "나는 기독교인이다" "나는 무슬림이다" "나는 유대교인이다" "나는 무신론자다"라고 말하지 않는가. 그런데 "나는 영성을 믿지만 종교적이지는 않다"라는 말도 흔히 들린다. 대체 이 말은 무슨 뜻일까? 또 당신이 개종해 새로운 신앙을 받아들이면 새로운 당신이 되는 것일까? 그럼 두 살이었을 때, 즉 종교적 가르침을 받아들이기 전의 당신은 누구였는가? 결론적으로 **당신은 당신의 신앙이 아니다.**

'당신은 누구인가?' 라는 질문을 받으면 당신은 주로 이름으로 대답한다. "나는 모(Mo)입니다." 하지만 내 이름이 나는 아니다. 이름이 별명으로 바뀌고, 결혼으로 이름이 바뀌더라도 우리는 예나 지금이나 똑같은 존재다. 결국 **당신은 당신의 이름이 아니다.**

한편, "나는 이집트 인이다"라거나 "나는 맨체스터 유나이티드 축구팀의 팬이다"라는 말에서 보듯이, 자신이 소속된 집단을 자신과 동일시하는 사람도 적지 않다. 하지만 이런 일시적인 상태는 언제라도 변한다. 따라서 **당신은 당신이 소속된 집단이 아니다.**

"나는 아무개의 아들이다." 그렇지 않다. 당신은 아무개의 아들이 아니다. 어머니가 비밀을 철석같이 지킨 까닭에 지금의 아버지가 진짜 아버지가 아니라는 걸 나중에야 알았다고 당신이 지상에서 사라지지는 않는다. "나는 톰의 아내다." 그럼 톰을 만나기 전의 당신은 누구였는가? 결국 **당신은 당신의 가계도가 아니다.**

그럼 당신은 당신이 지금까지 이루어낸 성과일까? "나는 이것을 만들어낸 발명가다." "나는 저것을 쓴 저자다." 그 이전의 당신은 누구였는가? "나는 자수성가한 백만장자다." 모든 돈이 사라지면 어떻게 되는가? 그럼 과거의 자수성가한 백만장자는 당신이 아니었는가? **당신은 당신이 이루어낸 성과가 아니다.**

"나는 은은한 검은빛 롤스로이스 팬텀 드롭헤드 쿠페의 자랑스러운 소유자다." 당신이 운전하는 자동차, 또 당신이 입고 있는 옷이 당신이 누구인지를 결정하는가? 롤스로이스가 훔친 것이라면, 도둑질한 물건이 당신이 되는가? 그렇지 않다. 결론적으로 **당신은 당신이 소유한 물건이 아니다.**

이런 검증법에 익숙해져야 한다. 지각 시험과 영속성 시험을 신속하게 진행할 수 있어야 한다. 예를 들어, 당신은 오늘 아침 출근하려고 탄 버스가 아니고, 그 버스를 운전한 운전기사도 아니다. 당신은 어제 우연히 밟아 죽인 개미가 아니다. 당신에게 큰 감동을 안겨준 아름다운 나비도 아니다. 당신은 지금 읽고 있는 이 책의 페이지가 아니고, 이 원고를 쓴 컴퓨터도 아니다. 당신은 당신이 소유한 자동차도 아니다. 온 세상을 구성하는 원자도 아니고, 태양도 아니다. 당신이 지금까지 관찰하고 주시한 어떤 것도 당신은 아니다. 당신의 눈앞에서 변하는 어떤 것도 당신이 아니다.

당신이 주변에 존재하는 무수한 것 중 어떤 것도 아니라면, 대체 당신은 누구인가?

진짜 당신

현재의 순간을 완전히 자각하면, 언제라도 진짜 당신을 만날 수 있다. 어떻게 해야 현재의 순간을 완전히 자각할 수 있을까? 조용히 앉아 주변의 모든 것을 주시하거나 내면에 존재하는 것을 주시하면 된다. 당신 머릿속의 생각들, 들이마시고 내쉬는 숨결, 손가락으로 이 책의 종이를 만질 때의 느낌 등을 지각해보라. 발끝까지 순환하는 붉은 피를 느껴보라. 주변의 소리, 눈에 쏟아지는 빛을 느껴보라. 지극히 사소한 것들, 이를테면 멀리서 지나가는 자동차 소리와 이웃이 준비하는 저녁 식사의 향긋한 냄새를 주의 깊게 살펴보라.

당신이 관찰하고 주시한 어떤 것도 당신은 아니다.

매우 중요! ➡ 당신은 관찰자다.

당신은 주변에서 일어나는 사건들을 인지할 뿐이다. 실망스럽게 들리겠지만, 당신은 지금까지 '진짜 당신'을 본 적이 한 번도 없었다. 진짜 당신은 눈에 보이지 않는다.

매우 중요! ➡ 당신은 세상을 관찰하는 주체다.

누구나 쉽게 이해할 수 있도록 당신에게 진짜 당신을 설명할 수 있으면 좋겠지만, 안타깝게도 우리는 그렇게 하기에 적합한 장비를 갖추고 있지 못하다. 인간이 지닌 수단들은 물리적 세계를 관찰하도록 맞추어져 있다. 하지만 당신, 즉 진짜 당신은 물리적 객체가 아니다.

게임, '말하기'

'말하기(Tell)'라는 게임을 해보면, 진짜 당신을 설명하기가 어려운 이유를 이해하는 데 도움이 될 듯하다. 쉬운 단계부터 시작해보자. 뉴욕의 남동쪽 해안으로부터 200마일(약 320킬로미터) 떨어진 바다, 그것도 수면 200피트(약 60미터) 아래의 모습이 어떠한지 나에게 설명해보라. 확실히 말할 수 있는가? 제대로 설명할 수 없을 것이다. 그곳을 본 적이 없을 테니까.

자, 그럼 이번에는 무엇이 지금 당신 주변의 방송 전파를 감지해 이용하고 있는가? 라디오가 없는가? 당신은 방송 전파를 감지할 수 있는가? 그렇지 않다. 온갖 전파가 우리 주변에 있지만, 우리에게는 전파를 인지할 만한 도구가 없기 때문에 전파는 인지되지 않는다.

끝으로, 약간 까다로운 질문을 해보자. 갓 구운 과자의 냄새가 어떠한지 나에게 자세히 설명할 수 있겠는가? 못하겠다고? 왜 어렵다고 생각하는가? 그렇다, 냄새는 시각적 속성과 무관하기 때문이다. 냄새는 눈에 보이는 것이 아니다.

내친김에 진짜 당신은 어떤 모습일지 설명해보라. 설명할 수 있겠는가? 심해처럼, 진짜 당신은 여태껏 당신이 본 적이 없는 존재다. 전파와 마찬가지로, 당신에게는 진짜 당신을 인지할 만한 도구가 없다. 무엇보다 진짜 당신은 물리적 속성을 띠지 않기 때문에 눈에 보이지 않는다. '보인다'는 것은 물리적 세계만이 지닌 특성이다.

당신이 진짜 당신을 이해하지 못한다고 해서, 진짜 당신이 존재하지 않는다는 뜻은 아니다. 깊은 바다, 어디에나 존재하는 전파, 갓 구운 과자 냄새는 당신이 완전히 이해하지 못하더라도 분명히 존재하고 있지 않은가!

상상력을 좀 더 펼쳐 이렇게 생각해보자. 물리적 세계를 제대로 관찰하려면, 외부자의 시점에서 관찰해야 한다. 예를 들어, 어떤 건물을 관찰하려면 그 건물 밖으로 나와야 하지 않겠는가. 외부자의 시점에서는 상당한 창의적 잠재력을 기대할 수 있다. 따라서 〈매트릭스〉와 〈아바타〉 같은 영화들은 이런 개념에 최대한으로 살을 붙인 것이다. 이 영화들의 등장인물들은 자신들의 물리적인 몸을 멀리서 통제한다. 이와 마찬가지로 당신의 삶이 전개되는 무대에 당신이 속해 있지 않더라도, 또는 그 무대를 휘젓고 다니기 위해 당신이 이용하는 아바타의 몸과 당신이 동일시되지 않더라도 이 영화들에서 묘사된 세계가 결코 진실이 아니라고 단정적으로 말할 수는 없다.

바로 위에서 다룬 내용을 다시 생각해보자. 나는 외부자의 관점을 처음으로 정확히 이해했을 때 정말 산뜻한 개념이라는 생각이 들었다. 그 이유를 설명해보자. 당신은 당신이 보유한 재산이 아니라면 돈의 많고 적음은 진짜 당신에게 아무런 영향을 끼칠 수 없다. 당신이 힘들게 번 돈의 일부를 도둑이 훔쳐 간다면, 당신의 물리적 형태가 영향을 받을 수 있고, 게다가 부정적인 생각으로 심리적 고통에 시달릴 가능성도 있다. 그러나 진짜 당신은 아무것도 잃은 것이 없다. 당신은 그런 변화를 주시하며 관찰하겠지만, 실제로 당신에게는 어떤 변화도 일어나지 않았다.

당신이 힘들게 모은 재물을 단단히 지키라고 당신을 몰아세우는 환상은, 당신의 몸이라는 물리적 형태가 주변의 물리적 형태를 통제하려는 시도다. 몸이라는 물리적인 형태와, 그 안에서 꿈틀대는 어떤 것에도 진짜 당신은 전혀 영향을 받지 않는다. 이를테면, 사회적 지위를 갑자기 상실해도 진짜 당신은 상심하지 않는다. 따라서 우리의 궁극적인 목표는 자아의 일시적인 환상이 아니라 진짜 자아와 일체가 되는 것이어야 한다. 이런 수준에 이르면, 어떤 것도 실질적으로는 우리를 해치지 못한다고 확신하는 까닭에, 상실을 두려워하지도 않고 미래를 걱정하지도 않을 것이다.

더욱 도발적인 상황을 상상해보자. 노화하고 변하며 결국 죽음을 맞는 몸이 당신은 아니라는 것은 이미 입증했다. 그럼 당신이 사고를 당해 팔다리를 잃었다고 가정해보자. 당신의 물리적인 형태가 절반으로 줄어들었다는 뜻이다. 심리적 고통이 당신의 생각과 행동에 크게 영향을 끼칠 것이다. 하지만 진짜 당신까지 절반을 상실한 것은 아니다. 진짜 당신은 변하지 않은 채 그대로 존재한다.

이 개념을 극단까지 발전시켜보자. 당신이 물리적 형태인 몸을 100퍼센트 상실했다고 상상해보자. 이처럼 몸을 완전히 잃으면 진짜 당신에게 어떤 일이 일어날까? 존재 자체가 중단되는 것일까? 당신의 몸이 죽고 썩는다면, 진짜 '당신'은 어디로 갈까?

내 개인적인 믿음을 근거로 대답하면 "진짜 '당신'에게는 어떤 일도 일어나지 않을 것이다." 당신의 물리적인 형태와 연결해주던 끈이 끊어진 것에 불과하다. 당신은 여전히 당신이며, 심지어 "와우, 재밌었어!"라고 말할지도 모른다.

이런 믿음 덕분에 나는 알리의 몸이 썩어 없어지더라도 알리의 진정한 자아는 여전히 존재한다고 확신할 수 있었고, 언젠가 나 역시 내 물리적인 형태를 남겨두고 떠나더라도 걱정할 것은 없다고 생각한다. 심리적으로 어려운 시기를 맞았을 때 이런 믿음은 마음의 안정을 꾀하는 데 크게 도움이 된다.

물리적인 자아를 중요하게 생각하는 사람에게는 믿음의 도약이 필요하겠지만, 진정한 자아를 한 번이라도 만나면 결코 되돌아갈 수 없을 것이다. 무엇에도 방해받지 않는 환희 상태에 도달하려면, 물리적 세계에 존재하는 것은 결국 사라지고 썩지만 진짜 자아(real self)는 어떤 영향도 받지 않고 영원히 차분한 상태로 존재한다는 걸 인정해야만 한다. 물리적 세계의 환상들을 꿰뚫고 들어가 진짜 자아와 연결될 때 마음의 평화와 행복을 궁극적으로 경험할 수 있다. 따라서 진짜 자아를 찾아 끊임없이 탐색해야 한다. 그렇게 할 때 결국에는 모든 것이 멋지게 하나로 합쳐질 것이다.

당신은 누구라고 생각하는가?

우리가 무엇이 아닌지 규명하려는 목적에서, 우리는 대외용 신분을 만들어내려고 얼굴에 썼던 많은 가면을 하나씩 벗겨냈다. 그 가면들은 자아의 환상이라는 층을 이루며, 인간이 사회를 구성한 이후로 줄곧 인간을 괴롭혀왔던 한 단어로 요약할 수 있다.

그 단어가 무엇일까? '에고(ego)'다.

여기에서 '에고'는 오만보다 가면을 쓴 인격, 즉 페르소나와 정체성을 뜻한다. 또한 우리가 자신을 규정하는 시각인 동시에, 다른 사람이 우리 자신을 규정하기를 바라는 시각이기도 하다.

당신의 에고

막 태어난 때에는 누구에게도 에고가 없다. 달리 말하면, 세상에서 유일무이한 독립된 개체라는 고유한 자아감도 없이 삶을 시작한다. 우리는 처음 몇 주 동안은 깨어 있는 시간에는 현재의 순간에 완전히 몰입한다. 또 놀이를 시작할 즈음에는 장난감을 하나씩 선택할 뿐이다. 달리 말하면, 한 상난감을 집은 후에 또 다른 장난감을 집을 때는 먼저 집었던 장난감을 내려놓는다. 이즈음에는 단 하나의 부정적인 생각도 머릿속에 끼어들지 않는다. 배가 고프거나 엄마가 주변에 없을 때 아기의 평정심이 일시적으로 흐트러지지만, 그 문제가 해결되면 아기는 금방 평정심을 되찾는다.

하지만 발달의 다음 단계에서는 근본적인 변화가 일어난다. 엄마, 또는 아기를 돌보는 사람이 주변의 모든 것을 이름으로 지칭한다는 걸 아기가 깨닫는 순간부터 모든 것이 시작된다. 예를 들어, 엄마는 자신을 '엄마' 라 지칭하고, 장난감에는 '돌리', 아기에게는 귀엽기 그지없는 '푸키' 라는 이름을 붙인다.

우리가 이른바 언어 처리 장치를 그럭저럭 통제하며 단어를 발화할 수 있게 되는 순간, 가장 먼저 내뱉는 말이 '엄-마' 다. 엄마는 웃는 얼굴로 우리에게 다가와 우리를 껴안고 입맞춤한다. "그래, 아가,

내가 엄마야. 너를 사랑하고, 네가 엄마를 부르면 언제라도 가장 먼저 달려오마."

아기는 엄마의 말에 '참 흥미롭군!' 이라고 생각한다. 첫 단어를 발화하는 순간의 짜릿한 흥분감을 통해 아기의 뇌는 주변의 것을 단어로 표현하면 칭찬을 받는다는 걸 깨닫는다. 따라서 아기는 그 과정을 가속화하며 나무, 자동차, 맘마, 우유 등과 같은 단어들을 하나씩 배워간다. 아기는 무척 귀엽게 말한다. 그 때문에라도 아기는 더욱더 칭찬을 받는다. 아기는 어휘력을 점점 확대해가고, 마침내 아기의 삶을 영원히 바꿔놓고 정체성을 결정하는 단어 '푸키'를 말하는 단계에 이른다. '푸키'라는 단어는 그 이후로 아기의 뇌에서 중심축이 된다.

그 이후 우리 삶이 전개되는 과정으로 판단해보면, 그 순간은 우리 삶에서 하나의 사건으로는 가장 중요한 순간으로 자리매김돼야 마땅하다. 우리는 누구나 정체성을 갖는다. 처음에 우리는 자신을 3인칭으로 지칭한다("푸키 배고파"). 그 후에 푸키는 '나(I)'가 되며, '나'는 삶의 전 과정에서 절대적인 중심이 된다. 곧이어 나를(me), 나의 것(mine), 나의(my)가 더해지면서 이른바 격변화가 완료된다. 그와 동시에 우리의 '에고'도 탄생한다.

푸키는 소유욕이 생긴다. 자신을 사물과 관련시키며 더욱 포괄적인 정체성을 확립해 나간다. 어떤 것이든 가지고 놀며 한없이 즐거워하던 순진무구한 아이가 어떤 장난감을 특별히 좋아하기 시작한다("'내' 돌리!"). 따라서 '내 돌리'가 사라지면 푸키는 괴로워하며 요란하게 울어댄다. 놀이 시간은 놀이 자체에도 많은 영향을 끼치지만 우리 정체성을 구축하는 데도 많은 영향을 끼친다. 이 시기의 아이를 즐겁게 해주려면 몇몇 장난감이 필요하지만, 그 이유는 그 장난감들이 가지고 놀기에 더 재밌기 때문이 아니라 아이에게 완전체라는 기분을 안겨주는 정체성의 일부이기 때문이다.

그런데 '나, 나를, 나의, 나의 것'으로 이루어지는 자신의 정체성을 주변 사람들의 정체성과 비교하는 순간부터 상황이 악화된다. 남들보다 '떨어진다'는 비교 결과가 아이에게 상처를 준다. 아이가 특별히 좋아하는 장난감을 갖고 있더라도 친구가 가진 장난감을 갖고 있지 못하다는 사실에 아이는 친구보다 뒤떨어진다는 열등감에 사로잡힌다. 그때부터 아이는 좋아하던 장난감마저 싫어하기 시작하고, 아빠에게 친구가 가진 장난감을 사 달라고 조른다. 아빠가 거절하면 아이는 상심한다. 아이는 보채고 간청한 끝에 결국 그 장난감을 얻지만, 새로운 것이 나타나면 그토록 간절히 원했던 장난감을 금세 포기해버린다.

얼마 전까지도 무엇이든 손에 쥐여 주면 마냥 좋아하고 즐거워하던 아이에게 어떤 일이 있었던 것일까? 그 순진무구하던 시절은 지나갔고, 계속 변하는 정체성을 규정하려는 욕망에 사로잡힌 때문이다.

우리 뇌가 장난감이란 물리적 세계를 넘어 무형의 세계로 옮겨 가면 상황은 훨씬 더 흥미로워진다. 아이가 탁자를 잡지 않고 혼자 힘으로 서서 한 걸음 내딛고는 엉덩방아를 찧어도 엄마는 환희에 휩싸인다. 엄마는 "잘했어, 푸키!"라고 소리치며 황급히 달려가 아이를 일으켜 세우고는 입맞춤한다. 엄마는 아이가 세상이라도 정복한 것처럼 기뻐하며 환히 웃는다. 엄마의 그런 반응을 보고 아이는 이렇게

생각한다. '대박인걸! 엄마에게 더 많은 칭찬과 관심을 받으려면 이런 장난을 좀 더 자주 해야겠어.'

몇 주 동안 아이는 신나게 외친다. "엄마, 봐요. 푸키가 걸어요!"

"아싸, 잘한다!" 엄마가 맞장구친다.

"엄마, 봐요. 푸키가 계단을 올라가요."

"우아!" 엄마가 소리 지른다.

"엄마, 봐요. 푸키가 장난감을 찾았어요!"

"만세, 푸키!"

"엄마, 봐요. 푸키가 코를 후벼요!"

"안 돼, 안 돼, 푸키. 그럼 나쁜 푸키야."

흠……. 아이는 어떤 행동들이 사회적으로 용인되며, 칭찬과 격려까지 주어진다는 걸 깨닫는다. 반면에 엄마가 어떤 행동에는 눈살을 찌푸린다는 것도 알게 된다. 아이는 영리하기 때문에 질책받는 행동보다 칭찬받는 행동을 더 자주 하려고 애쓴다. 따라서 사회적으로 인정받고 뒤섞이기 위해 주변 사람들에게 보여주고 싶은 이미지, 즉 페르소나를 만들어가기 시작한다. 내면의 자아가 실제로 어떤 인물이고 어떤 존재인가는 더 이상 중요하지 않다. 중요한 것은 겉으로 드러나는 모습이다. 그 이후로 죽을 때까지 아이의 관심은 진짜 자아에서 겉으로 비춰지는 이미지로 옮겨 간다.

대외적인 이미지를 유지하려는 욕망과 남들에게 주목받고 싶은 욕망이 뒤섞인다. 코를 후비는 행동은 남들의 관심을 끌지만, 장난감을 깔끔하게 정돈하는 행위는 별로 주목받지 못한다는 걸 아이는 재빨리 눈치챈다. 관심은 아이가 추구하며 원하는 것이다. 이즈음 방해꾼이 잉태된다. '관심 파괴자(attention fighter)'가 강력한 힘을 발휘하며, "어떤 대가를 치르더라도 내가 주목받겠어!"라고 말한다.

우리는 대체로 10대에 이런 정체성 위기(identity crisis)를 심하게 겪는다. 이때 주변 사람들과 어울려야 한다는 압박감과 불안감이 최고조에 달한다. 따라서 '진짜' 자아로부터 점점 멀어지고, 또래 집단에서 '용인되는' 속성에 더욱더 가까워진다. 이를테면, 열네 살에 섹스하는 게 용인된다면 적잖은 10대가 섹스를 시도할 것이다. 축구를 하는 게 과학반에서 공부하는 것보다 흥미롭고 재미있다면, 우리 푸키는 과학반에 가입하지 않을 것이다. 약물과 담배와 술을 멀리해서 친구들에게 겁쟁이라고 손가락질을 받는다면 우리 푸키도 당연히 약물과 담배와 술에 탐닉할 것이다.

그 후에 우리는 성인이 된다. 우리는 일터에 출근하고 멋진 옷을 입는다. 또 '시너지, 결함, 생태계, 허송세월' 등 무의미한 단어를 반복하며 탄산음료 쿨에이드(Kool-Aid)를 마신다. 쿨에이드, 대체 어느 나라의 말일까? 영어처럼 들리지도 않지만, 우리를 동류 집단으로 묶어주기 때문에 그 단어를 기계적으로 사용한다. 직장에서 우리는 진지한 태도로 일하며 감정을 좀처럼 드러내지 않는다. 또 골프를 배우고, 사업을 위한 만찬과 팀원들의 파티에 참석한다. 이렇게 우리는 사람들과 어울린다. 성공한 사람들은 유명 상표의 옷이나 값비싼 자동차에 투자하며, 자신의 페르소나를 계속 키워간다. 우리가 페르소나로 벌어들인 모든 것을 소비하며 그 페르소나를 유지하지만, 어떤 것도 우리를 진정으로 행복하게 해주지는 못한다. 그런데도 우리 에고가 상처받지 않는 한, 우리가 무엇을 하고 있는지 돌이켜 보지 않는다.

우리가 맡는 역할들

자신의 에고를 강화하려고 가면을 쓰기 시작하면, 그 순간부터 평생 우리는 이런저런 가공의 역할을 행하며 살아가게 된다. 강력한 권한을 지닌 경영자 역할을 할 때는 깔끔하게 차려입고 침착하고 냉정하게 처신한다. 엄마의 역할로는 아이와 아기처럼 대화를 나누고, 운동화를 신고 다니며, 다른 엄마들과 둘러앉아 모닝커피를 마시는 모습이 기대된다. 예술가에게는 반항적이고 미스터리하며 괴팍하게 행동하는 역할, 교양 있는 신사에게는 항상 비판적이고 예술과 문화에 박식해 보이며 신중하고 깊은 사색이 담긴 말을 기대한다. 남자를 유혹하는 여자에게는 섹시한 옷과 하이힐, 그리고 꿈을 꾸는 듯한 목소리가 요구되는 반면, 남자다움을 과시하는 나쁜 남자에게는 문신과 자신감과 안하무인의 모욕적인 눈초리가 요구된다.

하나하나의 정체성이 하나의 역할이 된다. 지극히 기본적인 역할도 정체성에 따라 결정된다. 남녀를 불문하고 모두가 사회적 기대에 기초한 행동을 시작한다. 여자라면 분홍색이나 푸른색을 선택하고, 축구공보다 인형, 반바지보다 치마를 선택해야 한다. 역할은 당신에게 기대하는 이미지가 된다. 따라서 집단이 당신에게 기대하는 역할을 제대로 해내지 못하면, 삶 자체가 투쟁으로 여겨질 수 있다.

사회가 노인과 젊은이에게 기대하는 역할도 다르다. 나이가 들면 젊고 패기 발랄했을 때와는 다르게 행동해야 한다는 게 사회적 기대다. 어린아이가 '진짜 세계'를 직면할 때가 되면, 사방에서 아이에게 '진중하게' 처신해야 한다고 가르친다. 학교에서는 몇 시간이고 조용히 앉아 있어야 한다. 잡담해서도 안 되고 움직이며 까불거려서도 안 된다. 모험과 도전보다 숙제를 더 중요하게 생각하고, 아이들에게 가볍게 행동하지 말고 시간과 규칙을 지키라고 강요한다. 이런 강요에 한동안 반항하는 아이도 있지만, 이내 대부분이 순종하며 따른다.

우리 모두가 가면을 벗고 가식적으로 행동하지 않으며, 본연의 모습대로 혼신의 노력을 다하면 어떻게 될까? 성사되는 거래가 대폭 줄어들고, 발명도 위축될까? 내 생각은 그렇지 않다. 우리를 더 나은 미래를 향해 밀어내는 힘은 우리가 하는 일이지, 우리가 넓어쓴 가면이 아니다. 우리가 다른 사람들에게 어떻게 인식되는지가 중요하지 않은 세계, 즉 에고가 없는 세계에서는 우리는 다른 사람들의 시선과 평가를 의식하지 않으며 최선을 다해 노력하고, 최선의 결과를 얻어내려고 힘쓸 것이다. 전문가의 에고는 자신의 일을 실제보다 어렵게 보이려는 욕심에서 형성되지만, 쉽게 일할 때 최상의 결과가 얻어지는 경우가 많다. 이를테면, 최고의 관리자는 유능한 직원을 고용한 후 거의 간섭하지 않는다. 따라서 최고의 전문가는 외부에 그럴듯하게 보이려는 욕망을 걷어낸 사람이기 때문에 아무런 역할도 하지 않는 사람처럼 보이기 십상이다.

가장무도회

각각의 역할에는 외적인 기준과 복장 규정, 동류 집단과 고유한 용어, 혐오해야 할 적, 유행에 따른 화젯거리, 거짓으로 꾸며야 할 얼굴 표정, 함께 걱정해야 할 고민거리 등이 있다. 거짓으로 드러내야 할 이미지를 배우기는 쉽다. 텔레비전을 켜면 그런 이미지가 숱하게 널려 있다. 그중에서 적당한 부분들을 잘라 선택하면 우리 모두가 유능한 배우가 된다. 이처럼 우리는 이런저런 가면을 쓰고, 우리 자신을 포함해 모두에게 우리의 진실한 모습을 감춘 채 살아간다.

우리가 자신의 정체성이라 추정한 결과가 우리 삶이 된다. 우리는 그 추정을 믿기 시작하며, 주변 사람들보다 더욱 철석같이 믿는다. 따라서 그들은 우리 행동에서 이상한 면을 종종 감지한다. 우리가 행하는 역할과, 그들이 우리 역할과 관련해 미디어를 통해 얻은 이미지를 비교한다. 그 결과로 그들은 우리 행위가 꾸민 것에 불과하다는 걸 감지하고, 결국 우리를 배척한다.

자아상(self-image)이 어떤 이유로든 공격받고 위협받으면, 우리는 본능적으로 에고를 보호하려고 한다. 본능적인 투쟁 반응은 우리를 저항하며 싸우게 만들고, 도피 반응은 우리를 물러서고 의기소침하게 만든다. 원시시대에 혈거인들이 사용하던 도구는 꾸준히 진화했고, 결국 에고가 지배하는 현대 세계에 적합하도록 변했다. 예를 들면, 창은 유명 상표의 옷이나 값비싼 자동차가 됐다. 사냥꾼의 몸짓은 은어가 됐고, 환경에 맞춘 최적의 위장술은 페이스북 같은 것이 됐다. 게다가 다른 사람들이 우리의 거짓된 이미지를 믿을 거라는 우리 기대는 결코 충족되지 않는다. 그 때문에 행복 방정식은 전혀 제대로 작동하지 않고, 따라서 우리는 행복감을 느끼지 못한다.

내가 직접 경험한 사실이기도 하다. 특히 우울증이 최고조에 이르렀을 때였다. 나는 상당히 오래전부터 자동차에 집착했다. 자동차의 예술적인 공학 기술이 내 호기심을 사로잡기도 했지만, 자동차는 내 에고를 과시할 수 있는 좋은 도구였다. 나는 성공하고 교양 있는 수집가라는 페르소나를 선택했던 것이다. 지금도 여전히 자동차를 좋아하고 사랑하지만 자동차를 반드시 소유해야 한다는 강렬한 욕구는 떨쳐버린 지 오래다. 내 에고를 충족하려는 욕심 때문에 내 열정이 더럽혀진다는 걸 깨달았기 때문이다. 성공하기 전까지, 내가 구입한 자동차들은 '나는 성공한 사람'인 척하고, '내가 아직 성공하지 못했다'라는 사실을 감추기 위한 거짓말이었다. 한편, 진정으로 성공한 이후로는 내 성공을 증명하기 위한 자동차가 필요하지 않았다. 어떤 경우에든 자동차가 나를 행복하게 해주지는 못했다. 에고의 받침대는 누구도 행복하게 해주지 못한다.

아랍의 민중 문화에는 오래전에 학당을 떠난 제자들의 방문을 받은 노스승에 대한 이야기가 전해진다. 제자들은 성공담을 늘어놓고, 사랑하는 스승에게 감사의 뜻을 전한다. 그러고는 삶의 과정에서 당면하는 압박감, 주변의 기대에 부응하기 위해 겪어야 하는 스트레스에 대해서도 털어놓기 시작하며, 성공했다고 그들이 더 행복해진 것은 아니라고 투덜거린다.

노스승은 자리에서 일어나 커다란 주전자에 커피를 끓였고, 다양한 모양의 잔이 놓인 쟁반을 들고 돌아왔다. 크리스털 잔과 은잔도 있었지만 싸구려 플라스틱 잔도 있었다. 노스승은 제자들에게 각자 알맞은 잔을 선택해 직접 커피를 따르라고 말했다. 제자들은 아름답고 값비싼 잔을 차지하려고 서로 다투었다.

여하튼 모두가 자리로 돌아가 앉자 노스승은 제자들에게 아름답고 값비싼 잔을 골랐다고 칭찬하고는 하지만 그들이 진정으로 원하는 것은 커피가 아니냐고 지적했다. 잔과 상관없이, 커피는 똑같았다. 사회적 지위와 이미지, 재산과 사회적 인정을 잔에 비유한다면, 삶은 커피와 같은 것이라고 덧붙였다. 우리 모두가 원하는 것은 좋은 커피인데 구태여 비싼 잔에 커피를 마시려고 안달하는 이유가 무엇인가? 노스승은 너희가 진정으로 스트레스 없는 삶을 원한다면 잔을 무시하라고 당부하며 이렇게 덧붙였다.

에고의 어두운 면

에고가 항상 허황된 것만은 아니다. 사람들이 자신의 모습으로 구축하는 이미지는 주로 부정적이다. 그들이 실제보다 더 나쁜 상황에 있다고 생각한다는 뜻이다. 따라서 '피해자'가 가장 흔한 에고의 유형이다. 예를 들어, 세상은 결코 우리 편이 아니며, 그 때문에 우리는 고통받을 수밖에 없다고 생각한다. 에고가 위협받으면 우리는 화가 치민다. "괜찮다고? 그게 무슨 뜻이야? 어떤 것도 괜찮지 않아. 나는 불행할 수밖에 없고, 온갖 고통을 겪으며 그 대가를 치렀어. 심리적 고통도 선택할 수 있다면, 나는 기꺼이 그 고통을 선택하겠어. 그게 나라는 사람이야!"

위축된 자존감, 자기 연민, 죄책감과 수치심 등이 부정적인 페르소나를 만들어낸다. '나는 뚱뚱해. 나는 못생겼어. 나는 키가 작아. 나는 멍청해. 나는 사랑받을 자격이 없어. 나는 벌을 받아 마땅한 죄인이야.'

많은 사람이 기꺼이 떠안는 또 하나의 공통된 부정적인 역할은 비통해하는 부모라는 역할이다. 알리가 내 곁을 떠났을 때 가장 먼저 내 머릿속에 떠오른 생각은 '죽음의 신이 내 아들을 데려간 거야!'라는 원망이었다. 따라서 피해자처럼 행동할 수도 있었다. 알리는 내 삶의 전부였을 뿐만 아니라 내 삶을 떠받치는 기둥이기도 했기 때문에 '피해자'라는 덫에 쉽게 빠질 수도 있었다. 알리의 아버지라는 역할을 떠맡기 전까지 내 삶이 어떠했는지는 지금도 명확히 기억할 수 없을 정도다. 여하튼 알리의 아버지라는 역할은 지금도 극복하기 쉽지 않은 환상이며, 앞으로도 오랫동안 우리 가족에게 심리적 고통에 안겨줄 환상이다. 하지만 그 생각은 잘못된 것이다. 알리는 결코 '나의 것' 아니었다. 알리는 알리 자신의 것이었다. 알리는 생전에 많은 곳을 돌아다녔다. 알리의 삶에 때로는 나도 한몫을 했지만 때로는 전혀 참견하지 않았다. 알리가 보스턴의 노스이스턴 대학교에 입학하려고 집을 떠나 수천 킬로미터를 여행해야 했을 때, 알리와 그토록 멀리 떨어져야 한다는 생각에 나는 한없이 마음이 아팠지만 알리의 선택을 적극적으로 지지했다. 알리가 스스로 선택한 길을 차근차근 따른다는 걸 알고 나는 행복했다. 알리가 선택한 길은 알리의 삶이지 나의 삶은 아니었다. 그런데 알리의 죽음을 알리가 완전히 새로운 길로 뛰어든 것이라고 생각한다면, 알리의 죽음에 내가 다른 식으로 반응해야 할 이유가 없었다. 물론 알리를 영원히 그리워하겠지만, 죽음도 결국 알리가 선택한 길이었다. 알리는 결코 나의 소유물이 아니었다.

그러나 많은 사람이 에고에 상처를 받으면 슬픈 길을 선택하며 심리적 고통을 자초한다. 그런데 어린 푸키, 즉 우리가 과거에 유일하게 지녔던 진정한 자아는 어떻게 살았는가? 기저귀를 찬 채 발가벗고 앉아 현재의 순간에 완전히 몰입해 행복하고 편안하게 지냈다. 세상에 대해 걱정하지도 않았고, '나'의 생각에 따라 정돈된 자아감도 없었다. 내가 남들에게 어떻게 보일까, 나는 어떤 조직을 대신하는가, 사람들은 나를 어떻게 생각할까, 심지어 나 자신은 나를 어떻게 생각하는지에 대해서도 고민하지 않았다. 푸키는 무엇이든 즐겁게 받아들였고 욕심을 부리지 않았다. 무엇이든 순순히 내놓았고 어떤 것에도 강박적 애착을 보이지 않았다.

그때의 상태로 되돌아가고 싶지 않은가?

진짜 자아는 결코 우리 곁을 떠나지 않았다. 우리가 진짜 자아를 버린 것도 아니다. 에고가 없는 아이는 지금도 여전히 우리 모두의 내면에 조용히 앉아 있다. 거짓과 에고와 페르소나에 겹겹이 파묻혀 있을 따름이다. 하지만 푸키는 행복하다. 푸키는 우리 눈에 다시 발견되기를 기다리고 있다.

이제부터 당신의 푸키를 찾아 나서자.

옷을 벗어라

러시아 마트료시카 인형처럼 우리는 껍데기를 하나씩 벗겨내며 진짜 자아를 찾아 나서고, 우리가 오랫동안 떠맡았던 역할과 진짜 자아를 구분하려는 노력도 병행해야 한다. 진짜 자아를 찾아낼 때까지, 에고에 덧씌워진 모든 가면을 벗겨내야 한다.

가면을 벗는 연습을 나는 '옷을 벗어라(undress)'로 표현하며, 거의 문자 그대로 해석한다. 이 연습은 약간 충격적이고 민망할 수 있지만 무척 효과적이다. 오늘 밤 집에 가면, 당신만의 방에 들어가 방문을 닫고 거울 앞에 서서 당신이 갖고 있는 것, 사용하는 것, 입고 있는 것을 빠짐없이 살펴보자. 기본적인 효용성을 벗어나는 것이 있으면 모두 떼어놓는다. 그것들은 당신의 에고를 채우려고 더해진 것일 뿐이다.

셔츠나 재킷 또는 드레스를 따져보자. 순전히 몸을 가리고 보온하려는 목적에서 구입한 것인가, 아니면 당신의 자아상을 그럴듯하게 포장하는 데도 도움을 주었는가? 당신이 자신과 다른 사람들에게 멋지고 우아하게 또는 여유 있게 '보이고' 싶지 않았다면 다른 옷을 구입하지 않았을까? 이번에는 청바지를 따져보자. 당신이 섹시하게 '보이고' 싶지 않았다면 한 치수 큰 청바지를 구입하지 않았을까? 당신의 구두는 어떤가? 전문직 종사자처럼 '보이고' 싶지 않았다면 좀 더 편안한 신발을 구입하지 않았을까?

장신구는 어떤가? 장신구가 실질적인 효용성이 있는가? 장신구가 상징하는 이미지 이외에 다른 방식으로 당신에게 도움을 주는가? 반지를 항상 끼고 있는 이유는 무엇인가? 사랑하는 사람이 주었기 때문인가, 아니면 당신이 사랑받고 있음을 세상 사람들에게 과시하고 싶기 때문인가? 당신이 정확한 시간을 확인하고 싶었을 뿐이라면 다른 실용적인 시계를 사지 않았을까? 이런 장신구들에 순수하게 효용성이 있다면 그대로 착용하라. 하지만 그렇지 않다면 벗어서 어딘가에 치워두라.

이번에는 화장과 손톱 색깔과 머리 모양을 따져보자. 이런 미용에 실질적인 효용성이 있는가? 문신을 예로 들어보자. 문신을 새긴 이유가 어떤 기억을 정말 소중히 간직하고 싶었기 때문인가, 아니면 그 기억을 소중히 간직한다는 걸 남들에게 보여주고 싶었기 때문인가? 문신을 실제로 제거할 수 없다면 정신적으로라도 제거하라. 세상 사람들이 보고 감탄할 만한 이미지를 구축하고, 그런 메시지를 전달하겠다는 욕심을 버려라.

우리가 순전히 에고를 유지하려는 욕심에 날마다 얼마나 많은 불필요한 것을 덧씌우고 있는지 살펴보자. 우리가 유지하려고 안달하는 무익한 이미지를 모두 벗겨내면 정작 남는 것은 얼마나 될까? 그런 이미지들을 떨쳐내면 얼마나 홀가분한 기분일까?

에고를 유지하려고 착용한 장식물들을 빠짐없이 떼어낸 거의 발가벗은 몸을 바라보라. 기저귀밖에 차지 않은 어린 푸키로 다시 돌아간 듯한 모습일 것이다. 한 걸음 더 나가보자. 당신 몸이 날씬하든 뚱뚱하든 간에 '그래서 내가 어떤 역할을 하기에 적합하게 됐나?' 라고 생각해보라. 건강을 유지하려고 운동을 한 것인가, 아니면 남들에게 운동선수처럼 매력적으로 보이려고 몸을 가꾼 것인가? 순전히 건강을 지키기 위한 목적이었다면 다른 식으로 운동할 수도 있지 않았을까? 그 몸이 곧 당신인가? 근육과 머리카락, 피와 점액과 땀, 이런 것이 당신인가?

그렇지 않다. 당신은 몸과 근육 등을 관찰하는 주체다. 50킬로그램의 몸무게가 늘었는지 줄었는지 의식하는 주체다. 내면의 순수한 주체는 푸키다. 우리는 그 푸키를 찾아야 한다. **푸키, 만세!**

승산 없는 싸움

당신이 선택한 이미지를 인정받으려는 노력은 승산 없는 싸움이다. 진짜 당신은 에고가 대외적으로 과시하려는 것과 다르기 때문이다. 따라서 사람들에게 진짜 당신인 것처럼 믿게 하려는 바람에서 더 나은 이미지를 끊임없이 모색할 수밖에 없으니 당신의 삶은 불행힐 수밖에 없다. 게다가 그런 노력은 두 가지 이유에서 필연적으로 실패한다.

첫째로, 다른 사람들도 당신의 에고보다 자신의 에고를 염려하기 때문에, 또한 그들의 에고가 생존하느냐 않느냐는 당신의 에고와 비교한 결과에 좌우되기 때문에 당신의 에고가 인정받을 가능성은 무척 낮다. 그들이 옳다면 당신은 잘못

그들은 에고라는 내 가면을 꿰뚫어 볼 수 있다.

나는 가면이 곧 나라고 그들이 믿기를 바란다.

된 사람이 된다. 당신이 대수롭지 않은 사람이 되면 그들은 넘치도록 중요한 사람이 된다. 상대를 인정하지 않는 게 우월감을 느끼기에 가장 쉬운 방법이다. 상대를 부정하고 비난하면 힘들이지 않고 더 나은 사람이 될 수 있다. 상대를 하찮게 생각하는 것으로 충분하다.

모두가 이런 식으로 행동한다. 자신의 판단을 겉으로 드러내지 않는 사람도 있지만, 목소리를 높여 공개적으로 비난하고 저주하는 사람도 있다. 대체 주변 사람들이 당신을 마뜩잖게 생각하는 이유가 무엇일까? 그들이 당신을 이러쿵저러쿵 평가하기 때문이 아니라 그들 자신을 더욱 소중하게 생각하기 때문이다. 그들로부터 좋은 평가를 받을 방법은 없다. 안타깝지만 그것이 진실이다.

아버지와 아들이 함께 시장을 찾아가는 우화에서 이와 관련된 교훈을 읽어낼 수 있다. 그들에게는 당나귀가 한 마리뿐이다. 당연히 아들이 아버지에게 당나귀를 타라고 권했다. 그런데 지나가던 행인이 중얼거렸다. "못된 아비 같으니! 어떻게 자기는 편하게 가고 어린 아들은 힘들게 걷게 하지?" 남들에게 인정받고 싶은 욕심에 아버지와 아들은 서로 위치를 바꾸었다. 이번에는 아들이 당나귀를 타고 아버지가 걸었다. 곧바로 다른 행인의 욕설이 부자의 귀를 때렸다. "천하의 버릇없는 놈 같으니. 어떻게 젊은 놈이 당나귀를 타고 늙은 아버지를 걷게 한단 말인가?" 그러자 아들이 아버지도 당나귀를 함께 타자고 권했다. 그런데 곧이어 "못된 가족 같으니! 인정머리가 없어. 당나귀만 불쌍하군." 이라는 욕설이 들렸다. 그래서 그들은 당나귀를 막대기에 거꾸로 매달아서 시장까지 짊어지고 가는 자비를 베풀었다. 하지만 시장 사람들은 그 모습을 보고 그들을 미쳤다고 생각하며 쫓아냈다.

다른 사람에게 인정받으려는 노력이 항상 실패하는 두 번째 이유는, 그들이 인정하는 존재는 '진짜 당신'이 아니라 당신의 페르소나이기 때문이다. '푸키, 만세!'는 없고, '만세, 푸키와 막연히 비슷하게 생겼지만 누군지 확인할 수 없는 에고!'와 같은 것만이 기승을 부린다. 당신도 분명히 느낄 것이다. 구체적으로 말하면, 당신이 다른 사람에게 칭찬을 받으려고 노력하는 것이라는 사실을 내면 깊은 곳에서 느낄 것이다. 이 때문에 승리가 공허하게 느껴지고, 진짜 당신도 무가치한 것으로 느껴진다. 당신 자신이 아니라 다른 사람에게 인정받으려고 그처럼 힘겹게 노력해봐야 무슨 소용이 있는가? 오히려 자존감을 세우는 편이 더 낫지 않겠는가.

알리는 다른 사람에게 인정받느냐 않느냐에 신경 쓰지 않았다. 그 때문인지 알리는 항상 차분하고 자신감에 넘쳤다. 내가 많은 청년을 만났지만 알리만큼 행복을 만끽하는 청년을 거의 보지 못했다. 알리는 주변 사람들의 기분에 관심을 두기보다 자기만의 흐름을 따랐다. 또한 알리는 모두를 즐겁게

나는 나

나는 나를
좋아하는 사람들을
사랑하는 사람들에게
둘러싸여 있다.

해주려고 거짓된 모습으로 살아가는 것보다, 자신의 진실한 모습을 좋아하는 사람들을 찾는 편이 더 낫다는 걸 일찌감치 깨달은 영리한 청년이었다. 처음에 알리는 자신의 삶에 받아들이는 사람을 선택할 때무척 까다로웠다. 따라서 알리는 적절한 친구를 찾아냈고, 친구들은 '진짜 알리'를 사랑했다. 이런 상황은 알리가 진실한 모습으로 살아가는 데 필요한 자신감을 주었다. 나중에 알리는 마음의 문을 열고 모두를 받아들였지만, '눈에 보이는 것과 얻는 것이 똑같다(what you see is what you get: 워드 프로세싱에서 컴퓨터 화면에 나타나는 문자와 그림의 형상이 프린터로 인쇄되는 문서의 모양과 똑같다는 것을 뜻하는 IT 용어로 위지위그(WYSIWYG)라

고도 부른다—옮긴이)'라는 원칙을 고수했다. 알리의 순수한 자아가 환히 비추는 빛이 그들 모두를 끌어들였다.

누구도 모두를 즐겁게 해줄 수는 없다. 진짜 당신을 좋아하는 사람을 찾아내고, 그들을 더 가까이 끌어들여라. 주변 사람 모두가 당신에게 중요한 존재는 아니다.

알리의 현명한 엄마가 아들에게 자주 들려준 교훈은 스팅이 노래한 〈Englishman in New York〉의 한 소절과 우연히도 같았다.

 매우 중요! ➔ 너 자신이 돼라. 남들이 뭐라고 말하든 상관하지 말고.

결론적으로, '당신의 진실한 면을 사랑'하는 게 중요하다. 진짜 당신은 푸키처럼 경이롭고 평온하다. 당신의 에고가 어떤 페르소나를 만들어내더라도 그 페르소나는 당신의 마음에 들지 않는 모습일 것이다. 당신은 당신에게 필요한 모든 것이고, 당신이 가진 모든 것이다.

옷을 벗고 가면을 벗어라. 모든 껍데기를 떨쳐내고 진짜 당신을 사랑하라. 푸키, 만세!

천천히
그것에 대해
생각하라

지금이야말로 잠시 멈추고 사색하기에 좋은 때다. 하지만 아직 벗겨내야 할 자아의 환상이라는 가면이 하나 더 있다. 이 가면을 벗겨내려면 맑은 정신이 필요하다. 서두르지 말고 천천히 그 가면에 접근해보자.

영화 주인공

세상에서 당신의 위치

자아의 환상에서 가장 깊이 감추어진 부분은 우리에게 가장 큰 슬픔을 야기하는 부분이 아닐까 싶다. 이는 우리가 행복 방정식을 정확히 해결하는 걸 가장 번질나게 방해하는 부분이기도 하다. 우리가 우주의 중심이라 믿고, 우리가 성공했기 때문에 좋은 일이 생기는 것이고, 나쁜 일은 우리를 짜증나게 할 뿐이라고 생각할 때 자아의 환상에서 가장 깊이 감추어진 부분이 꿈틀거리기 시작한다. 하지만 그런 믿음이나 생각은 진실과 완전히 동떨어진 거짓이다.

예를 들어, 톰의 생각을 속속들이 조사해보자. 어느 토요일 아침, 톰이 샌프란시스코와 오클랜드를 잇는 베이 브리지의 아름다운 풍경을 바라보며 느긋하게 카푸치노를 마시는 동안, 우리가 그의 머릿속에 숨어든다고 해보자.

톰은 생각한다. '지금껏 이렇게 최고의 커피를 마신 적은 없는 것 같군. 바리스타가 정성을 다해 카푸치노를 만든 게 분명해. 게다가 위에다 거의 예술 작품을 그려놨잖아. 내가 커피를 무척 좋아한다는 걸 바리스타가 잘 알고 있는 게 틀림없어.'

카푸치노는 톰의 기억에 태미(Tammie)를 떠올려준다.

'내가 그녀와 함께하려고 이곳으로 이주하기로 결정한 후, 첫 주말에 그녀는 나에게 이곳을 보여주었지. 그래, 우리가 티미(Timmy)를 우연히 마주친 날도 그날이었어. 우리는 즐거웠던 옛 시절에 대해 얘기를 나누었고. 그런데 티미가 얼마 전에 입사했다는 신생 기업에 대해 언급했고, 나를 그 회사에 추천해주는 호의도 베풀었지. 나는 지금도 티미가 좋고 고마워. 그 회사에 입사하고 처음 모신 상관 타모(Tamo)는 무척 엄격했지만 많은 것을 가르쳐주었어. 그래도 그 사람을 좋아해야 하는 건지, 미워해야 하는 건지 잘 모르겠어. 그가 스톡옵션에서도 무척 너그러웠던 건 사실이고, 덕분에 처음부터 열심히 일할 맛이 났지. 하지만 나를 속이고 태미와 바람을 피운 건 절대 용서할 수 없어. 앞으로도 영원히! 어쩌면 그게 더 잘된 일인지도 모르지. 지금은 타마르(Tamar)와 훨씬 더 행복하게 지내고 있으니까.

지금까지 살아오는 동안 여기저기에서 나를 도와주는 사람이 많았어. 그런 면에서 나는 정말 운이 좋은 편이야. 내 삶이 영화라면 긴장감과 액션과 슬픔이 점철된 러브 스토리일 거야. 모두가 작은 역할을 맡지만, 결국에는 지금 여기에 앉아 카푸치노를 즐기는 나에게로 모든 것이 수렴되잖아! 나는 그런 영화 같은 내 삶이 마음에 들어. 때때로 어려움이 닥치지만 나는 어떻게든 이겨내니까. 도전을 받고 어려움을 겪지만 결국에는 승리하는 과정을 거치지 않는다면, 달리 어떤 방법으로 내가 주인공이 될 수 있겠어? 내 삶은 중요한 영화니까 많은 배우가 등장해서 도와줘야 해. 나는 운명적으로 주인공일 수밖에 없어! 이건 한 편의 영화야. 정말 내가 영화 주인공이 된 기분이라니까.'

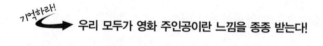

기억하라! ➡ 우리 모두가 영화 주인공이란 느낌을 종종 받는다!

이번에는 이렇게 물어보자. 당신이 당신 영화에서 주인공이라면 태미의 영화에서는 누가 주인공일까? 태미가 주인공이라면 그 영화에서 당신의 역할은 무엇일까? 혹시 무수히 많은 조연 중 한 명이 아닐까?

이런 식으로 논리를 확대해보자. 티미의 영화, 톰의 영화, 타마르의 영화에 당신은 조연으로 등장한다. 바리스타의 영화, 당신을 위해 출입문을 열어준 안내원 아가씨, 게다가 당신이 그 건물에 들어설 때 우연히 밟아 죽인 불쌍한 개미의 영화에도 당신은 조연으로 출연한다.

당신이 무수히 많은 영화에서는 조연이지만 유일한 한 편에서만 주연이라면, 어떻게 당신이 슈퍼스타가 되겠는가?

당신의 잘못된 행동 때문에 태미와 타모가 당신을 속이고 바람을 피운 것은 아닐까 생각해본 적은 없는가? 태미는 타모를 선택했지만, 당신의 행동에서 입은 정신적 후유 장애를 극복하지 못한 채 긴장되고 불행한 삶을 영위했다. 그 때문인지 타모도 태미를 속이며 바람을 피웠고, 결국 그들은 이혼했다. 따라서 그들의 딸도 당신의 행동에 지대한 영향을 받은 셈이다. 혹시 이렇게 생각해본 적은 없는가?

당신이 카페에 발을 들여놓았을 때 순간적으로 당신 마음이 달라지는 걸 의식한 적이 있는가? 당신은 왼쪽에 있는 바리스타에게 가기로 결정한다. 그 때문에 당신 뒤에서 오던 사람은 다른 바리스타를 찾아가고, 그들의 운명적인 첫 만남이 그렇게 우연히 이루어진다. 그들은 미친 듯이 사랑하고 결혼해서 아기를 낳는다. 그 아기는 훗날 유명한 외과의사가 되고, 지금으로부터 40년 후에 당신 손녀의 생명을 구한다. 이런 상상은 어떤가?

당신이 택시 운전기사에게 준 2달러의 팁이 그의 아버지가 커피 농장에 필요한 유기질 비료를 구입하는 데 도움이 됐고, 그 사람이 생산한 커피가 얼마 후 당신이 그 카페에서 마신 커피일 거라고 상상해본 적이 있는가? 더 나아가 농부가 커피를 팔아 얻은 이익으로 자식의 생명을 구하고, 그 자식이 성장해 미치광이 과학자가 돼 지금의 문명을 끝낼지도 모른다고 생각해본 적은 있는가? 하기야 누가 알겠는가? 당신의 영화는 얽히고설킨 무수히 많은 영화 중 한 편일 따름이다. 수십억 편의 영화 중에 하나!

우리는 복잡하게 뒤얽힌 연결망 속에서 살아간다. 우리가 아침에 눈을 뜨고 마주하는 하루하루, 우리가 내딛는 한 걸음, 우리가 만들

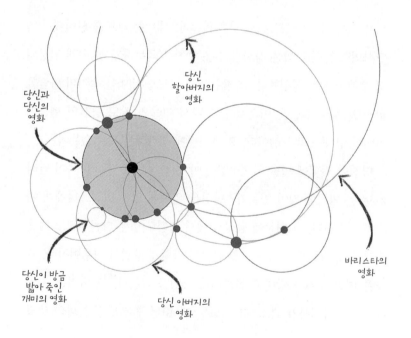

어가는 영화 등 모든 것이 우리 주변 사람들의 삶, 더 나아가 이 행성에 존재한 모든 생명체의 삶에 지극히 작게라도 영향을 끼친다. 물론 그들이 내딛는 걸음도 우리에게 영향을 끼칠 수 있다.

좋은 것과 나쁜 것

우리 삶은 무척 복잡하게 뒤얽혀 있기 때문에 우리는 '좋은 것이 항상 좋은 것은 아니며, 나쁜 것이 항상 나쁜 것은 아니다'라는 낯선 개념을 맞닥뜨리게 된다. 똑같은 이야기도 관점에 따라 완전히 다른 식으로 해석될 수 있다. 게다가 앞에서 잠깐 지적했듯이, 관점은 무수히 많다.

어떤 영화의 주인공에게는 나쁜 사건이, 부분적으로 중복되는 영화의 주인공에게는 '최고'의 사건일 수 있다. "잃은 자가 있으면 얻는 자가 있게 마련"이란 속담과 다를 게 없다. 극단적인 예가 되겠지만 내 경우를 예로 들어 설명해보자.

알리가 우리를 떠나던 날, 라마단 기간이었던 까닭에 알리는 금식 중이었다. 알리가 병원에 입원하자, 병원은 알리에게 곧 수술을 받아야 하니 금식을 계속하라고 처방했다. 달리 말하면, 알리가 우리 곁을 떠날 때까지 24시간 동안 물 한 모금 마시지 못했다는 뜻이다. 얼마나 목이 말랐을까? 알리를 잃은 충격에 빠진 알리의 친구들과 나는 알리의 넋을 기리는 의미에서, 세계 곳곳의 가난한 지역에 깨끗한 식수를 제공하는 자선단체에 기부하기로 뜻을 모았다. '마실 수 있는 물'이라는 소중한 필수 자원의 부족으로 고통받던 수천 명이 혜택을 누렸다. 어쩌면 내가 이 글을 쓴 까닭에 당신도 기부할 수 있는 곳에 관심을 돌렸을지 모르겠다. 이렇게 힘이 모아지면 우리는 수백만 명에게 깨끗한 마실 물을 제공할 수 있게 된다. 이쯤에서 '알리의 고통은 좋은 것이었나, 나쁜 것이었나?' 라는 의문이 제기된다.

역시 관점에 따라 대답이 달라진다. 알리에게 그 고통은 분명히 나쁜 것이었다. 하루 종일 견뎌야 했던 갈증이라는 육체적 고통은 정말 가혹한 것이다. 하지만 알리는 생전에도 다른 사람을 돕는 걸 좋아했다. 당연한 말이겠지만, 수천 명에게 깨끗한 마실 물을 제공하겠다는 의지로 하루 종일 갈증과 싸우는 상징적인 운동에 참여할 기회가 주어졌더라면 알리는 기꺼이 그 운동에 참여했을 것이다.

알리를 사랑하는 아버지인 나로서도 알리의 갈증은 끔찍한 고통이었다. 그러나 알리라면 영화의 다음 장면을 좋아했을 것이란 사실을 분명히 알았기 때문에 나는 거기에서 위안을 받았다. 알리가 저세상에서라도 자신의 죽음으로 많은 사람이 도움을 받았다는 걸 안다면, 행복의 눈물을 흘렸을 테니까.

알리가 죽으면서 남긴 선물 덕분에 삶의 형편이 달라진 사람들은 그 축복이 어디에서 온 것인지 모르겠지만, 깨끗한 식수를 마시는 순간은 그들의 영화에서 행복한 때다. 따라서 요약하면,

모든 것이 좋은 것이면서도 나쁜 것이다.

거꾸로 말하면, 모든 것이 좋은 것도 아니고 나쁜 것도 아니다.

개인적인 차원에서도 시간의 흐름을 고려하면 어떤 것도 항상 나

쁘지는 않다. 당신의 삶에서 나쁜 것으로 시작했지만 결국 좋은 것으로 끝나는 경우가 많지 않았는가? 예를 들어, 조깅 후의 근육통은 아프고 힘들지만, 앞으로 25년 안에 닥칠지도 모를 심장마비를 예방하는 효과가 있을지 모른다. 반면에 자동차를 쏜살같이 운전하는 즐거움이 얼마 후에는 암울한 죽음으로 뒤바뀔 수 있다.

시야를 넓혀 똑같은 사건을 다양한 관점에서 접근해보라. 차를 새로 구입하면 기분 좋지만, 돈과 작별해야 하는 아쉬움은 나쁜 것이다. 뜨거운 다리미를 만졌을 때의 고통은 나쁘지만, 덕분에 손가락을 지키며 다림질할 수 있으니 더할 나위 없이 좋은 것이다.

수십억 명의 삶과 뒤얽힌 채 끝없이 종합적으로 전개되는 영화를 우리 머리로는 결코 완전히 이해할 수 없기 때문에 우리가 편의상 붙인 이름표가 '좋은 것'과 '나쁜 것'이다. 관점에 따라 우리 경험이 달라진다는 걸 이해하고, 더불어 관점의 복잡성을 완전히 파악한다면, 모든 것이 그저 존재하는 것에 불과하다는 걸 어렵지 않게 깨달을 수 있다. 다시 말해, 모든 것이 우리 모두가 출연하는 영화, 따라서 끝없이 전개되는 영화에서 하나의 사건에 불과하다는 뜻이다.

좋은 것과 나쁜 것에 대해서는 뒤에서 더 자세히 살펴보기로 하자. 현재로서는 당신의 영화에서도 한 장면을 하나의 관점에서 보려는 편협성을 버리라고 충고하고 싶다. 그렇게 할 때 당신은 나쁜 것에서도 언제나 좋은 면을 발견할 수 있을 것이다. 어떤 것에나 당신의 기대를 충족하며 당신의 행복 방정식을 굴러가게 하는 것이 내포돼 있다. 이렇게 낙관적으로 생각할 때 당신의 삶은 행복해진다. 낙관적인 관점이 당신을 행복하게 만든다. 우리 에고는 '나'를 중심으로 모든 것이 돌아가는 듯한 삶을 살아가게 만든다. 따라서 삶이 '나'에게 다가오는 것 같기도 하고, '나'를 밀어내는 것 같기도 하다. 예를 들어, 날마다 출퇴근할 때 겪어야 하는 교통 체증이나 슈퍼마켓 계산대 앞에 길게 늘어선 줄은 순전히 당신에게 좌절감을 주려고 존재하는 것 같다고 생각하는가? 또한 많은 사람이 힘들여 도로를 건설하고 자동차를 발명했지만, 지금까지 팔린 자동차의 주인들이 당신을 짜증나게 하려고 어느 특정한 날 아침에 특정한 도로로 모두 몰렸다고 생각하는가? 하기야 당신이 영화의 주인공이라면 그렇게 비관적으로 생각하는 것도 무리는 아닌 듯싶다.

그러나 당신은 72억 세계 인구 중 한 명에 불과하다. 더 정확히 말하면, 무한한 우주 전역에 흩어져 있는 수십억 개의 은하계 중에서도 작은 규모에 불과하고, 그 작은 은하계에서도 우리 태양계는 무시할 수 있을 정도의 크기에 불과하며, 그 태양계에서도 지극히 작은 지구

라는 행성에서 살아가는 무수히 많은 생명체 중 하나에 지나지 않는다. 모든 생명체, 원자와 광선이 각자의 길을 부지런히 달리고 있지만, 간혹 공교롭게도 그 길이 당신의 길과 중첩된다.

진실해지자. 당신은 영화의 주인공이 아니다. 당신 주변에서 일어나는 사건들의 대부분은 당신과 아무런 관계가 없다. 무한수의 다른 영화가 존재한다. 어떤 이유로든 당신이 그 영화들에 출연한다면, 당신은 조연에 불과하다. 당신의 삶을 이런 식으로 관찰해야 행복의 삶을 영위하는 데 도움이 될 것이다. 밤하늘을 바라보며, 그 아름다움이 어디에 있는지 생각해보라. 그 수많은 별들이 다 함께 반짝이기 때문에 아름다운 것이다. 당신은 그 수많은 별들 중 하나다.

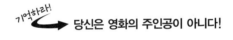

기억하라! ➡ 당신은 영화의 주인공이 아니다!

5장
—

당신은 무엇을 아는가?

인류에게 심원하면서도 지속적인 영향을 남길 만한 변화를 이루어낼 힘이 나에게 있다면, 나는 무엇보다 오만과 교만을 없애버리겠다. 구체적으로 말하면, '내가 옳다'라는 강박을 없애버리고 싶다. 그렇다, 나는 '지식의 환상(Illusion of Knowledge)'을 없애버릴 것이다.

오만의 증거는 우리 주변 어디에서나 쉽게 찾아낼 수 있다. 정치와 대중문화에 대한 논쟁과 토론을 눈여겨보라. 토론에 참석한 모두가 자신감과 확신이 넘치는 모습이다. 그들은 자신의 의견을 단호히 견지하며, 자신들이 아는 것이 전부라고 확신한다. 자신감 넘치는 그들의 모습은 그럴듯해 보이지만, 정말 그들이 알고나 있는 것일까?

지식을 추구하는 인간의 욕구 덕분에 우리 문명은 꾸준히 발전해왔다. 지식을 집요하게 추구한 덕분에 우리는 모닥불 옆에서 돌을 쪼개던 문명에서 벗어나, 인도를 걸으며 스마트폰으로 통화하는 문명에 들어설 수 있었다. 지식은 문명을 끌어가는 연료다. 그러나 우리가 뭔가를 확실히 알고 있다는 확신이 우리에게 고통을 안겨주는 원인이기도 하다. 게다가 그런 확신은 궁극적으로 무지함이다. 따라서 지식의 환상이 우리 행복에 어떻게 나쁜 영향을 끼치는지를 살펴보기 전에 지식의 환상이 우리 삶을 지배하는 정도에 대해 먼저 실펴보자.

인터뷰

박식하다고 자화자찬하는 사람을 인터뷰할 기회가 당신에게 주어진다면 어떤 질문을 하겠는가? 그 지식의 깊이와 폭을 가늠할 만한 질문을 하게 될 것이다. 또한 그의 대답이 얼마나 정확하고, 비교되는 주제들과 관련해서는 얼마나 많이 알고 있는지 평가하려 할 것이다.

그가 많은 것을 알고, 아는 것도 정확하다면 이른바 '전문가'로 평가될 것이다. 하지만 실제로는 아는 것도 거의 없는 데다 아는 것마저 잘못된 것이기 일쑤라면, 당신은 박식하다는 그의 주장을 묵살하며 그에게 조용히 떠나달라고 점잖게 부탁할 것이다. 내친김에 좀 더나아가, 나와 당신을 포함해 인류 전부를 인터뷰해보자. 전문가로 평가할 만한 사람이 실제로 얼마나 될까?

지식의 깊이

중요한 것은 무엇을 아느냐가 아니라, 얼마나 정확히 아느냐는 것이다. 잘못 알고 있다면, 전혀 모르는 것보다 더욱 나쁘다. 이 말에 동의하는가?

2002년 2월, 한 기자회견에서 당시 미국 국방부 장관 도널드 럼스펠드는 이라크의 대량 살상 무기를 둘러싼 정보에 대한 질문을 받았다. 이라크가 보유하고 있는 것으로 의심되던 대량 살상 무기의 존재는 전쟁의 시작을 뒷받침하기에 충분한 이유였다. 럼스펠드는 다음과 같이 애매하게 대답했다. "뭔가가 아직 일어나지 않았다는 보도를 보면 항상 흥미롭습니다. 우리 모두가 알고 있듯이, 알고 있다는 걸 알려진 것들, 즉 우리가 알고 있다는 걸 알고 있는 것들이 있는 반면에, 알려진 무지함이 있다는 것도 알고 있습니다. 다시 말하면, 우리가 모르는 게 있다는 것도 우리는 알고 있다는 겁니다. 하지만 세상에는 모르고 있다는 게 알려지지 않은 것들(unknown unknowns), 그러니까 우리가 모르고 있다는 걸 모르고 있는 것들도 있습니다. 우리나라를 비롯해 많은 자유국가의 역사를 돌이켜 보면 마지막에 언급한 범주에 속하는 것이 가장 까다로운 문젯거리입니다."[1]

물론 마지막 범주에 속하는 것 때문에 우리는 호된 대가를 치러야 했고, 그 결과는 가슴 아픈 것이었다.

놀랍겠지만 대부분의 지식이 정확도가 점점 떨어지는 이유는, 모르고 있다는 게 알려지지 않은 것들이 무시되기 때문이다. 물리학을 예로 들어보자. 아이작 뉴턴은 중력의 존재를 발견했고, 1687년 유명한 운동법칙을 발표함으로써 현재 고전역학(classical mechanics)으로 알려진 학문의 기초를 놓았다. 뉴턴의 운동법칙은 명백히 입증되고 격렬한 논쟁을 거친 뒤에야 인정받았다. 그 이후로 과학자들은 사과의 낙하부터 달과 행성의 공전 궤도까지 모든 것을 지배하는 사실로 뉴턴의 운동법칙을 받아들였다. 운동법칙의 정확성에 감히 반론을 제기하는 학자는 무지한 인간으로 비난받았다. 건전한 토론이 사라지고 절대 지식(absolute knowledge)의 오만함만이 남았다. 하지만 뉴턴의 운동법칙은 훗날에야 밝혀진 많은 '알려지지 않은 것'을 무시한 것이었기 때문에 그런 오만함은 근거 없는 것이었다.

1861년 제임스 클러크 맥스웰은 고전적인 열역학 법칙을 발표하며, 뉴턴의 운동법칙이 불완전하다는 걸 입증해냈다. 1905년에는 알베르트 아인슈타인이 시간에 대한 뉴턴의 가정이 틀렸다고 선언했고, 1920년대 중반에는 양자물리학에서 소립자 세계는 뉴턴의 법칙에 따라 움직이지 않는다는 걸 입증해 보였다. 1960년대에는 끈 이론(string theory)이 양자 이론의 불완전함을 폭로했지만, 얄궂게도 1990년대에는 M이론(M-theory)이 등장하며 끈 이론의 불완전함을 증명해 보였다. 머잖아 새로운 이론이 등장해 M이론도 불완전한 이론으로 추락할 것이 거의 분명하다.

우리가 얼마나 착각해왔는지 짐작할 수 있겠는가? 물리학의 기본 법칙들은 지난 200년 동안 빈틈없이 정확히 작동하는 것이라고 여겨졌지만, 엄격히 따지면 그런 기초적인 것들도 근사치에 불과했다.

현대 세계에서는 지식에 접근할 수 있는 가능성이 폭발적으로 증가했다. 우리가 구하는 모든 답이 결국에는 검색어에 불과하다. 수십억 웹페이지를 제대로 활용하면, 당신이 궁금한 질문의 답을 언제든지 구할 수 있다. 우리 인간이 알지 못하는 게 있을 것이란 상상 자체가 힘들 지경이다. 여하튼 검색 결과로 주어지는 답은 무궁무진하게 많다. 따라서 결과로 주어진 답들이 어느 정도나 정확하고, 지식이라 주장할 만한 것이 얼마나 되는지가 진짜 문제다. 그런데 우리가 검색할 때마다 수백만 개의 결과를 얻는 이유는 무엇일까? 관점에 따라 제기되는 논제가 다르고, 관점은 무수히 많기 때문이다. 대중의 지혜(wisdom of the crowd)가 상대적으로 적절하다고 판정한 결과가 있지만, 그 결과가 참이라고는 누구도 명백히 확인해주지 못한다. 일반적으로, 우리가 제기하는 모든 의문은 DDAA라는 '개량 사이클

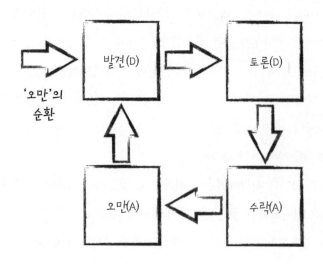

(refinement cycle)'의 지배를 받는다. DDAA는 내가 붙인 명칭으로 Discovery(발견)-Debate(토론)-Acceptance(수락)-Arrogance(오만)를 뜻한다.

수천 년 동안, 인간은 우리 자신과 주변 세계에 대한 의문의 답을 찾으려고 고심해왔다. 예를 들어, 우리는 누구이고, 이곳에서 무엇을 하고 있으며, 모든 것이 어떻게 작동하는지에 대한 의문을 품고, 이따금씩 믿기지 않는 깨달음을 우연히 얻는다('발견'). 이런 새로운 깨달음, 즉 지식은 '토론'과 다툼을 유도한다. 결국 누구도 부인할 수 없는 증거로 한쪽 의견이 옳다는 게 입증되면, 새로운 지식은 사실로 받아들여진다('수락'). 이런 지식의 과시는 거의 필연적으로 '오만'의 시대로 이어진다. 이때 우리는 우리 지식이 의심할 여지가 없이 확정된 것이라 생각하며, 그 지식을 부정하는 사람들에게 온갖 비난을 퍼붓지만, 또 다른 발견의 파도가 밀려오면 우리가 알고 있는 것이 불완전하고 때로는 부정확한 것이라는 사실을 깨닫는다. 이런 개량 사이클 DDAA는 항상 불완전하고, 항상 부정확한 지식을 안고 살아갈 수밖에 없는 우리 인간의 여정이기도 하다.

우리가 우리의 지식을 오만할 정도로 믿는 이유는 무엇일까? 육안의 관찰로 지식의 타당성이 입증되기 때문이다. 지구는 평평하다고 잘못 가정하더라도 우리가 주변 지역을 돌아다니는 데는 어떤 영향도 받지 않는다. 새로운 관찰로 과거의 지식이 뒤집힐 때까지 새로운 것을 상상하기 힘들다. 이를테면, 선체가 먼저 수평선 너머로 사라진 후에 돛대가 사라지는 걸 두 눈으로 확인하고서야 지구는 평평하다는 가설이 잘못된 것이라고 인정하며, 그 가설을 부정한다.

다시 말해, 새로운 현상이 관찰된 후에야 우리는 현재 알고 있는 것을 다시 논의하며, 과거에 우리 조상들이 새로운 관찰 결과를 받아들일 때 어떤 식으로 생각했는지 궁금해하기 시작한다. 여하튼 반박할 여지가 없을 정도로 명백해 보이는 것을 어떻게 간과하며 무시할 수 있겠는가?

많은 지식이 결국 불완전한 것으로 판명되며, 그런 지식은 우리가 과학과 정치와 역사에서 일상적으로 끌어안고 살아가는 환상인 셈이다. 개인적인 삶에서도 크게 다르지 않다. 예를 들어, 당신이 누군가를 속물이라고 생각하지만, 그가 실제로는 수줍음 많은 사람인 걸 나중에야 알게 된다면 후회막급일 것이다. 은행이 당신을 지원해주리라 기대하지만 실제로는 당신을 이용할 뿐이란 사실을 나중에야 깨닫는다면, 또 새로 산 구두가 당신을 행복하게 해주리라 예상하지만 실제로는 당신 발에 상처만 남긴다면 어떤 기분이겠는가? 식습관과 관련된 지식도 다를 게 없다. 비타민과 미네랄이 우리 건강에 좋다는 공인된 지혜도 하루가 다르게 바뀌고 있는 실정이다. 과학자들이 지금까지의 태도를 돌변하며, 수년 전까지도 열심히 복용하라고 권하던 것들을 이제 와서는 멀리하라고 설득하는 경우가 비일비재하지 않은가. 그야말로 DDAA의 끝없는 악순환인 셈이다! 발견은 토론으로 이어지고 토론 끝에 수락과 오만을 차례로 촉발하지만, 결국 오만도 새로운 발견을 통해 사그라진다.

이런 과정에서 우리 인간은 궁극적인 지식을 보유한 것으로 끊임없이 추정한다. 따라서 지상에서 가장 영리한 생명체인 우리는 당연히 모든 것을 아는 것처럼 행동한다. 어떤 것이 틀렸을 가능성은 고사하고 빠졌을 가능성마저 철저하게 부정한다.

지식의 폭

우리가 뭔가를 정확히 알고 있다고 확신하는 극소수의 경우에도 우리가 아는 것은 궁극적으로 밝혀지기 위해 존재하는 것에 비교하면 지극히 하찮은 정도일 뿐이다.

예를 들어보자. 우주는 96퍼센트 이상의 암흑 물질과 암흑 에너지, 그리고 과거에 진공이라고 일컬어졌던 투명한 물질로 이루어진다. 하지만 우리는 우주에 대해 알고 있는 것이 거의 없다. 물론 지구에서도 용적으로는 대양의 90퍼센트 이상이 전혀 탐사되지 않은 상태다. 따라서 당신이 이 책을 읽고 있는 지금, 고질라가 어딘가에서 헤엄치고 있더라도 우리는 짐작조차 못 할 가능성이 크다. 우리 몸에 대해서도 크게 다르지 않다. 우리 DNA의 약 3퍼센트에 대해서만 존재 목적을 이해하고 있을 뿐이며, 나머지는 '쓰레기 DNA(junk DNA)'라고 불린다. 그것들을 '쓰레기'라고 일컫는 이유가 무엇일까? 우리가 지독히 오만해서, 그 DNA들이 어떤 이유로 존재하는지 모른다는 걸 인정하고 싶지 않기 때문이다. 날마다 새로운 발견이 이루어지며 지식의 폭도 점점 넓어지고 있다. 그러나 모든 것이 자세히 밝혀질 때까지, 인간에 대해서는 90퍼센트 이상이 알려지지 않는 상태라고 겸손히 인정해야 할 것이다. 지식이란 것이 그렇다!

지식의 폭이라는 문제는 과학에만 국한된 것이 아니다. 우리 삶의 모든 영역에 확대된다. 친구가 당신 전화에 회답하지 않는다고 화를 내지만, 친구가 어떤 삶을 살고 있는지 얼마나 많이 알고 있는 가? 상점 직원이 미소로 당신에게 화답하지 않았다는 이유로 그를 쉽게 단죄하지만, 그가 참고 견뎌야 하는 역경에 대해 얼마나 많이 알고 있는가? 당신 몸이 실제로 어떻게 작동하는지 전혀 모르면서, 새로운 혁명적인 발견이라고 소개되는 식이요법을 얼마나 자주 따라 하는가?

우리가 실제로는 거의 아는 것이 없기 때문이다. 그러나 우리 행동을 굳게 믿기 위해 필요한 확신을 끌어내려면, 실제로는 많은 것이 빠지고 부족함에도 우리 지식이 완전하다고 확신해야 한다.

무엇이 부족한가?

오만만이 지식의 폭을 가로막는 요인은 아니다. 때때로 우리 지식은 가장 기본적 차원, 즉 감각의 차원에서 방해받는 경우도 적지 않다. 또한 생각과 개념을 형성하는 데 사용하는 기초 단위, 즉 단어가 진짜 지식을 방해하는 결정적인 요인이기도 하다.

감각의 제약

우리 감각에 관한 한, 눈으로 관찰한 것을 오만할 정도로 확신하는 경향이 짙다. 하지만 우리의 지각 능력(perception)은 신뢰할 만한 것이 못 된다. 예를 들어, 바위를 만져보면 바위가 탄탄하고 속이 꽉 찬 물질이라 느껴지지만, 실제로 바위는 거의 빈 공간으로 이루어진 것이다. 개의 귀에는 들리는 초고음 을 우리는 듣지 못하며, 모기와 어 류 및 일부 뱀은 적외선을 볼 수 있 지만 우리는 감지하지 못한다. 또 한 모스크바에서 태어나 자란 사 람과 두바이에서 태어나 성장한 사람은 '추위'에 대한 지각력이 무

척 다를 것이다. 당신은 위에서 본 그림이 말이라고 확신하는가? 혹 시 개구리로 보이지는 않는가? 고개를 약간만 옆으로 기울이면 위의 그림이 완전히 달라 보인다. 그런 변화는 부인하기 힘들고, 우리 뇌 에게 부정하라고 강요하기 힘들 정도다. 또한 우리 주변에는 수많은 박테리아가 있으며, 이 책을 읽는 순간에도 우리는 박테리아에 영향 을 받는다. 우리 몸 안에는 더 많은 박테리아가 있지만, 육안으로는 하나도 보이지 않는다. 색맹인 사람과 이야기를 나눠본 적이 있는 가? 색맹의 눈에 보이는 세계는 우리 눈에 보이는 세계와 크게 다르 지만, 색맹도 우리 못지않게 효율적으로 일한다. 따라서 우리 자신의 지각 능력에 대해서도 확실히 '알지' 못한다고 추정하는 편이 차라 리 더 안전하다.

언어는 절름발이

우리가 생각하고 의사소통할 때 사용하는 가장 기초적인 단위도 우 리 지식의 폭과 깊이를 제약하는 근본적인 요인이다. 우리는 단어를

사용해 개념을 정의하지만, 어떤 개념도 단어만으로는 완벽하게 표현해낼 수 없다. '망고'라는 단어를 예로 들어보자. 이 단어는 '과즙과 과육이 풍부하고 노란색을 띤 향긋하고 달콤한 과일'을 가리키는 정신적 구조물이다. 따라서 '망고'는 내가 가리키는 대상이 무엇인지 이해하도록 상대에게 도움을 주지만, '망고'를 말한다고 망고의 향긋한 냄새를 맡거나 망고를 먹는 것은 아니다. 또한 '과즙과 과육이 풍부하다'라는 단어를 말한다고, 과즙이 줄줄 흐를 정도로 잘 익은 망고를 우걱우걱 씹으며 강렬한 단맛과 향내를 즐기는 기분이 어떤 것인지 정확히 안다고 말할 수 있을까? 특히 당신이 망고와 복숭아를 맛본 적이 없다면, '과즙'과 '과육'이라는 단어를 사용해서 망고와 복숭아의 차이를 설명할 수 있을까?

단어에 내재된 한계는 모든 영역의 지식에 적용된다. 이를테면, '하늘색'이라는 단어에는 누구나 기분 좋은 색이라고 기꺼이 동의할 것이다. 하지만 당신이 하늘의 색을 보았을 때 얻는 시각상(visual image)이 내가 얻는 시각상과 똑같다고 입증할 방법이 없다. 언어는 우리가 어떤 현상에 대한 이해를 동일하게 맞추는 데 어떤 도움도 주지 못한다. 당신의 눈에는 실제로 하늘색으로 보이지만, 내 눈에는 장미색으로 보일 수 있다. 달리 말하면, 당신과 나는 어떤 색이 마음에 드는 색이라는 데 동의하고 그 색의 파장과 이름에 동의하더라도 우리가 똑같은 것을 실제로 보고 있다고 단정할 수는 없다는 뜻이다.

복합적인 개념을 하나의 단순한 단어로 축약할 때 지식의 왜곡은 더욱 심화된다. 예를 들어, '고층 건물(skyscraper)'이라는 단어는 무수히 많은 복잡한 설계, 수천 종의 건축자재, 수많은 인부의 노동과 땀을 하나의 단어로 극단적으로 간결하게 뭉뚱그린 것이다. 따라서 이 단어는 적어도 어떤 차원에서는 모든 고층 건물이 똑같다고 잘못 암시하고 있는 셈이다. 어떤 개념을 묘사하는 단어가 존재한다면, 그 개념에 대한 우리 지식이 지극히 피상적이더라도 우리는 그 개념을 알고 있는 것으로 추정한다. 어떻게 하면 사랑과 헌신, 신성과 사회 같은 개념을 하나의 단어로 집약할 수 있을까? '철학, 심리학, 사회학'이라는 단어로 집약되는 지식의 규모가 어느 정도일지 짐작할 수 있겠는가? 무신론자나 실용주의자로 지칭되는 사람들은 그 하나의 단어로 표현할 수 있을 정도로 모든 면에서 비슷한가? '죽음'이란 단어는 관련된 개념을 얼마나 정확히 표현하고 있는가? '전제주의', '능력주의', '민주주의'라는 단어에는 관련된 개념이 충분히 집약돼 있는가?

약간 저속하지만 재밌는 영화 〈독재자〉에서 사샤 배런 코언은 일련의 사건 때문에 자신이 지배하던 국가를 민주주의로 전환할 수밖에 없는 상황에 봉착한 중동의 독재자 역할을 멋지게 해냈다. 코언은 마지막 연설에서 독재의 이점을 다음과 같이 역설한다.

왜 여러분은 독재를 반대하십니까? 미국이 독재국가라고 상상해보십시오. 그럼 미국처럼 우리도 국민의 1퍼센트가 국부(國富)를 몽땅 차지하게 할 수 있습니다. 부자 친구들의 세금을 깎아주고, 부자 친구들이 도박으로 돈을 잃으면 세금으로 그들을 급히 구제함으로써 그들이 더욱더 부자가 되도록 지원할 수도 있습니다. 가난한 사람들의 의료 지원과 교육을 무시할 수도 있습니다. 언론이 겉으로는 자유롭게 보이지만, 실제로는 한 사람과 그의 가족이 은밀히 지배할 수 있습니다. 전화를 도청하고, 외국 죄수들을 고문해도 괜찮습니다. 부정선거를 획책하고, 전쟁하는 이유에 대해서도 거짓말을 늘어놓을 수 있습니다. 특정한 인종 집단으로 교도소를 가득 채우더라도 누구도 이런 현상에 대해 항의하지 않을 겁니다. 언론을 동원해 국민을 협박하며, 국민의 이익에 반하는 정책을 지지하도록 유도할 수도 있습니다.

이 연설에서 코언은 '독재국가'라는 단어의 의미를 헷갈린 것일까, 아니면 민주주의의 뜻을 헷갈린 것일까? 혹시 모든 단어가 이처럼 느슨하게 사용되는 것은 아닐까?

이런 느슨함 때문에, 우리가 지식을 다른 사람에게 전달하려고 할 때 많은 부분이 번역 과정에서 사라진다. 게다가 말해진 모든 내용이 고스란히 전달되며 이해되는 것도 아니다. 하지만 원래의 지식에서 적잖은 몫이 사라진 결과물도 여전히 지식이라고 일컬어진다.

단어는 내가 이 책에서 당신과 소통할 수 있는 유일한 도구다. 나는 단어를 최대한 정확히 사용하려 애쓰지만 내 노력만으로는 부족하다는 걸 알고 있다. 이런 이유에서 나는 종종 당신에게 질문을 던지며, 우리가 논의하는 개념을 당신 혼자서라도 깊이 생각하고 고민하는 기회를 갖기를 바라는 것이다. 그래야만 당신은 진짜 지식을 경험할 수 있을 것이다. 당신만의 망고를 맛보기 바란다. 내 말을 곧이곧대로 받아들여서는 안 된다.

우리는 이처럼 흠결 있는 단어를 활용하며 그럭저럭 지식을 축적해왔고, 그 결과로 지금과 같은 인간이 됐다. 이런 점에서 단어는 지식을 구성하는 기초 단위라 할 수 있다. 어떤 건축물이든 거기에 사용된 건축자재 이상의 탄력성을 갖지 못한다. 따라서 안타깝지만 우리 지식도 단어만큼 제한적일 수밖에 없다. 지식의 깊이와 폭, 그리고 한계까지 모두 고려하면, 우리가 유일하게 정확히 알고 있는 지식은 이렇게 정리되는 듯하다.

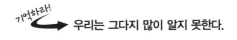

기억하라! → 우리는 그다지 많이 알지 못한다.

진짜 지식

알리가 열한 살이었을 때 《쓸모없지만 유쾌한 지식의 발견》이라는 책을 사 왔다. 그 이후로 몇 주 동안, 가족끼리 주말여행을 할 때마다 알리는 그 책을 갖고 다니며 기상천외한 문장을 소리 내어 읽었다. "우표 뒷면을 핥을 때마다 우리는 0.1칼로리를 소모한다." "대부분의 미국 자동차는 경적이 '바' 음으로 울린다." "대부분의 화장실은 '내림 마' 음으로 물을 내린다." 한결같이 쓸모없고 근거 없는 '지식'이었지만, 어엿이 한 권의 책으로 편집될 정도의 자격을 지닌 지식이었다. 알리는 한 문장을 읽을 때마다 자지러지게 웃었고, "우리 인간은 정말 멍청해요!"라고 말하곤 했다. 그렇다, 우리 인간은 정말 어리석다. 나는 이 말을 인정하지 않을 수 없다.

젊었을 때 나는 학습 중독자였다. 지식을 우상처럼 숭배했다. 게다가 지식을 자랑하며 오만하기 그지없었고, 내가 아는 것을 극렬하게 옹호했다. 구글에 입사해 일하기 직전까지 이런 습관을 버리지 못했다. 하지만 구글에 입사하고 수개월 만에 내 '지식의 환상'은 여지없이 무너졌다. 나날이 새로워지는 인터넷은 내가 오랫동안 일한 분야에서도 모르는 게 어마어마하게 많다는 사실을 냉정하게 알려주었고, 내가 그때까지 올바른 것으로 생각하던 것을 되돌아보며 재점검하게 만들었다. 모두가 나보다 훨씬 더 똑똑해 보이는 회사의 복도를 거닐 때마다, 우리 모두가 학교에서 배운 '하나의 정답'이라는 믿음이 흔들렸다. 다양한 성향의 팀원들이 저마다 고유한 관점에서 세상을 보았고, 여러 관점에서 정답을 끌어낼 수 있는 과제들을 연구했다. 한편, 의사결정을 내릴 때 철저히 데이터를 기초로 한 덕분에 각 전망의 타당성 여부를 객관적으로 검증할 수 있었다. 또한 처음에는 열정적으로 옹호되던 아이디어들이 결국 잘못된 것으로 판명 나는 경우도 적지 않았다. 그러나 개방적 문화가 권장된 까닭에 팀원들은 적극적으로 자신의 의견을 밝혔고, 따라서 대화는 항상 활기를 띠며 다양한 방향으로 전개됐다. 스무 살에 불과한 새파란 팀원이 훨씬 경험 많은 부사장의 견해에 거리낌 없이 이의를 제기하는 게 흔한 현상이었고, 더구나 그 풋내기의 의견이 맞는 경우가 많았다. 구글에서 그렇게 1년을 보내고 나자, 내 분야에서 알아야 할 것에 비해 내가 아는 것은 손톱 밑의 때에 불과하다는 걸 깨달았다. 실제로 내가 아는 것이 거의 없었다. 심지어 내가 아무것도 모른다는 자괴감마저 들었다. 하지만 다행히도 무엇이든 배우려는 열정이 내가 옳아야 한다는 에고의 욕망을 압도했다. 게다가 이런 깨달음에서 내 관점을 끝까지 지키려는 아집을 버리고 끝없는 학습의 여정을 즐겁게 받아들인 덕분에 깊은 환희까지 느꼈다. 이런 환희를 경험한 까닭에 나는 이 책을 쓰면서도 자주 글을 멈추고, 내가 아는 것이 거의 없다는 게 당신에게 감지되는지 묻는 것이다. 또한 당신의 지각이 진정으로 타당한 것인지 의문을 제기하며 당신만의 고유한 진실을 찾아보라고 권하는 것이다. 나중에, 여기에 쓰인 글 중 일부라도 잘못된 것이 있다는 게 판명되더라도 나를 용서해주기 바란다. 때로는 틀리는 게 지식의 속성이다. 잘못된 부분이 있으면 언제라도 나에게 알려주기 바란다. 그럼 우리가 함께 조금이라도 더 많이 배울 수 있지 않은가.

만약 당신이 지식의 환상에 별다른 영향을 받지 않고 살아왔다면 극소수의 행운아 중 한 명이다. 내가 진실이라고 알고 있는 것을 얼마나 굳게 믿느냐에 상관없이, 내가 잘못 알고 있을 가능성이 있다는 걸 인정하는 데만도 오랜 시간이 걸렸다. 내가 중요한 부분을 놓쳤을 가능성은 항상 존재하며, 내가 모르는 게 더 많다는 것도 영원히 변하지 않는 진실이다. 내가 항상 옳은 것은 아니다. 내가 진실이라고 알고 있는 게 항상 옳은 것도 아니다.

노벨 물리학상을 수상한 러시아의 과학자 레프 란다우는 언젠가 "우주학자는 종종 잘못 생각하지만 결코 의심하지는 않는다"라고 말했다. 그처럼 저명한 학자가 남겼다는 점에서도 가슴에 새길 만한 명언이다. 란다우가 평생을 바친 이론물리학의 역사에서도 이 말의 진정성이 확증된다. 우주학자들은 처음에 지구가 평평하다고 생각했다. 지구가 둥그렇다는 걸 인정하게 됐을 무렵에는 지구가 우주의 중심이며, 천체가 지구를 중심으로 회전한다고 믿었다. 그 과정에서 잘못 생각한 사람은 많았지만 자신의 의견을 의심한 사람은 한 명도 없었다.

아인슈타인은 누구보다 뛰어나고 똑똑했지만, 궁극적인 지식(ultimate knowledge)을 찾아냈다고 주장할 정도로 오만하지는 않았다. 언젠가 아인슈타인은 "이론적으로는 이론과 실제가 같지만, 실제로는 그렇지 않다"라고 말했다. 이와 관련된 일화를 소개해보겠다. 아인슈타인은 방정식들을 수정하는 과정에서 중력 효과를 조정하려고 어떤 상수를 '삽입' 하는 엄청난 실수를 범한 적이 있었고, 그때 그는 주변의 지적을 받아들여 자신의 실수를 인정했다. 그런데 아인타슈타인이 방정식을 수정하며 임의로 삽입한 상수, 즉 우주 상수(cosmological constant)가 우주의 핵심적인 진실 중 하나라는 것이 훗날 과학자들에 의해 입증되면서 아인슈타인이 '실수했다고 인정한 것'이 오히려 잘못이었던 셈이 됐다.

그렇다고 우리가 지금 알고 있다고 생각하는 걸 적극적으로 옹호한다고 자책할 필요는 없다. 현재의 지식이 잘못된 가정에 기초한 것이라 생각한다면, 우리가 또 무엇을 할 수 있겠는가? 자신이 지금 알고 있는 게 잘못된 것이라고 생각한다면 누가 어떤 일을 열정적으로 추구할 수 있겠는가? 설령 나중에는 잘못된 것이라 판명되더라도 지금 시도하는 행위의 타당성을 입증할 만한 논리를 어떻게든 찾아내야 하는 것이 우리 모두의 임무다.

하지만 많은 것을 알게 될수록 우리는 한 줌의 진실을 얼핏 본 것에 지나지 않는다는 걸 더욱 절실히 깨닫게 된다.

→ "진짜 지식은 자신의 무지함에 대한 깨달음이다."

지혜는 행복의 조건

지식은 우리가 다른 모든 환상 뒤에 감춰진 현실을 제대로 직시하지 못하도록 방해하는 환상이다. '우리가 그럭저럭 지금까지 살아온 것을 고려하면 우리 지식이 몽땅 잘못된 것은 아니다!' 라고 확신할 수 있기 때문이다. 하기야 우리는 '6가지 큰 환상'에도 불구하고 지금까지 그럭저럭 살아왔고, 그 때문에 6가지 환상의 타당성을 따져보려는 욕구도 쉽게 사그라진다. 하지만 현명하고 지혜로워야 한다. 당신이 평생 공들여 배웠던 것이 완전히 정확한 것은 아닐 수 있다는 생각을 즐겁게 받아들여라.

지식은 결코 행복의 전제 조건이 아니다. 우리가 지식을 축적하기 전의 상태, 즉 우리의 초기 상태는 행복에 맞춰져 있었다. 결국 잘못된 지식이 대부분의 불행을 초래하는 근원이다. 우리는 지금 알고 있는 지식이 정확한 것이라 확신하는 까닭에, 그런 지식을 행복 방정식에 입력하는 데 사용한다. 우리가 알고 있는 지식이 실제로는 잘못된 것이라는 걸 알게 된 즈음이면, 행복 방정식은 이미 기능을 상실하고 심리적 고통이 우리 마음속에 자리 잡은 뒤다.

어떤 생각이 당신을 불행하게 만드는지 되짚어 보면, 그런 생각이 주로 환상과 잘못된 믿음에서 생겨난다는 걸 깨달을 것이다. 우리에게 가장 깊은 영향을 주는 개념은 우리가 진실이라고 굳게 믿는 개념이다. 더구나 그 개념이 실제로는 정확하지 않다는 게 밝혀진다면 어떻게 되겠는가?

잘못된 개념을 고집하는 모습은 타조의 행동과 약간 비슷하다. 달리 말하면, 머리만을 모래밭에 묻고 나머지 부분을 위험에 훤히 노출한 채 자신은 안전하다고 믿는 셈이다. 결코 영리한 생존 전략이 아니다. 그런데 왜 우리는 그렇게 행동하는 걸까? 에고 때문이다.

'지식의 환상'을 강력히 떠받쳐주는 것이 '자아의 환상', 특히 에고다. 우리는 자신을 지식과 동일시하는 경향을 띤다. 우리가 지금 알고 있는 것을 고집스레 옹호하며, 현재의 지식이 공격받으면 불쾌하게 생각한다. 우리가 진실이라고 생각하는 것을 다른 사람들은 그렇게 생각하지 않는 경우가 비일비재하기 때문에 우리의 지식은 빈번하게 공격받을 수밖에 없다. 따라서 에고를 지키려는 발버둥은 끝없는 투쟁이 된다. 가면을 벗어라! 당신이 지금 알고 있는 지식에 대한 공격을 열린 마음으로 받아들여라. 현명하고 지혜롭게 행동하라. 당신이 '알고 있는 것'에 반박하는 사람들을 너그럽게 인정하라. 진실을 추구하는 사람, 잘못된 것을 언제라도 흔쾌히 인정하며 진실을 끝없이 추적하는 탐구자가 돼라.

잠깐 시간을 내어 다음과 같이 생각해보자. 진실이라고 철석같이 믿었던 것이 진실과 동떨어진 것으로 밝혀지며 당신을 놀라게 했던 경우들을 기억해보라. 기억을 쥐어짜면 그런 경우를 어렵지 않게 기억해낼 수 있을 것이다. 그런 경우를 기억해낼 때까지 책 읽기를 중단하라. 내가 결론적으로 말하기 전에, 당신이 알고 있는 지식의 한계를 당신 자신에게 먼저 인정하는 것이 중요하다.

진실을 추적할 준비를 끝냈는가?

넛지, 작은 자극

좋고 나쁜 것에 대한 우리의 확신도 행복 방정식의 해법을 심각할 정도로 복잡하게 만드는 요인이다. 자아의 환상을 다룬 앞 장에서 보았듯이, 우리 자신이 영화 주인공인 것처럼 행동하지 않아야 선악의 역할이 나머지 등장인물들 사이에 균등하게 배분된다. 선악의 개념에 대한 이해는 생각만큼 쉽지 않다.

물론 우리는 삶에서 항상 좋은 일만 있기를 바라지만 나쁜 일이 빈번하게 닥친다. 행복 방정식이 부정확하게 풀리면 세상이 우리 기대에 미치지 못한 것으로 여겨진다. 실제로 그런 상황이 닥치면, 우리는 당면한 사건들을 나쁘게 생각하며 불행을 느낀다. 하지만 삶의 행로를 바꾸기 위해서라도 간혹 작은 자극이 필요하다. 삶은 역경이라는 수단을 적절히 활용해 우리를 더 나은 방향으로 유도한다.

1990년 조앤이라는 25세의 스코틀랜드 여인이 맨체스터에서 런던행 기차를 기다리고 있었다. 그런데 기차의 출발 시간이 예정보다 4시간이나 늦어졌다. 일반적으로 그런 지연은 나쁜 것으로 여겨지는 사건이지만, 그 시간 동안 조앤의 머릿속에는 마법 학교를 다니는 소년에 대한 기막힌 아이디어가 떠올랐고, 이야기가 '완벽한 뼈대를 갖추며' 구체화됐다. 조앤은 집에 도착하자마자 글을 쓰기 시작했다. 하지만 2년이 지난 후에도 겨우 3장(章)까지밖에 쓰지 못했다. 먹고 살아야 했던 까닭에 조앤은 포르투갈로 건너가 외국어 교사로 일했다. 그리고 한 남자를 소개받아 결혼하고 딸까지 낳았지만, 결국 이혼하는 아픔을 겪어야 했다. 조앤은 다시 스코틀랜드로 돌아갔다. 당시에는 온 세상이 그녀를 미워하며 멀리하는 것 같았다. 결혼에 실패하고 직장도 잃은 데다가 딸린 자식까지 있었다. 하지만 세상이 그녀를 등진 것은 아니었다. 그녀는 삶의 방향을 바꾸라는 자극을 받고 있었다. 세상이 그녀를 평범한 삶의 덫에서 밀어내며 위대한 삶으로 유도하고 있었다.

우리 모두가 알고 있듯이, 그녀는 조앤 K. 롤링이라는 이름으로 '해리 포터 시리즈'를 연이어 발표하며 전 세계 수백만 독자에게 독서의 즐거움을 안겨주었다. 훗날 그녀는 당시를 글쓰기에 집중할 수 있었던 해방의 시기로 표현했다. 삶은 전력을 다해 다른 모든 길을 차단하며 단 하나의 길만을 열어두었고, 그녀는 그 길을 따랐다. 그녀는 그 길을 최대한 활용해 2년 후 최종 원고를 탈고했다. '해리 포터 시리즈'는 65개의 언어로 번역돼 4억 권 이상이 판매됐으며, 조앤 K. 롤링은 역사상 최고의 베스트셀러 작가 중 한 명이 됐다.

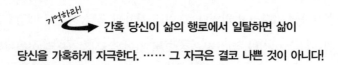

간혹 당신이 삶의 행로에서 일탈하면 삶이 당신을 가혹하게 자극한다. …… 그 자극은 결코 나쁜 것이 아니다!

지우개 검사법

자극에 관한 한 삶은 선택적이지 않다. 삶의 과정에서 더 좋은 것이 있으면 삶은 우리를 더 강하게 자극하는 반면에 때로는 우리에게 우회로를 선택하도록 강요한다. 당신도 지금까지 살아오는 과정에서 수많은 우회로를 선택했을 것이다.

우리가 자극받고 있는 시기라는 걸 어떻게 알 수 있을까? 그런 시기를 판별하는 데 도움이 되는 간단한 검사법
이 있다. 이른바 '지우개 검사법(Eraser Test)' 이
라는 방법이다. 당신의 마음에 들지 않는 과거
의 사건을 임의적으로 선택한 후에 그 사건을
아예 없었던 것처럼 완벽하게 지워버릴 수 있는 새로운 테크놀로지
가 발명됐다고 상상해보자. 여하튼 이 테크놀로지를 이용하면 당신
의 기억에서, 또 시간의 흐름에서도 그런 사건을 지워낼 수 있다고
해보자. 이 테크놀로지는 시간과 공간의 연속체에서 그 사건을 정확
히 찾아내고, 생산성 높은 프로그래밍 언어 파이선(Python)으로 간결
하게 쓰인 수천 줄의 지우개 알고리즘을 이용해 그 사건을 깨끗이 지
워버린다. 게다가 시간을 가로질러서 그때부터 현재의 순간에 이르
는 동안 그 사건이 끼친 영향까지 추적해 그 결과들을 자동적으로 지
워버린다.

존경하는 내 독자들에게 이 새로운 테크놀로지를 시험 운전할 첫
기회를 주고 싶다. 당신은 어떤 것이든 머릿속에서 지워버리겠다고
선택할 수 있다. 예를 들어, 언젠가 들었던 따분한 강의에 대한 기억
을 지워버리기로 마음먹는다고 해보자. 강의 시간에 들었던 모든 것
이 지워진다. 물론 당시 당신이 만났던 사람들과 맺은 모든 관계, 그
이후에 당신이 그들에게 건 모든 전화, 그 강의와 관련해 당신이 기
억하는 모든 정보, 여하튼 모든 것이 한꺼번에 지워진다. 이 지우개
테크놀로지는 당신에게 강의실에서 보낸 시간을 되돌려줄 것이다.
따라서 당신은 다른 길로 한 시간쯤 일찍 집에 도착하고, 라디오에서
다른 프로그램을 들은 기분일 것이다. 심지어 삶의 행로도 달라지며,

당신이 지워버리기로 선택한 사건에 어떤 영향도 받지 않는 삶이 될 것이다. 그 새로운 삶에서 당신이 더 행복하면 천만다행이지만, 지우개 테크놀로지가 반드시 그런 삶을 보장하는 것은 아니다.

이번에는 실제로 당신이 지우고 싶은 사건 하나를 찾아내고, 당신 삶에서 그 사건과 관련된 우여곡절들을 차근차근 생각해보라.

또 이런 테크놀로지가 실제로 존재한다면 당신의 삶에는 지워버리고 싶은 사건이 얼마나 되겠는가? 반면에 사건이 막상 닥쳤을 때는 나쁜 것이라 생각했지만 지금은 그대로 간직하고 싶은 사건은 얼마나 되겠는가?

내 제안에 이 가상의 검사를 행한 사람들이 보여준 공통된 반응은 다음과 같다. 깊이 후회하는 소수의 사건을 그럭저럭 찾아내더라도 그 사건들을 지워버리고 싶어 한 사람은 소수에 불과했고, 대부분은 당시의 힘든 경험을 그대로 간직하는 길을 선택했다. 특히 어떤 사건을 지우면 그 사건에서 비롯된 우여곡절까지 지워진다는 사실을 알게 되면 대다수가 그 사건을 간직하는 방향을 선택하며, 그 사건이 그들을 인도한 삶의 방향을 고맙게도 여겼다. 심지어 그 사건을 작은 자극으로 보면, 그 사건이 그들에게 그때까지 일어난 최고의 경험이었다는 걸 인정하기 쉽지는 않지만 그래도 최고의 사건이었던 게 분명한 듯하다고 말하는 사람도 있었다.

돌이켜 생각해보면 나 자신도 삶의 과정에서 일련의 특별한 자극으로부터 적잖이 도움을 받은 듯하다. 그래도 지우개 테크놀로지를 사용할 권한이 나에게 주어진다면 그 테크놀로지를 한 번은 사용할 생각이다. 알리의 죽음을 지워버리고 싶은 게 내 솔직한 심정이다.

단 한 번이라도 알리를 껴안아주고 싶다. 알리의 죽음은 내 삶에서 가장 큰 자극이었다. 알리의 죽음을 계기로 나는 이 책을 쓰기 시작했고, 다른 사람에게 더 많은 선행을 베풀었다. 하지만 내 생각은 통제할 수 있어도 내 가슴은 영원히 알리를 그리워할 것이다. 긍정적인 생각으로도 치유할 수 없는 부분은 시간이 치유해주겠지만 아마도 많은 시간이 걸릴 것이다.

내 경우와 관련된 아랍 민담을 소개해본다. 지독히 더운 날, 아들이 우물에 갔다. 아들은 윤기가 눈부시게 흐르고 잘 길들여진 새까만 아랍 말이 우물가에 얌전히 서 있는 걸 발견하고 깜짝 놀랐다. 아들은 그 말로 모든 경마 대회를 휩쓸기 시작했다. 마을 사람 모두가 그를 부러워했다. 마을 사람들은 그의 아버지에게 "아드님이 큰 복을 받았습니다!"라고 말했지만, 아버지는 "과연 그럴까요? 두고 보면 알겠지요."라고 시큰둥하게 대꾸했다. 일주일 후, 아들이 말에서 떨어져 다리가 부러졌다. 그러자 마을 사람들이 아버지에게 달려가 "아드님의 행운이 악운으로 돌변했습니다!"라고 안타까워했다. 하지만 아버지는 "과연 그럴까요? 두고 보면 알겠지요."라고 냉정하게 대답했다. 일주일 후, 경쟁 관계에 있던 마을에서 느닷없이 공격을 시작했다. 마을의 모든 젊은이가 징집됐고 많은 젊은이가 전쟁터에서 죽음을 맞았다. 하지만 아들은 다리가 부러진 덕분에 목숨을 건졌다.

기억하라! ➜ 누구도 앞날을 확실히 장담할 수 없다.

솔직하게 대답해보자. 당신에게 최악으로 여겨졌던 사건이 나중에는 당신에게 일어난 최고의 사건으로 밝혀진 경우가 얼마나 있었는가? 얼마나 많은 경험이 오늘의 당신을 만들었는가? 당신이 사랑하는 사람을 어떻게 만났고, 당신이 알아야 할 것들을 어떻게 배웠는가? 많은 경험이 가혹했을 것이고, 지금까지 상처가 완전히 아물지 않은 경우도 적지 않을 것이다. 그러나 처음부터 끝까지 나빴던 경험, 따라서 어떤 수를 써서라도 깨끗이 지워버리고 싶을 정도로 나쁜 경험은 얼마나 되는가?

얼핏 보기에 나쁜 사건이 결국에는 당신을 좋은 길로 끌고 갔다는 사실을 깨닫게 되면, 좋은 것과 나쁜 것에 대한 정의를 재설정하게 된다. 이런 새로운 정의는 당신이 행복 방정식을 수정하는 데도 도움이 될 것이다. 당신이 기대하는 것들이 때로는 성급히 무모하게 행해진다고 생각하겠지만, 그런 삶이 결국에는 당신에게 유리한 방향으로 작동함으로써 당신을 놀라게 할 수 있다. 이런 극적인 변화는 과거에도 자주 있었다. 그런 현상이 굳이 지금 달라질 이유가 있겠는가?

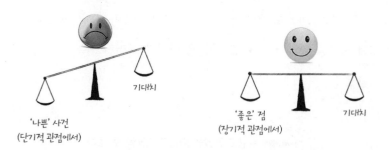

'나쁜' 사건
(단기적 관점에서)　　기대치

'좋은' 점
(장기적 관점에서)　　기대치

우리 삶에서 어떤 순간도 전적으로 좋거나 전적으로 나쁘지는 않다. 생각을 맑게 하고 지식의 환상 너머를 보면, 셰익스피어의 현명한 말이 진실이라는 걸 깨닫게 될 것이다.

기억하라! ➤ **"세상에는 전적으로 좋은 것도 없고 전적으로 나쁜 것도 없다. 생각이 그렇게 만들 뿐이다."**

6장

—

지금 몇 시?

시간만큼 우리 삶 곳곳에 침투한 환상은 없다. 우리는 항상 시간과 함께 지내며, 시간을 당연한 것으로 여긴다. 또한 우리는 시간으로 정한 규칙에 맞추어 기능하도록 배우지만, 정작 시간의 속성에 대해서는 제대로 알지 못한다. 이런 이해 부족에서 우리는 심리적 고통에 시달리고, 과거와 미래를 이해하려는 몸부림이 우리 행복을 방해한다. 시간의 환상을 깨뜨리면, 심리적 고통의 순환 고리를 초기 단계에서 끊어내는 데 크게 도움이 될 것이고, 그럼 행복 방정식도 정확히 풀어낼 수 있을 것이다. 시간의 환상을 깨뜨리려면 '지금 몇 시인가?'라는 질문에서 벗어나 '시간이란 무엇인가?'라고 물어야 한다.

시간을 배제한 실험

당신이 어떤 신비로운 연구 프로젝트에 지원했다고 해보자. 당신에게는 둥근 형태의 작은 캡슐에 갇힌 채 두 도시 사이의 트랙을 따라 이동해야 한다는 조건만이 알려진다. 목적지에 도착하는 데 얼마나 오랜 시간이 걸리는지에 대한 정보는 전혀 주어지지 않는다. 그러나 이동하는 과정에서 캡슐이 여러 정기장에서 멈춘다며, 연구팀은 당신에게 대략 10분 간격으로 멈출 것이라고 귀띔한다. 캡슐 안에는 당신이 앉는 좌석 말고는 아무것도 없다. 창문도 없고 계기판도 없다. 오락거리도 없다. 안쪽 벽에 아무런 무늬도 없는 매끄러운 알루미늄이 덧대어져 있을 뿐이다.

당신은 캡슐에 탑승하기 전에 연구원에게 시계와 휴대전화를 맡겨야 한다. 당신이 그 이유를 묻지만 연구원은 대꾸조차 않는다. 캡슐 문을 닫으며 "지금 출발합니다. 반대편에서 뵙겠습니다!"라고 말할 뿐이다.

달리 할 일도 없어서 당신은 캡슐이 몇 번이나 속도를 줄이고 가속하는지를 헤아린다. 관성력이 줄어들고 증가하는 변화를 12번쯤 느꼈을 때 캡슐 문이 다시 열린다. 역과 역 사이가 평균 10분쯤 걸린다고 했으니, 전체 여행 시간은 2시간이었다는 뜻이다. 계산이 정확히 맞아떨어지는 듯하다. 하지만 당신은 캡슐에서 나온 후, 당신을

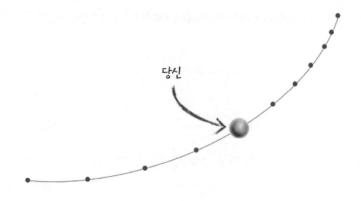

당신

캡슐로 안내한 연구팀이 착각한 것을 알게 된다. 다른 연구팀이 당신에게 역과 역 사이의 이동 시간이 10분이 아니라 5분이었다고 알려주었기 때문이다. 그렇다면 당신이 2시간이라고 생각했던 여행 시간이 실제로는 1시간에 불과한 것이다. 하지만 처음에 당신을 캡슐로 안내한 연구팀도 그 정보를 확신하는 듯한 모습이다. 이런 경우, 당신은 어느 연구팀을 믿어야 할까?

어느 팀의 말을 믿을까 고민해보지만 확실한 답이 떠오르지 않는다. 단순히 생각해봐도 하나의 답만 있는 것은 아니다. 만약 당신이 캡슐 안에서 상당히 오랜 시간을 머물렀다면 배도 고프고 목도 말랐을 것이다. 게다가 피로감도 느꼈을 것이다. 하지만 이런 느낌들은 '생물학적' 시간과 관련된 표지들에 지나지 않는다. 한편, 시계라는 기계를 기준으로 했더라도 당신은 캡슐에서 얼마나 많은 시간을 보냈는지 정확히 알지 못했을 것이다. '기계적'인 시간도 결국에는 순전히 인간이 만들어낸 구조물이기 때문이다.

고대 문명은 하늘을 가로지르는 태양의 위치를 이용해 하루의 시간을 측정했고, 한 달을 계산할 때는 달의 주기를 활용했다. 또 계절의 변화를 통해 1년의 이동을 추정했다. 그 후로 인간은 해시계와 오벨리스크, 물시계와 모래시계를 고안해냈고, 마침내 기계식 시계와 디지털시계, 원자시계까지 차례로 개발해냈다. 오늘날 우리는 무척 정밀하게 시간을 측정할 수 있어, 우리가 설정한 측정법과는 별개로 시간이 존재한다고 생각하는 지경에 이르렀다. 그러나 실제로는 그렇지 않다. 전력망, 위성 위치 확인 시스템(Global Positioning System, GPS), 스마트폰의 시계 등 우리 테크놀로지의 대부분이 시간을 맞추는 기준으로 삼는 원자시계도 자연과의 동조 관계를 유지하려면 약간의 수정이 필요히다. 낮과 밤의 오차를 조절하려고 4년마다 '윤초(閏秒, leap second)'를 협정 세계시(Coordinated Universal Time)에 끼워 넣지 않고도 지구가 탄생한 이래 낮은 어김없이 밤이 됐다.

우리가 지금까지 발명한 모든 장치는 끊임없이 작동하며 '지금 몇시'인지 우리에게 알려주고 있지만, 우리가 실제로 무엇을 측정하고 있는지 정확히 알고 있는 사람은 없다. 우리는 기계적인 움직임을 이용해 시간의 흐름을 추적할 뿐이다. 우리 뇌라면 그런 측정 방법을 충분히 이해할 수 있기 때문이다. 그러나 시간의 속성 자체는 여전히 환상에 불과하다. 당신이 캡슐 여행에서 경험한 결과가 우리의 측정법이 얼마나 자의적인가를 여실히 보여주는 증거였다. 이번에는 다시 캡슐 여행을 시도하되 정거장을 완전히 배제해보자. 처음에 가속을 위한 움직임이 있고, 그 이후에는 감지할 만한 움직임이 없다가서서히 멈추는 한 번의 매끄러운 여정이 될 것이다. 이 두 번째 여행에서 당신은 캡슐 문이 다시 열릴 때까지 몇 시간이나 흘렀는지 전혀

당신

시간을 측정할 만한
기준이 없는 상황

짐작할 수 없을 것이다. 측정의 기준으로 삼을 만한 기계적인 움직임
이 없는 이번 여행은 문자 그대로 '시간이 배제된' 여행이 될 것이다.

당신의 주인은 누구인가?

지난 수 세기 동안, 시간은 끊임없이 진화해 어느덧 현대 문화의 총
감독이 됐다. 산업혁명이 시작된 이후로, 제한된 근무 시간에 더 많
은 일을 해냈다는 것은 생산성이 높아졌고 이익이 증대했다는 뜻이
다. 이익이 사라진 곳에서는 사회가 약속이라도 한 것처럼 몰락했다.
우리는 시계를 기준으로 살아간다. 알람 시계가 울리면 눈을 뜨고 일
어나 하루를 시작한다. 종이 울리면 다음 수업을 들으러 교실을 찾아
이동한다. 또한 전화 회의부터 심부름이나 친구와의 저녁 식사까지
약속한 시간에 맞추려고 애쓴다. 알람 시계를 거듭 확인한 후에야 잠
자리에 들어간다. 이튿날 아침에도 알람 시계의 울림에 정확히 반응
해야 한다는 걸 알고 있기 때문이다. 이처럼 시간은 모든 계획과 모
든 움직임에 엮여 있다. 우리는 시간에 의존하고, 시간의 압력에 조
바심하며 살아간다.

위의 현상은 나에게 부인할 수 없는 사실이다. 시간은 예부터 항상 나를 가장 괴롭히는 문젯거리 중 하나였다. 내가 야심적인 목표를 세우는 걸 좋아하기 때문이기도 하지만, 나 자신의 일하는 습관 때문에도 시간의 압력에 시달린다. 예를 들자면, 고객을 온라인으로 만날 수도 있지만 나는 얼굴을 대면하는 걸 더 좋아한다. 따라서 항공기의 지연이나 꽉 막힌 도로를 참고 견뎌야 하고, 회의에 늦지 않으려고 항상 뛰어다니는 수고도 치러야 한다. 과거에 나는 시간의 압력에 많은 스트레스를 받았고, 불행의 늪에서 허우적거렸다. 따라서 시간과의 관계를 개선할 방법을 모색하기 시작했다. 첫째로 업무와 일정을 한층 효율적으로 관리하는 요령을 습득했다. 하지만 그 정도는 가려운 곳을 긁어주는 임시 처방에 불과했다. 내가 궁극적으로 관리하려는 것에 대한 한층 깊은 이해가 필요했고, 그에 대한 공부가 무척 흥미롭게 느껴졌다.

그때부터 나는 '시간의 환상(Illusion of Time)'에 관심을 갖게 됐고, 시간의 환상에 대해 알아낸 첫 번째 단서는 시간이 개인적인 차원에서도 무척 주관적이란 것이었다. 시간의 흐름은 상황에 따라 다르게 느껴진다. 심각한 자동차 사고를 당한 적이 있는가? 나는 자동차를 운전하다가 다리에서 떨어진 경험이 있다. 당신에게는 이런 사고가 결코 일어나지 않기를 바란다. 여하튼 당시 내가 경험한 느낌은 무척 흥미로웠다. 자동차가 바닥에 부딪칠 때까지 시간이 굉장히 느릿하게 흘러갔다. 당시의 순간을 '느림보 모☺'라고 칭하고 싶을 정도다. 전투에 참전했던 군인들도 똑같은 현상을 경험했다고 증언하는 경우가 많다. 당신도 2시간의 따분한 강의가 좋은 친구들과 함께한 저녁 시간보다 훨씬 느릿하게 흐르는 걸 경험한 적이 분명히 있을 것이다.

우리가 시간에서 느끼는 이런 상대성은 어렸을 때 우리 마음을 사로잡았던 개념 중 하나인 아인슈타인의 일반 상대성 이론을 떠올려준다. 따라서 이쯤에서 과학이 우리에게 무엇을 가르쳐줄 수 있는지에 대해 잠깐 살펴보기로 하자.

시간의 과학

20세기 이후로 시간에 대한 과학적 이해가 크게 도약했다. 그 이전까지 물리학계를 지배한 뉴턴의 고전 역학에서는 시간이 항상 하나의 절댓값을 갖는다고 가르쳤다. 따라서 1905년 아인슈타인이 상대성 이론이라는 획기적인 이론을 발표할 때까지 수학자들은 그 절댓값을 방정식에 자신 있게 인용했다. 아인슈타인이 당시 발표한 특수 상대성 이론과 나중에 발표한 일반 상대성 이론으로 인해 시간과 우리의 관계가 획기적으로 달라졌다. 아인슈타인의 주장에 따르면, 시간과 공간은 별개의 것이 아니다. 시간과 공간이 결합해 사차원 구조를 형성한다며, 아인슈타인은 그 사차원 구조를 '시공간(space-time)'이라고 일컬었다.

아인슈타인은 중력의 당기는 힘 때문에 시간이 실제로 늦추어진다고 설명했다. 따라서 당신이 항성 간의 오랜 비행에 나선 우주 비행사이고, 당신이 탄 우주선이 (중력이 어마어마하게 큰) 블랙홀을 근접해 지난다면, 시간의 흐름이 크게 느려질 것이다. 이런 이유에서 당신이 몇 년 후에 지구에 귀환하면 당신 아내와 친구들은 이미 노년기에 들어섰을 것이다. 훨씬 작은 규모지만 이런 현상은 이곳 지구에서도 목격된다. 예를 들어, 두바이에서도 세계에서 가장 높은 건물인 부르즈 할리파의 꼭대기 층에서 생활하는 사람의 경우, 1층에서 살아가는 사람과 비교할 때 시간이 약간 더 빨리 흐를 것이다. 순전히 중력이 두 사람에게 다르게 작용하기 때문이다. 이런 편차는 지극히 작아 인간의 몸으로는 감지할 수 없지만, 오늘날의 첨단 테크놀로지로는 측정된다.

시간은 더욱 이상해진다. 수학적 계산에 따르면, 시공간에서 과거와 현재와 미래는 통합적인 사차원 구조의 부분이며, '여기에서는 모든 공간과 모든 시간이 영원히 존재한다.'

시공간이 하나의 빵 덩어리이고, 한 조각 한 조각이 특정한 순간에 우주의 어딘가에서 일어나는 하나하나의 사건을 뜻한다고 상상해보자. 우리 인간은 공간에서 여러 방향으로 움직일 수 있지만, 공간에서 움직일 때 조각의 차원에서 시간을 경험한다. 따라서 우리가 공간을 인지하듯이 시간을 인지한다면, 좋아하는 기차역에서 재미삼아 기차를 오르내리는 것처럼 시간 축에서도 앞뒤로 들락거릴 수 있을 것이다. 2015년에 어떤 기차를 타면 쥐라기로 옮겨 가고, 시공간이라 일컬어지는 그곳에서 영화에서나 보던 서사적인 삶을 실제로 경험하게 된다고 상상해보라. 시공간을 이해하려고 관련된 과학 책을 읽던 때를 기억하면 지

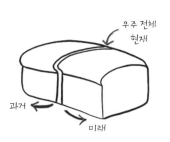

금도 머리가 지끈거리며 아픈 듯하다.

위의 말이 믿기지 않는가? 하기야 그럴 것이다. 믿기 힘들 줄 안다. 하지만 수학에서는 분명히 말한다. 그런데 시간이 정말 이처럼 이상하고 별난 것이라면, 우리가 거의 본능적으로 시간을 알고 있다고 생각하는 이유는 무엇일까? 시공간은 우리가 날마다 경험하는 시간과는 완전히 다른 듯하다. 시간처럼 우리에게 엄청난 스트레스를 안겨주지 않는 것은 분명하다. 여하튼 시간에 대해 파고들수록 시간은 더욱더 괴상하고 생경하게 느껴진다.

우리가 시공간에서 특정한 조각에 갇혀 지내는 이유는 물리학에서 '시간의 화살(arrow of time)'이라고 일컬어지는 현상, 즉 시간의 방향성 때문이다. 우리가 삼차원 공간에서는 어떤 방향으로나 움직일 수 있지만, '지금'이라는 시공간 조각에서만 존재할 수 있는 이유도 시간의 방향성에 있다. 시간의 화살은 무척 까다로운 개념이지만, 시공간을 빵 덩어리 대신 기차에 비유하면 조금이나마 더 쉬울 것이다.

우주 전체가 하나의 기차에 압축됐다고 상상해보자. 달리 말해, 은하와 항성과 행성, 모래알과 생명체 등 모든 것이 집약된 기차가 있다고 해보자. 이 기차가 시작하는 여정은 도시에서 도시로 이동하는 공간의 이동이 아니라, 시간을 관통하는 여정이다. 그 기차의 승객인 당신은 원하면 어디든 갈 수 있지만 기차의 방향이나 속도를 바꿀 수는 없다. 달리 말하면, 시간의 화살에 제약된 이동만이 가능하다. 당신은 기차의 위치와 방향을 통제할 수 없으며, 시간의 차원을 따라 '지금'이라는 조각에서 다음 조각으로 건너뛰는 것만이 가능하다.

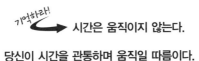

시간은 움직이지 않는다.

당신이 시간을 관통하며 움직일 따름이다.

따라서 우리는 지금이라는 조각을 경험하도록 항상 배치되지만,

이것마저도 상대적이다. 아인슈타
인의 주장에 따르면, "당신이 이동
하는 속도가 시간에 대한 당신의
경험에 영향을 끼친다." 앞에서 언
급한 우주 비행사의 이야기로 다
시 돌아가보자. 지구로 귀환할 때
우주 비행사는 천문학적인 속도로

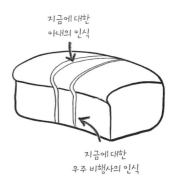

이동하기 때문에 시공간이라는 덩어리를 비스듬히 자르게 된다. 그
결과로, 지구에 귀환했을 때 우주 비행사의 '지금'에 대한 인식은
그의 아내의 인식과 무척 다를 것이다. 아내가 경험하는 시간 조각
에는 세상의 곳곳에서 동시에 일어나는 사건들이 있을 것이다. 예
를 들어, 아내는 아이에게 밥을 먹이면서 시리아 전쟁 영상을 보여
주는 텔레비전 뉴스를 시청하고, 동시에 옆방에서 친구가 제5회 슈
퍼볼 경기에 출전한 뉴잉글랜드 패트리어츠를 응원하는 목소리를
듣는다. 이런 사건들은 아내의 시간 조각 내에 있는 지구에서는 동
시에 일어나고 동시에 인식된다. 하지만 우주 비행사는 천문학적
속도로 이동하기 때문에 여러 시간대에 있는 여러 공간을 보게 된

다. 우주 비행사의 이동 속도에 시공간이 비틀린다. 따라서 이동 궤도에서 상대적으로 가까이 있는 공간이 그에게 더 빨리 인식되기 때문에, 우주 비행사는 시공간이라는 덩어리를 비스듬히 자르게 된다. 그 결과로, 우주 비행사의 시간 조각에는 1989년의 베를린 장벽 붕괴, 2016년 미국에서 암으로 사망한 어머니의 장례, 그로부터 10년 후 한국에서 찾아낸 획기적인 암 치료법 등이 뒤섞여 있을 수 있다! 우주 비행사에게는 이런 모든 사건이 동시에 일어나는 것처럼 보일 것이다. 이 사건들이 그의 시공간 조각에서는 하나의 '장소'에서 일어나는 것이기 때문이다. 아이쿠, 다시 머리가 지끈거리기 시작한다.

내가 여기에서 시간을 과학적으로 복잡하게 다루는 이유가 무엇이라고 생각하는가? **우리가 시간에 대해 많이 알게 되면, 시간이 우리가 흔히 생각하던 것과 완전히 다르다는 걸 확실히 깨닫게 되리라고** 믿기 때문이다. 우리가 일반적으로 인정하듯이, 시간은 우리 삶 곳곳에 침투한 환상이지만, 정작 그 환상은 실제의 시간과 아무런 관계가 없다. 캡슐 실험에서 보았듯이, 우리가 알고 있다고 생각하는 시간은 존재하지 않는다. 우리는 시간을 개인적으로 경험할 뿐, 그 경험에서 절대적인 것은 하나도 없다.

기억하라! ➡ **시간은 개개인에 따라 달라진다.**

시간은 개개인에 따라, 상황에 따라 달라진다. 따라서 시간은 실재하는 것이 아니라고 결론지을 수밖에 없다. 시간은 영속성 시험

(test of permanence)을 절대로 통과하지 못한다. 시간은 환상에 불과하다. 그 이유는 흥미롭게도,

 **시간을 통한 검증을 결코 통과하지 못하기 때문이다!**

고양이의 시간관

이론은 그렇다손 치더라도 우리는 시간 때문에 항상 스트레스를 받는다. 예를 들어, 어떤 프로젝트의 마감 시간이 시시각각 다가오면 우리는 스트레스에 짓눌린다. 당신이 노총각이어서 고민이라면, 당신의 생물학적 시계가 째깍거리며 당신에게 가족을 만들라고 재촉하기 때문이다. 꽉 막힌 교통에 욕설을 내뱉는 이유는 그렇잖아도 늦게 출발했는데 방과 후 학교 프로그램을 끝내고 당신을 초조하게 기다리고 있을 딸 때문이다. 그런데 왜 당신의 강아지나 고양이는 이런 상황에서도 느긋하게 잠을 잘 수 있을까? 인간을 제외하면 어떤 생명체도 시계가 째깍거리는 소리에 반응하지 않고, 하루하루의 시간을 헤아리지 않는다. 누구나 알고 있듯이, 동물은 사건에 반응할 뿐이다. 배가 고픈가? 그럼 먹는다. 어두워졌는가? 그럼 잔다. 상당히 매력적인 삶의 방식이다!

같은 인간이지만, 문화권에 따라 시간관이 무척 다르다. 예를 들면, 나는 시간보다 사건을 더욱 중시하는 문화권에서 자랐다. 따라서

서구 국가들이 '정시'에 시작해서 '정시'에 끝내는 회의를 높이 평가하며 장려하는 이유를 나로서는 이해하기 힘들다. 미국에서는 회의를 끝낼 예정된 시간이 다가오면 모두가 서류를 정리하며 떠날 준비를 한다. 몇 분만 더 상의하면 획기적인 돌파구를 찾아낼 것 같은 경우에도 다르지 않다. 눈앞에 다가온 큰 기회에 집중하기 위해 회의 시간을 연장하는 경우가 전혀 없지는 않지만 극히 드물다.

반면에 중동과 라틴아메리카에서는 회의라는 사건 자체를 중요하게 생각하기 때문에 시작 시간이 느슨하게 정해지고, 보람 있는 결과를 얻을 때까지 회의를 계속하는 경향이 있다. 회의가 순조롭게 진행돼야 예정된 시간에 끝날 가능성이 높다. 예를 들어, 친구들이 친목회를 계획하고 일과 후에 모임을 갖기로 합의를 보았다고 해보자. 그럼 7시에 나타나는 사람, 8시에 나타나는 사람, 11시에 나타나는 사람 등 저마다 모임에 참석하는 시간이 다르지만, 그렇다고 누구도 화를 내거나 짜증내지 않는다. 모두가 친구들과 함께하는 모임 자체를 즐겁게 받아들이기 때문이다. 이런 모습은 고양이의 시간관과 약간 비슷하다.

놀랍겠지만, 범세계적으로 보면 시간을 중시하는 문화권보다 사건을 중시하는 문화권이 수적으로 더 많다. 효율성을 중요하게 생각하는 서구의 기업인에 비교하면 게을러 보일 수 있겠지만, 라틴아메리카와 중동, 남유럽과 인도, 아프리카의 기업인들은 사회적 관계를 맺고 함께 협력해 일하는 데는 무척 뛰어나다. 그들도 자기들만의 방식으로 성공 방정식을 풀어가고 있는 셈이다. 그러나 성공 방정식을 풀어가는 과정이 그들에게는 행복을 찾아가는 방법이기도 하다.

물론 내가 지각하고 나태하며 게으른 사람을 옹호하는 것은 아니다. 그러나 시계의 노예보다 업무의 주체가 되는 장점을 깊이 생각해 보라고 부탁하고 싶다.

불교에서 가장 널리 알려졌고, 동양 문화에서 흔히 '무시간성(timelessness)'이라고 일컬어지는 억겁(億劫)이 서양인에게는 가장 이해하기 힘들 것이다. 시계는 끊임없이 째깍거리고 사건은 일어났다 사라지지만, 불교도는 항상 현재의 순간에 완전히 집중한다. 이런 무시간의 상태는 열반에 이르기 위해 반드시 필요하다. 현재의 순간에 완전히 몰입해 살아갈 수 있다면, 영원한 낙원에서 살아가는 듯한 평화로움을 얻게 된다. 특히 영원이 흔히 무척 긴 시간으로 이해되지만 실제로는 '시간의 부재(不在)'라는 걸 깨닫는다면, 모든 번뇌의 얽매임에서 벗어나 마음의 평화를 얻게 된다. 결국 영원은 시간이 없는 상태를 뜻한다.

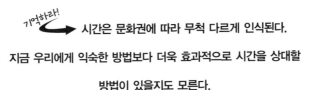

**시간은 문화권에 따라 무척 다르게 인식된다.
지금 우리에게 익숙한 방법보다 더욱 효과적으로 시간을 상대할
방법이 있을지도 모른다.**

우리가 시간을 이해하는 방법이 불행을 야기하고 영속화하는 데 큰 역할을 해왔다. 시간은 '심리적 고통의 순환 고리'에 끊임없이 먹잇감을 제공하며, 심원한 차원에서 우리에게 영향을 끼친다. 이런 족쇄에서 벗어나고 싶은가? 그렇다면 우리 뇌로 들어가, 뇌가 시간과 관계하며 만들어내는 생각들을 면밀히 살펴봐야 한다.

과거와 미래

3장에서 우리는 머릿속의 목소리에 대해 다루었고, 우리 자신은 뇌가 꾸준히 만들어내는 일련의 생각을 넘어서는 존재라는 사실을 알게 됐다. 머릿속의 목소리는 고통과 슬픔으로 이어지는 생각의 전달자이기 때문에 이런 깨달음은 행복을 위한 해법에서 무척 중요하다. 생각 자체를 면밀히 살펴보면, 극소수의 생각만이 현재의 순간과 관계있다는 걸 알 수 있다. 대부분의 생각이 과거에 얽매인 것이거나 미래를 부질없이 예측한 것이다. 불행한 생각이 특히 그렇다. 하지만 현재의 순간에 관련된 감정은 거의 언제나 행복한 것이다(신체적 고통은 감정에 속하지 않는다). 재밌지 않은가?

이런 원칙이 누구에게나 적용될까? 먼저 나에게 적용해보았다. 가만히 앉아, 정상적인 상황에서 느꼈던 모든 감정 상태를 하나씩 기억해냈다. 그러고는 그 감정들에 시제(과거, 현재, 미래)와 가치(부정적 가치, 긍정적 가치)를 부여했다. 그 결과를 소개하면 189쪽의 표와 같다.

모든 감정이 현재의 순간에 느껴지면서도 과거나 미래와 관련을 갖는 경우가 많다. 예를 들어, 후회는 현재의 순간에 느껴지지만 이미 지나간 일에 중점을 둔 감정이다. 앞에서 인용한 '부정−긍정 도표'를 잠시 살펴보자. 과거 및 미래와 관련된 감정들을 살펴보고, 그 감정들을 현재와 관련된 감정들과 비교해보라. 중대한 차이가 있지 않은가?

매우 중요! ➡ 행복한 감정은 주로 현재에 뿌리를 두고 있다.

	부정적			긍정적	
	능동적 ←	수동적	→		능동적
과거	비탄, 당황, 충격, 분노, 짜증, 경멸, 혐오, 불쾌함	증오, 절망, 질투, 죄책감, 수치심	실망, 상심, 슬픔	만족, 자부심, 감사	
현재			지루함	평온, 애정, 공감, 호의, 사랑, 용기, 자부심, 만족, 신뢰, 충족, 안심, 안도	즐거움, 기쁨, 환희, 흥분, 흥미, 놀람
미래	불안, 두려움, 무력감, 걱정, 스트레스, 긴장	의심, 좌절	비관	낙관, 희망	용기

잠깬! 잠깬! 이 표를 가볍게 넘기지 마라! 충분한 시간을 두고 이 표를 자세히 연구해보라.

이번에는 이렇게 물어보자. 현재의 순간이 아닌 때에 일어난 사건을 경험한 적이 있는가? 물론 멍청한 질문처럼 들릴 것이다. 하지만 성급히 대답하기 전에 잠시 모든 것을 멈추고 이 질문을 곰곰이 생각해보라.

우리가 자신의 삶에서 중요한 부분으로 생각하는 과거는 흔히 '기억'이라고 일컬어지는 순간들의 기록에 지나지 않는다. 과거는 우리 뇌에 축적된 생각의 수집품에 불과하며, 더구나 신뢰할 수 없는 수집품이다. 과거를 실재하는 것으로 생각하려는 유혹이 많지만, 과거는 결코 실재하는 게 아니다. 실제로 존재하는 유일한 시간은 우리가 '지금'으로 경험하는 순간이며, 그 순간도 다음 순간으로 대체되자마자 과거가 된다. 이 원칙은 당신이 이 책을 읽는 '이 순간'에도 그대로 적용된다. 나는 '이 순간'이라고 말했다. 그런데 이 현재의 순간도 지나가면 더는 존재하지 않는다. 게다가 '이 순간'이 오랫동안 존재하는 것도 아니다. 이 순간은 사라진다. 영원히!

미래에는 어떤 일도 아직 일어나지 않는다. 어떻게 그럴 수 있겠는가? 미래는 아직 일어난 것이 아니다. 미래의 무한한 가능성이 지금이라는 아주 짧은 순간에 사라지더라도 미래는 여전히 미래일 뿐이다. 따라서 당신의 생각과 감정이 미래에 사로잡혀 있다면 당신은 그저 상상하고 있는 것일 뿐이라고 단정적으로 말할 수 있다. 게다가 미래에 일어날 무한한 가능성 중에서, 당신이 상상하는 가능성이 실제로 일어날 것이라고 확신할 근거가 전혀 없다. 그럴 확률이 얼마나 되겠는가? 수학을 좋아하는 사람으로서 분명히 말하지만, 그럴 확률은 그다지 높지 않다!

안타깝게도 우리 뇌는 현재의 순간보다 다음 순간이 더 중요하다는 생각에 길들어 있다. 한편, 이미 지나간 순간은 현재의 순간보다 더 '친숙'하며, 따라서 더 편안하게 느껴진다. 뇌의 이런 편향성 때문에 우리는 쉽게 혼란 상태에 빠져들고, 현재가 실제로 존재하는 모든 것인데도 현재에 충실하지 못하고 과거를 반추하거나 가공의 미래에 대비한다.

매우 중요! ➔ 우리가 과거나 미래에 초점을 맞춘다는 것은 현실에 살지 않고 생각에 파묻혀 살아간다는 뜻이다.

생각에 파묻혀 살아가는 삶의 영향은 실로 심대하다. 당신은 삶이 얼마나 빨리 흘러가는지 의식해본 적이 있는가? 당신이 의식하지도 못하는 사이에 지난 20년이 증기처럼 사라졌다는 기분을 느낀 적이 없었는가? 우리가 이런 기분을 느끼는 데는 충분한 이유가 있다.

우리가 지금 여기에 있지 못하는 이유는 무엇일까? 다시 말해서, 우리가 현재에 충실하지 못하는 이유는 무엇일까? 우리가 머릿속에서 서성대기 때문이다. 머릿속을 제외하면 마땅히 있을 곳도 없다. 지난 20년이 일주일처럼 느껴진다면, 삶을 진정으로 경험하며 보낸 시간, 즉 현실에 충실했던 시간이 일주일에 불과했기 때문일 것이다. 나머지 1,050만 분 동안은 당신의 머릿속에서 서성댔을 뿐이다. 엄청난 시간 낭비가 아닐 수 없다!

그러면 내가 당신의 모든 기억이 쓸모없다고 말하는 것일까? 전혀 그렇지 않다. 당신이 '지금'에 충실했던 순간에 근거한 멋진 기억들도 많다. 내가 여기에서 문제시하는 순간들은 당신이 머릿속에서 과거와 미래에 대해 쓸데없이 걱정했던 순간들이다. 그런데 당신이 그런 생각을 기억하지 못하는 이유는 무엇일까? 그 이유는 간단하다. 기억할 만한 가치가 없는 생각이었기 때문이다. 그 생각들이 '지금'에 충실했더라면 기억으로 남겨졌겠지만, 그렇지 못했기 때문에 헛되이 낭비된 생각들이다.

우리가 삶을 어떻게 헛되이 보내고 있는지 생각할 때마다 나는 핑크 플로이드의 노래 〈Time〉의 가사를 떠올리지 않을 수 없다. 특히 "그러다 어느 날 깨닫게 될 거야. 10년이 훌쩍 흘러가버렸다는 걸. 누구도 출발할 때를 너에게 말해주지 않았고, 너도 출발 총소리를 놓쳐버렸지."라는 가사가 기억에 남는다.

시간에 중독된 우리 뇌

과거와 미래에 대한 생각이 우리를 불행하게 만들고, 삶의 많은 시간을 헛되이 낭비하게 만든다면, 지금에 집중하며 살아가는 게 어려운 이유가 대체 무엇일까? 과거와 미래에 대한 집착이 우리에게 심리적 고통을 가중하는데도 그에 대한 집착을 버리지 못하는 이유는 무엇일까? 인간의 설계에 어떤 결함이 있는 것일까? 간략히 대답하면, 생각 자체가 시간에 뿌리를 두고 있기 때문이다.

이 말을 더 정확히 이해하고 싶다면, 내가 좋아하는 훈련을 시도해보자. 나는 이 훈련을 '완전 자각 시험(Full Awareness Test)'이라고 일컫는다. 편히 앉아 심호흡을 하며 긴장을 풀고 두 눈을 감아라. 1분 정도 두 눈을 감은 채 있어라. 1분이라는 시간을 정확히 지킬 필요는 없다. 당신의 시각적 감식력을 높이기 위한 준비 작업일 뿐이다. 몇 초 동안 눈을 뜨고 주변을 둘러보라. 주변에 있는 것을 닥치는 대로 관찰하기만 하면 된다. 다시 두 눈을 감아라.

두 눈을 감은 채 조금 전에 무엇을 보았는지 마음속으로 조용히 묘사해보라. 기억력을 검사하는 게 아니다. 당신이 보았던 것을 그대로 묘사하면 된다. 기억을 짜내 자세하고 사실적으로 묘사해보라. 당신 생각을 끼워 넣거나, 당신이 보았던 것을 해석하지 않도록 주의해야 한다. 예를 들어, 다음과 같은 식으로 말해보라. "저녁이 되면 아파트 창문을 내다본다. 나지막이 늘어선 종려나무까지 밀려들어온 바닷물이 보이고, 높은 고층 건물들 사이사이로 2층 건물도 보인다. 햇살은 수평선에서부터 희미해지고, 수평선 위로는 가느다란 구름 가닥이 유난히 눈에 띈다. 더 높은 곳, 하늘은 이미 훨씬 어둡게 변해

별들이 반짝인다."

당신이 몇 초 동안 관찰한 것을 말로 풀어내는 데 3~4분이 걸릴 수 있다는 걸 눈치챘는가? 관찰이란 행위에는 자각이 필요할 뿐이지만, 관찰한 것을 말로 풀어내려면 '생각하는 과정(thought process)'이 필요하다. 물론 생각하는 과정은 관찰 자체보다 훨씬 긴 시간이 걸린다. 하지만 당신은 방금 관찰했던 것을 묘사하는 데 생각을 제한할 것이기 때문에, 그 생각은 항상 현재에 있게 된다. 그 생각은 과거나 미래의 영향을 받지 않아 그렇지 않은 경우보다 평온하고 차분한 기운을 띠기 마련이다.

당신도 그런가? 현재에 충실하기 위해서 남다른 지적 능력이 필요한 것은 아니다. 당신의 뇌가 지금 이 순간에 당신 주변에서 일어나는 현상들을 묘사하는 데만 열중한다면 그다지 말할 것이 많지 않을 것이다. 당신 머릿속의 목소리가 "앞에 푸른색 소파. 두 개의 광원. 전기스탠드와 촛대. 산들바람에 깜박거리는 촛불. 갓 구운 빵 냄새."라는 식으로 말한다면, 대단한 대화라고 할 수 없지 않은가? 현재에 충실하면 찬성과 반대를 따질 것이 없기 때문에 모든 것이 간결해진다. 다시 말해, 우리가 대화에 과거와 미래를 덧붙이기 전에는 복잡할 것이 없다.

개인적으로 나는 현재의 순간에 몰입하는 습관을 들이기 위해 이 훈련을 자주 시도하는 편이다. 이 훈련은 마음을 차분히 가라앉히는 데도 도움이 되지만, 자각의 두 가지 중요한 특징을 기억에 되살려준다. 첫째, 자각하며 '현재에 충실(presence)' 하기 위해 생각이 반드시 필요하지는 않다는 것이다. 둘째, 생각을 도입하더라도 생각을 현재의 순간에 집중하면 우리는 스트레스에서 크게 해방된다. 결론적으로, 우리는 뇌에게 주변의 것을 묘사하는 단순한 임무를 주는 것만으로도 머릿속의 목소리를 조금이나마 잠재우고, 우리를 '지금 이곳(here and now)' 너머로 끌고 가는 끝없는 생각의 흐름에서도 벗어날 수 있다.

이 훈련을 다시 시도해보자. 이 훈련의 요령을 충분히 이해했을 것이기 때문에 이번에는 눈을 감을 필요가 없다. 이번에는 탁자 위에 놓인 커피 잔을 눈여겨보지만, 커피 잔이 좋은 것인지 나쁜 것인지, 뜨거운지 차가운지 판단하려는 유혹, 또는 커피 잔이 탁자에 동그란 자국을 남기지는 않을까 추측하려는 유혹을 이겨내야 한다고 해보자. 지금 이 순간에 당신 눈에 보이는 것, 이를테면 '하얗게 표백된 소나무 탁자 위에 놓인, 블랙커피가 반쯤 채워진 하얀 도자기 커피 잔'에 생각을 제한하면 된다.

현재의 순간에 충실하면, 현재를 있는 그대로 받아들이게 된다. 현재의 순간을 비교하거나 판단하지 않는다. 또한 현재가 미래에는 어떻게 달라지고, 과거보다 더 좋은지 더 나쁜지 판단하려고도 하지 않을 것이다. 현재의 순간에 충실하면, 우리는 행복 방정식에 완전히 어우러진다. 현재에 충실하며 세상을 있는 그대로 관찰하면, 사건이 우리 기대치에 완벽하게 맞아떨어진다. 그럼 얼마나 마음이 편안하고 행복하겠는가! ☺

하지만 대부분의 생각에는 시간이란 딱지가 딸려 있다. 대부분의 생각이 과거나 미래에 기반을 두고 있으며, 그런 생각들은 불행으로 이어질 가능성이 크다. 판단하려면, 현재의 관찰을 과거에 행한 관찰에 비교해야 한다. 미래를 지레짐작하며, 미래가 현재보다 더 나쁠지도 모른다고 예견하기 때문에 불안한 것이다. 현재와는 다른 상태를 갈망하는 까닭에 지루하고 따분한 것이다. 더는 존재하지 않는 순간을 다시 꾸며내려 하기 때문에 부끄럽고 창피한 것이다. 지금 손안에 없는 것을 원하고 욕심내기 때문에 불행한 것이다. 현재의 순간에 집중하고 충실하면, 신체적 고통을 제외하고 누구도 현재의 순간에 일어나는 사건으로 고통받을 이유가 없다. 이에 대해 잠시 생각해보라. 누구에게나 적용되는 진실이다. 당신이라고 다를 게 없다.

시간이 없다면 '심리적 고통의 순환 고리'는 시작 단계에서 끊어진다. 시간을 제거하면, 생각 자체가 애초에 생겨나지 않는다. 우리에게 스트레스를 안겨주는 불행한 생각은 '지금 이곳'의 밖에 존재하지만, '지금 이곳'의 관찰은 우리를 편안하고 평온한 곳으로 인도한다. 시간과 정신은 떼어놓을 수 없는 것이다. 따라서 우리 생각에서 시간의 딱지를 떼어낸다면, 생각하는 것으로 불행할 일은 존재하지 않을 것이다.

매우 중요! ➡ 행복하기를 원한다면 '지금 이곳'에서 살아라!

시간 활용법: 시간의 노예가 되지 말라

시간과 관련해 대화를 나누면, 많은 사람이 시간의 중요성을 역설하며 이렇게 묻는다. "미래를 계획하지 않으면 어떻게 내가 제대로 역할을 할 수 있겠습니까? 과거가 없이 지금의 내가 어떻게 존재하겠습니까? 전 세계가 시계에 맞춰 돌아가는데 어떻게 나더러 시간을 완전히 무시하라고 말씀하시는 겁니까? 내일 아침 9시까지 출근해야 한다는 사실은 어떻게 되는 겁니까?"

좋은 질문들이다!

이 대화에 대해 설명하기 위해 두 종류의 시간이 있다고 가정해보자. 하나는 상당한 실용성을 지닌 '시계 시간 (clock time)'이고, 다른 하나는 어떤 합리성도 없는 '뇌 시간(brain time)'이다.

시계 시간은 기계적 시간에 특정한 좌표에 위치한 특정한 사건과 관계가 있다. 시계 시간과 관련된 생각은 행동화될 수 있는 실현 가능한 생각이다. '의사와 약속한 곳까지 가는 데 얼마나 오래 걸릴지 궁금하다'라는 생각을 예로 들어보자. 이런 생각은 정확한 대답으로 이어진다. '보통 25분이 걸리지만, 교통이 혼잡할 시간이니까 15분쯤 더 걸릴 것으로 계산하는 게 낫겠어.' 이처럼 시계 시간과 관련된 생각은 복잡하지 않고 감정이 더해지지도 않아 마음속에 미지근한 미련을 남기지 않는다. 데이트 약속 시간을 지키거나 시간 맞춰 학교로 아이들을 데리러 가는 행위처럼, 우리에게 중요한 일을 위해 따로 떼어두는 시간이 시계 시간의 전형적인 예다. 시계 시간과 관련된 행위는 실천적이고 우호적이다. 따라서 시계 시간의 도움을 받아 우리는 의무를 수행하고, 약속 시간을 지킨다.

하지만 뇌 시간은 과거와 미래에 대한 생각에 사로잡히는 경향이 있다. 따라서 뇌 시간은 어떤 사건이 미래에 어떻게 전개될 거라는 끝없는 생각과 아무런 근거도 없는 상
상에 빠져들어 갈피를 못 잡는다. 뇌
시간은 당신의 희망대로 전개되지 않
는 과거의 사건에 대해 강박감을 갖는
다. 뇌 시간과 관련된 생각은 갑작스레
주제가 달라지기 일쑤고, 구체적인 행동으로 이어지지 않는다. 또한
꿈과 같이 실체가 없고 모호하기 십상이다. 만약 당신이 뇌 시간에
빠져 허우적거린다면, 시계 시간으로 계산할 때 당신의 삶을 뜻하는
모래시계가 생각보다 빈 공간에 훨씬 더 가깝다는 걸 깨닫기 위해서
라도 뇌 시간의 덫에서 빠져나와야 할 것이다.

우리 생각이 현재의 순간에 일어나는 사건을 묘사하거나 우리 요
구를 채워주는 방법의 하나로 시계 시간을 지향하는 한 우리는 행복
하게 지낼 수 있다. 따라서 우리 생각을 꾸준히 지켜보며 시간의 흔
적이 끼어들지 않았는지 끊임없이 점검해야 한다. 시간의 흔적이 끼
어들면 우리 생각은 현재에서 벗어나며, 실질적인 문제를 해결하지
않는다. 우리 생각은 갈피를 잡지 못하고 헤매며 과거와 미래의 끝없
는 혼란 상태로 빠져든다. 지금 이 순간에 충실해야 한다. 그래야
6가지 큰 환상 중에서도 가장 보편적인 환상인 '시간의 환상'에서
벗어날 수 있다.

하지만 지금 행복하지 않으면 어떻게 하나?

시간과 행복을 주제로 강연할 때마다 내가 가장 자주 듣는 얘기는

"하지만 내 경우에는 현재에 충실해도 아무런 소용이 없습니다. 지금 여기에서 행복하지 않거든요."라는 불평이다. 하지만 조용히 앉아서 지금 당신이 행복하지 않은 이유를 깊이 따져보면, "흥청망청 놀면서 작년 한 해를 헛되이 보내고 학교 공부에 소홀했던 것이 정말 부끄럽다. 성적이 엉망이었다. 이제 모두가 나를 어리석은 녀석이라고 생각한다."라는 대답이 어렵지 않게 구해질 것이다. 당신은 분명히 지금 이렇게 후회하고 있지만, 그 후회스런 생각은 과거에 뿌리를 둔 것이라는 점을 명심해야 한다. 어떤 것도 지난해에 있었던 사건을 바꾸지는 못한다. 지난해에 일어난 사건은 지난해에 있었지만 우리는 지금 이 순간에 있다. 이 순간에 우리가 할 수 있는 최선책은 다시 학교 공부에 열중하며 '지금' 좋은 성적을 거두려고 노력하는 것이다.

또 이렇게 탄식하는 사람도 있다. "내가 지금 불행한 이유는 반려자로 삼으려고 만나는 사람마다 하나같이 얼간이였기 때문입니다. 앞으로도 올바른 사람을 만나지 못할 것 같습니다. 어쩌면 혼자 외롭게 살아야 할지도 모르겠습니다." 이런 탄식에 내가 어떻게 대답했는지 짐작할 수 있겠는가? "당신의 불행은 미래에 뿌리를 둔 생각에서 비롯된 것입니다! 당신의 사랑이 길모퉁이 카페에 혼자 앉아 있을지 누가 알겠습니까? 또 서둘러 결혼하면, 지금 혼자인 때보다 더 비참할 수 있습니다. 지금 이 순간을 즐기십시오. 그럼 당신과 함께하고 싶어 하는 사람들을 많이 만날 수 있을 겁니다."

이렇게 불평하는 사람도 있다. "하지만 나는 열심히 일했지만 승진하지 못했습니다. 장래성이 없는 이곳에서 여생을 보내야 한다고는 생각하지 않습니다!" 이 생각은 과거와 미래에 동시에 뿌리를 둔 것이지만, 현재와는 아무런 관계도 없다. 따라서 나는 다음과 같이 되묻는다. "어떻게 그렇게 확신하십니까? 물론 다음번 일자리가 당신에게 훨씬 더 적합할 수 있겠지요. 또 당신의 바람대로 승진하지 못해 무척 실망스럽겠지요. 하지만 당신이 열심히 일했다는 사실은 이미 지나간 과거입니다. 그렇게 열심히 노력한 덕분에 지금 당신은 예전보다 더 유능해지고, 더 나은 경쟁력을 갖추고, 더욱 노련해지지 않았습니까!"

당신 생각을 냉정히 점검할 때마다 당신을 괴롭히는 생각은 어김없이 과거나 미래에 뿌리를 두고 있다는 걸 깨닫게 될 것이다. 하지만 과거는 당신 힘으로 바꿀 수 없고, 미래는 당신의 기대와 완전히 다른 식으로 전개될 수 있다. 과거나 미래를 잊고, 지금 행하는 것에 최선을 다하는 편이 더 낫다. 현재만이 당신이 신뢰할 수 있는 유일한 순간이다. 현재에 충만하게 살아라! 그럼 나머지는 자연스레 해결된다.

물론 현재에 충실해야 한다는 원칙을 고수하기가 때로는 무척 어려울 수 있다. 예를 들어, 언젠가 한 친구가 나에게 "자네가 말하는 현재의 순간이 나에게는 그야말로 악몽이야. 방금 의사에게 전화를 받았는데 조직검사 결과, 내가 암에 걸렸다는군. 그것도 4기. 의사는 수술도 권하지 않았어. 남은 생명이 짧으면 6개월, 길어도 고작 18개월이래."라고 말했다. 그의 푸념에 나는 다음과 같이 대답해주었다. "그것 참 안타까운 소식이군. 정말정말 유감이야. 그래도 자네가 좌절하지 않았으면 좋겠어. 견디기 힘든 진단을 받는데 거기에 마음의 고통까지 더할 필요는 없잖아. 자네가 최고의 치료법을 찾으려고 애쓰겠지만, 그사이에도 자네가 '지금 이 순간'에는 살아 있다는 걸 기억하면 좋겠어. 그러니까 이 땅에서 친구와 가족과 함께하는 순간순간을 즐기라는 거야. 지금 이 순간이야말로 자네가 통제할 수 있는 모든 것이니까. 물론 자네가 어떤 기분인지 내가 자세히 알 순 없지만, 자네가 우리 모두와 다르지 않다는 걸 잊지 않았으면 좋겠어. 자네가 아는 사람 중 누구라도 18개월, 아니 18일 내에 이 땅을 떠날 수 있다고. 언제 이 땅을 떠날지 몰라서 심리적 고통을 받지 않는다는 게 다를 뿐이야. 미래를 낙관적으로 생각하는 게 좋겠지만, '지금 이 순간'에 충실히 사는 게 좋지 않을까? 미래에 어떤 일이 닥칠지에 대한 생각을 머릿속에서 지워버리면 그것에서 비롯되는 심리적 고통도 없을 거야."

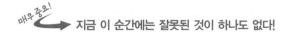

지금 이 순간에는 잘못된 것이 하나도 없다!

지금 이곳에서 살아라

이 장의 제목은 '지금 몇 시?'라는 의문문의 형태로 주어졌다. 아주 까다로운 질문이다. 당신이 세상의 어디에서 이 책을 읽고 있더라도 '지금이 그 시간이다.' 다른 시간은 없다. 시간에 대한 다른 해석은 환상의 또 다른 이름에 불과하다.

시간의 환상을 다룬 이 장을 끝내기 전에 나는 당신에게 캡슐을 타고 다른 여행을 시도해보라고 권하고 싶다. 연구원이 당신에게 알려준 정보에 따르면, 새로운 테크놀로지가 개발된 덕분에 이번에는 캡슐이 역에서 역으로 '순식간'에 이동할 수 있다. 다시 말해, 캡슐이 반대편 끝에 도착하는 데 시간이 전혀 걸리지 않는다는 뜻이다. 또한 연구원은 다음과 같은 설명도 덧붙인다. "모든 역에 재밌게 경험할 만한 많은 것을 설치했습니다. 그 때문에 여행이 인지할 틈도 없이 지나가는 걸 불평한 실험 참가자도 있었습니다. 그렇지 않았더라면 그들은 서두르지 않고 재밌게 즐겼을 것이라고 아쉬워했습니다. 또한 새로운 장치도 추가했습니다. 다음 역으로 이동하고 싶으면 언제라도 단추를 누르십시오. 그럼 곧바로 다음 역으로 이동할 수 있습니다. 단추를 누르지 않으면, 캡슐은 매일 자정에 자동적으로 각 역에서 출발합니다. 당신이 편한 대로 단추를 75번 눌러 반대편 끝에 도착할 수도 있지만, 75일로 짜인 여행을 꼬박 경험할 수도 있습니다. 결국 당신이 선택할 문제입니다." 그러고는 다시 덧붙여 말한다. "어쩌면 75년이었는지도 모르겠습니다. 정확히 기억하지 못하겠군요. 며칠이었는지는 중요하지 않습니다. 어느 쪽이든 캡슐이 순식간에 이동한다는 게 중요합니다."

당신이 말한다. "그다지 어려운 선택은 아닐 것 같습니다. 곧바로 시작하지요. 반대편에서 뵙겠습니다." 연구원이 캡슐 문을 닫으며 말한다. "아 참, 깜빡 잊고 말하지 않은 게 있습니다. 나는 당신을 반대편에서 만날 수 없습니다. 반대편에 도착할 때 당신은 죽습니다. 이번 여행이 당신에게 허락된 모든 시간

입니다." 연구원은 캡슐 문을 닫고서 출발 단추를 누른다. 그리고 당신은 여행을 시작한다.

앞에서 말했듯이 당신에게 결정권이 있다. 당신이라면 단추를 빠르게 눌러 모든 것을 곧바로 끝내버리겠는가, 아니면 각 역의 재밋거리를 최대한으로 즐기며 하루하루를 보내겠는가? 75번째 날, 즉 마지막 날을 생각하며 각 역에서 시간을 보내겠는가? 지나간 나날을 아쉬워하며 각 역에서 시간을 보내겠는가? 아니면 그날을 만끽하고, 그날에 제공되는 모든 것을 경험하며 하루하루를 보내겠는가?

결정은 당신 몫이다.

 매우 중요! → 지금 이 순간의 삶은 놀랍도록 경이로운 것이다.

7장

—

휴스턴, 문제가 생겼다

당신은 함박웃음을 지으며 펜을 내려놓는다. '힘든 일이었어. 하지만 땀 흘리며 노력할 가치가 있었어.' 이렇게 생각하며 당신은 커피를 홀짝이고는 의자에 등을 기대앉는다. 그리고 지금까지 작성한 지출 계획서를 다시 읽는다. '월수입에서 일정 비율은 퇴직 연금, 또 일정 비율은 적금. 신용카드 결제액과 주택 대출금 이자는 자동이체로 빠져나간다. 자동차보험, 생명보험, 건강보험, 상해보험, 주택보험, 신용카드 사기보험, 게다가 보상한도를 높이기 위한 보험까지 완벽하게 준비 완료.'

"빠진 게 있나? 없어. 완벽해!" 당신은 주변에 듣는 사람이 없지만 뿌듯한 기분에 혼잣말로 소리 내어 말한다.

당신은 허리를 굽혀 계산기를 집어 들고 숫자들을 다시 한 번 점검한다.

딸깍, 딸깍, 딸깍…… 점검 끝! 모든 것이 완벽하게 맞아떨어진다. 자신에 찬 당신은 손목을 돌리며 태블릿을 탁자 위에 던져놓고는 두 손을 머리 뒤로 쭉 뻗는다. "훌륭하군! 모든 것을 완벽하게 통제하고 있어!"

이 정도라면 최고의 순간이지 않을까? 모든 숙제를 완벽하게 마무리 지었을 때, 모든 가능한 시나리오를 철저하게 검토했을 때, 전문가의 조언을 빈틈없이 따랐을 때, 명확한 계획을 제안했을 때 이런 느낌이 아닐까? 이때 우리는 모든 것을 통제하에 두고 있어 괜찮아질 거라는 마음의 평화를 얻는다.

통제에 대한 진실

내가 알고 지내는 세계 전역의 많은 사람이 2008년 정확히 이런 상황에 있었다. 그들은 모든 것을 완벽하게 알고 있다고 굳게 믿었다. 미국의 주택 거품이 꺼지며, 대공황 이후로 세계가 직면한 최대의 경제 위기를 촉발하기 직전까지 그들은 그렇게 믿었다. 시장의 붕괴로 그들은 자기 집에 대한 소유권을 거의 잃다시피 했고, 그들이 일하던 회사도 도산했으며, 빚을 갚지 못하는 사람들이 속출했고, 집의 소유권을 빼앗긴 사람들도 생겨났다. 몇 개월 만에 많은 사람이 '모든 것을 알고 있다!'라는 확신에서 '우리에게 무슨 일이 닥친 거야!?'라는 의혹에 빠져들었다. 그 이후 적잖은 사람이 회복하고 많은 사람이 여전히 고통에 시달리고 있지만, 상황이 언제라도 나빠질 수 있다는 걸 모두가 절실하게 깨달았다.

안전과 통제에 대한 인간의 욕구는 본능적인 것이다. 다른 종은 호랑이가 나타나면 생존을 위해 무작정 도망치지만, 우리 인간은 더욱더 정교하게 행동하는 부담을 기꺼이 떠안는다. 호랑이가 태어나기도 전에 우리는 위험을 예측하고 탈출로를 계획할 수 있다. 또 지형을 면밀히 살피고, 가공의 위협을 비롯해 위협이 될 만한 것들을 뭐든 찾아낸다. 예방책을 모색하고, 울타리를 세우고 감시 카메라를 설치하기도 한다. 게다가 사랑하는 사람들을 돌봐야 하기 때문에 그들의 안전까지 보장하는 방향으로 계획을 확대한다. 그들이 안전해야 우리가 정서적인 안정을 꾀할 수 있기 때문이다. 인간의 이런 생존 능력은 다른 종에게는 없는 것이다. 문젯거리가 닥치면 우리 인간은 통제할 수 있지만, 또는 통제할 수 있다고 믿지만, 다른 종은 기껏해야 적절하게 반응할 뿐이다.

산업 시대가 시작된 이후로, 인간은 완전히 새로운 차원의 통제력을 발휘하게 됐다. 철로를 놓고 고층 건물을 세우며 아이폰을 대량생산하려면 정교하면서도 복잡한 계획과 통제력이 필요하다. 모든 대화가 기록되는 콜센터, 실시간 추적 시스템을 갖춘 택배회사 등에서 보듯이, 불확실성을 제거하기 위한 노력으로 그 한계가 점점 옅어지고 있다. 치밀하게 관리되고 통제되는 일터에서 완벽한 기능을 발휘할 수 있기 때문에 우리는 개인적인 삶도 그처럼 세심히 통제할 수 있으리라 믿는다. 나도 예외는 아니다.

삶이 나에게 필요한 것 이상을 안겨주며 경제적 안정이라는 미래를 확실히 보장해주었더라도 나는 지금도 여전히 세밀한 계획을 세운다. 나는 5년 앞을 내다보며 모든 것을 치밀하고 꼼꼼하게 계획해왔다. 지금도 투자와 저축, 앞으로 거주할 곳을 계획한다. 이렇게 계획을 세우면 자연스레 가족의 삶까지 포용하게 된다. 나는 안정적인 미래를 위해 부동산을 구입했고, 내 아이들에게 최적의 교육을 제공했으며, 보험과 저축에 투자했다. 내가 느닷없이 세상을 떠나더라도 사랑하는 가족들에게 필요한 것을 마련해두기 위한 계획의 일환이었다.

알리가 세상을 떠난 해에도 나는 몇 페이지에 달하는 포괄적인 계획을 세웠다. 그렇게 치밀하게 계획된 여름 방학이 시작되고 나흘 만에 알리는 '잘못된' 병원에 입원했고, 밀리미터 오차의 의료 과실로 죽음을 맞았다. 이런 과실은 통제할 수 없었던 것일까?

이 비극적이고 충격적인 사건은 계획에 없었다. 그런 극적인 사건은 예측되지 않기 때문에 계획할 수 없는 것이라고 말하지만, 그런 주장이 정말 진실일까? 이런 유형의 사건이 얼마나 자주 일어나고 있는가? 그렇다, 아주 자주 빈번하게 일어난다!

이런 불길한 말을 듣고 싶지 않은 사람도 있을 것이다. 하지만 미국에서만 의료 과실이 사망 원인 3위이고, 조사 기관마다 다르지만 의료 과실에 따른 사망자가 연간 25만~50만 명으로 추정된다. 의료 과실에 대한 소송이 미국만큼 발달하지 않은 나라들에서는 그 숫자가 수백만으로 급증한다. 운전 과실이나 폭행 같은 인간의 실수로도 수백만 명이 목숨을 잃는다. 예기치 않은 갑작스런 죽음이 우리 주변에서 무척 흔하지만, 우리는 여전히 그런 죽음을 개연성이 지극히 낮은 사건으로 취급한다.

물론 우리는 하루에도 수백, 수천, 수백만 건씩 일어나는 엄청나게 파괴적인 사건들도 무시한다. 자연재해와 경제 위기, 사기와 파산 등도 삶을 통째로 바꿔놓고 계획을 뒤틀어버리는 사건이며, 어디에서든 항상 일어나는 사건이다. 이런 사건들은 우리를 전혀 염두에 두지 않았던 길로 끌어가기 때문에 나는 이런 사건들을 '좌회전(left turn)'이라고 일컫는다. 그런데 우리는 삶의 행로에서 지나치게 자주 좌회전하는 듯하다.

백조와 나비

나심 니콜라스 탈레브는 베스트셀러 《블랙 스완: 0.1퍼센트의 가능성이 모든 것을 바꾼다》에서, 진기하고 있음직하지 않은 사건이 생각보다 훨씬 더 자주 일어난다는 걸 입증하며, 제1차 세계대전의 발발과 9·11 테러 공격, 인터넷의 탄생을 예로 들었다. 이런 예기치 않은 '검은 백조'의 출현은 지상의 모든 생명체에 영향을 끼쳤다.[1]

이와 유사한 사건이 당신의 삶에서 얼마나 자주 일어났는지, 또 개인적으로 얼마나 많은 검은 백조가 당신의 삶을 지금처럼 만들었는지 잠깐만이라도 생각해보라.

탈레브의 주장에 따르면, 무작위, 특히 큰 편차의 파급 효과는 우리가 의식할 수 있는 수준을 훨씬 넘어선다. 이런 점에서, '검은 백조'는 기상학자 에드워드 로렌즈가 '나비 효과(Butterfly Effect: 겉보기에는 아무런 관계도 없는 사건들이 엄청난 변화를 야기하는 현상—옮긴이)'라고 일컬었던 현상과 딱 맞아떨어진다. 로렌즈는 일련의 기후 모델에 최초의 조건을 입력한 후에 풍속에 미세한 변화를 주었다. 거의 인지하기 힘들 정도의 미세한 변화(로렌즈는 그런 변화를 나비의 날갯짓이 만들어내는 기류 변화와 비교했다)였지만 최종적인 결과는 크게 달라진다. 따라서 브라질에서 나비 한 마리가 펄럭인 날갯짓이 플로리다에 허리케인을 일으킬 수 있다는 추론이 가능해진다.[2] 결국 수많은 나비 효과가 매 순간 우리를 뒤흔들고 있는 셈이며, 따라서 우리 삶의 행로도 예상보다 훨씬 자주 변하게 된다.

알리의 삶을 예로 들면, 검은 백조는 의료 과실이었다. 그러나 우리 집이 그 병원과 가까웠고, 알리가 가벼운 복통을 자주 호소했으며, 알리의 맹장에 염증을 처음 일으켰던 세균 등 많은 나비 효과가 알리를 잃는 비극으로 이어졌다. 이 모든 것이 수개월이나 수년 전에 시작됐다. 내가 이 모든 것을 통제하며 예방하는 계획을 세울 수 있었을까? 불가능하다. 모든 것을 통제하겠다는 생각은 환상에 불과하다.

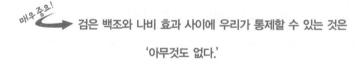

검은 백조와 나비 효과 사이에 우리가 통제할 수 있는 것은 '아무것도 없다.'

통제할 수 있는 범위

통제라는 환상을 더 깊이 다루기 전에, 당신의 기를 꺾고 싶은 의도는 조금도 없다는 점을 분명히 해두고 싶다. 성공한 기업인들이 이구동성으로 말하듯이, 성공(우리 경우에는 행복)은 불쾌한 현실을 무시한다고 보장되는 것이 아니다. 성공은 우리 삶이 불완전하다는 걸 인정하는 현실적이고 객관적인 태도에서 시작된다. 행복은 환상이 아니라 사실에 근거한 현실을 직시하는 능력에서 비롯된다.

통제력에 한계가 있다는 걸 인정한다고 절망할 이유는 조금도 없다. 오히려 현실을 직시함으로써 행복과 직결되는 현실적인 방향으로 우리를 인도한다. 통제력의 실체를 정확히 이해해야 통제력의 한계를 인정하기가 한결 쉬워진다. 우리는 돈과 친구와 이력 등 모든 것을 관리하고 통제한다고 생각한다. 그러나 솔직히 대답해보라. 당신이 집착하는 것들을 실질적으로 어느 정도나 통제하고 있는가? 당신의 돈을 예로 들어보자. 당신의 돈이 정말 완전히 당신의 통제하에 있는가? 당신은 이렇게 대답한다. "물론이다. 내가 힘들게 번 돈이다. 그 돈으로 나는 원하는 것은 무엇이든 할 수 있다. 그 돈을 투자할지, 저축할지, 아니면 자선단체에 기부할지 등 어디에 쓸지도 내 뜻대로 결정할 수 있다."

정말 그럴까? 당신이 돈을 예금해둔 은행이 파산하면 어떻게 할 것인가? 이런 불상사는 과거에도 있었다. 세금이 오르면 어떻게 되는가? 인플레이션이 당신 돈의 가치, 당신의 구매력을 어떻게 떨어뜨리는지 생각해본 적이 있는가? 이런 사태가 닥치면 당신이 할 수 있는 일은 아무것도 없다.

당신의 이력도 완전히 당신의 통제하에 있지는 않다. 당신이 몸담고 있는 회사가 폐업할 수도 있고 직원을 대대적으로 해고하는 결정을 내릴 수도 있다. 재산과 친구, 건강도 완전히 통제할 수 있는 게 아니다. 우리는 사랑하는 사람과 재물을 언제라도 상실할 수 있고, 누구나 병에 걸린다. 그런데도 당신이 완전히 통제할 수 있는 게 있다고 생각하는가?

아, 두 가지는 있다. **하나는 우리의 '행동'이고, 다른 하나는 우리의 '마음가짐'이다.**

행동

공학자이자 기업인으로서, 또한 고위 경영자로서 나는 통제에 관한 한 최악이다. 수년 동안 나는 내 삶의 모든 면을 완전히 통제해보려고 무척 노력했다. 직장에서는 내 조직에 속한 모든 구성원, 모든 시스템, 모든 관측이 내 기대치에 완벽하게 부응하기를 바랐다. 개인적인 차원에서는 아내를 통제하고, 아이들의 성장 과정을 관리하려고 애썼다. 심지어 집에서 물과 전기를 최적으로 사용하도록 세탁물의 양까지 통제했다.

그러나 내가 아무리 열심히 노력해도 현실 세계에서 일어나는 사건들을 완전히 통제하는 것은 불가능했다. 그래서 내가 어떻게 했을까? 나는 더욱 격렬하게 노력했다. 따라서 세상을 완전히 통제하지 못한다는 가슴앓이가 끊이지 않았다. 분노와 좌절의 시간을 오랫동안 보낸 후에 나는 깨달음을 얻고 '내가 모든 것을 통제할 수는 없다'

라는 진실을 받아들였다. 그런 깨달음을 얻자, 나는 양어깨를 짓누르던 커다란 짐을 내려놓은 기분이었다. 행동은 여전히 내 몫이었지만, 그 결과에 대한 애착은 완전히 사라졌다.

한 친구에게 힌두교의 '무심(無心)'이라는 개념에 대해 들었

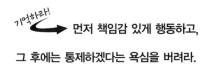

을 때 나는 통제의 환상을 떨쳐내는 첫 계기를 마련했다. '무심'은 결과를 예측할 수 없다는 걸 알면서도 목표를 성취하려고 노력하는 마음가짐을 뜻했다. 예기치 않은 일이 일어나면, 무심이란 개념은 우리에게 새로운 방향을 받아들이며 다시 노력하라고 말한다. 따라서 무심에는 통제력의 상실에 대한 슬픔도 없고 후회도 없으며 아쉬움도 없다.

처음에 나는 무심이란 개념을 마뜩잖게 여겼다. 내 운명을 순전히 운처럼 여겨지는 것에 맡기고 싶지 않았다. 하지만 그즈음 나는 기막힌 교훈담을 들었다. 초기 무슬림들은 통제력을 포기하는 훈련의 한 방법으로 말을 묶지 않은 상태로 두었다. 그러나 그들은 '말을 묶은 후에야 포기할 수 있다'는 걸 깨닫고 나서야 통제력을 진정으로 포기할 수 있었다. 이 교훈담을 통해 나는 '명확한 동의(committed acceptance)'라는 걸 배웠다.

기억하라! ➡️ **먼저 책임감 있게 행동하고,**

그 후에는 통제하겠다는 욕심을 버려라.

명확한 동의는 당신의 성공 가능성을 떨어뜨리지 않는다는 점에서 아름답다. 오히려 정반대. 성공이라는 결과를 이끌어내는 것은 성공을 향한 당신의 기대가 아니라 근면하고 부지런한 행동이다.

동일한 교훈이 담겨 있는 짤막한 수수께끼가 있다. 집에서 직장까지 가는 길에는 교통 신호등이 없다. 제한속도로 일정하게 운전하면 정확히 11분이 걸린다. 월요일에는 직장에 도착하는 데 9분이 걸릴 것으로 예측했고, 화요일에는 15분이 걸릴 것으로 예측했다. 수요일에는 내가 모든 것을 완전히 통제해서 첫 회의에 늦지 않게 도착했다. 목요일에는 스트레스를 받고 걱정한 끝에 지각하고 말았다. 금요일에는 정말 신나게 운전을 즐겼다. 날마다 나는 마땅히 행동해야 하는 대로 행동했고, 제한속도로 정확히 운전했다. 그럼 지난주에 각 요일마다 직장에 가는 데 몇 분이나 걸렸을까?

11분이다!

당신이 항상 정확히 똑같은 행동을 취하면, 당신의 기대와 좌절, 압박감과 환희 등과 상관없이 항상 정확히 똑같은 결과를 얻는다. 하지만 행동 수준이 달라져서는 안 되고, 문젯거리를 앞두고도 일관된 자세를 잃지 않아야 한다.

나는 '명확한 동의'의 실천을 삶의 제1원칙으로 삼았다. 따라서 어떤 상황에서나 매 순간에 최선을 다하려고 노력했다. 목표는 높이 세웠지만 결과에 감정적으로 초연하려고 애썼다. 목표를 상실하면 다시 뒤돌아서서 배웠고, 실제로 아무것도 잃은 게 없었기 때문에 아무것도 잃어버리지 않은 것처럼 다시 시도했다. 직장에서 일하면서 나는 직원들, 특히 남달리 똑똑한 직원들을 통제할 수 없다는 걸 깨달았다. 또한 어떤 고객에게도 내 제품을 구입하라고 강요할 수 없고, 공학자들에게 내 설계대로 상품을 제작하게 할 수 없다는 것도 깨달았다. 물론 재무팀에 내가 원하는 가격을 그 상품에 매기게 하고, 법무팀에 평범한 영어로 계약서를 작성하도록 유도했지만 아무런 결실을 얻지 못했다. 누구에게나 나름의 목표가 있었다. 나는 그들 모두를 이끌고 나아가야 했다. 결국 나는 통제력을 무지막지하게 휘두르지도 않고, 그런 통제력을 기대하지도 않은 채 최선을 다해 일하는 방법을 배워야 했다.

개인적인 삶의 차원에서는 '명확한 동의'의 실천을 훨씬 더 단순화했다. 구체적으로 말하면, 내가 계획을 세우더라도 현재의 순간 너머까지 통제하려 하지 않았다. 알리처럼 나도 어떤 상황에서든 최선을 다하며, 모든 것이 원만하게 풀릴 것이라고 믿는 법을 터득했다.

마음가짐

행동은 눈에 보이는 성공의 지렛대인 반면에, 마음가짐은 모든 것의 판도를 결정적으로 뒤바꿔놓는 게임 체인저(game changer)다. 팀과 톰의 이야기를 예로 들어 설명해보자.

일어날 시간이 됐지만 팀은 스누즈 버튼(아침에 잠을 깬 뒤 조금 더 자기 위해 누르는 라디오의 타이머 버튼−옮긴이)을 두 번이나 눌렀다. 뒤늦게야 팀은 9시 정각에 약속이 있다는 걸 깨달았다. 팀은 깜짝 놀라 침대를 박차고 나왔지만, 폭우가 무섭게 쏟아지는 걸 보고는 약속 시간에 늦을 게 확실하다는 불길한 생각을 떨칠 수 없었다. 팀은 커피도 건너뛰고, 후줄근한 모습으로 자동차에 올라탔다. 기분도 그다지 유쾌하지 않았고, '오늘 끔찍한 하루가 되겠군!' 이란 생각마저 들었다. 이미 신경이 날카로워진 팀은 스트레스에 짓눌려 핸들을 쾅쾅 내리치며 "비켜!"라고 소리친다. 그때 쾅! 그의 차를 뒤따르던 자동차가 그의 자동차를 추돌했다. 가벼운 접촉 사고에 불과했지만, 팀은 자동차에서 뛰어내려서는 뒤의 자동차를 향해 돌진해 보닛을 세게 내리쳤다. 그러고는 분을 참지 못하고 온갖 욕설을 쏟아냈다. 자신의 행동이 통제력을 너무 벗어난 까닭에 팀은 결국 유치장에서 그날 밤을 보내야 했고, '오늘 끔찍한 하루가 될 거라는 걸 알고 있었어!' 라고 생각했다. 자신의 마음가짐에서 비롯된 결과를 무시한 채 팀은 '모든 게 비 때문이야!' 라고 생각했다.

똑같은 사건, 다시 말해 스누즈 버튼을 두 번 누르고 비가 추적추적 내리는 날씨를 재현하지만, 이번에는 톰이 9시 약속에 이미 늦었다는 걸 깨닫고서 느긋하게 행동한다고 가정해보자. 톰은 향긋한 커피를 끓이고, 샤워하고 면도한 후에 깨끗한 셔츠를 입는다. 또 비 오는 날 듣기에 어울리는 티나 터너의 〈I Can't Stand the Rain〉이 수록된 CD를 고르며 '난 비가 좋아. 오늘은 정말 즐거운 하루가 되겠군.' 이라고 생각한다. 또 9시에 만나기로 한 상대에게 전화를 걸어 늦겠다고 사과하지만, 그도 교통 체증으로 꼼짝도 못 하고 있다는 걸 알게 된다. 톰은 커피를 홀짝이며 조금씩 움직이면서 음악에 맞춰 손가락을 토닥거리며 흥겨운 기분을 만끽한다. 그때 쾅! 그의 차를 뒤따르던 자동차가 그의 자동차 뒷범퍼를 살짝 건드렸다. 톰은 상황을 확인하려고 자동차에서 내리지만 큰 문제가 아니라는 걸 알게 된다.

톰은 상대 운전자에게 미소를 지어 보이며 "괜찮습니까? 다친 데 없어요?"라고 묻는다. 상대 운전자가 안도한 표정으로 자동차에서 내린다. 눈부시게 아름다운 여인이다! 톰은 자신도 모르게 횡설수설한다. "안녕하세요? 만나서 반갑습니다." 그녀가 웃으며 말했다. "괜찮으세요? 하지만 내가 선생님의 차를 추돌했는데." 톰이 대답했다. "아닙니다. 괜찮습니다. 기분 좋은 추돌이었습니다." 그런 식으로 이야기가 흘렀고, 마치 로맨틱 코미디의 한 장면과 비슷했다. 두 남녀의 로맨스에 빗물이 더해졌다. 머지않아 두 사람에게 그날은 영원히 잊지 못할 날이 됐다. 그 모든 것이 비 때문이었다.

비가 대체 무엇과 관계가 있었던 것일까?

당신의 마음가짐을 결정하라!

언젠가 나는 변화 관리(change management)에 대한 강연을 들었다. 강연 참석자들은 〈아폴로 13〉을 관람하는 데 대부분의 시간을 보냈다. 모두가 알겠지만 톰 행크스가 우주 비행사 짐 러벨의 역할을 맡은 영화로, 아폴로 13호의 임무는 달에 착륙하는 것이었지만 발사 후 이틀 만에 산소 탱크가 폭발하며 모든 것이 달라졌다. 특히 성공이 더 이상은 성공적인 달 착륙이 아니라 승무원의 무사 귀환으로 돌변했다.

긴장이 고조되며 침묵의 시간이 흘렀다. 얼마 후, 러벨이 차분하고 자신감 넘치는 목소리, 아니 거의 생기발랄한 목소리로 "휴스턴, 문제가 생겼다"라고 말하며 긴 침묵을 깨뜨렸다. 두려움에 짓눌린

흔적은 조금도 없었다. 그때 막 휴스턴의 관제 센터에 들어선 사람이라면 러벨의 문제가 '펑크 난 타이어'에 불과한 정도라고 생각했을 것이다. 러벨은 아폴로 13호에 닥친 상황을 차분히 나열하며, 그 상황을 해결할 방법에 대한 조언을 요청했다. 관제 센터 연구원들은 당황하지 않고 차근차근 기발한 해결책을 생각해냈고, 마침내 아폴로 13호를 지구에 무사히 귀환시켰다.

영화 자체가 변화 관리 강연의 서론이자 결론이었다. 러벨의 차분하고 확신에 찬 마음가짐이 우리가 그 영화에서 배워야 할 모든 것이었기 때문에 강사는 별다른 말을 덧붙이지 않았다.

삶의 과정에서 우리는 때때로 악운을 만나기 마련이다. 사건이 예상 밖으로 전개된다고 그때마다 소동을 피울 필요는 없다. 처음의 계획과는 다른 길을 걷게 될지 모르지만, 포기하지 않는다면 아무것도 잃지 않는다. 어떤 경우에든 올바른 마음가짐으로 무장하라. 오스카 와일드가 말했듯이,

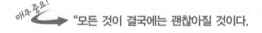

"모든 것이 결국에는 괜찮아질 것이다. 어떤 것이 아직 괜찮아지지 않았다면, 아직 끝에 이른 게 아니다."

통제와 번영

계획을 세우고 통제력을 발휘하려 애쓴다고 나쁠 것은 없다. 예기치 않은 사건이 닥치거나 상황이 달라지면 통제력을 행사하며 원래의 상태로 되돌리려고 노력한다. 하지만 당면한 상황을 참신하고 열린

시각으로 직시하며, 새롭게 닥친 상황이 불가항력적으로 일어났더라도 그 상황을 우리에게 유리한 방향으로 활용하려고 시도하는 편이 훨씬 낫다.

대수학에서 어떤 매개변수가 방정식의 해법과 아무런 관계가 없으면 무시해도 상관없다. 예를 들어, $A+C=2B+C$라면 이 방정식을 풀 때 C의 값은 중요하지 않다. C의 값과 상관없이 A는 언제나 2B와 똑같을 것이기 때문이다. 따라서 우리는 C가 존재하지 않는 것처럼 취급하며 방정식을 풀이한다. 달리 말하면, C는 우리가 통제할 수 없는 매개변수라고 할 수 있다.

영화 〈인생은 아름다워〉에서 로베르토 베니니는 제2차 세계대전 동안 아들과 함께 체포돼 강제수용소로 끌려간 유대 인 아버지 역할을 맡았다. 주변에 널린 고통과 질병과 죽음에도 불구하고, 아버지는 아들을 달래려고 강제수용소가 실제로는 복잡한 게임장이라고 속이며, 어떤 과제를 해낼 때마다 점수가 주어지고 1,000점을 가장 먼저 얻는 사람에게는 탱크가 상품으로 주어질 거라고 말한다. 모든 것이 게임이라는 맥락에서 보면, 경비병들은 탱크를 상품으로 내놓지 않고 독차지하려 한다는 점에서 비열한 존재일 뿐이다. 한편, 아이들은 가스실에서 죽어가기 때문에 그 숫자가 점점 줄어든다. 하지만 더 많은 점수를 즐겁게 얻을 목적에서 그렇게 줄어드는 아이들의 숫자는 감추어진다. 아버지는 아들에게 닥친 참혹한 상황이 불가피한 것이라고 인정하며, 자식의 생존을 돕기 위해서라도 행복하고 즐겁게 지내는 게 최선이라고 생각한다.

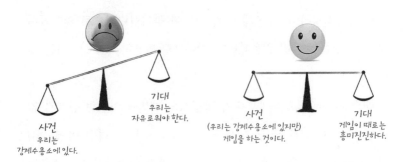

사건
우리는
강제수용소에 있다.

기대
우리는
자유로워야 한다.

사건
(우리는 강제수용소에 있지만)
게임을 하는 것이다.

기대
게임이 때로는
흥미진진하다.

때때로 우리는 피할 수 없는 역경에 맞닥뜨린다. 당신이 어떤 수를 쓰더라도 당면한 상황을 바꿀 수 없다면, 당신의 행복 방정식에서 그 상황을 배제한 채 나머지만을 이용해 행복 방정식을 해결하는 것이 최선이다.

삶이 힘겨워지면, 우리가 삶이라는 게임에서 패한 기분에 사로잡힌다. 하지만 삶은 우리에게 이기려고 하지 않는다. 삶은 게임 참여자도 아니다. 그 게임은 당신이 주인공인 게임이다.

우리 모두에게는 각각 한 벌의 카드가 주어졌다. 그중에는 좋은 카드도 있고 좋지 않은 카드도 있다. 나쁜 카드에 집중하면 모든 것을 게임 탓으로 돌린다. 한편, 좋은 카드를 활용하면 상황은 점점 좋아진다. 패가 달라지면 나날이 전진할 수 있기 때문이다.

내가 행복의 본보기로 삼고 있는 달라이 라마는 통제의 한계를 인정한 좋은 귀감이다. 달라이 라마는 자신의 조국에서 추방됐고, 그의 국민은 폭력에 시달리고 인고의 세월을 견뎌야 했다.

누구에게든
나쁜 카드는 있다.

하지만 달라이 라마는 지혜와 평화로 자신이 통제할 수 있는 것에는 최선을 다했지만, 자신이 통제할 수 없으면 숨김없이 인정했다. 이렇게 함으로써 달라이 라마는 전 세계에 행복을 전파하는 대사가 됐다.

내 마음가짐

내 경우를 예로 들면, 알리를 잃은 슬픔을 극복하는 데 '통제의 환상(Illusion of Control)'을 정확히 파악하는 것보다 도움이 된 것은 없었다. 알리를 사후 세계에서 데리고 나올 수 있을까? 나라면 알리의 목숨을 살릴 수 있었을까? 알리와 1분이라도 더 함께하는 방법이 있을까? 슬픔의 양에 비례해 알리를 다시 만날 가능성이 커질까? 그렇지 않다☹!

나는 '알리는 이 세상을 떠났다'라는 진실에 근거해 행복 방정식의 기대 칸을 재정리했다. 어느 경우에든 내가 통제할 수 있는 것은 내 행동과 내 마음가짐이 전부다. 나는 긍정적인 마음을 유지하고, 알리가 우리와 함께했던 시간에 감사하기로 마음먹었다. 내가 통제할 수 있는 범위 내에 있는 것들에 최선을 다함으로써, 또한 알리의 너그러운 성품에 경의를 표하며 내가 아낌없이 내놓은 기부로 혜택을 받은 사람들의 삶을 통해 알리의 넋이 이 땅에서 계속되도록 지원함으로써 슬픔을 행복으로 돌려놓기로 결심했다. 내가 알리를 위해 계획했던 투자를 기부하고, 알리가 즐기지 못한 고급 자동차도 기꺼이 내놓을 작정이다. 그리하면 비극이 미소로 바뀔 것이라고 확신한다. 내가 기분이 울적하고 패배한 기분이 들 때마다 우리가 함께 즐기던 비디오 게임의 주제곡을 알리가 내 옆에서 흥얼거리는 듯하다. "실수할 때마다 운다고 소용없어. 케이크가 바닥날 때까지 도전해보는 거야." 이 노랫말이 삶이라는 게임에서 승리하는 법이며, 내가 통제할 수 있는 모든 것이다.

8장
—

변화를 모색하는 편이 낫다

6가지 큰 환상

당신의 현재 위치

○ 생각
○ 자아
○ 지식
○ 시간
○ 통제
● 두려움

7가지 맹점 또는 결함

○ 여과
○ 추정
○ 예측
○ 기억
○ 분류
○ 감정
○ 과장

5가지 궁극적인 진실

○ 지금
○ 변화
○ 사랑
○ 죽음
○ 설계

어떤 것도 두려워하지 않는 사람을 나는 여태껏 만나본 적이 없다. 당신은 어떤가? 태연한 척하며 두려움을 잘 감추는 사람이 있는 반면에, 자신의 행동에서 두려움이 비롯된 것이라는 사실 자체를 모르는 사람이 있다. 그러나 누구에게나 자신의 삶을 지배하며 자유로운 생각과 행동을 제약하는 두려움이 적어도 하나는 있다. 두려움이 환상의 원조, 즉 모든 환상을 지배하는 환상이기 때문이다.

당신이 세계에서 가장 막강한 권력을 지닌 미국 대통령이더라도 두려워하는 것이 있기 마련이다(그런데 이 책을 읽고 있다면

금방 괜찮아질 겁니다, 각하☺).

　당신만의 그 두려움을 극복할 수 있을까? 그 두려움을 극복하는 데 내가 도움을 줄 수 있다고 믿지만, 먼저 마음의 문을 열고 당신 자신에게 솔직해져야 한다는 전제 조건이 필요하다. 그 과정이 무척 복잡하지만, 나는 그 과정을 차근차근 당신에게 설명해보려 한다. 그럼 마침내 당신을 옭아매던 불안감에서 벗어나 자유롭게 살아갈 수 있을 것이다.

당신도 두렵다는 걸 인정하라

많은 사람이 자신에게 내재된 두려움이 얼마나 깊고 넓은지를 제대로 모른다. 두려움이 명확히 무엇인지 확인하기 전에는 그 문제를 해결할 수 없다. 따라서 우리 자신에 내재한 두려움을 해결하는 첫 단계는 '나도 두렵다'라는 걸 인정하는 것이다.

당신이 다음 주에 해야 할 일들을 하나씩 따져본 후에 아무것도 하지 않기로 결정했다고 가정해보자. 그런데 정말 당신이 일을 중단할 수 있을까? 왜 의심하느냐고? 수입원을 잃을까 두렵지 않은가? 혹시 그들이 당신을 어떻게 생각할까 걱정되지는 않은가? 아니면 현관문을 열어둔 채 지낼 수 있는가? 그렇게 하지 못할 이유가 뭘까? 도둑이 몰래 들어와 텔레비전을 훔쳐 갈까 두려운가? 당신 목숨이 위협받을까 걱정되는가? 또 짜증스런 친구에게 절교를 선언할 수 있는가? 건강 보조 식품 섭취를 중단할 수 있는가? 건강보험을 해약할 수 있는가? 자식들을 자퇴시키며 공교육을 거부할 수 있는가? 당신이 가진 모든 돈을 기부할 수 있는가? 그렇게 하지 못하는 이유는 무엇일까? 두려움이다!

두려워하는 것은 지극히 정상적인 현상이다. 오히려 두려움이 없는 것처럼 행동하는 게 잘못된 것이다. 그런 거짓된 행동은 잘못된 결정으로 이어지기 십상이기 때문이다. 우리는 어떤 선택을 내린 이유가 두려움 때문이 아니라고 온갖 이유를 들먹이며 변명하는 경향이 있다. 예를 들어, 누군가와 관계가 원만하지 않은데도 그 관계를 끊지 못한다면, 우리는 그런 고통을 감수하는 그럴듯한 이유를 찾아내며 "사랑 때문에 헤어지지 못하는 겁니다"라는 식으로 변명한다. 그런데 부자인 데다 유명하고, 믿기지 않을 정도로 잘생겼을 뿐만 아니라 어른스럽고 친절하며, 당신을 지극히 사랑해서 원하는 것이면 무엇이든 안겨주는 사람이 나타난다면 어떻게 하겠는가? 두려워할 것이 없다면 어떻게 할까? 그래도 그 고통스런 관계를 지속할까? 그렇지 않다면, 관계를 끊지 못하는 이유가 사랑은 아니다. 당신이 가진 것을 잃는다는 두려움, 혼자가 된다는 두려움 때문이다.

두려움이 항상 분명하게 드러나는 것은 아니다. 두려움은 무척 다양한 형태로 밀려온다. 불안은 과감히 떨쳐내지 못하는 두려움의 직접적인 파생물이다. 불안은 머릿속의 생각이 원인이다. 달리 말하면, 불안은 상상으로 만들어낸 사건에서 비롯된다. 한편, 좌절은 아무리 노력해도 목표를 성취하지 못할 거라는 두려움, 목표를 성취하지 못하면 단순한 실패를 넘어 끔찍한 미래를 맞이하게 될 거라는 두려움에 의해 더욱 심화된다. 혐오는 미래에 예상되는 불쾌함이나 피해와 관련된 것과의 상호작용에 대한 두려움이다. 슬픔은 상실 이후에 닥칠 삶에 대한 두려움, 죽음의 미스터리를 고려할 때 사랑하는 사람의 안전에 대한 두려움, 자신의 죽음에 대한 두려움에 의해 부분적으로 깊어진다. 주눅은 과거의 행동 때문에 퇴짜를 맞을지도 모른다는 두려움이다. 시기와 질투는 남보다 뒤떨어진다는 두려움에 의해 더욱 심화된다. 비관은 삶이 항상 당신 편이 아닌 데다 미래는 현재보다 더욱 나빠질 것이라는 두려움이다. 우리가 느끼는 모든 부정적인 감정에는 그 감정과 관련된 두려움의 흔적이 있다.

우리를 겁먹게 하거나, 적어도 우리를 '불안'하게 하는 것이 무엇인지 모르지만, 항상 그런 것이 우리를 짓누르는 까닭에 우리는 습관적인 틀에서 벗어나지 못하고 삶의 다양한 맛을 경험할 기회를 놓친다.

그렇지만 우리는 두려움을 인정하지 않는다. 두려움을 유약함의 증거라고 생각하기 때문이다. 두려움을
인정하면 우리가 약한 사람으로 전락한
듯한 기분이다. 우리는 가슴을 내밀며 강
한 척하고, 두려움을 감춘다. 이렇게 위

장된 행동을 너무나 오랫동안 계속한 까닭에 우리가 정말 강한 존재
라 착각한다. 하지만 냉정히 생각해보자. 복어는 언제 배를 최대로
부풀리는가? 부풀어 오른 배는 용기의 증거가 아니라 두려움, 그것
도 지독한 두려움에 사로잡혔다는 증거다.

　당신이 두려움을 인정하기 힘들다면, '당신은 자유로운가?' 라고
자신에게 물어보라.

　나를 짓누르던 두려움을 하나씩 찾아내는 데 이 질문이 많은 도움
이 됐다. 의외로 내가 두려워하는 것이 많았다. 이제는 두려움을 인
정하는 걸 부끄러워하지 않는다. 두려움은 인간의 일부이기 때문이
다. 수년 전부터 나는 몇몇 두려움을 그럭저럭 극복해왔지만, 아직도
많은 다른 두려움과는 힘겹게 싸우는 중이다. 물론 가장 큰 두려움은
미래에 대한 깊은 두려움이다. 이 때문에 나는 곧잘 균형 감각을 잃
고 비현실적인 목표를 설정한다. 개인적인 인간관계에서는 내가 사
랑하는 사람들이 항상 보살핌을 받으며 행복하게 지낼 수 있도록 온
갖 노력을 다한다. 그들이 조금이라도 불행한 듯한 모습을 보이면,
나는 두려움에 휩싸이고 실패의 증거로 받아들인다. 오래전부터 나
는 완벽주의자라고 스스로 확신해왔지만, 그런 확신은 새빨간 거짓
말이었다. 나는 실패가 두려웠을 뿐이다.

　그렇다. 나는 두려워한다고 말했다. 두렵다는 걸 인정한다. 이제

는 당신이 인정할 차례다.

두려움을 인정하는 데 고도의 지능이 있어야 하는 건 아니다. 당신이 하고 싶은 것이 있지만 어떤 이유로든 할 수 없다면, 당신이 교도소에 있지 않더라도 자유로운 게 아니다. 당신이 보이지 않는 담에 갇혀 있다고 생각해보라. 그 담에 당신이 원하는 어떤 이름이든 붙여라. 그냥 두려움이라고 불러도 좋다.

두려움이 무엇인지 이해하라

모든 두려움은 조건 반응(conditioned response)에서 비롯된다. 두려움이 형성된 최초의 이유가 더는 존재하지 않고, 근원적인 위협의 실체가 대수롭지 않게 변했더라도 이미 조건화된 결과는 감지하기 힘들지만 충분한 양의 두려움을 분출함으로써 우리가 마음껏 자유를 만끽하는 걸 방해한다.

20세기 전반기에 심리학의 주류는 조건 반응에 대한 연구였다. 행동주의 심리학의 창시자 존 브로더스 왓슨은 1924년에 "나에게 12명의 건강한 아이를 주고, 내가 명시한 세계에서 그 아이들을 키우게 해준다면, 어떤 아이라도 내가 원하는 전문가, 이를테면 의사, 변호사, 예술가, 심지어 도둑이나 거지로도 키워낼 수 있다."라는 유명한 말을 남겼다.[1]

왓슨은 단순히 말로 그치지 않았다. 1920년 왓슨은 생후 9개월밖에 되지 않은 유아를 대상으로 '고전적 조건형성(classical conditioning)'을 입증하겠다며 윤리적으로 의심스러운 실험을 감행한 적이 있었다. 어린 앨버트에게 흰쥐와 토끼, 원숭이, 그리고 다양한 모습의 가면을 보여주었다. 아직 두려움이 조건화되지 않은 까닭에 앨버트는 모든 것을 긍정적으로 상대했다. 앨버트가 가장 좋아했던 것은 흰쥐였다. 적어도 흰쥐가 나타날 때마다 왓슨이 쇠막대기로 앨버트의 뒷머리를 살짝 때리기 전까지는 그랬다. 또 커다란 소음이 급작스레 들리면 앨버트는 놀라며 울음을 터뜨렸다. 이런 일련의 실험이 7주 동안 7번 반복됐다. 실험이 끝나갈 즈음, 앨버트는 흰쥐를 보면 곧바로 두려움의 징후를 드러냈고, 커다란 소음이 없는 경우에도 울면서 흰쥐에게서 멀어지려고 버둥거렸다. 앨버트가 평생 짊어지고 살아가야 할 두려움이 심어진 셈이었다.

개인적으로 나는 사랑하는 딸의 마음에 공포증이 형성되는 과정을 지켜본 적이 있었다. 아야가 생후 1년쯤 됐을 때였다. 당시 아야는 바닥에 앉아 편안하게 놀고 있었다. 여름이라 우리가 창문을 모두 열어둔 까닭에, 바퀴벌레가 날아 들어와 아야 바로 앞에 내려앉았다. 바퀴벌레에 대한 두려움이 조건화되지 않았던 터라 아야는 그 바퀴벌레를 장난감이라 생각했는지 덥석 움켜잡았다. '새 장난감'을 손에 쥔 아야는 완전히 행복한 표정으로 니발을 바라보며 손까지 흔들어 보였다.

하지만 니발에게 바퀴벌레는 핵폭발보다 위험한 것이었다. 니발의 반응은 어린 앨버트의 뒷머리를 때리던 쇠막대기보다 겁나는 것이었다. 니발은 비명을 지르며 울기 시작했고, 목청이 터져라 나에게 도움을 청했다. 잠시 후, 달갑지 않았던 손님은 사라지게 됐다. 다행히 다친 사람은 없었지만, 아야는 조건화됐다. 수년 후, 내가 바퀴벌레와 관련해 아야에게 장난을 치려고 하자 아야는 비명을 지르고 눈물까지 흘리며 달아났다. 바퀴벌레에 대한 두려움이 아야의 마음에 크게 자리 잡았다는 뜻이었다. 아야는 지금도 그때의 장난을 내가 했던 최악의 행동 중 하나로 기억하고 있을 정도다. 사랑하는 딸아, 미안!

당신의 두려움에 이름을 붙여라

고소 공포증이 있는 사람은 높은 곳을 무서워하고, 폐소 공포증이 있는 사람은 밀폐된 곳을 두려워한다. 어둠 공포증이 있는 사람은 어둠을 두려워하고, 주사 공포증이 있는 사람은 주사나 주삿바늘을 무서워한다(나는 주사 공포증이 있다). 이런 두려움은 실재하는 것과 관계가 있기 때문에 쉽게 눈에 띄고 찾아내기도 쉽다. 하지만 사회적 거부(social rejection)에 대한 두려움은 어떻게 알아낼 수 있을까?

우리가 두려워하는 것에 대한 정의가 유동적이면, 그 두려움을 정확히 집어내는 것도 훨씬 어려워진다. 게다가 감추어진 두려움이 무척 많다. 우리는 두려움과 함께 살아가고, 두려움은 안에서부터 우리를 괴롭힌다. 필요한 것을 살 만한 재원이 없어 두려워하는 사람이 있는 반면에, 닥치는 대로 긁어모으지만 축적한 재물의 규모에 상관없이 항상 불안에 시달리는 사람이 있다. 자유의 상실을 두려워하는 사람들도 있다. 몸을 움직이는 자유, 의견을 방해받지 않고 표현할 수 있는 자유, 상관이나 계급 구조 같은 외적인 통제 때문에, 또는 결혼처럼 희생이 요구되는 관계 때문에 마음대로 결정 내릴 수 있는 권한 등의 상실이 대표적인 예다.

미지의 것이나 실패를 두려워하는 사람이 있고, 기대를 충족하지 못할까 두려워하는 사람도 있다. 통제력의 상실을 두려워하는 사람, 혼자가 되는 외로움을 두려워하는 사람, 사회적 관계에서 배척받고 웃음거리가 될지도 모른다는 두려움에 떠는 사람도 있다. 또한 우리 모두가 죽음을 두려워하고, 따라서 대다수가 노화를 두려워한다. 우리를 두렵게 하는 것은 이렇게 한없이 나열할 수 있다.

당신이 두려워하는 것은 무엇인가? 두려움을 인정하기 어렵다면, 또 하나의 커다란 두려움, 즉 '두려움을 직시해야 하는 두려움' 때문일 가능성이 크다.

근본적인 면에서, 많은 사람이 자신이 실제로 어떤 사람이고 어떤 면을 고쳐야 하는지 알게 될까 두려워한다. 두려움을 극복하려면 우리 삶을 제한하는 법을 배워야 하기 때문에 차라리 두려움을 부정하며 두려움의 극복 자체를 차일피일 미루는 게 아닐까? 결국 두려움에 맞서는 걸 두려워하는 것은 아닐까? 그렇다면 이제부터라도 두려움에 맞서야 한다. 당신도 인간이라는 걸 인정해야 할 때가 됐다. 모든 인간에게는 맞닥뜨리며 극복해야 할 두려움이 적어도 한두 가지는 있다.

당신의 뇌에서 진행되는 공포 게임을 이해하라

두려움에 맞서야 한다는 두려움은 우리 뇌가 우리를 지극히 순종적이고 통제 받는 상태로 유지하려고 행하는 많은 게임 중 하나에 불과하다. 게임이 시작되면, 우리 뇌는 논리적인 보호막을 형성해 두려움의 실제 근원을 감추려 한다. 따라서 우리는 두려움이 잘 감추어지고 깊게 묻힌 다른 고통에서 비롯된다는 걸 알아내야 한다. 한마디로, 우리 두려움은 감추어진 데다 형태가 변하기 때문에 밝혀내기가 쉽지 않다.

순수한 형태의 두려움은 우리에게 위험이 가까이 있다는 걸 알려주려고 작동하는 방어 기제(defense mechanism)다. 두려움은 우리에게 신체적이고 심리적인 고통의 가능성을 피하는 데 필요한 행동을 취할 수 있도록 경보를 보낸다. 그러나 고통 자체도 뇌에 의해 통제되는 메커니즘에 불과하다. 뜨거운 난로를 만졌을 때의 고통은 손에서 일어나는 게 아니다. 신호가 뇌에 전달되고, 뇌가 그 신호를 고통으로 분류하는 것이다. 따라서 과학자들은 뇌의 영역들을 시뮬레이션하는 것만으로 고통의 경험을 모의실험 할 수 있다. 이런 사실에서 고통도 생각의 또 다른 형태에 지나지 않는다는 걸 알게 된다.

동일한 사건, 이를테면 뜨거운 난로를 만지는 사건이 완전히 다른 반응을 유도할 수 있다는 점에서 고통은 실재하는 게 아니라고 생각할 수 있다. 고통을 견디는 개인의 저항력은 상황에 따라 다르다. 예를 들어, 어린 시절을 벗어나면 우리는 어렸을 적보다 배고픔을 훨씬 더 오랫동안 견딜 수 있다. 〈심신의학 저널〉에 발표된 한 임상 연구에서 확인됐듯이, 실험 참가자들에게 양손을 얼음물에 넣고 견뎌보라고 요구하더라도 금전적 보상이 약속된 경우에 그렇지 않은 경우보다 참가자들이 육체적 고통을 더 오랫동안 참고 견뎠다.[2]

고통은 생각에 불과하기 때문에 우리 뇌는 고통을 무시할 수 있다. 달리 말하면, 우리가 고통을 억누르는 법을 배울 수 있다는 뜻이다. 장거리 육상 선수를 생각하면 이 말이 쉽게 이해될 것이다. 심지어 우리는 고통을 즐기는 법도 배울 수 있다. 기분 좋게 운동한 후에 찾아오는 근육통이 대표적인 예로, 성장이나 향상과 관련되는 느낌이므로 즐기는 법을 배워두면 좋을 만하다.

기억하라! → **마음만 먹으면 우리는 어떤 고통이라도 극복할 수 있다.**

육체적 고통에 적용되는 원칙들은 정서적 고통에도 그대로 적용된다. 상황에 따라 우리가 정서적 고통을 견뎌내는 정도는 다르지만, 대부분의 사람이 정서적 고통을 억누르거나 자신에게 유익한 방향으로 이용하는 법을 배울 수 있다. 예를 들면, 사회적인 배척에 따른 정서적 고통은 나이 든 사람보다 10대에게 훨씬 크게 작용하며 심각한 상처를 남길 수 있다.

그런데 우리가 정서적 고통을 일반적으로 억누르지 않는 이유는 무엇일까? 육체적 고통의 경우와 마찬가지로, 우리 뇌가 위험으로부터 우리를 떼어놓기 위해서도 정서적 고통을 이용하기 때문이다. 다른 점이 있다면, 육체적 고통은 뇌가 원한다고 언제든 만들어낼 수 없는 반면에 정서적 고통은 끊임없이 이어지는 생각을 이용해 언제라도 다시 만들어낼 수 있다는 것이다. 또한 정서적 고통은 심리적 고통으로 이어진다.

우리 뇌는 모든 고통스런 기억을 과거로부터 되살려내고, 모든 가능한 무서운 시나리오를 미래로부터 반복해 끌어온다는 점에서 복잡한 컴퓨터 시뮬레이션과 비슷하다. 어떤 위협적인 사건이 실제로 일어날 확률과 상관없이, 우리를 겁주어 그런 위험으로부터 떼어놓으려는 뇌의 전략이다. 경험과 상상에서 우리 뇌가 가능한 위협을 발견할 때마다 우리는 그 위험을 두려움의 한 형태로 연관시킨다. 게다가 위협 자체는 그다지 대단하지 않더라도 우리 뇌는 관련된 두려움을 과장하는 경향을 띤다.

당신에게 대중 강연에 대한 공포심이 있다고 해보자. 그런 두려움을 갖게 된 이유에 대해 질문을 받으면, 당신은 십중팔구 '왜냐하면'이라고 화두를 꺼내고는 더는 자세히 대답하지 못할 가능성이 크다. 그러나 뇌의 방어 기제를 넘어 그 원인을 더 깊이 파고들면, 두려움이 생겨난 실제 근원을 찾아낼 수 있다.

당신이 실제로 두려워하는 것은 무엇인가?
나는 많은 청중 앞에서 어리석은 말을 할까 두렵다.
그렇게 걱정하며 무서워하는 이유는 무엇인가?
나는 심판을 받거나 비웃음을 살까 두렵다.
그렇게 걱정하고 무서워하는 이유는 무엇인가?
왜냐하면 그 결과로 내가 배척당할 수 있기 때문이다.

이런 식으로 더는 찾아낼 것이 없을 때까지 근원을 추적해보라. 그러면 뇌의 방어 기제 때문에 우리가 몇 겹으로 불필요하게 허용한 두려움의 보호막들을 벗겨내게 될 것이다. 나는 이런 보호막에 '안전 모델(safe model)'이라는 이름을 붙였다.

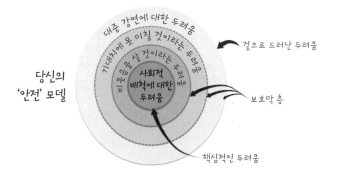

어떤 특정한 두려움을 피하려고 우리 뇌는 그 두려움과 관련된 온갖 가능한 위험을 샅샅이 뒤진다. 구체적으로 말하면, 과거로부터 모든 고통스런 경험을 끌어오고, 미래에 대한 걱정으로부터 온갖 가능한 시나리오를 만들어낸다. 또한 뇌는 두려워할 만한 것으로 생각되는 위협거리를 더 많이 찾아내 기록해둔다. 우리 뇌는 이런 노력을 '더 안전하기' 위한 방책일 뿐이라고 생각한다. 그럴듯하지 않은가?

새로운 두려움이 생겨날 때마다 불확실성은 더욱더 커진다. 극복해야 할 두려움이 많아진 셈이며, 그 복합적인 영향은 눈에 띄게 심화된다. 두려워할 것이 많아지면 뇌는 우리를 안전하게 지키려고 더욱 세차게 노력한다. 그 결과로, 두려움이 '더' 많아지면 보호막을 '더' 두껍게 쌓는 악순환이 멈추지 않는다.

우리를 가능하면 위험으로부터 멀리 떼어놓으려는 목적에서 우리 뇌는 '안전 모델'로 생각하는 것을 필사적으로 구축한다. '안전 모델'은 우리가 걱정해야 할 다수의 무서운 시나리오와, 그런 시나리오로부터 자신을 보호하려는 장벽, 즉 두려움으로 이루어지는 정교한 구조물이다. 우리는 모든 구멍을 막고 모든 틈새를 때우려고 힘쓴다. 그러나 우리가 만들어내는 것은 임시방편의 허름한 구조물에 불과하다. '구조물이 높아질수록 우리는 더 큰 위협을 느끼고 더 큰 약점에 노출된다.' 취약점이 많아질수록 더 자주 위험에 맞닥뜨린다는 논리는 수학적으로 생각하면 어렵지 않게 이해된다.

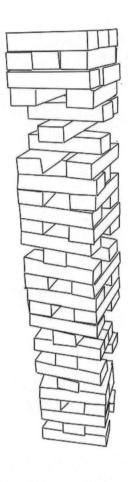

보호막 위에 다시 보호막이 덧씌워지는 형식의 방어 구조 때문에 우리는 더욱더 취약해진다. 원래의 두려움이 생겨난 근본적인 원인은 치유되지 않은 채 고통은 더욱더 심화된다. 모든 것이 견딜 수 없는 지경에 이르고, 두려움이 곧 삶의 한 부분이 된다. 우리는 안전 모델을 안정시키고 확대해보려 힘껏 노력하지만, 예고 없이 닥치는 사건이 안전 모델의 한 부분을 위협하기 때문에 그런 노력은 번번이 실패한다. 이런 사고가 터질 때마다 그 사고는 우리가 두려움에 떨며 살아야 하는 그럴듯한 이유로 여겨지고, 따라서 악순환이 계속된다. 결국 삶은 기나긴 공포 영화, 광고 시간마저 없이 계속되는 영화가 된다.

 안전 모델은 없다. 힘껏 노력할수록 실패할 가능성은 커진다.

어떤 식으로든 안전 모델이 구축되면, 그 모델을 제거하는 것도 만만치 않다. 우리는 안전 모델을 근거로 행복 방정식에서 기대치를 작성하며, 실제로 전개되는 삶을 기대치에 비교한다. 하지만 그 둘은 결코 일치하지 않는다. 따라서 우리는 실망하고 좌절감에 빠지며, 아무것도 안전하지 않다는 불안감에 시달린다.

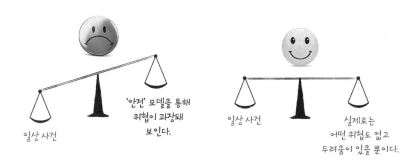

'안전' 모델을 통해 위협이 과장돼 보인다.

일상 사건

일상 사건

실제로는 어떤 위협도 없고 두려움이 있을 뿐이다.

단순한 것도 모든 보호 장벽을 뚫으면 결국 커다란 두려움으로 이어지기 때문에 어렵지 않게 중대한 위협거리가 될 수 있다. "많은 사람 앞에서 강연하면 나는 틀림없이 말을 더듬거리겠지. 말을 더듬거리면 사람들이 나를 진지하게 대하지 않을 거야." "나는 더위를 좋아하지 않아. 더워서 땀을 흘리면 화장이 번질 테니까. 그럼 사람들이 나를 좋지 않게 평가할 것이고, 그런 결과로 나를 배척하게 되겠지." 급기야 포근한 날씨처럼 상서로운 것마저도 사회적 배척이라는 두려움과 관련된 일부가 된다. 결국 '모든 것'이 우리의 안전 모델을 침해하는 것이 된다. 우리가 끝없이 불행에 시달리는 이유는 삶이 불공정하기 때문이 아니라, '두려움의 환상(Illusion of Fear)'에 우리 기대가 완전히 흐릿해지기 때문이다.

영화 〈스타 워즈〉에서 제다이들의 현명한 스승 요다는 이 모든 것을 "두려움은 암흑 편으로 가는 길이다. 두려움은 노여움으로 이어지고, 노여움은 증오로, 증오는 고통으로 이어진다."라는 말로 간략히 요약해준다. 그래서 나는 요다를 사랑한다.

악순환에서 벗어날 유일한 방법은 핵심부터 부분까지 모든 것을 한꺼번에 무너뜨리는 것이다. 우리를 괴롭히는 두려움들에 하나씩 맞서는 게 어려워 보이지만, 생각보다 훨씬 쉽다.

맹세하라

많은 사람이 심리적 고통에 반발하지 않고, 삶이란 원래 그런 것이라 믿어버린다. 따라서 우리는 두려움에 따른 고통을 참고 견디지만, 대체 무엇에 맞서는 걸 두려워하는 것인지 정확히 알지 못한다. 두려움에서 벗어난 자유로운 삶을 향한 첫 단계는 자신을 괴롭히는 두려움을 직시하고 인정하는 것이다. 숨거나 외면하지 말고, 두려움에 과감히 맞서야 한다.

코끼리를 무엇으로 꼼짝하지 못하게 묶어두는지 아는가? 엉성하기 짝이 없는 조잡한 쇠사슬이다. 4톤이 넘는 거대한 코끼리는 힘들이지 않고 그 사슬을 끊어버릴 수 있다. 그러나 어렸을 때부터 그 사슬에 묶여 있었던 까닭에 코끼리는 사슬을 끊어내려 하지 않는다. 코끼리가 조건화된 것이다. 어렸을 때 코끼리는 사슬을 끊어내려고 몇 번이고 시도했지만 번번이 실패했고, 결국에는 시도 자체를 중단했다. 우리 인간도 똑같은 식으로 행동한다. 우리도 두려움을 과대평가하며, 두려움을 떨쳐내려는 노력 자체를 포기한다.

지금쯤 당신의 뇌는 당신에게 이렇게 말하고 있을지도 모르겠다. "하지만 두려움도 좋은 면이 있을 수 있어. 모 가댓의 말을 믿지 마. 두려움은 우리를 위험으로부터 지켜주는 것이야. 두려움에도 긍정적인 면이 있다고!"

그렇지 않다! 두려움에는 긍정적인 면이 조금도 없다! 우리에게 활력을 주며 앞으로 나아가게 독려하는 것은 우리의 '행동'이지 '두려움'이 아니다. 두려움은 오히려 우리를 무력하게 만들 뿐이다. 두려움은 우리 판단력을 흐리게 만들며, 최선의 결정을 내리는 걸 방해한다.

실패에 대한 두려움이 최선의 성과를 끌어내는 게 아니다. 실패에 대한 두려움은 오히려 불안감을 가중할 뿐이다. 우리를 성공으로 끌어가는 힘은 누가 뭐라 해도 근면이다. 부지런히 일하며 힘쓰는 걸 두려워할 필요가 전혀 없다. 돌이켜 보면, 나는 어떤 형태로든 성공을 거둬도 다음에는 실패할지도 모른다는 두려움 때문에 내 삶에서 최고의 순간을 마음껏 즐기지 못했다. 달리 말하면, 실패에 대한 두려움이 삶의 여정에서, 심지어 마음껏 축하할 시간에도 내 행복을 빼앗아 갔다.

기억하라! ➡ **두려움에는 긍정적인 부분이 조금도 없다!**
우리 안전을 지켜주는 것은 행동이지 두려움이 아니다.

두려움으로 이어지는 생각은 항상 미래에 근거한 것이다. 우리가 자신을 보호하기 위해 아무런 대응도 하지 않으면, 우리 뇌는 다음 순간이 지금보다 더 나쁠 것이라고 우리를 믿게 만든다. 두려움에 사로잡히면 우리는 삶이 우리를 농락하고 있으며, 따라서 우리가 안전을 위해 아무런 대책을 세우지 않으면 위험에 빠질 것이라고 생각한다.

그러나 삶이 끝없는 자원과 무한한 관계를 동원해 순전히 당신을 괴롭히려고 다음 단계를 계획하고 있다고 정말 믿는가? 지구가 공전하고, 70억이 넘는 인간이 이곳에서 살아가는 이유가 순전히 당신을 겁주기 위한 것이라고 정말 믿는가? 삶이 정말 당신을 괴롭히려고 존재한다면, 그 조잡한 보호막이 당신을 정말 안전하게 지켜줄 것이라고 믿는가? 부탁하건대 착각하지 마라! 정말 그렇게 믿는다면 당신은 죽은 목숨과 다를 게 없다.

기억하라! ➤ **삶이 우리에게 '원하는' 단 한 가지는 마음껏 경험해보는 것이다.**

삶이 우리에게 원하는 것이 무엇이겠는가? 삶이 제공할 수 있는 모든 가능성을 우리가 경험해보는 것이다. 삶은 우리 관심을 끌려고 끊임없이 노력하지만, 이상하게도 우리는 삶을 밀어내려고 애쓴다. 삶이 우리에게 끊임없이 제공하는 경험은 즐거운 것도 있고 배울 것도 있지만, 우리는 두려움에 사로잡혀 꼼짝하지 않으며 그런 경험들을 즐기지 못한다.

이제 솔직히 대답해보자. 최악의 두려움이 실현된 경우가 몇 번이나 있었고, 그렇지 않은 경우는 몇 번이나 있었는가? 운명의 장난이 당신에게 기대 이상으로 많이 주었던 경우는 몇 번이나 있었는가?

미래는 당신이 기대하는 수준보다 더 좋을 것이다. **당신의 현재가 과거에 근거한 당신의 두려움에 부응했다면, 당신은 지금 이 자리에 있지 못할 것이다. 이 모든 것은 인류의 역사가 증명해주는 사실이다.**

미래에 대한 걱정에 사로잡혀 있으면, 그런 걱정과 두려움 자체가 지금 우리가 괜찮은 상태에 있다는 증거라는 사실을 망각하게 된다. 이렇게 생각해보라. **우리 뇌가 미래에 대해 걱정할 여유가 있다면, 지금 이 순간에 대해서는 걱정할 것이 없다는 뜻이 되지 않는가!**

기억하라! ➡ **지금 이 순간, 우리는 괜찮은 상황에 있다.**

유치원에 입학한 첫날, 많은 아이가 운다. 발을 동동 구르며 목이 터져라 우는 이유는 무섭기 때문이다. 하지만 몇 시간 후, 또는 며칠 후에는 모두가 괜찮아진다. 유치원을 좋아하기도 한다. 대체 어떤 마법 같은 변화가 있었던 것일까? 유치원이 아이들의 눈높이에 맞게 변한 것일까? 그렇지 않다. 변한 것은 전혀 없다. 그건 아이들이 어쩔 수 없이 두려움에 맞닥뜨렸지만, 하루 종일 다른 아이들과 노는 것도 결코 나쁜 게 아니라는 걸 깨달았기 때문이다.

우리는 이런 과정을 반복한다. 약한 사람을 괴롭히는 불량배를 만날까 두려워하고, 첫 소개를 하는 시간을 두려워하고, 나쁜 인간관계를 남길까 두려워한다. 또 생면부지의 사람에게 다가가 인사말을 건네야 하는 상황을 거북하게 생각한다. 그러나 두려움에도 불구하고 행동하면, 두려워할 게 없다는 걸 깨닫게 된다. 행동하는 게 처음에는 힘들지만, 일단 두려움을 한 번이라도 극복하면 그렇게 행동할 만한 가치가 있다는 걸 깨닫는다.

이제 당신도 두려움을 떨치기 위해 행동할 준비가 됐는가?

도약하라

두려움을 정복하려면 두려움과 정면으로 맞서야 한다. 우리 뇌에서 일어나는 공포 게임들을 단번에 끊어버리는 가장 쉬운 방법은 '당신을 괴롭히는 두려움이 무엇인지 알고, **그 두려움에 전력으로 맞서는 것**'이다. 예를 들어, 당신이 많은 사람 앞에서 말하는 걸 두려워한다면 기회를 스스로 찾아 나서 강사로 자원해보라. 한마디로, 돌아올 수 없는 다리를 건너야 한다. "생각하지 마라. 그냥 해내라!" 괜찮을 것이다. 내가 장담한다.

두려움을 극복하는 과정에서 당신을 올바른 방향으로 인도해줄 일련의 간단한 질문들을 소개하면 다음과 같다.

일어날 수 있는 최악의 상황은 무엇인가?

당신이 이 질문을 제기하는 순간, 당신의 뇌는 초대형 호재를 만난 듯 온갖 가능한 공포 소설을 상상하기 시작할 것이다. 그런 상상을 억누르려고 저항하지 마라. 함께 즐기는 척하라. 당신의 뇌가 마음껏 상상력을 펼치도록 내버려두라. 결국 최악의 가능성으로 귀결하기 마련이다. 다른 무수한 시나리오에는 관심을 가질 것도 없다. 최악이지만 실현 가능한 결과만이 관심사다. '당신이 대중 앞에서 강연할 경우, 일어날 수 있는 최악의 상황은 무엇인가?' 라는 두려움을 예로 들어보자.

나는 모두를 지독히 따분하게 만들고, 모두를 졸게 만들지도 몰라.

그렇게 나쁘지는 않은데? 더 나쁜 상황은 없을까?

모두가 나를 비웃을지도 몰라.

그게 최악의 상황이야?

그렇지 않지. 모두가 나에게 무대에서 내려오라고 야유를 보낼 수도 있으니까.

그렇군. 야유를 받으면 기분이 몹시 나쁘겠지. 그보다 더 고약한 상황이 있을까?

물론. 십중팔구 사장도 청중석에 앉아 있을 텐데 자칫하면 일자리를 잃을 수도 있어.

아하, 그렇군. 더 나쁜 상황은 없을까?

왜 없겠어? 청중석에 숨은 못된 저격수가 나한테 치명타를 날릴 기회를 호시탐탐 노리고 있을지도 모르지.

현실적으로 따져보자고. 진지하게 생각할 때, 일어날 수 있는 최악의 상황은 뭐야?

이미 말했잖아. 청중이 나에게 무대에서 내려오라고 야유를 퍼붓고, 사장이 청중석에 앉아 있다가 나를 해고할지도 모른다는 거야.

그렇군. 나도 그렇게 생각해.

이 질문을 통해 당신은 두려움과 관련된 최악의 시나리오를 시각화하게 된다. 어쩌면 당신은 지금 그 두려움을 생각하는 것만으로도 고통스러울 수 있다. 그래도 나를 용서해주기 바란다. 하지만 나는 당신의 마음에 들 만한 반가운 소식을 알고 있다. 최악의 시나리오를 찾아내면 두려움의 근원에 도달하는 데 도움이 된다는 것이다.

모든 것은 여기 바닥에서 시작된다.

바닥에서 한 단계씩 올라가보자. 다음 질문은 당신을 놀라게 할지도 모르겠다.

그래서 뭐?

이 질문은 두려움에서 벗어나 용기로 향하는 전환점이다. 그래서 내가 일자리를 잃으면 어떻게 되는가? 그렇다고 내 목숨이 거기에서 끝나는가? 굶어 죽기라도 하는 건가? 그래서 청중이 나에게 무대에서 내려오라고 야유를 퍼부으면 어떻게 되는가? 내 존재가 이 땅에서 사라지는가? 내 머릿속의 생각들은 부끄럽다고 난리 법석을 피우겠지만, 그것을 제외하면 야유를 받은 결과로 나에게 닥치는 실질적인 손해가 있는가? 그 정도가 최악의 시나리오라면, 그래서 그와 관련된 고통을 무시한다면 당신은 살아남을 수 있지 않을까? 자, 계속 올라가보자.

최악의 시나리오가 실제로 일어날 가능성은?

솔직하게 생각해서, 최악의 시나리오가 실제로 일어날 가능성은 얼마나 되는가? 그런 가능성이 당신에게 실제로 일어난 적이 있는가? 다른 사람에게 그런 일이 일어난 경우를 본 적은 있는가? 강사가 말을 더듬거리며 제대로 강의하지 못한다고 청중이 야유를 보내는 경우를 본 적이 있는가? 그렇다면 몇 번이나 보았는가? 숫자로 명확히 대답해보라. 여하튼 계속 올라가보자.

최악의 시나리오를 예방하기 위해
내가 지금 할 수 있는 게 있을까?

개인적으로 내가 가장 좋아하는 질문이다. 이 질문을 계기로 두려움을 행동으로 바꿀 수 있기 때문이다.

최악의 시나리오를 예방하려면 미친 듯이 준비하라. 거울 앞에서, 배우자와 강아지 앞에서 100번이고 연습 삼아 강연해보라. 마음이 편안해질 때까지 연습하며 준비하고, 그 과정을 반복하라. 철저히 준비하면 최악의 시나리오가 일어날 가능성을 조금이나마 낮출 수 있고, 최선을 다했다는 생각에 불안감을 진정하는 데도 도움이 된다.

그런데 당신의 뇌가 "왜 나에게 이런 짓을 하지? 너, 이 책을 읽기 전에는 고분고분했잖아!"라며 반격을 시작할 수 있다.

뇌의 이런 반발을 무시하라. 고지에 거의 다 왔다. 앞만 보고 전진하자.

최악의 상황을 겪은 후에도 내가 회복할 수 있을까?

당신이 다음 의문들을 품게 되면 두려움을 극복하기 위한 과정은 더욱 흥미로워진다. 내가 가장 두렵게 생각하는 가능성이 현실화되며, 청중에게 야유를 받고 해고되면 어떻게 하지? 그런 상황에서도 내가 회복할 수 있을까? 해고되고 몇 개월 동안 지출을 줄일 수 있을까? 그래도 결국에는 다른 일자리를 구하지 않을까? 그렇게 된다면, 이번에는 훨씬 더 나은 사장을 만나길 바란다. 여하튼 달갑지 않은 상황이란 건 인정한다. 하지만 당신의 삶에서 지금까지 있었던 많은 불편한 경험처럼 이번 상황도 지나가리라!

이렇게 생각하니 기분이 조금 나아졌는가? 우리는 올바른 사고 과정(thought process)을 밟았고, 그렇게 함으로써 뇌가 당신을 옭아매던 두려움의 가면을 벗겨냈다. 그 무서운 가면 뒤에는 순진한 새끼고양이가 있을 뿐이었고, 나머지는 순전히 우리 상상이었다. 가장 무시무시한 시나리오가 현실화되더라도 죽기야 하겠는가? 행동을 취하면 최악의 상황이 닥칠 가능성이 크게 줄어든다. 게다가 가장 겁나는 시나리오가 현실화되더라도 우리는 회복의 길을 언제라도 찾아낼 수 있다. 안심되지 않는가!

하지만 여기에서 만족하지 마라. 앞으로 훨씬 더 좋아진다. 아직 올라가야 할 계단이 많다!

우리 뇌는 상황이 악화되는 경우를 주로 생각하는 경향을 띤다. 뇌가 이런 식으로 위협에 대비해 계획을 세우며 우리의 생존을 지켜주는 것은 사실이다. 하지만 우리를 두렵게 하는 나쁜 것보다, 우리를 기다리는 좋은 것을 생각하면 두려움으로부터 단숨에 빗어나며 크게 도약할 수 있을 것이다. 그렇게 생각의 방향을 전환하는 데 도움이 되는 두 가지 질문이 있다.

아무것도 하지 않는다면 어떻게 될까?

많은 생각을 요구하는 좋은 질문이다. 현재 상태의 가치는 어떻게 되는가? 당신이 기꺼이 받아들일 만한 가치인가? 당신이 위와 같은 모욕적인 관계를 감수한다면 어떤 대가를 치러야 하는가? 삶을 살아가는 더 나은 길은 없는가? 최악의 시나리오겠지만 평생 혼자 살겠는가, 아니면 학대받으며 살겠는가? 당신을 번번이 실망시키는 직장에 계속 붙어 있다면 당신의 앞날이 어떻게 될까? 당신을 괴롭히는 사람과 맞서지 않는다면, 당신의 지출 습관을 뜯어고칠 필요성을 인정하지 않는다면 어떤 대가를 치러야 하는가?

내가 장담하는데, 당신이 두려움에 짓눌려 지내며 받는 고통의 피해가 두려움에 맞서는 경우보다 거의 언제나 크다. 우리 뇌가 두려움을 지나칠 정도로 과장하는 이유가 무엇이겠는가? 우리가 현재 느끼는 고통보다 두려움을 더 큰 위협으로 만들려는 것이다. 우리 뇌의 속성이 그렇다. 그렇지 않으면 우리가 편하게 두려움을 떨쳐낼 테니까!

다음 질문은 생각의 방향을 전환하는 데 필요한 최고의 질문이다.

'최상의' 시나리오는 무엇인가?

액션 영화에서 첩보원이 스위치를 누르자 악당 소굴이 완전히 불길에 휩싸이며 허물어지는 장면을 본 적이 있는가? '최상의 시나리오는 무엇인가?'라는 질문은 철옹성 같은 당신의 두려움을 똑같이 무너뜨릴 수 있다. 한편, 이 질문에 당신의 뇌는 경악하며 당신이 어떻게 그런 질문을 생각해냈는지 어리둥절해 할 것이고, 당신을 옭아매던 온갖 묘수가 고갈될까 두려워하기도 할 것이다. 당신의 뇌가 궁지에 몰렸을 때 계속 몰아붙여야 한다. 이 경쟁에서 이겨야 한다.

상상할 수 있는 최상의 시나리오는 무엇인가? 반드시 당신 자신에게 물어야 할 질문이다.

사표를 쓰고 피아노 연주로 다시 돌아가면 어떻게 될까? 당신을 괴롭히던 사람에 과감히 맞서 그를 없애버리면 어떻게 될까? 모든 별이 일렬로 정렬하는 기적이 일어나면 어떻게 될까? '해리 포터 시리즈' 같은 소설을 쓰게 되지 않을까? 여하튼 더 행복해지지 않을까? 그럴 가능성이 무척 높다. 왜 당신의 강점을 발휘할 기회를 헛되이 흘려보내는가?

일반적으로 아무것도 하지 않는 대가는 두려움에 맞서는 대가보다 크다. 일이 순조롭게 풀리면, 강점은 위험을 무릅쓰고 되찾을 만한 가치가 있다.

두려움이 과장된 것이란 사실을 깨닫는다면, 두려움에 맞서기로 결정하기가 한결 쉬울 것이다. 반대편에서 당신을 기다리고 있는 것을 머릿속에 그려보면, 벌떡 일어나 두려움과 맞서는 데 필요한 용기와 에너지가 용솟음칠 것이고, 더 나은 미래를 희망하며 두려움과 맞서는 과정의 고통을 견디는 데 필요한 회복 탄력성(resilience)도 자연스레 얻게 될 것이다.

우리 뇌가 속닥거리는 최후의 심판이라는 시나리오는 이제 지겹다! 더는 그런 시나리오를 받아들이지 마라. 항상 다음 순간을 낙관하며 즐겁게 살아라. 당신을 짓누르는 두려움들과 과감히 맞서, 하나씩 지워 없애버려라. 게다가 그런 두려움은 실제로 존재하는 것도 아니다.

이제 때가 됐다

우리가 두려움을 회피하면, 두려움이 불쑥 나타나 우리를 괴롭힌다. 현명한 스승처럼, 삶은 우리가 다음 단계로 옮겨 갈 준비가 됐는지 확인하려고 두려움을 이용해 우리를 시험한다. 우리가 두려움을 이겨내면 시험은 끝나고, 다시는 두려움이란 시험과 맞닥뜨릴 필요가 없다. 하지만 우리가 두려움을 피하면, 두려움이라는 시험은 우리 삶의 과정에서 끊임없이 돌출하며 우리를 괴롭힌다.

당신이 알고 지내는 모든 사람이 그렇듯이, 나도 과거에는 누구에게도 내 두려움을 인정하지 않았다. 물론 나 자신에게도 인정하지 않았다. 나는 용감한 척했다. 그런 점에서 나는 거짓말을 한 셈이다. 나는 실패가 두려웠다. 따라서 나 자신을 끊임없이 채찍질하며, 남들에게 잘 보이려고 애썼다. 기업인으로서의 성공은 내 두려움에 대한 응답이었다. 큰 거래를 체결하면 성공한 것이고, 큰 거래를 체결하지 못하면 실패자가 된다. 나는 대부분의 시간을 일하며 보냈고, 단 하나의 실수에도 편집증적인 반응을 보였다.

따라서 내 두려움은 사라지지 않았고, 결국 삶이 궁극적인 스승이 되어 나에게 온갖 시험을 가했다. 언젠가 상관 중 한 명과 크게 의견이 충돌했을 때 나는 두려움과 맞서야 했다. 상황이 되돌릴 수 없는 지경까지 악화돼, 나는 사표를 쓰거나 사표를 쓰라는 강요를 받을 처지였다. 그에 따른 심리적 고통은 견디기 힘들었다. 실직은 내가 두려워하던 실패의 궁극적인 형태였다. 그때 나는 변하는 게 좋은 것일 수 있다는 확신을 얻었고, 두려움의 한복판에 과감히 들어서기로 마음먹었다. 사표를 내 손으로 쓰겠다고 결심하자 나는 자유의 환희를 얻었다. 사표를 쓰더라도 삶이 나를 새로운 길로 안내할 것이라고 굳게 믿었다. 따라서 나는 사표를 썼고, 새로운 삶을 시작했다. 두려움이 사라지자 삶의 매서운 시험도 덩달아 사라졌다. 나는 지금 내가 하는 일을 사랑한다. 이제는 어떤 것도 두려워하지 않는다.

나는 가족에게 최고의 것을 안겨주고 싶었다. 따라서 가족의 기대에 미치지 못하는 것보다 두려운 건 없었다. 돈이 가족에게 부여하는 안락함을 좋아한 까닭에, 그런 안락함을 상실할까 두려웠다. 따라서 나는 돈을 저축하고 투자하는 법을 배웠다. 나는 돈을 거의 숭배했지만, 투자에 크게 실패해 거의 파산할 지경에 이른 후에야 돈의 허무함을 조금이나마 깨달았다. 그때 삶은 나에게 두려움과 정면으로 맞서라고 요구했고, 나는 돈이 없는 삶이 그다지 무서운 게 아니라는 걸 깨달았다. 또한 내게는 생각만큼 많은 돈이 필요하지 않고, 나에 대한 가족의 기대치가 내 목표보다 훨씬 낮으며, 그 모든 것이 사라지더라도 삶이 나를 새로운 길로 안내한다는 것도 깨달았다. 나는 해방된 기분이었다. 두려움을 떨쳐내자 삶의 혹독한 시험도 사라졌다. 그 이후로 나는 단 한 번도 돈에 대해 걱정하지 않았다.

그렇게 두려움이 사라졌고, 한동안 나는 두려움을 모르고 살아갔다. 잃을 것은 많았지만, 잃을까 두려워하는 것은 없었다. 내가 특별히 좋아하지만 누군가 나에게서 **빼앗아** 갈 수 있는 것도 없었다. 그야말로 신의 은총을 가득 받으며 살아가는 기분이었다.

그런데 알리가 죽었다.

그보다 큰 두려움은 없었다. 내가 누구보다 아끼고 소중하게 생각하던 존재였다. 내가 깊고 깊은 곳에 감춰두었던 두려움이었다. 내 자식을 잃었다는 슬픔은 나에게는 그야말로 악몽이었다.

삶은 다시 나를 시험장 한복판에 내던졌고, 나는 가장 큰 두려움과 맞서야 했다. 견디기 힘든 고통이었다. 지금도 그 고통은 견디기 힘들다. 그러는 사이에 나의 마지막 두려움은 내 삶에서 지워졌다. 더는 빼앗길 것이 없다. 체스판에서 마지막 말을 그렇게 움직였고 나는 승리했다. 어쩌면 패했을지도 모르겠다. 삶의 승패는 결국 어떻게든 결정될 테니까. 어느 쪽이든 나를 짓누르는 또 다른 두려움은 영원히 없을 것이다.

내 삶의 햇살 아야의 안녕을 위해 기도할 때마다 나는 삶의 시험이 끝났기를 바란다. 용기 시험을 이미 통과한 나에게 삶이 그 시험을 다시 시도할 필요는 없지 않겠는가.

물론 죽음은 가장 큰 두려움이다. 당신 자신의 죽음을 마주하는 법의 깨달음이 두려움을 직시하는 궁극적인 형태일 것이다. 알리가 이 땅을 떠났을 때 나는 죽었다. 나는 가장 긍정적인 의미에서의 죽음을 말한 것이다. 삶은 결국 관점이다. 나는 마음의 평화를 만끽하며 살아간다. 더는 잃을 것이 없다. 두려워할 것도 없다. 에크하르트 톨레는 삶의 비밀은 "죽기 전에 죽는 것"이라고 말했다. 그래야 모든 것이 사라진 어느 날, 당신이 실질적으로 소유하고 있는 것은 하나도 없다는 걸 깨달을 테고, 따라서 잃을 것도 전혀 없다는 걸 깨달은 상태에서 삶을 살아갈 수 있을 테니까.

알리가 죽음을 맞았을 때 나는 마라톤 선수처럼 고통의 한계에 도달했다. 그러나 이제는 분명히 알고 있다. 내가 결승선을 편안히 통과할 때까지 다음 단계는 삶의 행로에서 또 다른 단계에 불과하다는 것을!

내가 마음의 자유를 얻은 대가가 알리의 목숨이었다는 걸 기억할 때면 눈물을 주체할 수 없다. 그러나 알리도 자신의 길을 찾아낸 것이었다. 지금은 알리도 평안히 지내고 있을 것이다.

알리야, 네가 지금 어디에 있든 행복하리라고 아빠는 알고 있다. 너를 만나 힘껏 껴안아주고, 우리가 항상 나누던 "에자야크 야 아부야(그동안 어떻게 지내셨어요, 아빠)"라는 인사말을 너에게 듣는 날까지 하루하루가 영광을 더하는 날이면 좋겠구나. 그날까지 아빠는 두려움을 잊고 살련다. 그때가 되면 삶의 여정도 완전히 끝나겠지.

우리 삶에서 두려워하며 살 만한 가치를 지닌 날은 단 하루도 없다. 두려움에 대한 시험이 우리에게 닥치기 전에 우리가 그 시험을 기꺼이 받아들이겠다고 결심하지 않는다면, 삶은 시시때때로 우리를 두려움 앞에 던져놓을 것이다.

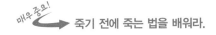

매우 중요! 죽기 전에 죽는 법을 배워라.

이제는 두려움과 과감히 맞설 시간이다.

당신의
현재
위치

6 큰 환상 — **7** 맹점 — **5** 궁극적인 진실

3부

—

맹점

7가지 맹점은 우리 뇌가 정보를 처리하는 방법에 영향을 끼치며, 현실 세계를 정확히 인식하려는 우리 노력을 방해한다. 7가지 맹점이 뇌의 비관적인 성향과 결합되며 인간의 생존에 일조한 것은 사실이다. 그러나 7가지 맹점은 행복 방정식을 풀어내려는 우리 노력에 간섭하며 우리를 쓸데없는 고통에 시달리게 한다.

9장

—

진실일까?

6가지
큰 환상

○ 생각
○ 자아
○ 지식
○ 시간
○ 통제
○ 두려움

심리적 고통

당신의 현재 위치

7가지
맹점(또는 결함)

○ 여과
○ 추정
○ 예측
○ 기억
○ 분류
○ 감정
○ 과장

5가지
궁극적인 진실

○ 지금
○ 변화
○ 사랑
○ 죽음
○ 설계

우리 뇌는 무척 다양한 환경에서 무척 다양한 요구를 받아들이며 수십만 년 전에 조립되고 온갖 시험을 거쳐 거의 완성된 장치라는 사실에서, 우리와 뇌의 흥미진진한 관계가 시작된다. 한때 인간에게 유리하게 작용하던 특징들이 이제는 우리 행복을 방해한다. 어마어마한 정보 처리 능력에도 불구하고 인간의 뇌는 여전히 수많은 방정식의 해법을 쏟아내고 있지만, 안타깝게도 그 해법들은 현대 세계와 거의 관계가 없을 뿐만 아니라 우리 행복과는 더더욱 관계가 없다. 진화의 기원 때문에, 우리 뇌가 다루는 세계는 예스럽고 혼탁하며 무서운 곳이다. 따라서 뇌의 생존 전략도 그럴 수밖에 없다. 결국 뇌라는 장치를 적절하게 사용하려면, 뇌의 프로그램을 새로운 환경에 어울리도록 조정할 수 있어야 한다. 먼저, 모든 것이 어떻게 시작됐는지부터 살펴보기로 하자.

맹점의 기원에 대해

크로마뇽인 사냥꾼 뒤로 서너 걸음쯤 떨어진 곳의 덤불숲에서 나뭇가지 하나가 아주 살짝 흔들린다. 노련한 사냥꾼은 그 작은 소리도 놓치지 않는다. 그는 무리에게 손을 흔들어, 자신이 소리의 근원을 추적하는 동안 자세를 낮추고 조용히 하라고 지시한다. 그는 눈을 가늘게 뜨고 귀를 바싹 곤두세우고는 다른 모든 유사한 소리를 '걸러낸다'. 그는 덤불숲에 온 신경을 집중하고, 다른 모든 것은 존재 자체가 희미해진다.

그의 뒤편에서 불어온 바람이 덤불숲 쪽으로 향한다. 따라서 덤불숲에 숨은 짐승의 냄새를 맡을 수 없어 은근히 겁이 난다. 야수가 먹잇감을 공격할 때 사용하는 전략이다. 영리한 포식자인 게 분명하다. 호랑이일까? 나뭇가지의 윗부분이 움직이는 것에서, 사냥꾼은 여하튼 상당히 몸집이 큰 짐승일 것이라 '추정한다'.

지독한 적막감에 사냥꾼들은 숨까지 죽인다. 덤불숲의 움직임이 멈춘다. 야수도 사냥꾼들의 표적이 됐다는 걸 알고 있다는 증거다. 석기시대의 사냥꾼은 마음속으로 전투가 임박했다는 걸 '예측한다'. 그는 야수의 공격 방향과 속도를 정밀하게 계산한다. 공격이 수 초

후에 있을 것이라 확신하고, 동료들에게 몇 걸음 뒤로 물러서라고 손짓한다.

그의 조심스런 경고는 과거의 쓰라린 경험에 근거한 것이다. 그가 아버지를 따라 사냥하려고 처음 밀림에 뛰어든 이후로, 많은 사냥꾼이 잠깐 부주의한 탓에 야수의 먹이가 됐다. 많은 세월이 지났지만, 그는 야수들이 어떻게 사냥꾼을 덮쳐 거꾸러뜨리며 온몸을 발기발기 찢어놓았는지 생생히 '기억한다'. 당시의 참상이 지금 그의 눈앞에 일어나고 있는 것처럼 그는 긴장하고, 심장이 두근대기 시작한다.

잠시도 헛되게 보낼 순간이 없다. 상황을 정확히 분석하려고 미세한 정보까지 처리하면, 그가 탈출할 가능성이 그게 줄어든다. 무척 위험한 상황이다. 순발력 있게 즉석에서 결정을 내려야 한다. 따라서 그는 현 상황을 명백히 위험한 상황으로 '분류한다'. 신속한 판단에 그의 목숨이 달려 있는 경우에는 정확한 조사보다 속도가 훨씬 더 중요하다.

그는 극심한 공포감을 '느낀다'. 그는 이런 상태에서 온몸에 아드레날린을 분비하며 '투쟁 또는 도피 반응'을 준비한다.

공포감이 더 커지면, 그의 뇌는 모든 가능한 시나리오를 실제 상황보다 훨씬 위험하게 꾸미며 위험을 '과장한다'. 그는 호랑이 무리일지도 모른다고 생각한다. 게다가 호랑이들에게 완전히 포위돼 저항해봐야 소용없고, 그들이 전부 죽을 거라고 생각한다. 더 많은 나뭇가지가 심하게 흔들린다. 아주 짧은 순간에 그는 본능적으로 뒤로 돌아 달아날 준비를 한다. 그때 서너 마리의 새가 덤불숲에서 빠져나와 황급히 날아간다. 크로마뇽인 사냥꾼은 호랑이일 것이라 생각하며 겁먹었던 것이 새 떼에 불과했다는 걸 깨닫고는 약간 멋쩍게 하늘을 바라본다. 그의 뇌는 '조금 전 몇 분 동안 지독히 긴장했지만 누가 신경 쓰겠는가?'라고 생각하며, '적어도 우리는 아직 살아 있다'라고 위안한다.

수천 년 동안, 우리 뇌는 7가지의 놀라운 특성, 즉 여과, 추정, 예측, 기억, 분류, 감정, 과장을 갖추어왔다. 그렇다. 이런 성향 덕분에 인간은 지금까지 살아남을 수 있었다. 우리 조상들은 극단적으로 적대적인 환경에서 거주했기 때문에, 이런 특성들이 야기하는 불편함을 못마땅하게 생각하지 않았다. 최악의 상황이 빈번하게 일어났기 때문에 최악의 경우를 가정하는 게 당연한 반응이었다.

문명이 발달한 후로 우리는 호랑이를 도시에서 쫓아냈고, 사냥터는 일터와 사교장과 쇼핑센터로 바뀌었다. 그런데도 우리는 7가지 특성에 계속 의지했다. 하지만 우리는 완전히 달라진 환경에서도 7가지 특성이 여전히 효과적인지에 대한 의문을 품은 적이 없었다. 나사못을 죄는 데 사용되는 드라이버가 우리 눈을 찌르는 데도 사용될 수 있듯이, 과거에 우리를 지켜주던 특성들이 이제는 우리에게 불리하게 작용하는 맹점으로 바뀌었고, 특히 과거의 성향을 버리지 못한 뇌의 핵심적인 특성과 결합되는 경우에는 우리를 불행의 늪에 내던져버린다.

부정적인 성향

우리 뇌가 작동하는 방법은 내가 생애 처음으로 구입한 자동차를 떠올려준다. 낡디낡은 중고차였지만, 당시 내 경제력으로 감당할 수 있는 최고의 차였다. 당연한 말이겠지만, 그 자동차는 점화 플러그 불량, 시동 장치 코일 고장, 라디에이터 누수 등 기계적인 결함으로 종종 문제를 일으켰다. 게다가 휠얼라인먼트가 맞지 않아 똑바로 운전하기도 힘들었다. 한마디로 때를 가리지 않고 한두 개의 기계적 결함으로 나에게 큰 골칫거리를 안겨주는 만신창이 자동차였다. 예를 들면, 라디에이터가 샐 때는 자동차가 과열됐고, 점화 플러그가 제대로 작동하지 않을 때는 엔진이 울컥거렸다. 그러나 이런 기계적 결함을 일부 수리한 후에도 휠얼라인먼트 결함 때문에 자동차는 계속 왼쪽으로 향했다.

우리 뇌의 경우도 다르지 않다. 7가지 맹점 중 하나 이상이 우리 인식을 왜곡하는 경우가 비일비재하다. 우리 뇌는 삶을 올바로 이해하려 애쓰지만, 7가지 맹점이 제각각 우리에게 다른 식으로 영향을 끼친다. 하지만 이런 맹점들 이외에 무척 중요한 성향이 아직도 끈질기게 유지되고 있다. 부정적으로 판단하며 우리 생각의 균형을 무너뜨리는 성향이다.

결국 휠얼라인먼트 문제를 해결하지 않으면 그 낡은 자동차를 운전하는 게 위험한 지경에까지 이르렀다. 휠얼라인먼트를 먼저 수리한 후에 다른 기계적 결함을 하나씩 손보는 게 합리적인 순서였다. 다행히 나는 훌륭한 정비공에게 자동차 수리를 맡겼고, 그 정비공은 문제의 정도를 정확히 평가하기 위해 자동차를 철저히 점검했다. 우리 뇌에도 똑같은 방법을 적용해야 한다.

당신의 뇌를 철저하게 점검하라

당신의 뇌를 시험대에 올리고, '점검(Check)'과 '추적(Track)'이라는 두 가지 시험을 간략하게 시도해보자.

점검

아래 그림을 살펴보고, 무엇을 보았는지 써보자.

어린 소녀가 손에 쥔 곰 인형, 소녀의 가방에서 빠져나온 책, 주차료 징수기를 보았는가? 당신은 특히 무엇을 주목해 보았는가? 길을 건너지 말라고 경고하는 붉은 신호등을 보았는가? 쏜살같이 달려오는 자동차를 피하는 꼬마, 위험하게 차도에 내려서는 소녀를 보았는가? 결국 당신은 사고가 일어나기 직전의 현장을 주목해 보았는가? 우리 대부분이 그런 식으로 인식한다.

이번에는 화면을 확대해 큰 그림을 보자. 나쁘게 생각할 부분이 전혀 없다. 자동차는 실제로는 주차돼 있으며, 교통을 통제하는 경찰관도 있다. 게다가 모두가 안전하다. 왜 큰 그림은 당신이 예상한 것처럼 부정적인 시나리오가 아닐까?

　'점검'을 일상적인 삶의 한 부분으로 삼으리. 그러면 어떤 상황에서나 당신 뇌는 부정적인 것과 위험한 것을 찾아내려는 성향을 띤다는 사실을 확인할 수 있을 것이다. 한편, 우리 뇌가 긍정적인 것과 실질적인 것에 주목하는 경우는 무척 드물다. 크로마뇽인 사냥꾼이 덤불숲에서 나뭇가지의 움직임을 보고 새 떼보다 호랑이의 존재를 상상한 이유도 이 때문이다.

추적

종이를 반으로 접어, 한쪽 면에는 '+'라고 표시하고 반대편 면에는 '−'라고 표시해두자. 그러고는 당신 머릿속에서 진행되는 대화에 주목하자. 하루 동안 불쑥 떠오르는 생각들을 빠짐없이, 어떤 유형의 것인지에 따라 양쪽 중 한 곳에 기록하고 점검 완료 표시를 한다. 예를 들면, '나는 사는 게 정말 재밌다', '그녀는 나를 영원히 사랑할 거야', '나는 아름다워' 등은 긍정적인 면에서 완료 표시를 얻는 생각의 사례가 될 것이다. 한편, 반대편에서 완료 표시를 얻는 생각의 사례는 '나는 이 직업이 마음에 들지 않아', '나에게는 항상 나쁜 일이 생기는 것 같아', '그는 정말 멍청해', '나는 뚱뚱해' 등이다.

표시의 수를 헤아려보라. 당신의 뇌는 낙관적인 생각을 주로 했는가, 아니면 비관적이고 비판적이며 부정적인 생각을 주로 했는가?

이 시험 결과에 따르면, 대부분의 사람이 주로 부정적이고 조심스러우며 비판적이고 비관적으로 생각하는 경향을 띤다. 당신의 경우는 어떤가? 똑같은 결과가 나왔다고 당황할 것은 없다. 이 점에서는 우리 모두가 당신과 다르지 않다.

우리가 긍정적인 생각보다 부정적인 생각, 즉 자기비판적이고 비관적이며 불안한 생각을 더 자주 한다는 것은 많은 연구에서도 입증됐다. 심리학자 미하이 칙센트미하이는 불안이 우리 뇌의 초기 상태라는 뜻에서 '심리적 엔트로피(psychic entropy)'라는 개념을 사용했다.[1]

텍사스대학교의 라즈 라구나탄 연구팀은 '추적 시험'과 유사한 연구를 시도했다. 연구에 참여한 학생들에게 2주 동안 머릿속에 자연스레 떠오른 생각들을 '야만스러울 정도로 정직하게' 기록하라고 요청했다. 그 기록을 분석한 결과에 따르면, 보통 학생이 떠올리는 생각의 60~70퍼센트가 부정적이었다. 이른바 '부정성 지배(negativity dominance)'로 알려진 현상이 재확인된 셈이었다.[2] 이 비율을 가볍게 넘겨서는 안 된다. 디팩 초프라가 블로그에 올린 글 〈왜 명상인가?〉에 근거하면, 이 비율만으로도 우리는 날마다 3만 5,000개의 부정적인 생각을 떠올린다.[3]

그러나 인간의 부정성 편향은 생각에만 국한되지 않는다. **우리는 의사결정을 내릴 때 부정적 생각에 더 큰 무게를 두는 경향이 있다.** 로이 바우마이스터, 엘렌 브라츨라브스키, 카트린 핀케나우어, 캐슬린 보스의 공동 연구에서도 인간은 긍정적인 결과를 얻으려는 욕망보다 부정적인 경험을 피하려는 욕망에 근거해 선택하는 경향이 짙다는 게 밝혀졌다. 이른바 '전망 이론(prospect theory)'으로 알려진 현상이다.[4] 따라서 어떤 식당이 지역 기반 소셜 네트워크인 옐프(Yelp)에서 한 번은 별 하나, 한 번은 별 다섯 개의 평가를 받았다면, 통계적으로는 별 다섯 개의 평가도 똑같은 수준이지만 우리는 부정적인 평가를 더 중요시하며 그 식당을 가지 않을 가능성이 높다.

우리는 뇌 역량의 많은 부분을 부정적인 정보에 할애한다. 캘리포니아대학교 버클리캠퍼스의 펠리시아 프라토와 올리버 존은 실험 참가자들에게 컴퓨터 모니터에 연이어 나타나는 일련의 단어들을 유심히 관찰하라고 요구했다. 단어들은 다양한 색깔이었고, 긍정적이거나 부정적인 성격을 가리켰다. 실험 참가자들은 최대한 신속하게 색의 명칭을 말해야 했고, 이 과제는 단어가 뜻하는 성격과 아무런 관계가 없었다. 하지만 단어가 부정적인 성격을 뜻하는 경우, 참가자들이 색의 명칭을 말하는 게 눈에 띄게 느렸다. 반응 잠재시간(response latency)의 이런 차이가 의미하는 게 무엇일까? 참가자들이 긍정적인 성격보다 부정적인 성격을 처리하는 데 더 많은 주의를 쏟는다는 뜻이다.[5]

부정적인 것과 긍정적인 것이 차지하는 비율과 상관없이, 대체로 실험 참가자들이 부정적인 것을 더 잘 기억한다는 사실도 흥미로운 연구 결과다. **우리가 부정적인 것을 더 쉽게 기억하는 성향을 띤다는 뜻으로도 해석된다. 결과적으로, 우리는 부정적인 것을 더 자주 기억에 떠올린다.** 이를테면, 최근에 경험한 감성적인 사건을 기억해보라는 요구를 받으면, 우리는 긍정적인 사건보다 부정적인 사건을 주로 언급한다. 또한 우리는 정서적으로 부정적인 사건보다 긍정적인 사건을 더 쉽게 잊기 때문에, 우리가 긍정적인 사건을 무척 자주 경험하는 사실 자체를 너무 적게 추산하는 성향도 띤다.[6]

사회적으로 우리가 긍정적인 사람보다 **부정적인 사람을 더 존중하는 성향을 띠는 것도 사실이다.** 스탠퍼드대학교의 클리포드 나스 교수의 주장이 맞는다면, 우리는 긍정적인 세계관보다 부정적인 세계관을 가진 사람을 더 똑똑하다고 평가한다.[7] **심지어 우리가 사용하는 어휘에도 부정적인 뜻을 지닌 단어가 더 많다.** 모두가 알겠지만, 어휘는 우리가 생각을 형성할 때 사용하는 기본적인 단위다. 구체적으로 말하면, 영어 사전에 수록된 정서적 단어 중 62퍼센트가 부정적이다.

부정성 편향은 결코 우연의 일치가 아니다. 부정성 편향은 뇌의 설계에서도 명백히 드러난다. 예를 들어, 편도체는 부정적 경험을 탐색하는 데 자신의 뉴런 중 대략 3분의 2를 사용한다. 또한 뇌가 나쁜 소식을 찾기 시작하면, 부정적인 경험은 즉시 장기 기억에 저장되지만 긍정적인 경험은 우리 의식에서 12초 이상 정체하는 경향을 보인다. 긍정적인 경험의 경우에는 단기 기억에서 장기 기억으로 전환되는 데 그만큼의 시간이 걸리는 것이다. 캘리포니아대학교 버클리캠퍼스에 있는 대의(大義) 과학 센터(Greater Good Science Center) 수석 연구원 릭 핸슨은 "부정적인 경험에 뇌가 벨크로(Velcro)와 같다면, 긍정적인 경험에는 테플론(Teflon)과 같다"라고 말했다(벨크로가 먼지를 제거하는 데 사용되는 접착 천이라면 테플론은 먼지가 붙지 않는 특수 섬유의 명칭이다—옮긴이).[8]

뇌의 부정성 편향에 대한 증거는 차고 넘칠 정도지만, 그 핵심을 한마디로 요약하면,

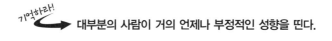

기억하라! 대부분의 사람이 거의 언제나 부정적인 성향을 띤다.

그런데 왜 우리 뇌는 이처럼 부정적인 성향을 띠는 것일까? 그 답을 찾아내려면, 연구실을 나와 현실 세계에 들어가야 한다.

부지런한 변호사

우리 뇌는 위협을 제기할 가능성을 띤 것을 찾아내려 애쓴다. 뇌의 근원적인 존재 목적이 우리를 보호하는 것이라면 왜 그런 식으로 행동하는 걸까?

크로마뇽인 사냥꾼의 머릿속에서 다음과 같이 대화가 진행됐을 것이라고 상상해보자. '쌀쌀하군. 이 부근에는 호랑이가 없어. 번거롭게 점검할 것도 없어. 저 동굴에 들어가면 좀 따뜻해질 거야.' 이렇게 낙관적으로 생각했다면 스트레스가 덜한 삶을 살았겠지만 수명은 무척 짧아졌을 것이다. 결국 생존 가능성이 위태로운 상황에서는 나중에 후회하는 것보다 조심하는 편이 낫다.

우리 뇌는 우리에게 용기를 북돋워주려고 존재하는 게 아니다. 어떻게든 우리를 보호하는 데 주된 목적이 있다. 이런 이유에서 뇌는 부지런한 변호사처럼 행동한다. 모든 가능한 공격으로부터 당신 기업을 보호하는 과제가 주어지면, 훌륭한 변호사는 잘못될 가능성을 띤 사소한 문제까지 예상하며, 수백 쪽에 이르는 계약서와 법률 서류를 작성한다. 계약서와 서류에 담긴 사건의 대부분이 결코 일어나지 않지만, 있음직하지 않은 사소한 문제를 간과함으로써 당신의 기업을 통째로 위험에 빠뜨린 장본인이라는 오명을 뒤집어쓰고 싶은 변호사는 어디에도 없을 것이다.

우리 뇌는 우리 행복보다 생존을 우선시하기 때문에,

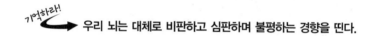

→ 우리 뇌는 대체로 비판하고 심판하며 불평하는 경향을 띤다.

또한 행복한 사건은 생존에 어떤 이득도 주지 않기 때문에 우리 뇌는 행복한 사건을 무시하는 경향을 띤다. 이런 이유에서도 우리 머릿속의 대화는 부정적 성향을 띠게 된다.

이런 부정적 성향은 실질적인 삶과 충돌하기 마련이다. 뇌의 부정적 성향에서 비롯되는 의견에 따르면, 많은 사건이 안전하고 위협적이지 않은 삶에 대한 기대에 미치지 못할 것이기 때문이다. 따라서 이런 부정적 의견이 행복 방정식의 인수로 포함되면 그 결과는 불행이기 십상이다.

뇌는 우리의 생존을 최우선시하기 때문에 지극히 명백한 것, 즉 **우리가 맞닥뜨리는 부정적인 것들은 항상 긍정적인 것에 몰입해야**

사건에 대한
부정적인 의견

기대

한다는 규준을 위배한 예외적인 것도 편의상 무시하는 경향을 띤다.

내 말이 믿기지 않는가? 그럼 다음 질문에 대답해보라. 건강과 질병, 둘 중 어느 것이 규준인가? 좋은 날씨와 태풍, 둘 중 어느 것이 규준인가? 단단한 땅 위를 걷는 것과 비교할 때 당신은 지금까지 지진을 몇 번이나 경험했는가?

기억하라! ➜ **우리 삶은 거의 긍정적인 것들로 이루어져 있다!**

긍정적인 사건의 무시는 어설픈 판단으로 이어진다. 긍정적인 면을 무시하는 성향은 흰 종이 위의 검은 잉크에 주목하는 성향과 비슷하다. 새하얀 종이에 검은 잉크로 그려진  그림을 생각해보자. 우리 눈은 검은색(잉크)을 추적하도록 길들여져 있지만, 우리 눈에 보이는 것(종이)의 대부분은 흰색이다. 하지만 우리가 검은색 대신 흰색에 초점을 맞추면, 완전히 다른 그림이 눈에 들어온다. 이제라도 부정적인 성향을 끊어내자.

있는 그대로의 진실, 오로지 진실

다시 7가지 맹점으로 돌아가보자. 크로마뇽인 사냥꾼이 나뭇가지의 움직임에 어떻게 반응했는지 기억하는가? 사냥꾼의 반응을 아래의 흔한 사건과 비교해보자.

당신은 사무실로 들어가서 책상 위에 소지품을 내려놓는다. 그런데 뜻하지 않게 책상에서 연필이 바닥으로 굴러떨어진다. 이 사건은 그 자체로는 아무런 의미도 없다. 하지만 당신 뇌는 다음과 같은 대화를 시작할지 모른다.

연필을 잃어버렸다. 어디에서도 찾을 수가 없다(여과).

나는 그 연필을 좋아해(감정). 그 연필이 없으면 살 수 없어(예측).

나에게는 행운의 연필이야(분류). 성공적인 모임을 가질 때마다 항상 그 연필이 함께했지(기억).

그 연필이 없으면 실패할 거야. 그럼 내 아이들을 배불리 먹일 수도 없겠지(과장).

누군가 그 연필을 훔쳐 간 거야(추정). 에밀리가 틀림없어(추정).

에밀리는 야비한 여자니까(분류).

이번 일을 모른 체 넘어가면 모두가 나를 얌전한 순둥이로 취급할 거야(예측). 오늘은 연필이지만 내일은 일자리를 빼앗길지 몰라(과장).

그래서 당신이 자리를 잡고 앉아 공격 계획을 짜는데 에밀리가 때마침 지나가며 말한다. "이봐, 연필 떨어뜨렸어."

당신도 비슷한 사건을 경험해봤을 것이다. 친구의 지적에 격하게 반응했는데 당신이 친구의 지적을 오해한 때문이었던 것으로 밝혀진 경우가 있지 않은가? 객관적으로 뒷받침할 아무런 근거도 없이 미래의 재앙을 예측한 적이 있지 않은가?

위의 시나리오에서 문제의 발단은 평범한 연필에 불과했다. 그렇지 않은가? 하지만 당신이 머릿속으로 굴린 생각 때문에 그 평범한 연필이 당신을 파멸시킬 액운으로 둔갑했다. 이처럼 우리 생각이 지극히 하찮은 사건조차 심각한 비극으로 뒤바꿔버릴 수 있는 까닭에, 다음과 같은 질문을 끊임없이 우리 자신에게 제기해야 하지만 안타깝게도 현실적으로 거의 제기되지 않는다.

매우중요! → 내 머릿속에서 끊임없이 흐르는 생각 중 어느 정도나 진실일까?

진실을 규명하려고 혼신을 다하는 곳, 즉 법정만큼 이 질문에 답을 해주기에 적절한 곳도 없는 듯하다. 그러나 이번에는 당신의 뇌가 '안락 지대(comfort zone)' 에 머물며 무뚝뚝하고 보수적인 변호사처럼 행동하도록 용인하지 않는다. 오히려 당신의 뇌는 용의자가 될 것이다. 한편, 당신은 진실을 규명하는 배심원 역할을 한다. 법정에서 진실은 '**진실, 있는 그대로의 진실, 오로지 진실**'로 정의된다는 사실을 기억해야 한다.

이 정의에 따르면, 우리 머릿속에서 끝없이 재잘대는 목소리는 어떤 것도 '전적으로' 진실이 아니라고 감히 말할 수 있다. **그렇다, 단 하나의 목소리도 진실이 아니다!** "너무 단정적으로 말하는 것 같은데, 모. 증명해봐!"라고 반박할 사람도 있을 것이다. 내가 분명히 증명해 보이겠다.

먼저 나는 전문가의 목소리를 빌려 7가지 맹점을 자세히 설명해두고 싶다.

여과(Filter)

우리가 보는 세상의 모습은 항상 불완전하다. 우리 뇌가 중요하다고 여기는 것에 집중하려고 진실의 적잖은 부분을 생략하기 때문이다. 따라서 우리가 인지하는 것은 주로 여과된 것이며, 결국 우리에게 남겨지는 것은 진실의 작은 조각에 지나지 않는다.

세상은 날마다 끊임없이 우리에게 정보를 내던진다. 우리는 감각을 통해 모든 변수를 지각할 수 있다. 실내 온도, 조명의 밝기, 배경음, 파리의 움직임, 친구의 말 등 수많은 자극이 궁극적으로는 세상이 우리에게 제공하는 정보다. 이런 정보의 대부분은 어떤 순간에 우리가 내려야 하는 결정과 아무런 관계가 없다. 인간의 뇌는 우리가 지금까지 발명한 최고의 슈퍼컴퓨터도 필적하지 못할 정도지만 그래도 한계가 있다. 따라서 우리 뇌는 당면한 상황과 관계없는 사항들을 여과함으로써 자원을 최적으로 신중하게 활용한다. 이런 여과 과정을 통해, 우리 뇌는 결정을 내리는 데 대단히 중요한 핵심 자료에 집중할 수 있게 된다.

우리가 길을 건너려고 할 때, 시력은 다가오는 자동차에 대한 정보, 이를테면 예상 속도와 방향 등을 우리에게 알려준다. 우리 뇌는 건너야 할 거리를 계산하고, 삼각법과 역학에 대한 본능적인 지식을 동원해 예상 충돌 지점까지 알아낸다. 또한 뇌는 우리에게 붉은 신호등이나 교통표지를 점검하고, 우리에게 위험을 알리려는 운전자의 경적 소리에도 귀를 기울이라고 시시한다. 물론 우리가 더욱더 조심하려고 근육의 움직임을 조정해 좌우를 살핀 후에 차도로 발걸음을 내딛는 것도 모두 뇌의 지시에 따른 것이다.

우리는 이 모든 것을 순식간에 해낸다. 그러나 이런 기능 작용을 로봇에게 프로그래밍하려고 시도할 경우, 그 작업이 어마어마하게 어렵다는 걸 깨닫는 데는 많은 시간이 걸리지 않을 것이다. 장애물을 피하는 기능을 프로그래밍하는 데도 무척 복잡한 공간 계산만이 아니라, 근육의 움직임을 조정하는 정교한 연산이 필요하다. 한마디로, 엄청난 양의 정보를 순식간에 처리하는 능력이 요구된다. 길을 건널 때는 사소한 실수에도 목숨이 위험하기 때문에 우리 뇌는 길을 건너는 과제를 무척 신중하게 받아들이며 정신을 집중한다. 따라서 뇌는 무엇을 하는가? 불필요한 정보를 걸러내는 여과 작업을 한다.

길을 건너는 동안 우리는 주변의 냄새에 관심을 기울이지 않는다. 경적 소리에는 귀를 기울이지만, 길모퉁이의 나무에서 새들이 지저

귀는 소리나 조금 멀리 떨어진 곳에서 울어대는 아기의 울음처럼 관련 없는 소리에는 귀를 닫는다. 자동차가 우리 관심을 온통 사로잡을 만큼 빠르게 다가온다면, 짧은 치마를 입은 예쁜 아가씨나 브래드 피트가 건너편에서 건너오더라도 우리 눈에 들어오지 않을 것이다. 그렇다. 여과 기능은 상당히 능률적이다.

> **After reading the
> the whole sentence you will
> become aware that the
> the human brain often
> does not inform you that the
> the word "the" has been
> repeated twice and filtered
> out every time.**

이 문장을 읽으면서 'the'가 두 번씩 반복해서 쓰인 것을 눈치챘는가? 종종 인간의 뇌는 불필요한 것이라고 해서 모든 것을 매번 여과하지는 않는다.

대니얼 사이먼스와 크리스토퍼 차브리스는 이런 여과 기능이 어떻게 작동하는지 입증할 목적에서 '선택적 주의력 시험(Selective Attention Test)'을 고안해냈다. 그들은 실험 참가자들에게 검은 티셔츠와 흰 티셔츠를 나누어 입은 두 팀이 공을 주고받는 짧막한 동영상을 보여주며, 흰색 팀만이 주고받은 패스의 수를 헤아리라는 과제를 주었다. 그다지 어려운 과제는 아니었다. 하지만 인간의 뇌는 이런 과제를 무척 진지하게 받아들이며 아수라처럼 집중한다. 이 책을 더 읽기 전에 당신도 직접 이 시험을 해보라. 시험 방법은 유튜브에서 '선택적 주의력 시험'을 검색하면 관련 동영상을 쉽게 구할 수 있다.

대부분의 실험 참가자가 패스의 수를 정확히 보고했다. 그러나 고릴라를 보았느냐는 질문(동영상의 중간쯤 고릴라로 분장한 사람이 화면을 가로지르며 두 팔을 흔든다)에는 절반 이상의 참가자가 "무슨 고릴라요?"라고 반문했다.[9]

우리는 영화관에서도 이런 여과 기능을 경험한다. 처음에는 빈 좌석과 관객들, 팝콘 냄새와 비상구 표지의 짜증스런 불빛에 주목한다. 하지만 영화가 시작되면 우리는 관련 없는 모든 것을 걸러내고 영화에 몰입하며, 주변을 의식하지 않게 된다. 더구나 영화가 재밌으면 시간이 지나는 것조차 의식하지 못한다.

우리에게 닥친 사건이 감당할 수준을 넘어서면 고통이나 감정 반응을 줄이기 위해서도 여과 기능이 사용된다. 예를 들어, 뼈가 부러진 경우 우리 뇌는 극단적인 고통을 여과함으로써 도움을 구하는 데 집중할 여유를 얻는다. 사랑하는 사람을 잃었을 때, 슬픔을 처리하는 첫 과정은 부정으로 시작된다. 부정은 뇌가 슬픔을 관리하는 데 사용하는 주된 메커니즘이다. 사랑하는 사람을 잃었다는 사실 자체를 부정함으로써 그 사건이 전혀 일어나지 않은 것처럼 그 사건을 여과하고 상실감을 일축하는 것이다.

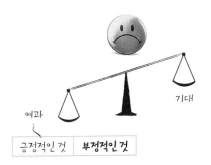

기대

여과

긍정적인 것 | 부정적인 것

여과 기능이 극단까지 치우치면 오히려 집중하는 능력이 우리에게 불리하게 작용한다. 간혹 우리는 자신을 불행하게 만드는 것에 집착하며, 마음 상태를 바꿔줄 수 있는 긍정적인 신호들을 오히려 여과한다. 이렇게 하면, 우리가 불행할 수밖에 없는 이유를 확인해주는 신호들이 더욱더 유입된다. 이런 식으로 당신이 진실을 걸러내면 당신의 행복 방정식에 입력되는 변수들은 왜곡될 수밖에 없다. 결국 당신이 고통받는 이유는 당신이 기대하는 것을 삶이 주지 않기 때문이 아니라, 삶이 당신에게 실제로 주는 것을 당신이 정확히 인지하지 못하기 때문이다.

우리가 실제로 얼마나 많은 것을 여과하는지 계량적으로 계산하면, 그 결과에 놀라지 않는 사람이 없을 것이다. 우리가 받아들이는 것보다, 우리가 여과해내는 것이 항상 훨씬 더 많다. 직접 시험해보자. 이 책을 잠깐 덮고, 주변을 둘러보라. 이 책을 집중해 읽는 동안 당신이 놓쳤던 것, 즉 당신이 여과한 것들을 하나씩 꼼꼼하게 따져보라. 당신의 눈에 들어오기 시작하는 물건이 몇 개나 되는가? 또 당신이 여과 기능을 중단할 때까지 대략 넘겼던 색깔과 냄새와 소리는 어떻게 되는가? 당신 눈에 다시 들어오는 진실의 부분이 얼마나 되는지 계산해보면 여과 기능의 역할을 깨닫게 될 것이다.

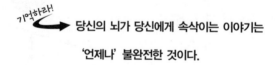

기억하라! 당신의 뇌가 당신에게 속삭이는 이야기는 '언제나' 불완전한 것이다.

추정(Assumption)

뇌가 결정을 내리려면 논리 정연하고 명료한 정보가 필요하다. 따라서 뇌는 진실의 대부분을 걸러낸 다음에는 빠졌을 법한 정보를 추정한다. 철자가 틀린 단어를 읽어내는 뇌의 능력이 추정의 대표적인 증거다.

```
.t's n-t h-rd f-r th- br--n t-
-ss-m- th- m-ss-ng v--ls -nd
r--d th-s s-nt-nc-
```

한편, 추정은 물리적인 차원인 시각적 인식에서도 진실을 왜곡한다. 내가 여기에서 사용하는 '맹점(blind spot)'이란 용어는 중요한 뭔가를 제대로 알아내지 못한 경우에 주로 사용되는 표현이다. 그러나 해부학적 용어에서 맹점은 시야의 일부로, 망막에 시신경과 연결되는 세포가 없어 우리가 실제로 아무것도 볼 수 없는 곳이다. 이를테면, 빛을 감지하는 세포가 없기 때문에 시계의 일부가 지각되지 않는다. 따라서 우리 뇌에 추정하는 능력이 없다면 우리 눈에 그곳은 검은 점으로 보일 것이다. 우리 뇌는 다른 눈을 통해 얻은 정보와 주변 상황을 고려해 맹점을 채운다. 따라서 맹점은 개연성이 높은 이미지로 대체된다. 그 결과로 얻은 그림은 완벽해 보이지만, 그 일부가 뇌에 의해 형성된 것이기 때문에 완전히 진실한 것은 아니다.

빠진 부분을 추정하려는 시도는 선의일 수 있지만, 뇌의 기대치에 부응하려고 우리 눈에 실제로 보이는 것까지 바꾸려 한다면 추정의 지나친 간섭일 수 있다. 매사추세츠 공과대학교의 인지과학자 에드워드 아델슨이 체스판 이미지를 이용해 우리 뇌가 작동하는 방법을 입증한 실험은 무척 유명하다. 아래 그림에서 정사각형 A와 B 중 어느 쪽이 더 어두운가? 답은 자명하다. 분명히 A가 B보다 더 어둡다.

그러나 이 대답은 잘못된 것이다! 문제의 정사각형들이 희미해진 걸 제외하면 모든 면에서 똑같은 이미지를 생각해보자(위의 그림처럼 원통으로 빛을 가리면 체스판의 부분들이 희미해진다). 이번에는 어느 쪽이 더 어두운가? 원기둥의 그림자 때문에 흰 사각형 B가 어둡게 되고, 그 결과는 빛이 잘 드는 사각형 A의 실제 음영과 엇비슷하다. 그러나 우리는 체스판의 패턴에 익숙하기 때문에, 우리 뇌는 B에 드리워진 그림자가 '반드시' 어느 정도일 것이라 추정하고, 그 추정을 당신이 결국 실제로 보게 되는 음영이라고 판단한다.

　뇌의 이런 추정 기능에서 가장 믿기지 않는 부분이라면, 두 사각형이 정확히 똑같은 정도로 어둡다는 진실을 우리가 알게 되는 순간, 첫 그림을 다시 보더라도 우리의 완고한 뇌는 여전히 진실이 아닌 이미지를 '추정'한다는 것이다. 직접 시험해보라!

　시야의 추정이란 개념을 이번에는 일반적인 생각에 적용해보자. 그럼 우리가 하루 종일 추정하며 살아간다는 걸 어렵지 않게 깨닫게 될 것이다. 남자가 여자보다 강하고, 잿빛 머리카락은 지혜의 상징이며, 부자는 성공을 뜻한다고 추정한다. 그럼 피부색은……. 이 문제에 대해 말하기 시작하면 끝이 없으니 아예 시작도 하지 말자. 우리는 항상 이처럼 편향된 추정에 사로잡혀 지낸다.

　현대 사회에서는 추정이 폭발적으로 증가하며, 현실에 대한 우리 인식을 비정상적으로 왜곡한다. 요즘 세상에서 호랑이는 더는 위협이 될 만한 요소가 아니다. 비열한 동료, 외도하는 연인, 경제 위기 등이 우리를 위협한다. 우리를 위협하는 사건들이 지극히 복잡한 까닭에 사건과 관련된 복잡한 내용을 완벽하게 파악한다는 것은 불가능하다. 그런 복잡한 시나리오에서 우리가 빈칸을 채우면, 사건은 진실의 상당한 부분이 편집된 정교한 이야기로 변한다. 이를테면, 당신 뇌에 "우리 팀장은 지난 사분기에 목표를 달성하지 못했다"라는 현실이 주어진다면, 당신은 팀장이 지금 심한 압박감에 시달릴 것이므로 당신이 성공하면 새로운 팀장으로 승진할지 모른다는 두려움도 있으리라 추정할 것이다. 더 나아가 당신은 팀장이 당신에게 못된 짓을 할 것이라 추정하고, 급기야 아무런 근거도 없이 팀장이 당신의 성공을 방해한다고도 추정할 것이다. 결국 당신은 팀장을 적으로 추정하고, 그런 추정에 걸맞게 행동할 것이다.

그러나 당신이 한층 긍정적인 사고방식을 지니고 있다면, "우리 팀장은 지난 사분기에 목표를 달성하지 못했다"라는 똑같은 사실로 완전히 다른 이야기를 꾸밀 것이다. 예를 들면, 당신은 이번 분기에는 팀이 반드시 성공해야 한다고 추정할 것이고, 더 나아가 팀장이 당신의 성공을 위해 최선을 다할 것이라고 추정할 것이다. 따라서 당신은 팀장을 협력자로 추정하고, 그런 추정에 걸맞게 행동할 것이다.

양쪽 모두 그럴듯한 시나리오지만, 어느 쪽도 확실한 진실은 아니다. 더 많은 객관적 사실을 확보함으로써 검증해야 할 추정에 지나지 않는다.

이와 유사한 사건이 날마다 헤아릴 수 없이 일어난다. 따라서 우리 뇌는 뒤처지지 않으려고 더욱 빈번하고 더욱 신속하게 추정한다. 그 결과로, 사실보다 추정이 더 큰 부분을 차지하는 이야기들이 꾸며진다.

우리 뇌는 부정적 성향을 띠며 우리 생존을 우선시하도록 설계됐기 때문에, 안타깝게도 우리를 슬픔이나 걱정에 몰아넣는 부정적인

이야기를 꾸미는 경우가 많다. 하지만 그런 이야기들은 진실이 아니다! 왜냐하면,

기억하라! ➡ 추정은 뇌가 지어낸 이야기에 불과하다. 추정은 진실이 아니다!

예측 (Prediction)

우리 뇌는 추정하며 빈칸을 채운다. 그런데 가장 큰 빈칸은 무엇일까? 우리는 미래에 어떤 일이 일어날지 전혀 모른다. 미래는 수많은 방향으로 움직일 수 있다. 미래는 어떤 부분도 확실하지 않지만, 미래의 불확실성 때문에 우리 뇌가 멈추지는 않는다. 우리는 뻔뻔스럽게 빈칸을 채운다.

우리 뇌는 과거와 현재에서 둘 이상의 자료를 선택해 연결함으로써 일종의 추세를 설정한 후, 순전히 추론에 근거해 미래의 시나리오를 허구적으로 지어낸다. 예를 들어, 당신의 절친한 친구가 남자 친구에게 배신을 당하면, 또 아침 드라마의 남자 주인공이 '그의' 여자 친구를 속이고 바람을 피우면, 당신의 뇌는 두 사건을 연결해 일종의 추세를 설정한다. 즉 '모든' 남자는 바람둥이라고 섣불리 결론짓는다. 따라서 당신의 뇌는 이런 추세를 기반으로 추론하며, '당신의' 남자 친구도 틀림없이 바람을 피울 것이라고 예측한다. 그러고는 당신의 예측 엔진은 그럴듯한 이야기를 꾸미기 시작한다. 예를 들면, 지난주에 남자 친구가 당신의 이웃에게 "안녕!"이라고 인사하던 장면이 기억에 떠오른다. 그런데 그 이웃은 1년 전에 남

자 친구에게 추파를 던진 그 여자였다. 나쁜 놈! 당신은 앞으로 어떤 상황이 닥칠지 훤히 내다본다. 게다가 당신의 예측이 의심할 여지없이 진실일 것이라고 생각하며, 그 이야기가 어떻게 끝날지도 예측한다. 그런데 그 예측이 정확한 것일까? 전혀 그렇지 않다. 그러나 적어도 그 이야기는 완결된다. 그때부터 그 이야기는 더욱더 흥미진진해진다.

남자 친구가 바람을 피울 거라고 예측함과 동시에 당신은 남자 친구가 이미 바람을 피운 것처럼, 또는 금방이라도 바람을 피울 것처럼 행동하기 시작한다. 남자 친구가 실제로 바람을 피우면 당신은 뇌에게 이렇게 말한다. "봤지? 내가 말했잖아. 이런 일이 틀림없이 터질 거라고. 내 예측이 그대로 실현됐어!" 하지만 예측에 불과했던 것일까, 아니면 오히려 남자 친구가 정말 바람을 피우는 원인이 됐을까? 우리가 아무런 근거도 없이 미래를 두려워함으로써 실제로 그런 현실이 빚어진 경우가 얼마나 많은가? 물론 정확히 계량적으로 말할 수는 없을 것이다.

하지만 분명히 이렇게 말할 수는 있다.

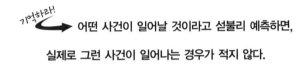

기억하라! ➔ 어떤 사건이 일어날 것이라고 섣불리 예측하면,

실제로 그런 사건이 일어나는 경우가 적지 않다.

우리는 쉴 새 없이 추론하고 예상하고 예측한다. 예상에 따라 행동이 달라지므로 우리 행동이 예측과 맞아떨어지는 경우가 많다. 이런 일치가 잦아질수록 우리는 예측이 곧 진실이라고 믿기 시작하는 경향을 띤다. 따라서 우리의 영리한 뇌는 예측을 일어날 수도 있고 그렇지 않을 수도 있는 미래의 가능한 시나리오로 받아들이지 않는다. 오히려 미래의 시나리오는 우리가 현재의 사건을 평가할 때 반드시 고려해야 할 사실이 된다. 따라서 희망을 바라는 우리 희망은 창밖으로 멀어진다.

그러나 분명히 말하지만,

기억하라! ➔ 예측은 뇌가 가공하는 미래의 가능성에 불과하다.

예측은 아직 일어난 사건이 아니다. 따라서 예측은 진실이 아니다!

기억(Memory)

우리 뇌는 과거를 되돌아보며, 현재 사건에 대한 인식과 과거의 기억을 뒤섞는다. 예를 들어, 직장에서 어떤 업무가 제대로 진행되지 않으면 우리가 과거에도 그 일을 시도했지만 실패했기 때문일 것이라 추정한다. 이런 편견은 어디에서 오는 것일까? 과거에 그 일을 시도할 때의 환경은 지금과 무척 달랐을 것이라는 가능성을 무시한 때문이다. 과거에 힘들었다는 기억으로 현재 상황을 덮어버리기 때문에, 현재 상황이라는 현실에 근거하지 않는 결정이 내려진다.

우리 모두가 현재와 과거를 뒤섞는다. 개인적인 삶에서 예를 들면, 우리는 비슷하게 생긴 사람에 대한 기억을 근거로 생전 처음 만나는 사람의 인상을 결정짓는다. 우리는 현재 상황에 과거의 기억을 뒤섞으며, 과거에 받은 영향이 더해진 의견을 제시한다.

만약 당신이 1리터의 순수한 물에 잉크 한 방울을 섞으면, 그 결과가 아무리 묽더라도 결코 순수한 물은 아니다. 기억은 이런 잉크 방울과 같은 것이다. 기억을 현재 상황에 뒤섞으면 더 친숙하고 더 풍요로운 증강된 이야기를 만들어낼 수 있지만, 더는 순전히 진실로만 이루어진 이야기가 아니다. 게다가 이런 뒤섞기는 점점 심화되고, 그 결과는 진실에서 더욱 멀어진다.

오염 물질, 예를 들어 바이러스를 1리터의 순수한 물에 떨어뜨린다면, 당신이 직면하는 위험도 어느 정도 오염된 것이기 마련이다. 그러나 당신이 오염된 물을 수원지에 부으면, 수원지의 물 한 방울 한 방울이 전부 오염되는 데는 오랜 시간이 걸릴 것이라고 위안을 얻을 수 있다. 안타깝지만, 이런 바람은 우리가 현재 상황에 과거의 기억을 뒤섞으며 원하는 것이기도 하다.

우리는 기억을 과거 사건의 보관소로 생각한다. 물론 과거의 사건은 실제로 일어난 사건이지만, 기억은 우리가 실제로 일어났다고 '생각' 하는 사건에 대한 기록일 뿐이다. 우리 생각은 우리 뇌의 맹점 때문에 항상 왜곡되기 때문에 진실이 '아닌' 경우가 많다. 그런데도 우리는 현재의 사건이라는 순수한 현실에 과거의 기억을 덧붙이며 이야기를 꾸민다. 과거의 기억 자체가 부정확할 수 있기 때문에 이런 뒤섞기는 위험하기 짝이 없지만, 우리는 뒤섞은 결과를 진실로 여긴다.

당신이 여자 친구와 함께 처음으로 멋진 여행지를 방문했지만 결국 말다툼을 하고 헤어졌다고 해보자. 그럼 그 여행지는 당신의 기억에 슬픈 곳으로 기록돼 있을 것이다. 따라서 당신이 그곳을 다시 방문하면, 그곳에 대한 당신의 인식이 그때의 기억으로 오염돼 있는 까닭에 그곳에 대한 당신의 평가도 슬픈 곳이라는 편견에 영향을 받게 된다. 그때의 기억이 오염된 1리터의 물인 셈이다. 게다가 상황은 더욱 악화된다. 현재의 상황에 과거의 슬픈 기억이 더해진 새로운 경험이 다시 슬픈 기억으로 기억되고 새로운 이야기를 만들어낸다. 과거와 현재를 뒤섞는 순환이 반복될 때마다 당신의 인식에서 오차 한계는 더욱더 커진다. 이 끝없는 순환 고리는 당신의 인식을 점진적으로 망가뜨리고, 결국 당신은 진실에서 점점 멀어진다.

현실에 대한 당신의 인식을 과거의 기억으로 더럽히지 마라!

기억하라! ➤ 당신의 기억은 당신이 일어났다고 생각하는
사건에 대한 기록에 불과하다.
게다가 기억은 진실이 아닌 경우가 많다!

분류(Label)

기억은 과거의 사건들을 진실에 덧붙인다. 분류도 과거에 기초한 것
이지만, 그 영향력은 기억보다 훨씬 더 강력하다. 분류는 관련된 특
정한 사건을 기억하지 않고, 단순한 꼬리표의 형식을 띤다. 우리 뇌
는 무엇이든 판단하고 분류하며, 맥락과 세부 사항을 배제한 채 그런
분석의 결과를 간략히 부호화한다. 우리 뇌는 이런 분류를 활용해 신
속히 결정 내릴 수 있지만, 그 대가로 정확성을 희생한다.

　턱수염을 덥수룩이 기른 중동 남자는 자동적으로 테러리스트로
분류된다. 비가 추적추적 내리는 우중충한 날은 우울한 날로 분류되
고, 이국적으로 보이는 자동차는 무척 빠를 것이라고 분류된다. 이런
분류는 반복된 연상의 결과다. 이를테면, 당신이 자주 시청하는 텔레
비전 뉴스의 앵커가 불안한 어조로 '테러리스트'라는 단어를 언급할
때마다 특정한 모습의 사람들이 화면에 등장한다면, 당신의 뇌는 그
런 모습의 사람과 테러리스트를 자연스레 관련짓는다. 이런 분류 덕
분에 우리 뇌는 신속하게 판단할 수 있다. 달리 말하면, 분석과 연상
을 처음부터 끝까지 다시 반복할 필요 없이 데이터베이스에 단번에
접속해 기존의 분류에 근거해 순식간에 결정을 내린다.

　당신은 분류라는 방식으로 얼마나 많은 판단을 내리고 있는가?

이 의문을 풀고 싶다면 늘 사람으로 붐비는 곳에 있게 될 때 주변을 둘러보면 답을 어렵지 않게 구할 수 있다. 당신 자신도 모르게 '저 여자는 키가 작군', '저 남자는 무섭게 생겼어', '오늘 날씨가 정말 화창한데', '저건 너무 비싸', '이건 정말 싸네'라고 생각하고 있을 것이다. 이처럼 우리는 사물이나 사람을 '칭찬'이나 '비판' 중 하나로 성급히 분류하며, 이런 분류는 우리가 더 자세히 관찰하고 진실에 접근하는 걸 방해한다.

분류는 원숭이조차 해낼 정도로 무척 본능적인 행위다. 커다란 우리에 여러 마리의 원숭이를 가두고, 사다리 꼭대기에 바나나 한 송이를 매달아놓은 유명한 실험이 있었다. 한 원숭이가 바나나를 보고 사다리를 올라가기 시작하자, 연구원은 그 원숭이에게 스프레이로 찬물을 뿌렸다. 곧이어 연구원은 다른 원숭이들에게도 빠짐없이 찬물을 뿌렸다. 사다리에 올라간 원숭이는 당연히 비명을 질렀고, 바닥에 앉아 있던 원숭이들도 아무런 잘못도 없이 찬물 세례를 받아 추위에 떨며 몹시 못마땅해 하는 반응을 보였다. 하지만 바나나의 유혹을 견디지 못하고 한 원숭이가 다시 사다리를 오르기 시작했다. 이번에도 연구원은 모든 원숭이에게 찬물을 뿌렸다. 원숭이들이 교훈을 터득하는 데는 오랜 시간이 걸리지 않았다. 따라서 대담한 원숭이가 사다리에 접근하면 다른 원숭이들이 찬물 세례를 피하려고 황급히 녀석을 끌어당겼고 심지어 때리기도 했다. 이 원숭이들은 사다리에 오르는 행위를 불쾌한 경험과 관련지으며 꼬리표를 붙인 것이었다. 찬물을 뿌리는 벌이 중단된 후에도 원숭이들은 바나나를 가지려고 하지 않았다. 그 녀석들에게 '사다리=찬물'이라는 연상이 뚜렷이 성립됐기 때문이다. 결국 바나나를 먹는 즐거움, 즉 현실의 재밌는 부분을 감춘 분류 때문에 그 원숭이들은 바나나와 관련된 즐거움을 즐기지 못했다.

분류는 정교한 분석을 방해하고, 그 때문에 우리는 상황의 변화에도 적절하게 반응하지 못한다. 사다리가 찬물을 불렀을 때에는 사다리를 피하는 게 이치에 맞지만, 상황이 달라진 후에는 그 분류가 원숭이들을 쓸데없이 굶주리게 했을 뿐이다.

문화적 배경과 나이대 등 수많은 변수에 따라 분류가 다르기 때문에 우리는 현실의 많은 부분을 제대로 파악하지 못한다. 예를 들어 서구 사회에서는 날씬하고 피부를 가볍게 태운 여성은 부자라고 추정되고, 따라서 부자로 분류된다. 이런 특징들은 그녀가 자신의 몸을 가꾸며 햇살을 여유롭게 즐길 시간이 있음을 뜻한다. 반면에 아프리카의 많은 지역에서 부유한 여성은 상대적으로 풍만한 몸과 옅은 피부색을 선호하는 경향을 띤다. 따라서 그런 특징은 먹을 것이 풍부하고 따가운 햇살 아래에서 힘들게 일할 필요가 없다는 뜻이다. 아프리카에서 호리호리하고 피부가 검게 탄 여성은 가난한 사람으로 분류되기 십상이다.

진실에 접근하려는 우리 능력을 억제하는 것은 행복을 구하려는 우리 능력도 예외 없이 억제한다. 우리가 사건을 분류하는 순간, 사건은 기껏해야 근사치에 접근할 뿐이다. 달리 말하면, 분류는 진실을 제대로 반영하지 못하는 성급한 판단이다. 행복 방정식에 잘못된 항목이 입력되면, 우리는 행복 방정식을 올바로 풀 수 없고, 따라서 심리적 고통을 감수해야 한다. 그 밖에도 분류는 삶을 소수의 색깔과 명칭으로 제한하지만 실제로 현실 세계는 거의 무한한 가능성을 지니기 때문에, 충만한 삶을 사는 즐거움을 빼앗는다. 결국 분류는 삶이 제공하는 풍요로움을 약화시킨다.

분류는 알리가 가장 싫어한 맹점이었던 까닭에 개인적으로 나는 맹점에 대해 상당히 깊이 알고 있다. 대학 입학을 위한 에세이에, 알리는 멋진 레게머리를 한 10대 소년으로서 동양과 서양을 오가며 여행할 때 받은 고통에 대해 썼다. 서양에서는 이름과 민족과 종교를 기반으로 분류된 반면, 동양에서는 레게머리라는 문화적으로 용인되지 않는 외모로 분류됐다. 알리는 "그들이 내 민족과 레게머리를 완전히 이해하지 않고서 내가 누구인지에 대한 진실을 어떻게 알 수 있겠는가?"라고 되물었다. 하지만 다른 사람들의 분류에 알리의 본성은 달라지지 않았다. 알리가 열네 살이었을 때였다. 알리가 깊이 사랑한 여자아이가 있었다. 그런데 그 여자아이의 아버지가 알리에게 동양 출신이라는 이유로 딸을 가까이하지 않았으면 좋겠다고 부탁했다. 정직하게도 알리는 그 여자아이에게 전화도 하지 않고 문자도 하지 않았다. 무려 18개월 이상을! 그런 성실한 태도에 감동한 그 아버지는 알리를 성급히 분류했다는 걸 깨달았고, 결국 생각을 바꿔 딸과 알리의 교제를 허락했다. 알리는 남들에게 어떻게 분류되든 신경 쓰지 않고 항상 자신에게 충실하고 정직하게 살았다. 알리가 세상을 떠났을 때 그의 영어 선생은 자신의 블로그에 알리를 "자기만의 리듬을 당당하게 따랐던 소년"이라고 표현했다. 한편, 내 기억에 알리는 진실에 접근하는 수많은 방법을 나에게 가르쳐준 아들이었다. 그중 가장 중요한 것을 꼽으라면,

감정(Emotion)

감정이 우리를 인간답게 만들지만, 감정과 논리가 뒤섞이면 우리 판단이 흐트러진다. 대부분의 결정은 논리에 근거하는 것이 이상적이지만, 우리 행동은 감정에 휘둘리는 경우가 많다. 우리는 야망과 사랑과 욕망 때문에 열심히 일한다. 한편, 두려움이나 수줍음 때문에 몸을 감춘다. 겉으로는 냉정하게 보이는 정치인과 경영자의 행동도 자존심과 불안과 두려움이라는 감정에 영향을 받는 경우가 비일비재하다. 감정은 인간의 생존 기계(survival machine)에서 핵심적인 요소기 때문에 감정은 언제나 존재한다.

혈거인의 시대에 인간에게 공포의 대상이던 호랑이가 지금도 눈앞에 나타나면, 우리는 극단적인 공포, 즉 극심한 두려움에 휩싸일 것이다. 우리 뇌는 완전히 경계 태세에 돌입하며 소리를 지를 시간도 없다는 걸 깨닫게 된다. 따라서 정상적인 사고 과정을 중단하며, 모든 물리적 자원을 당면한 상황에 집중할 것이다. 온몸에서 아드레날린이 샘솟는다. 이때 기적이 일어난다. 획! 위험을 피해 전력으로 달아나거나, 호랑이에게 달려들어 단칼에 목에 구멍을 낸다. 이런 초능력을 끌어내려면 일단 감정이 우리를 휘감아야 한다.

오늘날에는 물리적인 위협이 거의 사라졌지만, 우리 뇌는 여전히 한가롭게 앉아 지내지 않는다. 지금도 우리 뇌는 가상의 위협에 부지런히 감정을 끌어낸다. 혈거인의 마음을 불안하게 하지 않았을 사건들이 지금 우리의 정서적 행복에서 중심에 있는 듯하다. 만약 우리가 혈거인을 만나 '소득'을 어디에서 얻느냐고 물으면, 혈거인은 어리 둥절한 표정을 지으며 "내일, 우리는 사냥을 나갑니다"라고 대답할 것이다. 그런데 아무것도 잡지 못하면 어떻게 합니까? "그럼 다음 날 또 사냥을 나갑니다." 당신이 늙어 더는 사냥할 수 없는 나이가 되면 어떻게 됩니까? "부족들이 사냥을 나갑니다." 당신 개인의 건강보 험, 자녀들의 교육비, 은퇴 계획은 어떻게 됩니까? "무슨 말씀이신 지???"

요즘과 과거의 생활 방식을 비교해보면, 요즘의 삶에 스트레스가 많은 이유를 쉽게 이해할 수 있을 것이다. 과거에 삶의 환경은 더 가 혹했지만 훨씬 더 단순했다. 그 이유는 우리 조상의 감정이 동물계의 규범과 더 조화롭게 맞아떨어졌기 때문인 듯하다. 영양은 우리와 마 찬가지로 두려움을 느낀다. 따라서 호랑이가 임박한 위험이 되면 영 양은 곧바로 평정심을 잃고 두려움과 공포에 사로잡힌다. 영양의 심 장은 평소보다 더욱 빠르게 박동하기 시작하고, 쏜살같이 달아나는 경이로운 반응을 보인다. 도망치고 뒤쫓는 추격전에서 영양은 갑자 기 방향을 크게 틀거나 협곡을 들락거리며 무시무시한 호랑이를 따 돌리려 애쓴다. 그렇게 몇 분이 지나면 영양은 그럭저럭 위험에서 벗 어나고, 곧이어 평정을 되찾는다. 그리고는 걸음을 멈추고, 아무 일 도 없었던 것처럼 풀을 뜯기 시작한다. 한편, 호랑이는 먹잇감이 멀 리 달아나면 그 먹잇감에 집착하지 않는다. 왜 영양만큼 재빠르게 왼 쪽으로 방향을 꺾지 못했냐며 자책하지 않는다. 다른 호랑이들 앞에 서 부끄러워하지도 않는다. 먹잇감이 달아나면, 호랑이도 다시 평정한 상태로 돌아와 차분히 자리 잡고 앉는다. 파리들이 얼굴에 내려앉아도 신경 쓰지 않는다.

우리 현대인은 다른 식으로 행동한다. 우리는 자주 이런저런 감정에 휩싸인다. 때로는 서로 모순되는 서너 개의 감정이 동시에 밀려오기도 한다. 이런 감정들은 대체로 우리를 불행한 상태에 몰아넣지만, 이상하게도 우리는 이런 감정을 간혹 평생 끌어안고 살아간다. 그렇다고 우리가 이런 감정들에 영향을 받는다고 항상 인정하는 것은 아니다.

우리 마음에 감정이 끝없이 밀려온다는 사실에서, 우리가 생각만큼 이성적인 존재인가에 대한 의문이 제기된다. 플라톤의 대화에서, 파이드로스는 이성을 '말의 격분한 감정을 적절히 다스리는 마부'에 비유했다. 감정을 불신하며 이성적 합리성을 숭배하는 문화를 구축한 서구인의 성향을 반영하는 비유다. 우리는 특히 직업적 관계에서 논리를 중시하고 감정을 억누르라고, 감정이 솟구쳐 올라도 감정을 감춰야 한다고 배웠다. 하지만 얄궂게도 우리는 여전히 감정의 지배를 받는다. 우리는 무엇보다 감정에 휩쓸려 결정을 내리고, 그런 결정을 뒷받침하는 온갖 자료를 수집한다는 현실을 은폐한 채 살아간다. 만약 어떤 텔레비전을 정말 구입하고 싶다면, 우리는 그 텔레비전이 정말 싸다고 성급히 결정 내린 후에 그 결정을 뒷받침할 이유를 찾기 시작한다. 제시된 거래 조건의 유리한 면을 보려고 애쓰지만 불리한 점은 간과하는 경향을 띤다. 따라서 결국에는 그 텔레비전을 안고 집으로 돌아온다. 정반대의 경우도 마찬가지다. 예를 들어, 당신이 어떤 정당에 속해 있다면 경쟁 관계에 있는 정당의 후보가 연설하기도 전에 그 연설을 폄하하기로 결정을 내린다. 그 후보가 연설을 시작하면, 당신은 그 연설이 마음에 들지 않는 증거를 수집한다. 이 모든 것을 고려하면 우리가 감정의 지배를 받는 건 부인할 수 없는 사실이다. 이제라도 이 단순한 진실을 인정해야 감정을 다스림으로써 우리가 진정으로 원하는 곳을 향해 갈 수 있지 않겠는가!

기억하라! ➜ **우리는 생각만큼 합리적인 존재가 아니다.**
따라서 진실에 대한 우리의 인식이 비합리적인 감정에 의해
뒤틀리는 경우가 많다.

과장(Exaggeration)

우리 뇌의 엄청난 고집에 대해서는 경의를 표해야 마땅하다. 우리 뇌의 가장 확고한 원칙은 '아무리 조심해도 지나치지 않다!' 라는 것이다. 따라서 우리 뇌는 조치를 취하라고 우리를 설득하는 것으로는 만족하지 않고, 인식을 과장하며 우리 관심을 끌어당긴다.

이런 과장은 효과를 발휘하며 우리를 완전히 사로잡는다. 과장의 효과는 인간에게만 적용되는 것이 아니다. 지상의 모든 생명체에 그대로 적용된다. 실험실 쥐에게 직사각형과 정사각형을 구분하게 하기는 그다지 어렵지 않다. 직사각형을 선택할 때마다 쥐에게 치즈 조각을 주면 그것으로 충분하다. 연상으로 행동이 강화되면, 오랜 시간이 지나지 않아 실험실 쥐는 매번 직사각형을 선택한다. 실험실 쥐에게 이런 선호성이 형성되면, 그 순간부터 '정점 이동(peak shift)' 이라는 특징이 눈에 띄기 시작한다. 이 실험을 예로 들어 설명하면, 더 길쭉하게 '과장된' 직사각형에 대한 선호성이 주목된다. 결국 실험실 쥐가 특정한 직사각형을 인지하는 법을 배운 게 아니라, 직사각형의 특징을 배웠다는 뜻이다. 따라서 모양이 길쭉한 네모꼴을 띨수록 쥐의 관심을 더 끌었다. 실험실 쥐는 기준에서 가장 일탈한 형태, 즉 가장 과장된 직사각형에 가장 격렬한 반응을 보였다.[10]

이것으로 암컷 공작이 긴 꼬리를 가진 수컷을 더 좋아하고, 가장 강한 수컷 사자와 고릴라가 암컷을 독차지하는 이유가 설명되는 듯하다. 당연한 말이겠지만, 정점 이동은 인간에게 더욱더 확실히 적용된다. 여성은 후손을 위해 최상의 아버지를 확보하려고 좋은 유전자와 안정성을 겸비한 짝을 구하려 애쓴다. 따라서 여성은 외관상 좋은 유전자를 뜻하는 강인해 보이는 육체에 끌리지만, 화려한 이력과 성공, 재산에도 유혹을 느낀다. 이런 요소들이 과장되고 부풀려질수록 여성을 끌어당기는 힘은 강해진다. 성공 여부가 재산의 크기로 판단되는 이유도 여기에 있다. 한편, 남성은 생식력을 뜻하는 균형 잡힌 몸을 지닌 여성에게 끌린다. 물론 남성은 더 큰 것에도 매료된다. 내가 무슨 말을 하는지 눈치챈 사람도 있을 것이다. 성형외과가 눈부시게 성공한 이유도 여기에 있다.

그러나 이런 과장들은 과장된 것일 뿐, 어느 것도 진정한 특징은 아니다. 과장은 겉으로 부풀려진 모습에 불과하기 때문에 진정한 부나 생식력이 수반되지 않을 수 있다. 과장은 우리를 속이고 기만한다. 하지만 부정적인 것이 과장되면 심리적 고통으로 이어진다는 점이 더더욱 중요하다.

부정적인 사건이 과장되면, 그 사건이 통계적으로 우리에게 해를 끼칠 가능성이 거의 없음에도 우리는 걱정에 사로잡힌다. 항공기 추락, 상어의 공격, 테러가 우리 마음을 온통 차지하지만, 실제로 날마다 수많은 사람을 죽이는 일상적인 위험은 간과한 채 지나간다. 노벨 경제학상을 받은 프린스턴대학교의 대니얼 카너먼 교수는 이런 현상을 '가용성 어림법(availability heuristic)'이라 칭했다. 예를 들어, 위험이 확증된 어떤 사건에 대해 생각하면 당신(당신의 뇌)은 자연스레 그 개연성을 과장한다며 카너먼은 "당신이 도로에서 자동차가 전복되는 걸 보고 난 이후에는 어떤 이유로든 (당신의 마음속에서는) 사고의 확률이 높아진다"라고 말했다.[11]

반면에, 과장되지 않은 사건은 진짜 중요해도 무시된다. 언론에서 거의 다루지 않는 사건이 대표적인 예다. 오리건대학교의 심리학자 폴 슬로빅은 "9·11 테러로 하루에 3,000명이 목숨을 잃었다. 하지만 1994년 르완다에서는 약 100일 동안 80만 명이 살해됐다. 100일 동안 하루에 8,000명씩 살해된 셈이다. 하지만 세상은 이 사건에 아무런 반응도 보이지 않았다."라고 말했다.[12]

뇌는 우리 관심을 끌려고 과장된 견해를 우리 머릿속에 전달하고, 정점 이동과 가용성 어림법까지 활용한다. 뇌가 우리 관심을 사로잡는 데 성공하면, 그 대가로 우리는 쓸데없이 심리적 고통에 시달려야 한다. 우리는 친구의 말에 지나치게 많은 뜻을 부여하며, 실직의 위협을 과장하고 걱정과 두려움을 부풀린다. 그렇잖아도 시끌벅적한 현대 세계에서 과장은 극단으로 치우치며, 우리 뇌가 진실로 제시한 것을 크게 부풀린다.

과장은 어떤 형태를 띠더라도 우리 기대를 터무니없이 드높이며, 삶에 대한 우리 만족을 여지없이 무너뜨린다. 지금 우리가 지극히 안정된 삶을 살고 있는 경우에도 다를 게 없다. 과장된 견해는 우리를 불행하게 만들 수밖에 없다. 과장된 견해는 정확한 것이 아니라는 게 더 큰 문제다. 과장은 현실에 허구라는 껍데기를 덧씌운 것이다. 따라서 과장은 거짓말이다.

기억하라! ➡️ **진실에 뭔가가 덧붙은 것이나, 진실에서 뭔가가 빠진 것이나, 진실이 아니라는 점에서는 똑같다.**

맺음말

형법에서 피고인은 유죄로 확정판결을 받을 때까지 무죄로 추정된다. 한편, **'뇌의 법'에서 우리 뇌는 무죄로 확정받을 때까지 유죄로 추정한다!**

하버드대학교의 긍정심리학자 숀 아처는 테드 강연에서 "우리가 찾아낸 결론은 다음과 같습니다. 우리를 형성하는 것이 꼭 현실 자체는 아니라는 겁니다. 오히려 우리의 현실을 형성하는 것은 우리 뇌가 세계를 바라보는 렌즈입니다. 내가 여러분의 외적인 세계에 대한 모든 것을 알고 있더라도 여러분

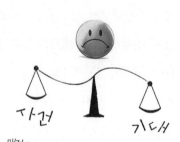

맹점으로 가득한 우리의 렌즈를 통해서 본 삶

의 장기적인 행복에 대해서는 10퍼센트밖에 예측할 수 없습니다. 나머지 90퍼센트는 외적인 세계가 아니라, 여러분의 뇌가 세상을 어떻게 처리하느냐에 따라 예측됩니다."라고 말했다.[13]

우리 행복 방정식에서 사건과 기대의 불일치는 잘못된 정보를 우리의 생각에 제공한 탓이지, 삶이 실제로 우리에게 제공하는 것의 문제는 아니다. 우리가 고려하는 사건은 왜곡되고, 우리의 기대는 부풀려진다. 방정식의 양변이 엉망진창이 된다. 하지만 잘못된 것들이 합해진다고 올바른 것이 만들어지지는 않는다. 오히려 잘못된 것이 합해지면 상황은 '더욱' 나빠질 뿐이다! 불필요한 심리적 고통만으로도 충분하다.

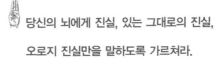

당신의 뇌에게 진실, 있는 그대로의 진실,
오로지 진실만을 말하도록 가르쳐라.

우리 뇌에서 결함을 찾아 고치자

모든 소프트웨어 프로그램이 그렇듯이, 우리 뇌도 엄격히 부호화된 일련의 명령을 따른다. 프로그램에 어떤 오류가 있으면, 그 프로그램은 운영될 때마다 똑같은 차선책을 반복해 수행한다. 프로그래밍 과정에서 힘든 부분은 오류를 찾아내는 것이다. 그러나 문제를 정확히 찾아내면 오류를 바로잡는 작업은 대체로 쉬운 편이다. 우리 뇌의 경우도 다르지 않다.

우리가 인식하는 것은 어떤 것도 완전하지 않다는 걸 기억한다면, 여과는 쉽게 찾아낼 수 있는 오류다. 여과 때문에, 새롭게 찾아내야 할 것이 언제나 더 있다. 우리 뇌가 일련의 복잡한 사건을 간략히 한 문장으로 요약하거나, 하나의 특정한 생각을 중심으로 꼬리에 꼬리를 물고 집요하게 매달린다는 걸 알고 있다면, 당연히 이렇게 물어야 한다. "뇌, 이 이야기에서 어떤 부분을 걸러낸 거야? 내가 결정을 내리기 전에 반드시 알아야 할 것이 있나?" 뇌는 도구에 불과하다. 따라서 이런 질문에 뇌는 "아 참, 내가 도구에 불과하다는 걸 너에게 말한다는 걸 깜빡 잊었네!"라고 대답할 것이다. 따라서 객관적 평가에 필요한 정도의 진실을 확보하기 위해서라도 질문을 반복해야 한다.

추정이 없는 순전한 진실을 보려면, 우리가 감각의 지각만으로 확인할 수 있는 것에 대한 분석으로 시작해야 한다. 달리 말하면, 오감으로 감지되지 않는 것은 우리가 꾸미고 있는 것이다. 추정을 쉽게 찾아내는 방법이 무엇일까? 우리 삶에서 진실한 사건은 '나는 보았다', '나는 들었다', '나는 통지를 받았다', '나는 인지했다' 등과 같은 동사로 표현되는 반면에, 우리가 꾸민 이야기는 '나는 추측한다', '나는 느낀다', '나는 가정한다', '나는 생각한다' 등과 같은 동사를 사용한다. 심지어 '나는 확신한다'라는 표현도 우리가 꾸미는 이야기에 흔히 사용된다.

이런 언어적 경각심은 기억의 오류를 찾아내는 데도 도움이 된다. 기억은 우리 머릿속에서 과거형으로 나타난다. 예를 들어, '이 방법은 한때 사용됐다', '내가 그를 알게 됐을 때', '옛날이 좋았지' 등은 과거에 근거를 둔 생각의 대표적인 사례다.

한편, 예측은 미래형과 관계가 있다. 그런데 예측이란 무엇일까? 예측은 실체가 없는 것이다. 따라서 아직 일어나지 않은 것이므로 예측은 추측에 불과하다. 그 사건이 일어날 것이라고 확신하고 또 확신하더라도 예측은 진실이 아니다.

분류는 일반적으로 '그는 멍청이', '이곳은 쓰레기장' 등과 같이 짧고 분명하며 확신에 찬 판단의 형태를 띤다. 분류는 '예쁨', '무서움', '멍청함' 등 칭찬이나 비판을 뜻하는 하나의 단어로도 나타난다. 분류는 신속한 결정을 위해 복잡한 문제를 하나의 단어로 압축하는 듯하다. 따라서 판단과 관련된 단어가 눈에 들어오면 그 판단을 면밀히 검토해야 할 것이고, 분류와 관련된 단어가 제시되면 그와 관련된 성급한 판단을 배제해야 한다.

사고 과정에서 모든 감정을 배제하는 건 가능하지도 않지만 바람직한 것도 아니다. 그러나 머릿속에서 오가는 대화를 관찰할 때는 지각에 영향을 주는 감정의 징조를 찾아내야 한다. 예를 들어, '느끼다', '사랑하다', '미워하다' 등과 같은 동사, '그녀는 골칫거리다', '그는 견디기 힘든 인간이다', '그들은 짜증스런 사람들이다' 등과 같이 감정이 깊이 개입된 문장은 감정량을 측정하는 지표다. 이런 지표를 찾아내면 진실을 분석하기가 한결 쉬워진다.

과장된 생각에는 일반화하는 경향을 띠는 포괄적인 표현, 예를 들면 '크다', '작다', '전혀', '항상' 등이 있기 마련이다. 이런 단어들이 눈에 들어오거나 귀에 들리면, 주의를 기울여야 한다. 당신의 뇌가 침소봉대하고 있다는 뜻이기 때문이다.

진실은 맹점의 방해를 받지 않기 때문에 일반적으로 건조하게 들린다. 예를 들면, "그녀는 넋을 쏙 빼놓을 정도로 아름답다"라는 감성적인 표현이 "그녀는 대칭적인 몸매, 크고 푸른 눈, 긴 머리칼, 깨끗한 피부를 지녔다"로 바뀐다. 진실이 당신의 데이트를 확실한 성공으로 이끌지는 못하더라도 행복 방정식을 해결할 때는 큰 도움이 될 수 있다.

맹점을 하나씩 따로 수정하면 우리는 크게 앞으로 나아갈 수 있다. 그러나 맹점들은 수천 년 동안 우리와 함께하던 것이어서 떼어내기가 쉽지 않을 것이다. 내 고물 자동차가 끊임없이 기계적인 문제를 일으켰듯이, 우리 뇌는 지금까지 그랬던 것처럼 앞으로도 맹점의 영향을 받을 것이다. 그 고물 자동차가 거의 격주로 고장 나자, 나는 모든 문제를 최종적으로 완전히 고칠 수 있는 마법의 수리법이 있기를 바랐다. 그런 마법의 비책이 내 자동차에는 존재하지 않았지만 우리 뇌를 위해서는 존재한다.

마법의 비책은 하나의 간단한 질문으로 요약된다. '그것은 진실인가?'

그것은 진실인가?

바이런 케이티는 《네 가지 질문: 내 삶을 바꾸는 경이로운 힘》에서 '그것은 진실인가?'라는 질문을 분석 모델의 기둥으로 삼았다. 케이티는 자아 탐구를 위한 질문법을 고안해냈고, 그 질문법을 '작업(The Work)'이라고 칭했다. 결국 '작업'은 우리가 자신에게 속삭이는 허구적 이야기를 폐기하고 그 이야기를 진실로 대체하는 시스템이다.

간단한 예로 시작해보자.

내 10대 딸은 귀찮은 골칫거리야.

그것은 진실인가? 딸이 당신에게 정말 상처를 주었는가?

아이, 참, 내 말뜻을 알잖아. 그 계집애를 상대하는 건 불가능해.

그것은 진실인가? 지금까지 당신은 딸을 그럭저럭 상대해왔는데 어떻게 불가능하다는 거지?

말이 그렇다는 거야. 계집애가 항상 예의라고는 없어.

그것은 진실인가? 정말 항상 그런가? 날마다 매 순간이 그런가?

아니, 항상 그런 것은 아니야. 하지만 계집애가 그렇게 예의가 없어서는 안 돼.

그것은 진실인가? 10대 여자아이들은 이따금 예의 없게 행동할 때가 있지 않은가? 대체 당신은 어디에서 살다 왔는가?

우리 뇌가 우리에게 속삭이는 말이 터무니없는 군소리에 불과하다는 걸 깨달을 때까지 '그것은 진실인가?'라는 질문을 필요한 만큼 끊임없이 자신에게 제기해야 한다. 우리 뇌가 어떤 사건을 사실을 토대로 서술할 때까지, 다시 말하면 진실 이외에 어떤 것도 덧붙이지 않고 이야기할 때까지 '그것은 진실인가?'라는 질문을 끊임없이 제기하라. 위의 예에서 진실은 '내 딸이 최근에 보인 무례한 행동 때문에 어떤 이유로든 화가 났다'라는 것일 수 있다. 그렇다면, 얼마나 소박한 진실인가!

이 기법을 가능한 한 자주 연습해보라. 내가 장담하는데, 연습할 만한 재료는 당신의 뇌가 끝없이 제공해줄 것이다.

진실

대부분의 경우, 우리 삶에서 유일하게 잘못된 것은 우리가 삶에 대해 생각하는 태도다. 우리가 세상을 존재하는 그대로 본다면 행복 방정식을 정확히 해결할 수 있다. 행복 방정식을 정확히 해결하는 횟수가 잦아지면, 우리가 사건들을 정확히 파악하고 기대치를 현실적으로 설정한 까닭에 삶의 사건들이 기대치를 거의 언제나 충족한다는 것도 알게 될 것이다.

그 결과로 우리는 자연스레 다음과 같은 의문을 품게 된다. 삶의 현실이 현실적인 기대치를 거의 언제나 충족한다면, 우리가 행복 방정식 때문에 걱정해야 할 이유가 어디에 있는가? '훌륭한' 질문이다.

이 질문에 대한 답은 **⑤** 에서!

당신의
현재
위치

6 7 5

큰 환상 맹점 궁극적인 진실

4부
—
궁극적인 진실

5가지 궁극적인 진실(ultimate truth)은 삶이 예측한 대로 항상 진행된다는 걸 깨닫기 위해 반드시 알아야 하는 모든 것이다. 5가지 궁극적인 진실을 깨닫게 될 때 우리는 행복 방정식을 최종적으로 완전히 풀어낼 수 있다. 삶이 어떻게 진행되기를 바라지 말고, 삶이 실제로 어떻게 진행되는지 알아야 한다. 우리가 이런 지혜를 갖춘다면 가혹하기 이를 데 없는 사건도 항상 우리 기대에 부응할 것이다. 그때 우리는 삶의 우여곡절을 충분히 예상하며 어떻게 상대해야 하는지 정확히 알기 때문에 그런 우여곡절이 더는 중요하지 않게 된다. 우리가 진실에 근거한다면 생각에 구애받지 않고, 어떤 것도 우리 행복을 방해하지 못하는, 더없이 평화로운 상태에 들어갈 수 있을 것이다. 또한 외적인 사건에 영향을 받는 행복 상태를 넘어, 영원히 환희를 누리는 상태에 들어갈 수 있을 것이다.

내가 진실이라고 주장하는 것을 과감히 내놓기 전에 분명히 해둘 것이 있다.

첫째로, 진실은 우리를 자유롭게 해준다는 것이다. 물론 이 말을 귀에 딱지가 앉을 정도로 자주 들었겠지만, 이 말은 누구도 부인할 수 없는 사실이다. 상실과 결핍과 고통, 사랑과 성장과 영감은 모두 삶의 일부이며, 우리 모두에게는 이에 대한 각자의 몫이 있다. 이런 것들은 전혀 예기치 않은 순간에 불쑥 나타나기 때문에 그런 것들이 없는 삶은 상상하기 힘들 정도다.

알리가 세상을 떠났을 때, 사랑하는 사람을 잃었다는 상실이 내 삶의 주된 화제가 됐다. 친구들은 조심스레 내게 다가와, 자신이 겪은 상실의 아픔을 들려주었다. 내가 들은 많은 이야기가 내 경우보다 훨씬 더 충격적이었다. 무수히 많은 사람이 극심한 고통을 겪고 있지만 내색하지 않은 채 우리와 어울리고 있다는 사실에 나는 놀라지 않을 수 없었다. 그런 비극을 겪지 않은 사람이 있는지 궁금할 정도였다. 알리를 묻은 이후로, 수백 명이 알리의 이웃처럼 알리의 무덤 옆을 채웠다. 알리의 무덤을 방문할 때마다, 일꾼들이 일정한 속도로 새로운 무덤을 파는 모습이 눈에 띄었고, 고인을 방문하는 가족과 친구를 볼 수 있었다. 고인의 가족과 조문객은 거의 똑같은 순서를 따른다. 죽음을 맞은 직후에는 혼란에 휩싸이지만 그 후에는 수개월 동안 깊은 슬픔에 사로잡힌다. 조문객들은 고인의 가족과 함께 눈물짓고 탄식하며, 자주 방문하고 오랫동안 머문다. 지금도 나는 간혹 알리의 무덤 옆에 조용히 앉아 주변을 관찰한다. 어느 날, 한 조문객이 미소를 짓는다. 장례가 있고 수개월이 지나면 흔히 눈에 띄는 변화다. 이때까지도 그들은 고인에게 주변 이야기를 전해주고 보고 싶다고도 말한다. 하지만 시간이 째깍째깍 흘러가면 그들의 방문이 점점 줄어들고 무덤 부근도 황량하게 변한다. 한편, 예전에 이미 황량하게 버려졌던 지역에는 새로운 무덤이 조성된다. 이런 변화를 보며, 나는 죽음조차 어느 정도 예견되는 것이 아닐까 궁금했다. 물론 죽음은 달갑지 않고 거슬리며 고통스럽고 부적절한 것이다. 그러나 죽음이 예기치 않은 뜻밖의 것이라고 누가 감히 말할 수 있을까? 죽음은 실재하는 것이며, 따라서 예상되는 것이 분명하다.

진실의 본질도 다르지 않다. 우리는 진실을 거부하며, 진실이 아니기를 바란다. 하지만 진실은 우리를 압도한다. 우리는 과거를 곱씹고 미래를 걱정하지만, 현재를 제외하고 어떤 것도 영향을 줄 수 없다. '지금'은 실재하는 시간이기 때문이다. 우리는 통제력을 유지하며 삶을 예측 가능하게 만들려고 애쓰지만, 결국 검은 백조와 나비에게 통제력을 넘겨준다. '변화'는 실재하는 것이기 때문이다. 우리는 저항하고 의심하지만 아무런 효과도 거두지 못한다. 왜냐하면,

기억하라! **진실은 어떤 경우에든 예측한 대로 정확히 일어나기 때문이다.**
거의 예측하지 않을 때도 마찬가지다.

　현실이 기대에 부응할 때 행복 방정식이 해결되기 때문에 위의 주장은 좋은 소식이 아닐 수 없다. 이때 삶은 우여곡절이 있더라도 우리를 실망시키지 않을 것이며, 마침내 우리는 마음의 평화를 얻게 된다.

　죽음을 받아들이는 생활 방식을 확립하지 못했더라면 나는 알리의 상실감을 이겨내지 못했을 것이다. 죽음을 받아들인다고? 말로 하기는 쉬워도 실천하기는 어렵다는 걸 나도 인정한다. 최고의 궁수가 되려면, 표적을 보는 것도 중요하지만 오직 표적에만 집중하는 것이 더욱더 중요하다. 여기에서 우리 표적은 진실이다. 끈질기게 진실을 추구하되, 글로리아 스타이넘의 경고를 마음에 새겨두고 있어야 한다.

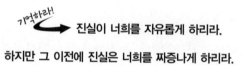

기억하라! **진실이 너희를 자유롭게 하리라.**
하지만 그 이전에 진실은 너희를 짜증나게 하리라.

　우리는 좋은 친구처럼 함께 여기까지 왔고, 이 관계가 계속 유지되기를 바란다. 따라서 내가 5가지 궁극적인 진실이라고 '주장' 하는 것에 대해 변명해보려 한다. 무언가가 궁극적인 진실은커녕 진실이라고 주장하는 것도 '지식의 환상' 과 완전히 충돌하기 때문이다. 부인할 수 없을 정도로 진실인 것은 없다. 여기에서 제시하는 5가지 궁극적인 진실은 '내가 생각하는' 진실에 불과하다. 여하튼 이 궁극적인 진실들 덕분에 나는 알리를 잃은 슬픔을 이겨냈고 환희를 되찾았다. 내가 삶의 과정에 맞닥뜨린 모든 사건은 이 진실의 렌즈를 통해 보면 예측된 것이었다. 가혹한 사건이든 유쾌한 사건이든 다르지 않았다. 많은 사건이 나에게 큰 아픔을 주었지만 대다수의 사건이 내 기대에 부응했고, 그 결과로 내 행복 방정식은 영원히 해결됐다.

내가 제시한 5가지 진실 중 일부에 대부분은 동의할 것이라 생각한다. '지금'과 '변화'와 '죽음'은 실재하는 것이 아닌가. 나머지 두 가지, 즉 '사랑'과 '원대한 설계'는 논란이 있을 수 있다. 나 자신도 사랑과 설계라는 두 진실을 오랫동안 부인했지만, 내 의견을 바꿀 수밖에 없는 논리적이고 수학적인 대답을 찾아냈다. 당신이 다른 관점에도 마음을 열고 내 논리적 전개를 읽어주기를 바랄 뿐이다. 내 논리를 읽은 후에도 여전히 동의할 수 없다면, 그렇다면 상관없다. 당신도 당신만의 진실을 추구할 수 있다. 당신이 찾아낸 진실이 환희로 가는 길을 찾기 위한 표지판 역할을 한다면, 당신이 찾아낸 진실이 무엇인가는 중요하지 않다.

진실은 (언제나) 무한한 가능성을 뜻하는 긴 줄에서 한 점에 지나지 않으며, 그 밖의 모든 점은 환상이다. 이런 이유에서 진실은 발견하기 어렵지만, 진실 여부를 판단하는 데 도움이 되는 기준이 있다. 어떤 개념이 당신에게 심리적 고통으로 이어진다면, 그 개념의 진실성을 의심해보라는 것이다. 우리는 고통받으려고 이 땅에 존재하는 게 아니다. 아리아나 허핑턴이 말했듯이, 우리가 이 땅에 존재하는 이유는 "진실한 우리 자신만이 남겨질 때까지 잘리고 깎이기 위함"이다.[1]

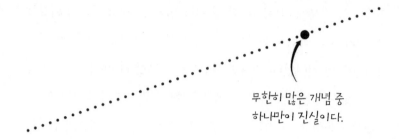

무한히 많은 개념 중
하나만이 진실이다.

우리가 진실을 추구하는 과정에서 환상에 불과한 것으로 쉽게 집어낼 수 있는 개념이 있는 반면에, 명백한 진실로 반짝반짝 빛나는 개념도 있을 것이다. 하지만 진실의 주위에는 어느 쪽에 속하는지 입증하기 힘든 점들이 있다. 이때 우리는 중대한 선택을 해야 한다. '당신을 행복하게 해주는 쪽을 믿고 선택하라'는 **행복을 위한 황금률**을 따르라. 그쪽이 진실에 더 가까울 확률이 높기 때문이다.

나는 어떤 특정한 의견에 대한 찬반을 결정하기 어려우면, 나를 행복하게 해주는 쪽을 믿고 선택한다. 내 의견을 뒷받침할 어떤 증거도 없지만, 나를 힘들고 고통스럽게 만드는 쪽을 선택하는 건 결코 훌륭한 결정이 아니다.

기억하라! ➤ 어떤 것도 확실하지 않다면 행복한 쪽을 선택하라!

논란의 여지가 있는 진실에 관련해서는 이 황금률이 중심축이 될 것이다. 하지만 우선은 이론의 여지가 없는 것부터 시작해보자. '지금'은 실재하는 것이다.

10장

—

지금 여기에서

삶은 '지금 여기(here and now)'가 전부라고 말해도 과언이 아니다. 그런데 왜 대부분이 '그때 그곳(there and then)'에서 살고 있는 것일까? 왜 우리는 주변에서 아름답게 펼쳐지는 삶의 모습을 의식하지 못한 채 현재의 순간 밖에서, 즉 우리 머릿속에서 생각의 환상에 사로잡혀 살아가는 것일까? 왜 우리는 현재를 멀리하며 고통을 스스로 끌어들이는 것일까? 그 이유는 우리가 그렇게 살아가도록 길들여졌기 때문이다.

Trackyourhappiness.org의 운영자 매트 킬링스워스가 진행한 연구에 1만 5,000

명 이상이 참가해 시시각각 어떤 기분이었고, 그때 무엇을 하고 있었는지에 대한 자료를 제출했다. 킬링스워스는 65만 건 이상의 자료를 수집한 덕분에 상당히 심원한 결과를 도출해냈다. '어떤 시간에 어떤 일을 하고 있든지 간에 인간은 현재에 충실할 때 확연히 더 행복하다'라는 결론이었다. 그들이 무슨 생각을 하고 있었는지도 중요하지 않았다. 즐거운 생각, 중립적인 생각, 불쾌한 생각 등 어떤 생각이든 상관없었다. 적어도 실험 참가자들은 현재에 집중하지 않을 때 상대적으로 덜 행복했다.[1]

킬링스워스는 "흔들리는 마음이 슬롯머신과 비슷하다면, 50달러나 20달러, 또는 1달러를 잃을 확률이 있는 셈이다"라고 말했다. 불쾌한 생각이나 중립적인 생각이나 즐거운 생각을 찾아 방황한다면 어떤 생각을 선택하든 돈을 잃는다. 도박은 아예 시도조차 않는 게 더 낫다.

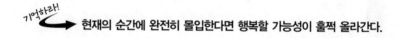

기억하라! 현재의 순간에 완전히 몰입한다면 행복할 가능성이 훨씬 올라간다.

인식이란 무엇인가?

인식(awareness)은 상황에 대한 깨달음이나 지각으로, 어떤 순간에든 세상을 파악하는 능력을 뜻한다. 존재하거나 출현하고 집중하는 상태인 실재함(presence)이 있어야 이런 자각이 가능하다.

내가 행복에 관한 강연을 한다고 해보자. 내가 말하는 걸 들을 수 있는 장소에 당신이 어떤 형태로든 '물리적으로 실재'하지 않는다면, 내가 어떤 말을 하는지 '인식'하지 못할 것이다. (이 설명에 대해서는 뒤에서 다시 언급할 것이다. 따라서 아직은 이 설명을 당연한 것으로 받아들이지 않기를 바란다.)

그러나 물리적인 실재만으로는 충분하지 않다. 강연장에 앉아 있지만 무척 따분하다는 기분에 사로잡혀 있을 수 있다. 따라서 음파가 당신 귀를 때리지만 당신에게는 소음으로만 느껴지고, 내 말이 거의 '인식'되지 않는다. 인식할 의도가 없다면, 인식 없는 '수용(reception)'만이 있게 된다. 이는 현대 세계에 크게 만연된 상태다.

때때로 우리는 이런 상태를 넘어 '배척(rejection)'상태까지 떨어진다. 당신이 내 따분한 강연을 듣지 않으려고 귀를 막는다면, 음파가 여전히 당신의 귀청을 때리긴 하지만, 당신은 소리의 유입을 허용하지 않는다.

우리가 주의를 기울일 때 인식은 시작된다. 이 상태에서 우리는 현재 일어나고 있는 사건에 관심을 갖는다. 그 사건이 우리 관심사와 맞아떨어지면, 우리는 단어와 개념의 형태로 우리 귀청을 때리는 음파를 적극적으로 이해한다. 이 단계가 '지각(perception)'이다.

인식하려는 의도가 강해지면 주의력이 더욱 강화되고 지각력도 높아진다. 만약 강연의 주제가 우리 관심사인 데다 강연장의 한 귀퉁이에 앉아 있던 청중이 벌떡 일어나 질문까지 한다면, 우리는 고개를 돌리고 귀를 바짝 세울 것이다. 하나도 놓치려 하지 않는다. 이 단계가 '인식'으로, 현재 일어나고 있는 사건을 완전히 인식하는 상태이며, 우리가 '현재의 순간에 완전히 몰입'했을 때다. 개인적으로 이때 나는 살아 있음을 느끼기 시작한다.

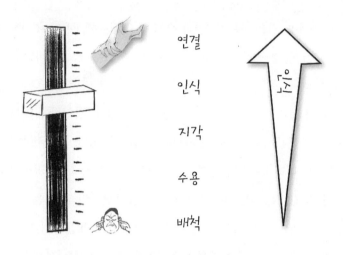

연결

인식

지각

수용

배척

때때로 우리는 눈앞에서 진행되는 사건에 완전히 몰입해 그 누구도 인지하는 못하는 신호를 인지하기 시작한다. 예를 들어, 당신은 옆에 앉은 사람의 얼굴 표정과 몸짓 언어를 보고, 그가 당신 말에 동의하는지 않는지를 짐작할 수 있다. 이때 당신은 고도로 민감해지며, 주변의 모든 자료를 수집하려고 애쓴다. 게다가 당신이 그처럼 많은 것을 인지할 수 있다는 사실에 스스로 놀란다. 내가 '연결(connection)'이라고 일컫는 단계다.

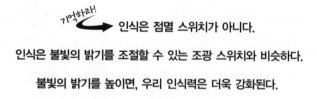

기억하라! 인식은 점멸 스위치가 아니다.

인식은 불빛의 밝기를 조절할 수 있는 조광 스위치와 비슷하다.

불빛의 밝기를 높이면, 우리 인식력은 더욱 강화된다.

인식을 유지하는 걸 어렵게 여기는 사람이 적지 않다. 특히 요즘처럼 한눈팔 것이 많은 세계에서는 더더욱 그렇다. 그 이유가 무엇일까? '지금 이 순간에 완전히 몰입하기 위해 우리가 할 수 있는 것은 무엇일까?' 라는 질문으로 시작해보자. 잠시 시간을 내어 답을 생각해보라. 아래의 답을 보지 말고 혼자 정직하게 생각해보라.

당신이 생각해낸 답과 여기에 제시된 답을 비교해보자.

아래 상자에 당신이 지금 이 순간에 몰입하기 위해 할 수 있는 것을 써두었다. 그렇다, 미안하다. 속임수 질문이었다.

아무것도!
아무것도 하지 마라.
그래, 아무것도!
아무것도 하지 않는다.
당신은 아무것도 할 필요가 없다.
아무것도! 그냥 하지 마라.
하지 마라.
가만히 있어라.
아무것도 안 한다.
아무것도! 아무것도! 아무것도!

연결 짓기

6장에서 시도했던 '완전 자각 시험'을 기억하는가? 이 시험에서 우리는 눈을 감았다가 약 2초 동안 눈을 뜨고 주변의 것을 관찰했다. 2초라는 짧은 시간에 당신이 얼마나 많은 것을 받아들일 수 있었는지 기억하는가? 주변의 모든 것을 보기 위해 뭔가를 했는가? 관련해서 특별히 '한' 일이 있는가? 없다. 아무것도 하지 않았다. 주변의 것을 인식하려는 의도로 두 눈을 부릅뜬 짧은 순간 동안, 우리 인식력은 최고조에 이른다. 이때 인식은 언제라도 뭔가를 수용할 수 있는 상태에 있다. 우리는 그런 인식력을 은폐하고 감출 수 있을 뿐이다.

이를테면, 당신에게 강연이 따분하게 느껴진다고 해보자. 지루함이 당신에게 영향을 끼치며 당신의 인식력을 떨어뜨린다. 당신은 강연에서 관심이 멀어지고, 당신의 관심을 끄는 것에 집중하거나, 아예 다른 시간이나 다른 곳을 생각한다. 이처럼 뭔가를 행하는 행위는 주의를 기울이려는 의도를 방해한다. 그런 행위를 중단해야만 존재의 초기 상태로 되돌아간다. 초기의 존재 상태는 우리가 인식력을 최고조로 높이는 유일한 상태다.

'완전 자각 시험'은 우리에게 2초 동안 '행위의 중단'을 요구한다. 우리가 진정한 자아를 발견하고 인식력을 최고조로 발휘하는 데 2초면 충분하다.

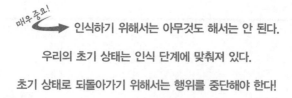

인식하기 위해서는 아무것도 해서는 안 된다.
우리의 초기 상태는 인식 단계에 맞춰져 있다.
초기 상태로 되돌아가기 위해서는 행위를 중단해야 한다!

그러나 삶의 과정에서 우리는 필연적으로 존재(Being)와 행위(Doing)를 번갈아 반복할 수밖에 없다. 어느 쪽에 더 많은 시간을 소비하느냐는 사람에 따라 다르지만, 대부분이 '존재' 보다 '행위' 에 더 많은 시간을 사용한다. 이런 현상은 현대 세계가 우리에게 기대하는 것이기도 하다. 우리는 아침마다 눈뜨기 무섭게 삶의 현장에 뛰어들며, 삶의 현장은 거의 행위로 이루어진다. 급속도로 흘러가며 행동을 재촉하는 생활 방식은 인간의 초기 상태와 배치된다. 비유해서 말하면, 묵직한 구두를 신고 물속에서 지내는 것과 비슷하다.

주변의 모든 것이 흐릿하고 낯설며 묵직하다. 자연스럽게 움직이고 기능하기가 쉽지 않다. 물의 밀도와 실랑이하고 나면 몹시 피곤하다. 깊이 내려가면 수압이 느껴지고, 호흡할 산소도 부족하다. 짠물 때문에 눈이 벌겋게 충혈되지만, 계속 앞으로 나아가야 하는 까닭에 진이 빠져 능력을 제대로 발휘할 수도 없다. 가혹하게 들릴 수 있겠지만, 아무런 인식도 없이 세상을 살아가는 삶은 이런 모습과 크게 다르지 않다.

하지만 흔히 듣던 말 아닌가? 적어도 나에게는 그렇다.

현대인의 삶에서 행위와 생각은 인식이 끼어들 여지를 허락하지 않는다. 인식을 방해하는 것들을 제거해야 우리는 현재에 집중하고, 주의를 기울이며 수용하기 시작한다. 이미 채워진 잔은 또 채울 수 없는 법이다. 맑은 물로 잔을 채우려면 더러운 물을 버려야 한다.

현재에 충실하고 싶다면 아무것도 하지 마라. 현재에 집중하고 싶다면 존재의 초기 상태로 돌아가라.

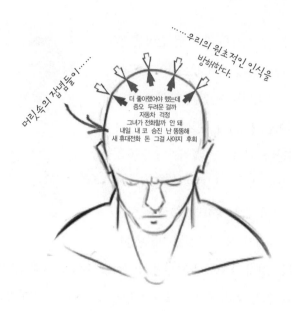

머릿속의 잡념들이……

……우리의 원초적인 인식을 방해한다.

더 좋아했어야 했는데
증오 두려운 걸까
자동차 걱정
그녀가 전화할까 안 돼
내일 내 코 승진 난 똥똥해
새 휴대전화 돈 그걸 사야지 후회

기억하라! ➡ **행위를 멈추고 오로지 존재하라.**

그런데 이상하게 들리겠지만, 행위가 발전과 성과를 모색할 수 있는 유일한 방법은 아니다. 때로는 그저 존재하는 것만으로도 성공할 수 있다. 현대 서구 문화의 가르침과는 완전히 배치되는 개념이다.

無為 도교(道敎)는 '무위(無爲)'라는 개념으로 예부터 이렇게 가르쳐왔다. '무위'는 직역하면 '아무것도 행하지 않음'이란 뜻이다. 도교는 주로 농업에 비유해 '무위'를 가르친다. 당신의 의도가 식물을 재배하는 것이라면 마땅히 해야 할 일만을 하라. 식물에 햇빛과 비료와 물을 제공하라. 그렇게 한 후에는 아무것도 하지 마라. 식물이 혼자 힘으로 성장하도록 내버려두라. 식물이 성장하는 데 필요한 조건이

갖추어지면, 그 이후에 더해지는 행위는 백해무익하다. 지혜로운 농부는 최선의 성장이 무위로 얻어진다는 걸 알고 있다. 아무것도 행하지 않는 것이 최선의 선택이다.

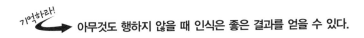 아무것도 행하지 않을 때 인식은 좋은 결과를 얻을 수 있다.

인식의 범위

많은 명상 기법이 우리의 '인식 공간(awareness space)' 의 범위로 네 방향을 언급한다. 우리가 어느 쪽으로 관심을 쏟더라도 우리 인식을 온통 독차지할 만한 주제를 무한히 발견할 수 있을 것이다. 네 방향은 다음과 같다.

외부 세계: 입력된 감각 자극(sensory input)을 통해 우리는 주변 세계를 파악할 수 있다. 시각, 청각, 후각, 미각, 촉각으로 감지한다.

몸의 내부: 내면으로 관심을 돌리면 자신의 몸을 인식할 수 있다. 고통과 자극, 호흡과 심장 박동 등을 인식하게 된다. 몸의 곳곳에 관심을 돌리며 모든 곳에서 생명의 기운을 느껴보라.

생각과 감정: 인식력이 충분해지면 머릿속에서 만들어지는 생각과 이야기를 관찰할 수 있다. 머릿속의 생각과 감정을 유심히 지켜볼 수 있다면 자연스레 배출해낼 수도 있다.

나머지 것과의 연결: 순수한 인식력이 최고 수준에 이르면, 존재의 나머지 것과 연결을 시도한다. 이런 연결 짓기의 결과로 파도를 향한

사랑, 나비를 향한 동경, 세상 곳곳에서 고통받는 사람들을 향한 연민 등이 생겨난다. 이런 연결 짓기는 외부 세계에 대한 감각적 지각도 아니고, 우리 몸에 대한 느낌도 아니며, 생각이나 감정도 아니다. 우리가 커다란 공동체의 일원이며, 그 공동체는 우리가 개별적으로 경험하는 세상 너머까지 뻗어 있다는 걸 느끼게 해주는 순수한 연결 짓기다.

잠시 시간을 내어, 당신이 인식하는 범위를 직접 시험해보라. 당신의 인식이 어디까지 뻗어갈 수 있는지 살펴보라. 여기에 당신이 '존재' 하는 이유가 있다.

어떻게 존재할 것인가

우리는 그야말로 현대판 전사여서 오로지 존재할 뿐 아무것도 하지 않기가 무척 어렵다. 우리는 끊임없이 행위를 하도록 길들여졌다. 우리 뇌는 끝없이 배회한다. 분주한 삶은 우리에게 현재에 충실할 시간을 허락하지 않는다. 이 문제를 다룬 문헌과 훈련법이 헤아리기 힘들 정도로 많지만, 적어도 내 생각에는 분주한 삶에 적용하기에 적합하지 않는 듯했다. 신비주의 색채를 짙게 띠는 비결, 꿈꾸는 듯한 목소리와 긴 침묵이 반복되는 훈련법, 내게는 생경한 단어들로 이루어진 방법 등이 대부분이었다. 하지만 나에게 필요한 훈련법은 직장에서나 공항에서나 언제라도 시도할 수 있는 간편한 훈련법이지, 명상을 위해 조용한 장소가 필요한 훈련법은 아니었다.

따라서 나는 언제라도 적용할 수 있는 요령과 기법을 나름대로 찾아 정리했다. 나에게는 분명히 효과가 있었던 방법들로, 당신의 경우에도 일과표에 상관없이 내면에 깊이 들어가 인식을 일깨우는 데 도움을 얻을 수 있으리라 믿는다. 인식력을 높이고 정신적 방해물을 제거해야 할 필요성을 의식함으로써 행위를 '중단'하고, 주변 세계를 유심히 관찰하며 오로지 존재하기 위해 필요한 공간을 확보하는 데 도움이 되는 기법들이다.

인식광이 돼라

인식광(狂)이 되려면, 첫째로 인식을 최우선인 것으로 삼아야 한다. 당신 주변과 내면에서 일어나는 모든 것을 알아내는 데 몰두해야 한다. 호기심을 갖고 탐험가가 돼야 한다. 한마디로 인식의 광신도가 돼야 한다.

'선택적 주의력 시험'을 기억하는가? 이 실험에 참가한 사람들은 농구공의 움직임에 집중한 까닭에, 화면을 가로지르는 고릴라를 미처 보지 못했다. 당신에게 유리한 것에 집중하는 뇌의 성향을 이용하라. 아침에 눈을 뜨면, 당신의 뇌가 새로운 것을 개방적으로 받아들이도록 조절하고 하루를 시작하라.

예를 들어, 당신이 내일 하루를 밖에서 보낼 예정이라면 얼마나 많은 종류의 나무를 마주치게 되는지 헤아려보라. 또 주중에는 이런저런 경로로 출근하며 그때마다 걸리는 시간을 측정해보라. 당신이 사람들을 어떻게 대하는지 유심히 살펴보라. 또 당신이 직장에서 부하 직원과 상관을 똑같이 대하는지 주목해보라. 당신이 하루에 물을 얼마나 마시고, 앉아 있을 때는 어떤 자세를 취하는지 추적해보라. 당신이 무엇을 눈여겨보려고 하는지는 중요하지 않다. 인식력을 높이는 이유는 당신만 알고 있으면 충분하다. 퇴근해 집에 돌아가면, 그날 있었던 일을 최대한으로 기억해보라. 그날의 적잖은 부분을 잊어서 기억나지 않으면, 시간을 할애해서라도 어떤 일이 있었는지 기억해내려고 노력해보라.

'긍정적 사건 일기'를 작성하기 시작하라. 하루 종일 경각심을 높인 상태에서 긍정적인 사건을 찾고, 그렇게 찾아낸 사건을 빠짐없이 기록하라. 그 사건들을 당신의 목표로 삼는 순간, 그 사건들이 시시때때로 머릿속에 떠오르며 당신의 하루를 행복하고 긍정적인 날로 만들어줄 것이다.

이 훈련에 익숙해졌다는 느낌이 들면, 흥미로운 도전을 시도해보자. 언제 당신이 인식하지 않는지를 추적해보라(당신이 인식하지 않는 것도 일종의 사건이라면, 이 사건도 당신이 당연히 인식해야 한다). 당신의 마음이 현재를 벗어나 배회하는 때를 찾아내는 훈련을 해보라는 것이다. 그렇다고 그 순간을 바로잡기 위한 조치를 취할 필요는 없다. 그저 눈여겨보며 "저런, 내 마음이 잠깐 흐트러졌군!"이라고 말하라. 이처럼 눈여겨보는 행위만으로도 당신은 쉽게 현재로 되돌아올 수 있다.

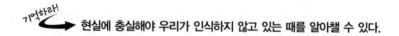

기억하라! ➡ **현실에 충실해야 우리가 인식하지 않고 있는 때를 알아챌 수 있다.**

주의력을 방해하는 것을 줄여라

현대 세계에서 인식력을 유지하기는 상당히 힘들다. 그 이유는 현대 세계에서는 인식이 끼어들 여지를 허락하지 않기 때문이다. 스마트폰과 이메일과 페이스북 등 오늘날 온갖 곳에서 사용되는 현대 테크놀로지가 우리 주의를 빼앗는다. 지금이라도 밖에 나가 주변을 둘러보면, 거의 모두가 손에 쥔 조그만 화면에서 눈을 떼지 못하는 걸 확인할 수 있을 것이다. 우리의 하루는 분주하기 짝이 없고, 일은 해도 해도 끝나지 않는다. 이런 와중에 잠깐이나마 조용한 시간을 누리는 행운이 주어지면, 곧바로 스마트폰을 집어 들고서 문자와 블로그 글을 확인하고 비디오를 시청한다. 퇴근하려고 자동차에 앉으면 라디오부터 켜고, 집에 들어오면 잠자리에 들 때까지 텔레비전이나 인터넷 앞에서 시간을 보낸다. 조용한 순간을 잠시도 누리지 못한 채 하루하루를 보낸다. 단호한 태도로 당신의 삶을 되찾으라.

주의력을 방해하는 것을 없애라. 조용한 시간이 주어지면 스마트폰을 주머니에서 절대 꺼내지 마라. 퇴근할 때는 라디오를 켜지 말고, 집에 돌아가서는 텔레비전 앞에 앉지 마라. 아무것도 하지 말며 시간을 보내라.

일과표에 '나만의 시간'이라는 약속을 추가하라. '나만의 시간'은 당신에게 혼자 있는 시간을 허락하는 짧은 휴식을 뜻한다. 그 약속을 반드시 지켜라. 그 약속을 면접시험처럼 소중히 대하라. 나는 지독히 바쁜 삶을 산다. 그러나 하루 일정이 채워지기 전에 '나만의 시간'을 가장 먼저 일과표에 정해놓고 중요한 약속으로 충실히 지키면, 나머지 약속들이 '나만의 시간'을 중심으로 완벽하게 맞아떨어진다는 걸 경험적으로 확인했다. 나는 분주한 삶을 살며 많은 업무를 처리하지만, 잠깐잠깐 현재에 충실한 시간을 가짐으로써 항상 온전한 분별력을 유지한다.

적어도 주말에는 인터넷을 끊어라. 뭔가를 검색해야 할 때는 당신에게 필요한 것에만 집중하고, 검색을 끝낸 후에는 컴퓨터의 전원을 꺼라. 사회적 관계망에는 아침에 10분, 저녁에 10분만 할애하라. 이렇게 주의를 방해하는 것들을 차단함으로써, 현재에 충실해지는 데 필요한 공간을 확보하라.

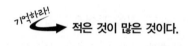 **적은 것이 많은 것이다.**

멈춰라

그렇다. 그냥 멈추면 된다. 마음이 한없이 뒤숭숭하고 하루가 정신없이 흘러가는 기분이면, 하던 일을 멈춰라. 그러고는 주변에서 10가지를 유심히 관찰할 때까지는 소란스런 삶의 세계로 돌아가지 않겠다고 다짐하라. 손가락을 꼽아가며 10가지를 찾아보라. 나무가 있고, 통통한 고양이가 있다. 맑은 공기도 있다. 왼쪽 어깨의 통증과 등 뒤에서 윙윙대는 음료수 냉각기도 있다. 이렇게 10가지를 헤아린 후에 심호흡을 하고 다시 삶의 세계로 뛰어들어라.

토템을 만들어라

내가 좋아하는 영화 〈인셉션〉에서는 꿈의 세계와 현실 세계가 뒤얽힌다. 꿈꾸는 사람들은 꿈속에 있는지, 깨어 있는지 구분하기 위해 토템을 사용한다. 당신도 이렇게 할 수 있다. 지금은 인식하고 있는 시간이란 걸 당신에게 일깨워주는 것을 항상 갖고 다니면 된다. 그 토템은 일상적으로 유용한 물건이어서는 안 된다. 그것을 볼 때마다 지금은 인식하고 있는 시간이란 걸 당신에게 떠올려주는 역할을 하기에 충분한 이상한 물건이어야 한다. 그렇다고 대단한 것일 필요는 없다. 흥미로운 색을 띤 돌멩이, 팽이, 요요처럼 단순한 것이면 충분하다. 그것을 볼 때마다 당신은 잠깐이라도 조용한 시간을 가져야 할 시간이라는 기억을 떠올릴 것이다. 토템을 가지고 다니며, 그 토템과 교감하는 시간을 가져라. 머릿속에서 분주하게 질주하는 생각의 속도를 늦추고 현재에 충실하라. 개인적으로 나는 묵주를 토템으로 갖고 다닌다. 묵주를 꺼내면 33개의 구슬 하나하나를 헤아리고, 구슬 하나를 넘길 때마다 뭔가 하나를 관찰하며 연결시킨다. 이때 나는 마음의 문을 열고 모든 것을 받아들인다. 꽃, 하나. 커피 향, 둘. 나는 그것들을 관찰하는 데 그치지 않고 동경한다. 그것들과의 관련성을 찾고, 그것들의 아름다움에 경외감도 느낀다. 그것들이 어떻게 존재하게 됐고, 어떤 삶을 살았는지에 대해 생각한다. 이런 상태에서 나는 파리를 한낱 파리로만 보지 않는다. 그 조그만 피조물이 그토록 완벽하게 움직이게 해주는 놀라운 설계를 물끄러미 바라본다. 나뭇결이 살아 있는 것처럼 느껴지는 이유를 생각하고, 그런 나뭇결을 만들어내는 데 관여했을 임의적인 사건들의 확률이나 그 과정에 참견했을 지적 창조에 대해서도 생각한다. 나는 그것들에 완전히 몰입한다. 그리고 내 머릿속의 생각에서 완전히 해방되고 완전한 인식 상태가 된다. 이런 상태에서 꿈의 세계로부터 부활해 현실로 되돌아온다.

디지털 토템을 만들 수도 있다. 휴대전화의 초기 화면을 토템으로 사용하는 것이다. 거기에 당신에게 필요한 메시지를 적어둬라. 나지막한 소리로 잠깐이라도 현재에 충실해질 시간이란 걸 하루에 서너 번 정도 알려주도록 알람을 설정해둬라. 단 하루도 이런 휴식 없이는 넘기지 마라.

하루에 서너 번쯤 마주칠 수밖에 없는 곳에 토템을 놓아둬라. 나는 묵주를 바지 오른쪽 주머니에 넣고 다닌다. 그럼 주머니에 손을 넣을 때마다 묵주가 만져지고, 현재에 충실하기 위해 휴식이 필요하다는 기억을 떠올리게 된다.

기억하라! ➡ 지금은 인식력을 유지하기 위해 휴식할 시간이다.

초월적 시간

일주일에 적어도 한 번쯤 시간의 초월을 경험하는 사치를 누리기 바란다. 문자 그대로 '시간을 초월한(timeless)' 경험을 뜻한다. 하루를 끝낼 즈음, 시계가 전혀 없는 조용한 곳을 찾아가라. 바닷가도 좋고 숲 속도 상관없다. 물론 조용한 방에 혼자 있어도 괜찮다. 여하튼 시간과 관련되는 것이 없어야 한다. 이를테면, 시계나 전화 등 현재 시간을 짐작할 만한 외적인 도구가 없으면 된다. 처음 한두 번은 이 훈련이 상당히 어색하게 느껴질 것이다. 생각이 밀물처럼 머릿속에 밀려오면서 수많은 걱정거리를 안겨줄 것이다. 꿋꿋하게 버텨라. 결국 당신의 뇌가 포기하고 행복감에 젖어들 테니까. 그때 당신은 모든 것이 평온해지고 시간이 의식할 틈도 없이 지나가는 걸 깨닫게 될 것이다. 당신이 바보 같은 미소를 짓지 않을까 걱정하지 마라. 좋은 징조니까.

매우 중요! 시간과 관련된 것들을 없애면 현재에 충실하게 된다.

무엇을 하든 잘하라

인식은 존재의 상태라는 걸 기억해야 한다. 그러나 누구도 하루 종일 '존재'의 상태로만 있을 수는 없다. 사회적 구성원으로서 생산적인 역할을 해내려면 존재와 행위를 번갈아 되풀이해야 한다. 그런데 당신이 행하는 일이 당신에게는 지나치게 쉽다거나 지루하게 반복되는 일이어서 주의를 기울이지 않아도 되는 경우, 결국 당신은 멍한 상태로 기계적으로 행동하게 된다. 다시 말해, 당신의 주의력이 현실 세계를 떠나 당신 머릿속으로 깊이 옮겨 간다. 그러나 당신이 '행위'를 할 때에도 현재에 대한 충실함과 인식력을 상실한 이유가 없다. 최종적인 결과가 아니라, 행위 과정에 주의를 집중함으로써 인식 상태를 그대로 유지할 수 있다.

인식 상태를 유지하는 비결은 어떤 일을 하더라도 최고의 능력을 발휘하는 데 있다. 작지만 한 걸음을 내디딜 때마다 모든 능력을 투입하고, 그 일을 처음 시작했을 때처럼 행동하라. 지난번보다 조금이라도 낫게 일하려고 애써라. 어떤 일을 하더라도 자부심을 갖고 일하며 더욱더 잘하려고 애써라.

이 비결이 당신 직업에만 적용되는 것은 아니다. 접시를 닦는 사소한 행위부터 사랑하는 사람과 함께 시간을 보내는 때까지 모든 것에 적용된다. 출퇴근 시간에도 이 비결을 적용해보라. 그럼 교통 체증에 상관없이 출퇴근 시간이 즐거워지고, 그 순간에 충실할 수 있을 것이다. 주변에 무엇이 있는지 눈여겨보거나, 오디오북을 듣거나, 친구와 유의미한 대화를 나누며 그 시간을 보람 있게 활용해보라. 이처럼 당신 시간에 가치를 더해주는 행위를 하면, 출퇴근 시간이 더 길어지기를 바랄지도 모르겠다.

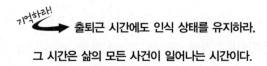

기억하라! ➜ **출퇴근 시간에도 인식 상태를 유지하라.**
그 시간은 삶의 모든 사건이 일어나는 시간이다.

마지막으로 비결 하나를 덧붙이자면, "한 번에 하나만 하라!"는 것이다. 저녁 식사를 하며 텔레비전을 시청하지 마라. 딸과 대화하는 동안에는 이메일을 점검하지 마라. 이른바 멀티태스킹은 신화에 불과하다. 현재에 충실하도록 하라.

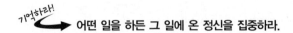

기억하라! ➜ **어떤 일을 하든 그 일에 온 정신을 집중하라.**

위에 제시한 비결들을 사용하든 다른 비결을 사용하든 인식 상태를 유지하면, 지금 이 순간에 평온한 상태를 더 쉽게 맞이할 수 있을 것이다. 물론 주의가 산만한 정신으로 지금까지 어떻게 시간을 보낼 수 있었는지도 무척 의아할 것이다. 이제부터라도 삶이 당신에게 던지는 모든 경험을 고스란히 받아들여라. 단 하나도 놓치지 마라.

기억하라! → 당신의 머릿속에서 서성거리지 말고,

지금 여기에서 당신의 삶을 살아라.

11장

—

진자 운동

변화는 분명히 실재하는 것이다. 우리가 정확히 예측할 수 있는 것 중 하나라면, 내일의 세계는 오늘의 세계와 다르리란 것이다. 주요 뉴스의 제목은 검은 백조('섬을 강타한 지진' 또는 '전쟁으로 수천 명 사망')만을 드러내지만, 그 큰 사건을 만들어내는 데 관여한 수많은 미묘한 변화들, 이른바 나비 효과를 담아내지는 못한다. 매 순간 우리 세계는 극적으로 변하기 때문에 우주의 역사에서 정확히 똑같은 사례가 있었다고 말하지 않는 편이 유리하다. 미세한 변화라도 우리 삶이 전개되는 흐름을 바꿔놓는다. 무의미한 변화는 없다.

당신이 1초만 일찍 왼쪽으로 회전하면 목숨을 구할 수 있지만, 작은 모기가 오른쪽으로 회전하기로 결정한 까닭에 당신 목숨을 빼앗아 갈 수 있다.

다중우주

사소한 사건도 무척 중요하다는 주장의 이해를 돕기 위해 이상한 과학 이론 하나를 소개해보려 한다. 작은 변화가 나비 효과로 인해 당신 삶의 행로를 바꿔놓는 수준의 엄청난 변화를 일으킬 수 있다고 상상해보라. 이를테면, 작은 변화가 있을 때마다 새로운 우주가 하나씩 생겨난다고 상상해보라! 지난 20년 동안, 과학자들은 '다중우주 (Multiverse)'로 알려진 이론에서 위의 가설을 꾸준히 옹호해왔다. 당신이 낯선 사람에게 미소를 짓는다. 새로운 우주의 탄생이다. 당신이 얼굴을 찌푸린다. 역시 다른 우주가 생겨난다. 바위가 굴러떨어진다. 또 새로운 우주가 생겨난다. 이렇게 생겨난 우주는 다시 무한수의 우주를 만들어낸다. 당신 역시 무한수의 커피가 아닌 모습을 띤다. 이 책을 읽는 당신과, 커피를 사러 갔다가 우연히 커피가 아닌 책을 집어 들고 그 책에 감동을 받아 삶의 행로를 바꿈으로써 훗날 미국 대통령이 되는 당신은 다른 모습의 당신이다. 작은 변화가 큰 차이를 만들어내면, 그 결과로 초래된 행로가 완전히 다른 우주로 여겨지는 것과 다를 게 없다.

다중우주론은 약간 과장되게 들리지만, 작은 변화의 영향을 시각적 이미지로 입증해주는 무척 소중한 아이디어다. 작은 변화에, 그런 변화가 일어나는 빈도를 곱하면 그 결과가 어떻게 되겠는가? 그 영향을 관리하는 것은 고사하고 상상조차 할 수 없을 정도로 복잡할 것이다.

끝없는 변화의 흐름에 지배력을 행사하려는 우리 시도는 번번이 우리를 실망시킨다. 하나의 변화로 인해 예기치 못한 사건들이 통제할 수 없을 정도로 연이어 계속되면, 우리가 어떤 노력을 하더라도 우리의 기대는 빗나가기 마련이다. 기대를 충족하려고 노력하고 또 노력해도 헛일이다.

우리는 그런 광적인 노력이 어떻게 보이는지도 제대로 인식하지 못한다. 결국 우리는 피로감에 짓눌리고, 삶이 끝없는 투쟁으로 여겨지는 이유에 한숨을

끊임없이 변하는 사건들

우리의 기대

내쉰다. 삶을 쓸데없이 더욱더 힘들게 만드는 장본인이 '우리' 자신이라는 걸 깨닫지 못한 때문이다.

만능 조종석 프로젝트(Project Cockpit)

첨단 테크놀로지 덕분에 삶의 모든 부분을 통제하는 데 필요한 스위치가 완벽하게 갖추어진 조종석을 발명할 수 있게 됐다고 상상해보자. 모든 것을 마음대로 통제할 수 있다면 정말 신나지 않겠는가? 내가 다음에 승진할 시기, 내 딸의 행동, 출근길 교통 상황 등 내 일상에 영향을 끼치는 사소한 모든 것을 통제할 수 있다면 신나기 이를

데 없겠지만, 그런 조종석은 어마어마하게 커야 할 것이다! 우리 삶에 영향을 주는 변수가 무척 많기 때문에 그 조종석은 축구장 정도의 크기여야 할 테고, 모든 것을 통제하에 두려면 스위치와 작은 계기가 촘촘히 설치돼 있어야 할 것이다. 물론 처음에는 모든 버튼을 쉽게 조작할 수 있을 것이라고 생각하겠지만, 불빛이 번쩍이기 시작하고 작은 변화를 알리는 소리가 윙윙대기 시작하면 당신은 정신을 차릴 수 없을 것이다. 불빛 하나가 꺼지면 다른 불빛이 켜진다. 당신은 더 빨리 움직이고 더 열심히 노력하지만, 계기들이 통제하기 힘든 지경까지 치달으면 공황 상태에 빠져들고, 결국 몸을 약간만 돌려도 되는 경우에도 모든 스위치를 동시에 통제하는 건 불가능하다는 걸 깨닫는다. 마침내 당신은 기진맥진해 바닥에 쓰러지며, 통제력을 상실한 것에 크게 낙담한다.

모든 것을 내 뜻대로 하려다 결국 포기한 내가 솔직히 고백하는 것이니 믿어주기 바란다. 나는 과거에 하루하루를 정말 그렇게 살았다. 모든 것을 통제하려고 발버둥 쳤지만 번번이 실패하고 좌절감에 시달렸다. 그러던 어느 날, 나는 모든 것을 미시적 수준까지 통제할 수 없다는 걸 깨달았다. 내가 해야 하는 것 자체는 통제할 수 없지만, 내가 해야 하는 것을 행하는 방법은 통제할 수 있다는 걸 깨달았다.

이런 삶을 위해서는 수많은 스위치가 설치된 조종석이 필요하지 않다. 두 방향에서 생활 방식을 바꾸기만 하면 된다. 첫째는 '길을 찾아라!'는 것이고, 둘째는 '내려다보라!'는 것이다.

길을 찾아라

영적인 가르침은 평온한 삶으로 안내하는 길을 제공한다. 고대 중국 사상은 변화무쌍한 삶의 과정에서 균형 잡힌 길을 찾으려는 노력을 도(道)로 지칭하고, 불교도들은 단순히 '길'이라고 일컬으며, 이슬람교는 '곧은길'이라고 부른다. 이런 종교적 가르침들은 수많은 작은 변수를 통제하려고 애쓰지 않고, 삶의 과정에서 일어나는 사건들이 스스로 균형을 찾도록 내버려두라고 가르친다.

우리 삶에 영향을 주는 모든 요인은 '진자의 운동(swing of a pendulum)'처럼 행동한다. 진자는 하나의 물리적인 시스템으로 균형점을 추구하며, 균형점은 진자가 움직이지 않는 지점이다. 따라서 진자의 균형을 무너뜨리려면 인위적인 힘을 가해야 한다. 물론 그 힘이 사라지면 진자는 신속히 원래의 상태로 되돌아가려고 좌우로 흔들리며, 결국에는 영점에서 멈춘다. 어떤 인위적인 힘도 필요 없는 그곳에서 진자는 평온하게 영원히 균형을 유지한다.

수천 개의 진자가 항상 평온한 상태에 있기를 바란다면, 진자들이 각자 스스로 균형을 찾도록 내버려두는 편이 낫다. 이와 마찬가지로, 우리 삶에 영향을 주는 수많은 크고 작은 결정들과 함께하려면 각 결정에 대한 균형점을 찾아야 한다. 달리 말하면, 극단에 치우치지 않고 균형 잡힌 결정을 내려야 한다. 삶의 균형을 유지하기 위해서는 인위적인 간섭을 최소화해야 한다. 모든 진자가 균형점에 있을 때,

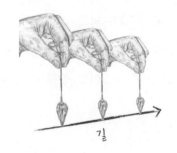

길

그 균형점들을 연결한 선이 '곧은 길'이 된다.

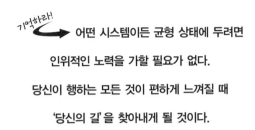

어떤 시스템이든 균형 상태에 두려면

인위적인 노력을 가할 필요가 없다.

당신이 행하는 모든 것이 편하게 느껴질 때

'당신의 길'을 찾아내게 될 것이다.

극단은 우리를 피폐하게 만든다. 일을 너무 많이 하면 삶의 즐거움을 잃어버리고, 일을 너무 적게 하면 무가치한 존재라는 자괴감에 시달린다. 사랑하는 사람과 너무 많은 시간을 함께 지내면 결국에는 지루해지고 말다툼하게 되지만, 거꾸로 너무 적은 시간을 보내면 둘의 관계가 멀어진다. 말이 많으면 남의 말을 듣지 않게 되고, 반대로 말이 지나치게 적으면 당신의 의도를 제대로 전달하지 못해 오해받기 십상이다.

우리가 가져야 할 단 하나의 것이 있다면 균형점이다. 그 점을 넘어서면 시스템을 부자연스러운 상태로 유지하기 위해 많은 노력을 기울여야 한다. 하나의 시스템에 필요한 노력은 무시할 정도일 수 있지만, 우리가 처리해야 할 시스템의 수가 증가하면 균형을 상실한 삶을 사는 데 필요한 노력은 기하급수적으로 커진다. 달리 말하면, 무수한 스위치가 설치된 조종석과 점점 비슷해지며 우리 통제력을 벗어난다.

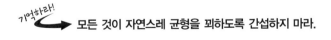

모든 것이 자연스레 균형을 꾀하도록 간섭하지 마라.

중국 철학에서 '음양(陰陽)'은 겉보기에는 대립적인 힘이 실제로는 상호 보완적이고 상호 의존적이며 서로 밀접한 관계에 있다고 설명한다. 모든 것에는 음양이 있다. 음은 어둠과 축축함, 냉기와 수동성, 붕괴 등으로 구체화되는 여성적이고 부정적인 원리이며, 양은 밝음과 온기, 건조함과 능동성 등으로 설명되는 남성적이고 긍정적인 원리다. 예를 들어, 그림자는 빛이 없으면 존재할 수 없다. 조화로운 삶에서는 음과 양이 서로 부족한 것을 보완해준다. 호수에 돌을 던지면 물결이 높고 낮게 일렁이다가 호수는 다시 잔잔해진다. 균형 잡힌 삶을 찾으려면, 음양 모두를 포용하고 어느 한쪽의 극단을 피해야 한다.

기억하라! ➤ **음과 양이 만나는 곳에서 살아야 한다.**

고대 그리스 철학에서는 이런 균형을 향한 자세를 '중용(golden mean)'으로 표현했다. 과잉과 결핍이라는 양극단 사이의 중간이 바람직하다는 뜻이다. 가장 바람직한 성격에도 균형이 있어야 한다. 예를 들어, 용기는 누가 뭐라 해도 미덕이지만 지나치면 무모하고 부족하면 비겁해 보인다.

중용이라는 삶의 자세는 무척 단순하게 들리지만, 서양인을 비롯해 동서양을 막론하고 현대인이 어린 시절에 배우는 교훈과는 정반대에 가깝다. 우리는 삶의 주인이 되고, 힘들더라도 최대한의 이득을 추구하는 길을 택하라고 배운다. 강점을 발휘하는 쉬운 길보다 약점을 극복하는 어려운 길을 선택하라고도 배운다. 또한 지평을 넓혀 진선미의 최대 한계까지 도전하라고 격려받는다. 이런 목표를 이루려면 온갖 수고를 아끼지 않아야 하고, 결국 우리는 고통을 자초하는 셈이다.

내가 일하는 분야에서도 가장 어려운 길을 선택하는 게 당연시된다. 따라서 오랜 시간을 일하고, 엄청난 압박감에 시달리며, 깨어 있는 시간 내내 그야말로 삶과 전투를 벌이는 '정력적인 임원(power executive)'들이 자주 눈에 띈다. 그들은 잠시도 '안락 지대'에 머물지 않고, 끊임없이 변화를 시도한다. 심지어 개인적인 삶을 기계처럼 꾸려가려고도 한다. 저녁 시간도 인맥을 넓히기 위한 저녁 식사나 행사로 채워진다. 그들의 자녀도 테니스 강습부터 음악 교육끼지 쉴 새 없이 내몰린다. 매 순간이 계획되고, 시계처럼 정확히 움직여야 한다. 무척 드물지만 그들도 짧은 휴식을 즐긴다. 이 경우에도 그들은 극단으로 치달으며 '아이언 맨'처럼 운동하거나 마라톤을 뛴다. 적정한 건강과 체력을 위해서는 균형이 필요하지만 그들은 균형점을 넘어선다. 따라서 그들이 목표로 설정한 수준에 이를 수 있을지 모르지만, 항상 그 대가를 호되게 치러야 한다.

우리는 걸핏하면 삶과의 투쟁에 뛰어든다. 그러나 어떤 싸움에서든 얻는 것보다 잃는 게 많은 법이다. 그러고는 입버릇처럼, 삶이 가혹하고 힘들다고 불평한다.

삶은 편하고 쉬울 수 있다. 우리가 선택한 길이 가혹하고 힘든 것이다.

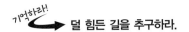

기억하라! ➡ 덜 힘든 길을 추구하라.

영화 〈포레스트 검프〉에서 톰 행크스가 연기한 주인공 포레스트는 지적 능력이 떨어지지만 '단순함' 덕분에 힘들지 않은 삶을 살아간다. 게다가 포레스트는 미식축구 올스타와 탁구 대표 팀의 일원이 되고, 세 명의 미국 대통령을 만난다. 또한 의회 명예 훈장을 받고, 새우잡이 배의 선장이 되고, 크게 사업을 시작하고, 애플의 초기 투자자 중 한 명이 된다. 때로는 바람결에 이리저리 날리는 깃털처럼 우리도 바람의 움직임에 몸을 맡기는 게 최선일 수 있다. 우리가 추구하는 균형은 정신없이 바쁜 현대인의 삶과 포레스트 검프의 삶 사이, 어딘가에 있을 게 틀림없기 때문이다.

매우 중요! ➡ 곧은길에서 살아라.

내려다보라

성공과 발전 이외에, 현대 문화의 핵심 가치 중 하나는 야망이다. 우리는 더 많은 것을 얻으려고 '더 높이, 더 멀리, 더 크게' 나아가려 애쓴다. 자식들에게는 절대적인 뜻에서든 상대적인 관점에서든 어떤 성취를 해냈는가로 자신의 가치를 평가하라고 가르친다. 단순한 성취로는 충분하지 않다. 남들보다 더 많은 것을 성취하는 게 중요하다. 우리가 성공이라고 일컫는 것은 바로 그런 성취다. 따라서 배우는 것만으로는 충분하지 않다. 또래보다 더 높은 성적을 받아야 한다. 즐겁고 보람 있는 삶을 사는 것만으로는 충분하지 않다. 이웃보다 더 나은 삶을 살아야 한다. 축구를 즐기는 것만으로는 충분하지 않다. 중요한 것은 승리하는 것이다.

그러나 이처럼 강박적으로 비교하면 결국 실망에 이르게 된다. 우리보다 더 성공하고 더 많은 성과를 이루어낸 사람은 '언제나' 있기 마련이기 때문이다.

우리가 어떤 형태로든 각각 다른 삶을 살고 있다는 걸 확인하는 건 그다지 어렵지 않다. 상대적으로 키가 큰 사람이 있는 반면에 키가 작은 사람이 있다. 부자가

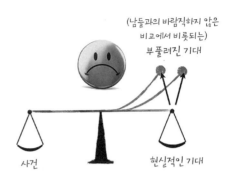

(남들과의 바람직하지 않은 비교에서 비롯되는) 부풀려진 기대

사건   현실적인 기대

있고 가난한 사람이 있다. 상대적으로 건강한 사람, 재밌는 사람, 예쁜 사람이 있다. 이런 이유에서 우리가 삶의 특정한 부분에 초점을 맞추면, 우리보다 '나은' 사람이 항상 있기 마련이다. 따라서 이런 분포 곡선의 이면에 대해서 잊는 편이 낫다. 그가 그 부분에서는 낫더라도 당신보다 '못한' 부분이 분명히 있을 것이기 때문이다. 삶이란 게임이 워낙 그렇게 설계돼 있다.

당신보다 더 잘하는 듯한 사람과 당신을 비교하는 행위는 '올려다보기'에 해당한다. 올려다보면 우리는 자신에게 부족한 부분에 초점을 맞추고, 선두에 있는 사람들을 따라잡기 위해 얼마나 더 가야 하는지를 가늠하게 된다. 우리가 앞설 때까지는 자신을 가치 없는 존재라고 잘못 생각한다. 그 결과로 우리 자신에 대한 기대가 부풀려진다. 게다가 다른 사람들과 비교하면 삶이 우리에게 불공정하다고 생

각하게 된다. 이런 생각에 우리는 심리적 고통에 빠져든다.

물론 더 나은 사람을 바라는 자체가 잘못된 것은 아니지만, 올려다보며 비교하는 행위는 아무짝에도 소용없다. 우리가 이루어낸 업적이 충분하지 않다고 생각할 만한 이유는 항상 존재하기 마련이다. 말단 직원은 관리자를 올려다보고, 관리자는 최고 경영자를 올려다본다. 모델들은 거의 뼈만 남은 슈퍼모델을 올려다보고, 백만장자는 억만장자를 올려다본다.

올려다보는 습관을 고치고 싶다면 이렇게 해보자. 다른 사람과 비교하지 말고, 지금보다 더 나은 사람이 되겠다는 목표에 초점을 맞추고 야망을 재조정해보라! 더 나아지고 싶다면 '내려다보라!' 열심히 일하고 성장하며 세상을 바꿔라. 하지만 자신을 호의적으로 평가하라. 당신이 갖지 않은 것을 탐내지 마라. 당신이 갖지 않은 것은 무한히 많다. 결국 당신이 갖지 않은 것을 기준점으로 삼는다면, 실망에 사로잡히는 확실한 비결이고 행복 방정식을 실패하는 확실한 방법이다. 당신보다 더 많은 것을 가진 듯한 소수를 올려다보지 말고, 당신보다 적게 가진 수십억의 인구를 내려다보라. 그렇다. 수십억이다!

2달러로 커피 한 잔을 사 마실 여유가 있다면 그것에 감사하라. 하루에 2.50달러 이하로 살아가는 사람이 30억을 넘고, 하루에 1.25달러 이하로 살아가는 사람도 13억이 넘기 때문이다. 생수 한 잔을 마실 수 있다면 그것에 감사하라. 지상에서 맑은 물을 구경조차 못하는 사람이 7억 8,300만 명에 달하기 때문이다. 발 뻗고 잘 수 있는 집이 있다면 그것에 감사하라. 미국에서만 대도시의 길거리에서 추위와 싸워야 하는 노숙자가 75만 명에 가깝기 때문이다.

물질적 풍요만이 비교의 대상은 아니다. 주변을 유심히 살펴보면, 슬픔과 불행이 감춰지지만 생각보다 훨씬 더 만연돼 있다는 사실을 확인할 수 있을 것이다. 우리가 다른 사람의 슬픔을 제대로 이해할 수 없다는 걸 보여주는 가장 아름다운 예는 일본인의 미스터리한 미소에서 찾아지는 듯하다. 대부분의 사람에게 미소는 행복을 뜻하지만, 일본인의 경우에는 어색함과 의심, 두려움과 부끄러움과 당혹감 등 다양한 감정을 미소로 표현한다. 과묵함을 중요시하는 일본 문화에서 극단적인 감정, 특히 부정적인 감정을 표현하는 것은 예의에 어긋난다. 예를 들어, 일본인은 실수를 범하면 미소를 짓는다. 그 미소는 수치심이란 감정을 감추려는 미소다. 언젠가 나는 도쿄 사람들이 악명 높은 삶의 속도로 살기가 힘들 텐데도 한결같이 미소를 짓는 이유를 한 친구에게 물은 적이 있었다. 그 친구는 "힘든 고통은 우리가 삭이고 당신에게는 미소를 주는 거랍니다"라고 대답했다. 나는 일본이란 나라가 진정으로 경이롭다. 어떻게 온 국민이 품위를 잃지 않고 고통을 내면에 감출 수 있는지 궁금할 따름이다.

　세상을 둘러보면 슬퍼할 것이 무척 많다. 따라서 당신의 삶을 어떻게든 비교해야 한다면 인생관을 거꾸로 뒤집어, 당신보다 불운한 사람과 비교해보라. 이렇게 관점을 바꾸면, 당신이 온갖 축복을 누리는 사람으로 행복하게 생각할 이유를 끝없이 찾을 수 있을 것이다.

　성공한 야심적인 기업가이던 한 친구는 항상 더 높은 목표를 달성하려고 애썼다. 그런데 급성 췌장염 진단을 받았다. 급성 췌장염이 발병하면, 음식물을 소화시키는 위산이 배 속에 흘러들어 환자의 살을 분해한다. 따라서 수개월 동안 그는 온몸에 주삿바늘을 꽂은 채

침대에 누워 지내야 했고, 약물과 유동식으로 연명했다. 건강이 나빠지자 그의 야망도 수그러들었다. 물질적 이익이나 외적인 성공에 더는 연연하지 않았다. 자신보다 앞서 승진한 사람이나 자신보다 더 멋진 자동차를 소유한 이웃과 자신을 비교하는 것도 중단했다. 건강을 회복한 후에도 그의 야망은 물질적 성공을 얻는 것에서, 그의 표현을 빌리면 "침대에서 옆으로 누울 수 있는 것"으로 바뀌었다.

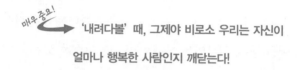

매우 중요! '내려다볼' 때, 그제야 비로소 우리는 자신이 얼마나 행복한 사람인지 깨닫는다!

내려다보면 우리 삶에서 좋은 점을 감사하게 생각하는 데 도움이 된다. 감사하는 마음이 우리를 행복하게 해준다는 것은 비밀이 아니다.

캘리포니아대학교의 로버트 에먼스와 마이애미대학교의 마이클 맥컬러프는 실험 참가자들을 세 그룹으로 분류하고, 그들에게 매주 특정한 주제와 관련해 서너 문장씩 쓰라고 요구했다. 첫 번째 그룹에게는 감사하는 것에 대해 쓰고, 두 번째 그룹에게는 그들을 화나게 만든 사건에 대해 쓰고, 세 번째 그룹에게는 긍정적으로든 부정적으로든 그들에게 영향을 끼친 사건에 대해 쓰라고 요구했다. 10주 후, 감사하는 것에 대해 쓴 사람들은 삶의 질이 훨씬 나아졌다고 보고했다. 특히 두 번째 그룹, 즉 화나는 일에 대해 기록한 사람들보다 운동하는 빈도는 증가한 반면 의사를 찾는 횟수는 줄어들었다.[1]

펜실베이니아대학교의 심리학자 마틴 셀리그먼은 수백 명의 실험 참가자를 대상으로 감사하는 마음의 영향을 연구했다. 셀리그먼은 참가자들에게 처음에는 첫 기억에 대해 쓰고, 그 후에는 매주 감사의 편지를 써서 감사하고 싶은 사람에게 직접 전달해보라고 요구했다. 참가자들은 감사하는 마음을 표현할 때마다 행복지수가 눈에 띄게 증가하는 결과를 보였고, 그 영향이 때로는 거의 한 달 동안 지속됐다.[2]

기억하라!　➡️　**감사하는 마음이 확실히 행복으로 가는 길이다.**

'감사' 하느냐 않느냐는 마음가짐의 문제다. 내려다보면 감사하는 마음을 우리 삶에 끌어들이기가 한결 쉽다. 우리 자신에게 닥친 슬픔에도 감사하는 마음을 가질 수 있다. 우리보다 더 깊은 상처를 가진 사람이 언제나 존재하기 때문이다. 이렇게 비교하면, 우리가 불행하지만 덜 불행한 것을 행운으로 받아들이게 된다.

사랑하는 아들 알리를 잃은 내 경우를 예로 들어보자. 내가 내려다보면, 그런 비극적 상실까지도 감사할 수 있을까? 알리만큼 훌륭한 아들을 잃는 것보다 더 슬픈 사건이 있을까? 물론이다! 훨씬 더 비극적인 사건이 얼마든지 있을 수 있다. 20대에 암 진단을 받는 청년이 얼마나 많은가. 그들은 수개월 동안 계속되는 화학 요법과 방사선 요법을 견뎌내지만, 적잖은 청년이 큰 효과를 얻지 못한다. 암으로 죽음을 맞는 청년이 알리보다 더 낫다고 말할 수 있을까? 그렇지 않다. 또한 일부이지만, 못된 친구들과 어울리며 결국 마약에 중독되고 과다 복용으로 죽음에 이르는 대학생들도 있다. 그 죽음이 알리의 죽음보다 낫다고 말할 수 있을까? 천만에! 게다가 알리가 집에 돌아와 우리와 함께 며칠을 즐겁게 지내지도 못하고, 평소에 혼자 지내던 보스턴에서 똑같은 운명을 맞았다면 우리가 더 좋았을까? 결코 그렇지 않다!

우리가 함께 더 오랫동안 살았기를 바라며 '올려다본다면' 나는 지금도 가슴앓이하고 있을 것이다. 알리는 이미 세상을 떠났고, 내가 아무것도 할 수 없다는 사실에 좌절하고 있을 것이 뻔하기 때문이다. 하지만 나는 '내려다보고' 알리와 함께한 21년의 아주 멋진 시간에 감사하기로 결정했다. **알리의 죽음에 세상을 원망하지 않고, 알리와 함께한 시간을 감사하게 생각한다.**

언젠가 알리의 한 친구는 나에게 이런 말을 전해주었다. "알리는 명성을 결코 두려워하지 않았습니다. 알리는 권력 앞에서도 거리낌이 없었습니다. 여하튼 알리가 두려워하는 것은 많지 않았습니다. 제가 알리에게 가장 두려운 게 무엇이냐고 물었던 기억이 있습니다. 그 질문에 알리는 진정으로 사랑하는 사람을 잃는 게 가장 두렵다고 대답했습니다. 알리의 가족, 알리의 절친한 친구들이 거기에 포함되겠지요. 알리가 떠났을 때 저는 이런 생각을 떠올렸습니다. 알리가 가장 두려워하는 사건을 겪지 않아서 좋겠다고! 정말 놀랍지 않습니까!"

알리는 가족이 지켜보는 앞에서 잠든 사이에 평화롭게 죽음을 맞았다. 적어도 이 땅을 떠나는 모습에서는 최악의 시나리오가 아니었다. 내려다보면, 우리보다 훨씬 가혹한 상황을 겪은 사람이 헤아릴 수 없이 많다. 우리 삶에서 모든 것이 그렇듯이, 알리가 하루라도 더 살았다면 우리 삶이 그만큼 더 좋았을지 모르지만 오히려 훨씬 더 불행했을 수도 있다.

이제 당신 차례다. 당신이 겪은 슬픔에 대해 반추해보라. 편견 없이 과거를 되돌아보면, 당신이 세상에서 가장 운 좋은 사람도 아니듯이 가장 불운한 사람도 아니라는 걸 깨닫게 될 것이다. 행복한 삶을 위해 잊지 않아야 할 것이 있다면,

기억하라! ➡ 내려다보라!

12장

—

사랑, 우리에게 필요한 모든 것

6 가지 큰 환상

심리적 고통

○ 생각
○ 자아
○ 지식
○ 시간
○ 통제
○ 두려움

7 가지 맹점(또는 결함)

사각지대

○ 여과
○ 추정
○ 예측
○ 기억
○ 분류
○ 감정
○ 과장

당신의 현재 위치

5 가지 궁극적인 진실

○ 지금
○ 변화
○ 사랑
○ 죽음
○ 설계

나는 나비를 사랑한다. 종류, 색깔, 크기 등은 상관없다. 나는 나비를 무작정 사랑한다. 그렇다고 나비를 소유하고 싶지는 않고, 굳이 나비를 봐야 하는 것도 아니다. 나비가 존재하는 것만으로도 나는 행복하다. 나비를 너무나 사랑하는 까닭에 껴안아주고도 싶지만 그렇게 하지 않는다. 나비를 우연히 마주칠 때마다 사랑의 감정을 나비에게 쏟아낼 뿐이다. 나비가 유난히 내 앞에 자주 나타나는 까닭에 나비도 내 마음을 아는 듯하다. 간혹 걸어서 출근할 때 나비가 내

앞에서 우아하게 날갯짓을 하기도 한다. 또 내 앞의 나뭇가지에 살며시 내려앉으며 "난 여기에 머물 거예요. 당신이 나를 마음껏 즐길 수 있도록 나는 당신을 보지 않은 척할게요."라고 말하는 듯하다. 내가 지나가면 나비는 내 주변을 팔랑이다가 다시 어딘가에 내려앉는다. 나는 걸음을 멈추지 않고 나비도 날갯짓을 멈추지 않는다. 우연의 일

치일까? 나는 그렇게 생각하지 않는다. 어느 쪽이든 상관 없다. 지금껏 존재한 나비 한 마리 한 마리를 '사랑할' 뿐 이니까.

나는 나비를 '좋아하기'도 한다. 나비의 무늬, 아름답고 우아한 자태를 좋아한다. 애벌레로 시작해 미의 여왕에 이르는 삶의 여정, 고치의 역경과 불확실성을 이겨내야 하는 통과의례에 감탄하지 않을 수 없다. 나비가 우리를 위해 꽃에 꽃가루를 묻히는 행위에 감사하며, 연약한 몸에도 불구하고 짧은 생애 동안 보여주는 불굴의 의지에 경의를 표한다.

좋아함과 감탄, 감사와 존경은 각각 다른 감정이며, 사랑과도 다른 것이다. 좋아하고 감탄하는 데는 특별한 이유가 있지만, 사랑하는 이유는 설명되지 않는다. 사랑은 어떤 이유로도 입증되지 않으며 변하지도 않는 것이다. 사랑은 그저 존재하는 것이다.

사랑, 진정한 사랑은 실재하는 것이다. 그 밖의 다른 모든 감정은 일시적일 뿐이다. 사랑을 제외한 감정은 어떤 이유가 있어야 생기고, 그 이유가 사라지면 관련된 감정도 사라진다. 예를 들어, 나비의 무늬를 좋아하는 이유는 나비가 눈부시게 아름답기 때문이다. 어떤 나비가 공교롭게도 옅은 회색이라면, 옅은 회

색은 별로 매력적이지 않은 색이라 동경심이 수그러들 수 있지만, 나비를 향한 내 '사랑'은 결코 사라지지 않는다.

거의 모두가 경험하는 모성애라는 사랑을 생각해보라. 불편한 임신 기간과 분만의 고통을 이겨낸 후 쭈글쭈글한 작은 핏덩이를 품에 안으면, 산모는 아기를 향한 걷잡을 수 없는 사랑의 물결에 휩싸인다. 그런 벅찬 감정은 어떤 상황에서도 지속된다. 자식이 성장해 집을 떠난 후 전혀 연락하지 않아도 모성애는 변하지 않는다. 알리가 우리 곁을 떠났듯이 설령 자식이 먼저 세상을 떠나더라도 모성애는 변함없이 커져갈 뿐이다.

어떤 유형의 사랑?

대중문화에서는 사랑을 고통을 견디는 시금석쯤으로 삼는 듯하다. 슬픔과 상심에 영감을 받아 많은 서정시가 창작됐고, 소설의 지면이 채워졌다. 그렇다. 고통을 불러일으키는 사랑의 유형이 있기는 하다. 하지만 나머지 유형의 사랑은 순수한 행복을 끝없이 우리에게 안겨줄 뿐이다. 대중문화에서 말하는 유형의 사랑은 환상에 불과한 반면, 상대적으로 드물게 언급되지 않지만 우리 마음을 훨씬 깊이 울리는 유형의 사랑은 실재하는 것이다.

'조건부 사랑'은 '내가 사랑하는 이유는……' 이라는 생각으로 시작된다. 따라서 생각에서 비롯되는 모든 것이 그렇듯이 조건부 사랑도 환상이다. 조건부 사랑은 영구적이지 않아, 생각이 변함에 따라 결국 심리적 고통으로 이어지는 게 필연이다.

한편 '무조건적 사랑'은 느껴질 뿐, 이해되지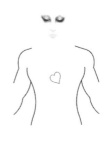
는 않는다. 무조건적 사랑은 '나는 사랑한다'에
만 근거할 뿐 이유나 전제 조건, 기대와 요구가
없다. 따라서 실망도 없다. 생각도 없다! 무조건
적 사랑은 유일한 형태의 진정한 사랑이다. 무
조건적 사랑은 찾기 힘들지만 분명히 실재한다.

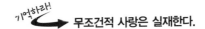

기억하라! ➔ **무조건적 사랑은 실재한다.**

무조건적 사랑은 우리 머릿속의 생각에 따라 생성되지 않는 유일한 감정이다.

생각이 없는 감정

무조건적 사랑은 생각의 영역 밖에 존재한다는 점에서, 다른 감정과
본질적인 차이가 있다. 다른 모든 감정은 어떤 식으로든 생각에서 비
롯된다. 시기심은 '그녀에게는 나에게 없는 게 있어'라는 생각에서
생성된다. 증오는 '그 사람의 행동이 내 삶의 철학과 철저히 모순된
다'라는 생각에서 비롯되고, 감탄은 '나는 그의 자질을 분석했고, 그
가 많은 점에서 내 기대치를 넘어선다는 걸 확인했다'라는 생각에서
기인한다. 분노는 '그의 행동이 나를 위협한다. 안전하려면 강력하
게 대응하는 수밖에 없다.'라는 생각에서 시작된다. 결국 생각이 감
정을 유발한다.

조건부 사랑도 생각에서 비롯된다. 이를테면, '그녀는 나를 행복

하게 해줘. 그래서 그녀를 사랑해.' 또는 '그는 나를 안전하게 지켜 줘. 그래서 그를 사랑해.' 라는 생각에서 시작된 사랑은 조건부 사랑이다. 이런 조건부 사랑은 사물을 향한 우리의 사랑에도 똑같이 적용된다. '이 자동차를 타면 내가 멋지게 보이잖아. 그래서 이 자동차를 사랑해.' 또는 '이 구두는 정말 편안해. 그래서 이 구두를 사랑해.' 이유가 지속되는 한 조건부 사랑은 계속된다. 그러나 이유가 사라지면 생각의 흐름이 달라지고, 그 결과로 그 물건을 향한 감정도 사그라진다. 간혹 조건부 사랑은 변덕스레 변하는 생각 때문에 증오에서 분노로, 분노에서 두려움으로, 두려움에서 다른 감정, 즉 생각에서 야기되는 다른 감정으로 변할 수도 있다.

인간관계가 우리에게 심리적 고통을 자아내는 이유가 여기에 있다. 인간관계는 변덕스런 세상에서 조건부 사랑에 기초하기 때문이다. 아름다움과 오락적 가치, 육체적 쾌락 등 이런저런 기대가 사랑의 전제 조건이다. 따라서 인간관계가 변하면, 기대가 와르르 무너지며 동화 같은 이야기가 악몽으로 돌변한다.

한편, 무조건적 사랑은 어떤 변화도 견뎌낸다. 무조건적 사랑은 '시간의 환상' 을 이겨낸다. 나는 딸의 얼굴을 수개월 동안 보지 못해도 딸을 향한 사랑은 변함없이 나날이 커지며 내 가슴을 가득 채운다. 진정한 사랑은 '지식의 환상' 을 무너뜨린다. 우리는 바다와 별, 새와 동물을 사랑한다. 자연과 동물의 변덕스러운 속성을 이해하지 못하지만 우리는 자연과 연결된 존재라고 느낀다. 무조건적 사랑은 물리적 감각으로 인식하지 못할 정도로 아득히 멀리 떨어진 것까지 우리가 사랑할 수 있게 해준다는 점에서 '자아의 환상' 도 넘어선다.

무조건적 사랑은 영원히 지속되고, 삶의 범위도 초월하는 유일한 형태의 사랑이다. 따라서 알리가 지구라는 물리적 세계를 떠났어도 알리를 향한 사랑은 항상 내 가슴에 남아 있는 것이다.

여기에서 나는 의도적으로 '항상'이라는 단어를 사용했다. 진정한 사랑은 '항상' 하루 중 언제라도 느껴지는 것이다. 시간은 사랑의 조건이 아니다. 사랑에는 아무런 조건도 필요 없기 때문에!

사랑이란 진정한 환희

사랑 없이는 행복도 없다. 조건부 사랑은 심리적 고통을 유발하기 일쑤지만 진정한 사랑은 지속적인 환희를 우리에게 안겨준다. 진정한 사랑에서는 가져가는 게 없다. 가져갈 것이 없기 때문에 기대하는 것도 없고, 기대에 못 미친다는 이유로 마음 아파할 이유도 없다. 조건부 사랑에만 기대가 있는 것이다. 보상과 만족을 바라는 마음, 사랑의 대가로 사랑받기를 바라는 마음도 모두 조건적이다. '내 행복의 전제 조건으로 나는 사랑받을 자격이 있다'라는 생각은 에고에서 비롯되며, '우리는 훌륭하게 행동했으므로 사랑받을 자격이 있다'는 걸 입증하려는 시도다. 에고에서 비롯되는 생각은 결국 실망으로 이어지고, 환상에 불과한 사랑이 사그라지면 마음의 고통이 뒤따

어떤 기대도 없이
사랑하기 때문에 행복하다.

른다. 그러나 어떤 기대도 없다면, 다시 말해 당신이 사랑하는 사람에게 어떤 요구도 없다면 사랑의 환희가 자리 잡는다. 그 이유는,

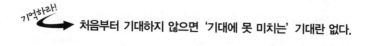 **처음부터 기대하지 않으면 '기대에 못 미치는' 기대란 없다.**

무조건적 사랑에 대해 무엇보다 먼저 알아야 할 것은, 무조건적 사랑이 우리 행복에 끼치는 영향은 놀라울 정도로 단순하다는 것이다.

 **진정한 사랑의 진정한 기쁨은 사랑을 무조건 주는 데 있다.**

사랑의 경제학

주변 세계를 사랑으로 채우면, 세상은 보기 흉할 정도로 불룩해지고 불안정하게 흔들거리면서도 기대한 수준을 넘어 더 많은 사랑을 당신에 돌려줄 것이다. 직접 시험해보라. 어떤 일이 일어나는지 직접 확인해보라.

 **사랑은 더 많이 베풀수록 훨씬 큰 사랑으로 되돌아온다.**

이런 주장을 객관적으로 입증하는 과학적 연구가 있으면 얼마나 좋겠는가. 그랬다면 인상적인 도표나 통계자료로 당신을 어리둥절하게 만들 수 있었을 텐데. 여하튼 사랑은 과학계에서 폭넓게 연구되는 주제가 아니지만 이런 비유를 생각해보자. 물리학의 에너지 보존

법칙에 따르면, 에너지는 결코 사라지지 않는다. 에너지는 줄어들지도 않는다. 형태가 변하지만, 닫힌 시스템에서는 시작할 때의 에너지 양과 끝날 때의 에너지 양이 정확히 똑같다. 사랑에도 똑같은 법칙이 적용된다. 진정한 사랑은 소멸될 수 없다. 진정한 사랑은 형태가 변할 뿐이다. 이런 보존 법칙 때문에 우리가 어떤 시스템에 주입하는 사랑은 형태가 변하고, 우리가 전혀 기대하지 않았던 모습으로 우리에게 되돌아온다. 그런데 진정한 사랑은 모든 존재의 사랑을 우리에게 끌어당긴다는 점에서 에너지보다 더 낫다. 진정한 사랑은 예금 계좌와 비슷하다. 우리가 더 많은 사랑을 베풀수록 사랑은 더욱더 성장하고 증대되어, 꺼낼 때가 되면 훨씬 큰 사랑이 우리를 위해 준비돼 있기 때문이다.

이런 현상을 '사랑 보존법칙', 아니면 '사랑 증식법칙'이라고 부르면 어떻겠는가!

매우 중요! ➡ 사랑은 헛되이 낭비되는 것이 없다.
사랑은 베풀면 언제나 더 큰 사랑으로 보상받는다.

세상과 모든 사람을 평온한 마음으로 무조건 사랑하는 사람을 자세히 살펴보라. 테레사 수녀, 마하트마 간디, 달라이 라마 같은 이들은 그것으로 비롯되는 심리적 고통을 마다하지 않고 세상을 헌신적으로 사랑했다. 종교와 지역, 사회적 계급을 떠나 수많은 사람이 그들을 사랑한다. 그들이 세상을 떠난 후에도 그들을 향한 사랑은 여전히 계속된다. 우리는 그들의 삶에 대해 자세히 모르면서도 그들을 사랑한다. 물론 그들과 비슷한 사람들도 사랑한다. 어떻게 그들을 사랑하지 않을 수 있겠는가?

사업의 세계에서 사랑만큼 아낌없이 되돌려주며 재생 가능한 자원이 있을까? 적어도 내가 아는 범위 내에서는 없다! 사랑은 가요계 스타의 경제학과 비슷하다. 한 명의 유능한 작곡가가 방에 혼자 앉아 순전히 영감만으로 걸작을 창작해내고, 그 이후로 수십 년 동안 찬사를 받으며 엄청난 돈을 벌 수 있다. 이런 재능은 무척 드물고 희귀한 것이지만, 무조건적 사랑이라는 걸작은 누구나 만들어낼 수 있다. 무조건적 사랑이라는 특별한 상품은 특별히 다루어져야 한다. 무조건적 사랑에는 세 가지 실질적인 비결이 필요하고, 나는 이 비결들에 '사랑 취급 설명서'라는 이름을 붙였다.

사랑 취급 설명서

사랑이라는 특별한 경제 행위에서 이득을 끌어내는 방법에 대해 내가 알아낸 비결을 소개하면 다음과 같다.

모든 것을 사랑하고 모두를 사랑하라

뱀은 으스스하게 보이고 은밀하게 행동하지만 사악하지는 않다. 뱀은 애초에 설계된 대로 치밀하게 행동할 뿐이다. 필요 이상으로 움직이지 않으며, 행동해야 할 때는 조금도 주저하지 않는다. 당신이 뱀을 혐오하더라도 당신이 정말 혐오하는 것은 머릿속에서 뱀에 대해 만들어낸 이야기, 즉 뱀은 사악하고 끈적끈적하다고 말하는 이야기다. 그러나 실제로 뱀은 사악하지도 않고 끈적끈적하지도 않다. 뱀은 결코 재미로 누군가를 해치지 않는다. 우리와 똑같이 뱀도 배를 채우려고 사냥한다. 오늘날 우리는 사냥을 거의 언제나 슈퍼마켓에서 하고 있지만, 생존에 관한 한 뱀보다 특별히 나을 게 없다. 우리 인간은 타의 추종을 불허하는 육식동물이지만 누구나 사랑받을 만한 존재라고 확신한다.

뱀이 어떻게 보이고 어떻게 행동해야 좋아하겠다는 생각이나 전제 조건을 버려라. 그럼 당신에게 무엇이 남겠느냐고? 본질적인 감정에는 이유가 없다. 무조건적인 사랑뿐이다. 해를 당하지 않으려고 뱀을 멀리하는 것은 상관없다. 하지만 단지 뱀이라는 이유만으로 뱀을 혐오하지는 마라.

뱀을 사랑할 수 있는 사람이라면 다른 모든 존재, 예를 들어 나무와 꿀벌, 바위도 사랑할 수 있다. 뱀처럼 음흉한 인간이더라도 에고라는 가면 뒤에는 순수한 사랑밖에 없다. 짜증을 유발하는 사람들, 게다가 세상에서 가장 혐오스러워 보이는 사람들의 경우에도 그들의 에고와 두려움과 생각에 사로잡힌 행동 뒤에는 사랑받고 제대로 인정받고 싶어 할 뿐인 온화한 아이가 있다. 대부분의 사람이 사랑받으면 곧바로 가면을 벗고 진실하게 변한다.

기억하라! ➤ **에고의 가면을 조심스레 벗고 가면 뒤의 것을 사랑하라!**

내가 이상적인 말을 하는 것처럼 들리겠지만, 나는 무척 현실적인 사람이다. 물론 인류의 역사를 수놓은 폭군과 살인자 등 온갖 유형의 악한들 때문에 무조건적 사랑이란 개념을 믿기 힘들지만, 그들은 예외적인 존재였지 결코 보통 사람들이 아니었다. 나는 세계에서 가장 까다로운 정치인들과 함께 일한 적이 있었다. 나는 그들에게도 내면에는 인간적인 면이 있다는 걸 경험적으로 확인했다.

에고에 깊이 갇혀 진실한 자아를 좀처럼 드러낸 적이 없는 사람들을 상대할 때 무척 효과적인 전략이 있다. 정확히 말하면, 알리가 어렸을 때 사용하던 방법이다. 알리는 고집스런 에고를 가진 사람에게도 세 번의 기회를 주었다. 그 후에도 그가 변하지 않으면, 알리는 그를 피하거나 그에게 함께할 수 없겠다고, 솔직히 그러나 공손히 말했다. 하지만 알리는 그들과 교제하는 걸 중단한 후에도 그들을 여전히 사랑했다. 내 생각이지만, 그들도 내면 깊은 곳에서는 알리를 사랑했을 것이라고 확신한다.

모든 것을 사랑하고 모두를 사랑하라는 비결은 결코 삶을 향한 순진하고 낭만적이며 이상적인 접근법이 아니다. 오히려 다소 이기적인 접근법이다. 무조건적 사랑은 당신에게 사랑을 되돌려주는 데 그치지 않고, 당신만의 행복 방정식까지 해결해준다. 무조건적 사랑은 당신에게 사랑의 환희를 안겨준다. 사랑의 환희는 사랑을 주지만 아무런 대가도 바라지 않을 때 가능하기 때문이다. 당연한 말이겠지만 기대에 못 미치는 기대도 없다. 마음의 평화만 있을 뿐이다. 무조건적 사랑, 정말 현명한 선택이 아닌가!

당신 자신을 사랑하라

당신 자신을 사랑하지 않으면서 어떻게 뭔가를 사랑하고, 뭔가가 당신을 사랑하기를 기대할 수 있겠는가?

오늘날 서구 세계에서 자기애(self-love)의 결핍만큼 불행의 원인으로 손꼽을 만한 것은 없다. 많은 연구에서 입증됐듯이, 오늘날 서구 사회에서 4퍼센트의 여성만이 자신을 아름답다고 믿는 반면, 60퍼센트 이상의 여성이 사랑받으려면 지금보다 살을 더 빼야 한다고 생각한다. 안타깝지만 이런 연구 결과는 조금도 놀랍지 않다. 우리는 엄중한 기대를 충족하지 못하면 자신을 사랑하지 않도록 줄곧 훈련받아왔기 때문이다.

성공에 집착하는 사회에서 성장한 까닭에 우리는 평균을 유지하는 것으로는 '충분히 훌륭하지' 않다고 생각한다. 하지만 대부분이 평균을 유지하기에 급급하다. 따라서 당신이 이렇게 생각한다면 대부분이 '충분히 훌륭하지' 않다고 말하는 것과 똑같이 결국 엄청나게 교만한 짓이다! 평균으로는 만족스럽지 않다. 우리는 슈퍼모델이 돼야 한다. 그러나 슈퍼모델이 되더라도 더 매력적인 슈퍼모델이 항상 존재하기 때문에 만족스럽지 않을 수 있다. 하물며 평균은 항상 위협에 시달려야 한다. 평균을 넘어서는 사람들이 치열한 경쟁 세계에서 성공할 기회를 우리에게서 빼앗아 갈 것이기 때문이다. 하지만 우리 모두가 평균 위에 있을 수 없다는 건 말할 필요도 없다. 모두가 평균을 넘어서야 한다는 생각은 초등 수학으로도 부정된다. 평균이 있으려면 누군가는 평균 위에 있고, 누군가는 평균 아래에 있어야 한다!

비현실적일 정도로 무
리하는 행위는 기대를 무
너뜨리고 실망과 고통을
자초하는 확실한 방법이
다. 달리 말하면, 행복 방
정식을 엉망으로 만드는
확실한 방법이다. 실망이

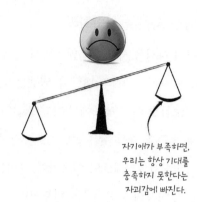

자기애가 부족하면,
우리는 항상 기대를
충족하지 못한다는
자괴감에 빠진다.

되풀이되면 스트레스가 쌓이고, 결국에는 누구도 견디기 힘든 지경
까지 추락한다.

이쯤에서 모든 것을 멈추고, 당신이 사랑하는 사람을 어떻게 대하
는지 생각해보라. 당신이 사랑하는 사람도 당신의 기대에 미치지 못
하면 헌신짝처럼 외면하는가? 그렇지 않을 것이다. 오히려 따뜻한
마음으로 격려하며 용기를 북돋워줄 것이다. 그런데 왜 당신 자신은
그렇게 대하지 않는 것인가?

여하튼 당신도 포유동물이다. 포유동물은 새끼를 본능적으로 보
살핀다. 갓 태어난 새끼는 세상에 도전할 준비가 전혀 돼 있지 않기
때문이다. 결국 우리는 유약하기 때문에 안전하다는 느낌을 추구하
고 욕망하게 된다. 우리는 어렸을 때 부모에게서 얻는 따뜻한 온기와
부드러운 손길, 온화한 대화 덕분에 스트레스 없이 살아간다. 안전하
다고 느낄 때 우리 뇌는 기분을 좋게 해주는 호르몬의 분비를 자극하
고, 그 때문에 더욱 신나게 일하며 행복감을 만끽할 수 있다. 우리 자
신도 이런 식으로 보살펴야 한다. 사랑하는 자식을 돌보듯이 우리 자
신도 돌봐야 한다. 우리 자신도 따뜻하고 다정하게 대하며 마음껏 사

랑해야 한다. 자신을 가혹하게 대하는 사람이 어떻게 남에게 친절할 수 있겠는가. 우리에게 필요한 것은 사랑이 전부다.

자기애는 필요한 것이며, 누구나 이루어낼 수 있는 사랑이다. 나는 자기애도 알리에게 배웠다. 알리는 자신을 있는 그대로 받아들이는 데 탁월한 능력을 보였다. 항상 최선의 노력을 다했고, 그 후에는 결과와 상관없이 노력 자체로 자신을 평가했다. 최선을 다했다고 판단하는 한, 특정한 목표를 달성하지 못했더라도 알리는 결코 자책하지 않았다. 알리는 음악에는 뛰어났지만 스포츠에는 별다른 재능이 없었다. 그렇다고 그 때문에 안달하지는 않았다. 알리는 우정에는 운이 좋았지만 사랑에는 운이 따르지 않았다. 그래도 알리는 상관하지 않았다. 그것이 알리 본연의 모습이었고, 알리는 그런 자신을 좋아했다. 알리를 만나본 사람들도 한결같이 알리의 그런 면을 좋아했다.

기억하라! ➡ **최선을 다했다는 이유만으로도 당신 자신을 사랑하라.**

그러나 우리는 자신에 대해 좋아하는 부분보다 좋아하지 않는 부분을 주로 기억하고, 다른 사람들이 우리를 어떻게 비판했는지를 뚜렷이 기억하는 경향을 띠기 때문에 '자신을 사랑하라'고 말하기는 쉽지만 실천하기는 어렵다. 이런 편향성이 우리의 자신에 대한 평가를 왜곡하지만, 편향성을 바로잡는 건 그다지 어렵지 않다. 일기 쓰기를 시작하거나, 당신 자신에게 이메일을 보내는 것으로 충분하다. 어느 쪽을 선택하든 당신의 긍정적인 면과 칭찬할 만한 부분을 빠짐없이 써보라. 당신이 자랑스럽게 생각하는 것을 하루에 적어도 하나씩 어

떻게든 생각해내고 써보라. 당신이 남
들에게 받은 칭찬을 빠짐없이 써보라.
어떤 내용이었고, 누가 칭찬했으며, 어
떤 이유에서 그런 칭찬을 받았는지 자
세히 써보라. 그 후로는 당신이 뭔가
부족했다는 느낌이 들 때마다 일기나

이메일을 읽어보라. 그럼 당신을 사로잡은 부정적인 생각을 드러내주
며, 당신이 실제로는 그처럼 나쁜 사람은 아니라고 일깨워줄 것이다.

당신을 기분 좋게 해주는 사람들과 함께하는 것이 무엇보다 중요
하다. 당신을 괴롭히거나, 파괴적일 정도로 비판하는 사람을 당신의
삶에 들이지 마라. 단 1분도! 사랑과 연민과 배려가 있는 건설적이고
긍정적인 피드백은 받아들이고, 부정적인 피드백은 단호히 거부하
라. 친구가 이런 부정적인 징후를 보인다면, 알리가 나에게 가르쳐주
었듯이 그 친구에게 세 번의 기회를 줘라. 부정적인 말을 듣게 되면,
다음과 같이 단호히 말하라.

당신은 방금 나를 폄하했고, 그 때문에 나는 몹시 기분이 나쁘다.
나를 기분 나쁘게 하는 사람과는 어울리고 싶지 않다.
다시는 그런 말을 하지 마라.

그런데도 그가 부정적인 말을 계속 한다면 넘지 말아야 할 경계를
다시금 분명히 말하라. 만약 그가 또다시 부정적인 말을 한다면, 곧
바로 등을 돌려 떠나라! 그리고 단도직입적으로 말하라.

나에 대한 당신의 부정적인 평가에 기분이 몹시 나쁘다.
나는 더 나은 평가를 받을 자격이 있다!

그가 용서를 빌고 끈질기게 호소하더라도 뒤돌아서지 마라. 세 번의 기회는 충분하고도 넘친다. 단호해야 당신의 삶을 구하고, 그에게도 다른 친구들을 신중하게 대해야 한다는 따끔한 교훈을 줄 수 있다.

끝으로, 당신 자신을 '무조건적으로' 사랑하는 데는 어떤 이유도 필요하지 않다는 걸 기억해야 한다. 당신은 당신의 에고가 아니다. 당신이 성취한 것이나 소유한 것이 당신은 아니다. 당신이 자기애의 전제 조건으로 당신 자신에게 요구하는 성공이나 지위 등이 당신은 아니다. 진짜 당신, 푸키는 항상 사랑받을 자격이 있다.

 에고를 떼어낸 당신은 정말 사랑스런 존재다.

친절하라

진정으로 누군가를 사랑할 때 당신은 어떻게 행동하는가? 흔쾌한 마음으로 그에게 아낌없이 나눠준다. 사랑하는 사람에게 뭔가를 주면, 당신 품에 간직하고 있을 때만큼이나 기분이 좋다. 때로는 그보다 기분이 훨씬 나아진다.

모든 것을 사랑하고 모두를 사랑하는 법을 배웠다면 무조건적으로 사랑하라. 적은 돈이라도 자선단체에 기부하고, 거리에서 공연하는 악사의 모자에 1달러라도 내놓아라. 개발도상국가에서는 1달러로 한 가족이 하루를 먹을 수 있고, 당신이 하루에 커피 한 잔을 참으면 그 돈으로 한 아이가 일주일 동안 배를 채울 수 있다.

그러나 물질적인 선물에 그쳐서는 안 된다. 따뜻한 미소와 다정한 대화, 감사의 말과 칭찬도 아끼지 마라. 사랑하고 수용하며, 판단하지 말고 이해하려고 애써라. 식당이나 상점에서 일하는 직원들에게 감사하라. 그들을 이차원적인 존재, 그저 당신에게 봉사하기 위해 그곳에서 일하는 존재로 대하지 마라. 연장자를 존중하라. 인맥이 필요한 친구를 이곳저곳에 소개하라. 이력서나 추천서를 받으면 당신 회사의 인사부에 잊지 말고 전달하라. 힘든 시기를 겪고 있는 사람에게 전화를 걸어, 하소연을 들어줘라. 힘이 닿는 데까지 도와라. 그에게 누군가의 보살핌을 받고 있다는 안도감을 느끼게 해줘라. **당신이 대접받고 싶은 대로 모두를 대하라.** 이것이 사랑의 황금률이다.

당신의 선물을 주변 너머까지 확대해보라. 나무에 물을 주고, 고양이를 쓰다듬어 주며, 새에게 먹이를 주고, 파리의 목숨까지 소중히 생각하라. 당신이 소유한 자동차와 책, 커피 잔까지 아끼며 소중히 다루어보라.

당신이 먼저 주면, 삶은 반드시 당신에게 되돌려주며 보상한다. 뭔가를 줄 때 온 우주에 주는 것이라고 생각하라. 따라서 우주가 당신에게 빚지는 것이므로 머잖아 이자까지 더해 갚을 것이라고 생각하라! 무조건적인 사랑에서 헛되이 낭비되는 것은 아무것도 없다.

기억하라! ➤ **사랑이란? 당신이 줄 수 있는 것이면 무엇이든 주는 것이다.**

당신이 사용하지 않는 것이면 아낌없이 기부하라. 구두와 바지와 셔츠는 쓰이기 위해 만들어진 것들이다. 그런 것들을 벽장 속에 넣어두면 죽이는 것이나 다름없다. 그것들을 좋아하며 사용할 사람들에게 기부한다면, 그것들에게 생명을 되돌려주는 것과 똑같다.

삶은 강물처럼 흐를 때 번성한다. 기부하는 삶은 끊임없이 흐르는 강물과 같아, 항상 신선하고 활력으로 충만하며 아름답고 행복하다. 흐르지 않는 물은 썩은 늪처럼 악취를 풍긴다. 당신이라면 어느 쪽을 선택하겠는가?

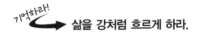

기억하라! ➤ **삶을 강처럼 흐르게 하라.**
사용하는 것이면 간직하고, 사용하지 않는 것은 아낌없이 기부하라.

당신이 사랑하고 소중하게 생각하는 것까지 기부하면, 우주가 이자를 더해 당신에게 되돌려준다. 개인적인 차원에서는 이 원리를 이해하기 힘들 수 있지만, 사회 전반을 고려하면 이 관계가 한층 명백히 드러난다. 경제학에서 설명하듯이, 풍요를 누리는 사람이 어려움에 처한 사람에게 기부하면 경제 전체가 성장하기 때문에, 궁극적으로 기부자도 이득을 보며 기부한 것보다 더 많은 결실을 거둔다. 경제가 하락기에 접어들면 경제학자와 정책 입안자가 소비자에게 지출을 독려하는 이유가 여기에 있다. 이런 정책은 어려운 시기에 저축하는 경향을 띠는 소비자의 본능에 배치되는 것으로 들리지만, 이런 본능적인 반응은 장기적으로 큰 문제를 불러일으킨다. 소비자가 지출을 중단하면 세계가 서서히 멈춰버리지만, 소비자가 지출을 계속하면 사회가 장기적으로는 번성하기 때문이다. 결국 우리가 더 많이 기부할수록 더 큰 풍요를 창조해낼수 있다.

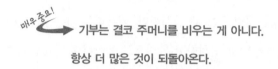

기부는 결코 주머니를 비우는 게 아니다.

항상 더 많은 것이 되돌아온다.

게다가 우리가 재능과 물질을 기부하는 범위가 커질수록 되돌려 받는 것도 훨씬 커진다. 우리는 생면부지의 사람을 도울 때 일반적으로 어떤 대가도 기대하지 않는다. 이렇게 행동할 때 뜻밖의 보답이 주어진다. 우리가 사심 없이 기부하면 삶이 그 빚을 떠안으며 후하게 되돌려준다. 한 걸음 더 나아가, 당신이 좋아하지 않는 사람에게 친절한 말이라는 선물, 판단을 유보하는 선물을 기부해보라. 그럼 선순환이 끝없이 이어지지 않겠는가.

오래전에 나는 이런 주장을 진실로 받아들였다. 물론 공학자답게 나는 궁금증이 생기면 관련된 주장을 객관적으로 검증해보려는 습관이 있다. 그래서 기부할 때마다 기록을 남겼다. 그 기록에 따르면 기부할 때마다 뜻밖의 곳에서 뜻밖의 선물을 받는 경우가 많았고, 그 선물의 가치는 내가 기부한 것의 가치를 훨씬 넘어서는 것이었다. 이상하게도 기부를 중단하면 내 삶이 팍팍해졌고, 내가 돈벌이를 하려고 발버둥 치는 기분이었다.

하버드 경영대학원의 마이클 노튼은 엘리자베스 던, 라라 애크닌과 함께 추진한 연구에서, 생면부지의 사람들에게 5달러나 20달러를 주며 그 돈을 바로 그날 쓰되, 절반에게는 자신을 위해 그 돈을 지출하고 나머지 절반에게는 다른 사람을 위해 그 돈을 지출하라는 조건을 제시했다. 자신을 위해 돈을 지출하라는 조건을 제시받은 사람들은 커피와 음식 같은 것을 구입한 반면, 다른 사람에게 그 돈을 지출하라는 조건을 제시받은 사람들은 형제를 위해 선물을 구입하거나 노숙자에게 기부했다. 그런 행위가 그들의 행복에 끼친 결과는 어땠을까? 자신을 위해 돈을 지출한 사람들보다, 다른 사람을 위해 돈을 지출한 사람들이 느낀 행복감이 훨씬 더 컸다. 지출된 돈의 액수와 상관없이 이런 결과는 항상 똑같았다.[1]

몇몇 비슷한 연구에서 확인됐듯이, **돈으로 행복을 살 수 있다. 여기엔 '기부한다'는 조건이 따른다.** 미소와 시간, 관심과 지식, 칭찬 등 당신이 가진 것이면 무엇이든 상관없다. 이런 점에서,

기억하라! ➡ **기부는 긍정적인 이기적 행위다!**

행복하고 싶다면 기부하라!

궁극적인 형태의 기부(giving)는 용서받지 못할 행위를 범한 사람을 용서('for' giving)하는 것이다. 아침에 당신의 길을 가로막은 운전자를 용서하라. 당신을 헐뜯고 모함하는 동료를 용서하라. 당신의 페이스북에 악의적인 글을 남긴 '친구'를 용서하라.

그 운전자가 당신의 길을 가로막은 데도 수많은 그럴듯한 이유가

있을 것이다. 어쩌면 그의 아내가 진통 중이었고, 그런 아내를 데리고 황급히 병원으로 달려가는 길이었을지 모른다. 어쩌면 무서운 운전 교습 학원 선생이 그를 호되게 가르치고 있었을지도 모르고, 또 그의 앞에 불쑥 끼어든 다른 자동차를 피하려고 당신의 길을 가로막았을지도 모른다. 아니면 도로를 가로지르는 다람쥐의 목숨을 구하려고 그렇게 운전했을 수도 있지 않을까? 여하튼 처지를 바꾸어 생각해봐야 한다. 용서하라! 그럼 당신도 용서받을 것이다. 용서는 항상 커다란 보상으로 되돌아온다.

당신 생각에는 아무런 근거도 없는 잘못된 주장을 일삼는 사람들을 용서하라. 알리에게는 많은 장점이 있었지만, 내가 가장 좋아했던 장점은 말다툼에서 은근히 양보하는 태도였다. 알리는 상대편의 주장에 완전히 동의하지 않아도 말다툼을 지루하게 끌지 않았다. 알리는 항상 상대편의 말을 주의 깊게 들었고, 그런 후에야 자신의 의견을 피력했다. 자신의 주장이 옳다는 걸 입증하려는 적극적인 의지는 없었지만, 누구에게나 친절해야 한다는 강력한 욕구를 이기지 못했다. 그래서 온 세상이 그 답례로 알리에게 친절을 베풀었던 것이 아니겠는가!

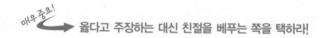
옳다고 주장하는 대신 친절을 베푸는 쪽을 택하라!

어떤 면에서, 이 장은 내가 감상적인 넋두리를 늘어놓은 비과학적인 장이었다. 하지만 당신이 나의 그런 잘못을 용서하기에 가장 적절한 장이기도 하다. 설명할 수도 없고 설명되지도 않지만, 무조건적인 사랑은 우주를 떠받치는 기둥 중 하나다. 어떻게 하면 우리는 환희의 상태에 이를 수 있을까? 비틀즈가 가장 적절한 답을 말한 듯하다.

 사랑은 우리에게 필요한 모든 것!

13장
—

평화롭게 사는 법을 배우라

죽음은 실재하는 것이다. 이 땅에서 잠깐이라도 숨을 쉬었던 사람은 누구도 죽음을 피할 수 없었다. 따라서 때로는 죽음이 삶보다 더욱 실감 나게 느껴진다.

나는 이 장을 쓰기가 가장 힘들었다. 죽음에는 섬뜩한 면이 있기는 하다. 당신도 짐작하겠지만, 죽음은 특히 지금의 나에겐 언급하기에 무척 민감하고 힘든 주제다.

죽음은 우리를 두렵게 한다. 따라서 우리는 죽음에 대한 언급을 꺼린다. 하지만 오늘은 그런 두려움을 떨쳐내자. 여기에서 나는 야만스러울 정도로 솔직하게 죽음에 대해 말해보려 한다. 부분적으로 지나치게 가혹하게 들리고, 당신의 신앙과도 충돌할 수 있기에 미리 사과해두고 싶다.

돌이킬 수 없는 알리의 죽음을 경험하며, 나는 삶과 죽음이라는 근본적인 진실에 정면으로 맞닥뜨렸다. 죽음에 대한 이해를 확고히 함으로써 가치 있는 삶을 살겠다는 결심을 더욱 굳혔다. 또한 알리의 죽음은 내게서 마지막 두려움마저 가져가버렸다. 덕분에 이제 나는 죽음을 두려워하지 않는다.

죽음을 탐구하지만, 죽음이란 가장 큰 두려움이 정당화되지는 않는다. 하지만 죽음을 탐구하는 과정에서, 내가 그랬듯이 당신도 죽음에 우리의 가장 소중한 '라이프 코치(life coach)'가 있다는 걸 깨닫게 될 것이다. 이 장은 읽기가 쉽지 않겠지만, 시간을 할애해 읽을 만한 가치가 있다고 확신한다.

서구 사회의 영향을 받은 문화권에서는 죽음에 대한 언급을 피하는 편이다. 그 때문에 우리는 죽음에 대해 많은 것을 모르고, 그 때문에 죽음을 쓸데없이 두려워한다. 하지만 죽음에 대해 공개적으로 말하는 문화도 많다. 예를 들면, 멕시코는 해마다 '죽음의 날(Día de Muertos)'을 정해두고 망자들을 추모한다. 이런 추모제는 한 가지 점에서 서구적 전통과 무척 다르다. '죽음의 날'은 '망자를 위한' 축제가 아니라 '망자와 함께하는' 축제다. 망자가 단순히 기억되거나 추모되는 존재가 아니라 함께하는 존재인 것이다. 따라서 망자들을 위한 음식과 선물을 푸짐하게 준비하고 꽃 장식도 더한다. 살아 있는 사람들은 사랑하던 망자에 대한 이야기를 주고받으며, 망자의 영혼을 환영한다. 수피교파도 망자의 사망일에 전통적인 제사를 지낸다. 인도 라

자스탄에서는 12일간의 애도 기간이 끝나면 생존자들이 망자를 위한 제사를 지낸다. 한편, 아일랜드에서는 망자를 떠나보내기 전에 친척과 친구들이 관 옆에서 웃음과 음악으로 떠들썩하고 시끌벅적한 밤을 함께 보낸다. 죽음이라는 동일한 주제를 두고 어떻게 이처럼 다양한 관점이 있을 수 있을까? 이런 문화권 사람들은 죽음을 맞는 순간도 서구 문화권 사람들과 분명히 다르다. 문화권마다 죽음을 바라보는 관점이 다른 걸 보면, 죽음도 관점의 문제인 게 분명하다.

우리가 믿는 신화

죽음을 외면하지 않고 주의 깊게 살펴보면, 죽음이 우리 삶에서 중요한 위치를 차지하고 있다는 걸 확인하며, 죽음을 눈앞의 적으로 생각하는 단순함에서 벗어날 수 있다. 죽음에 다가서는 과정의 첫 단계는 몇몇 잘못된 신화를 떨쳐내는 것이다.

죽음은 순간적인 사건이다

죽음의 순간은 삶의 과정에서 빼놓을 수 없는 부분이다. 우리가 태어나는 순간은 죽기 시작하는 순간이기도 하다. 지금 이 순간에도 우리는 죽어가고 있다. 모두 25조 개에 달하는 적혈구는 생성되면 4개월 내에 죽음을 맞는다. 우리가 이 장을 끝까지 읽었을 즈음에는 우리 몸 전체에서 1억 5,000만 개의 세포가 죽었을 것이다. 그중 2,000개는 영원히 대체되지 않는 뇌세포일 것이다. 죽음은 순간적으로 시작돼 끝나는 사건이 아니라 하나의 과정이다. 우리가 이 땅을 떠나는 날이라고 특별한 것은 없다.

→ 우리는 날마다 조금씩 죽어간다.

죽음은 적이다

죽음은 이 땅의 모든 생명체를 지탱해주는 먹이사슬에서 반드시 필요한 부분이다. 각 종은 먹이사슬에서 하위에 있는 것을 먹이로 삼는다. 먹이사슬에서는 하위 종의 죽음이 없으면 어떤 생명체도 존속할 수 없다. 우리 인간은 죽는 순간까지 대부분의 피조물을 먹이로 삼지만, 풀과 장미는 우리의 시신에서 영양분을 흡수한다.

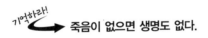

→ 죽음이 없으면 생명도 없다.

물론 상대적으로 생존 기간이 긴 생명체가 있지만, 결국에는 모든 생명체가 예외 없이 죽음을 맞는다. 매 순간, 수십억 개의 생명체가 생태계를 유지하는 저마다의 역할을 끝낸 후에 평화롭게 죽어간다. 여기에서 유난을 떠는 유일한 종이 인간이다.

죽음은 언제나 반갑지 않은 손님이다

우리 모두가 마음속으로는 죽음을 피할 도리가 없다는 걸 알고 있다.

하지만 죽음이 불청객처럼 불쑥 닥치지 않고 미리 약속하고 찾아오기를 바라며, 그 약속이 가능하면 늦추어지기를 바란다. "이봐, 난 아직 건강하고 여기에서 사는 게 재밌어. 그러니까 30년, 아니, 330년 후에나 다시 오라고. 아니, 아예 신경 쓰지 말고 전화번호를 남겨두는 게 어떻겠어? 때가 되면 내가 연락할 테니까."

삶이 원만하게 흘러가면 누구도 죽음을 바라지 않을 것이다. 하지만 많은 사람이 힘든 삶을 겪는다. 따라서 삶이 바람대로 진행되지 않으면 죽음에 대한 생각은 바뀔 수 있다. 통증이 심한 질병을 앓거나 나이가 들고 몸이 약해지면, 인정하기 쉽지 않겠지만 "왜 죽는 데 이렇게 오래 걸리는 거야?"라고 푸념하기 시작한다.

예약된 시간의 죽음이라는 생각에 나는 동의하지 않는다. 그런 생각은 우리가 사랑하는 사람의 죽음에도 적용되기 때문이다. 사랑하는 사람이 죽으면 우리는 배신감을 느낀다. 사랑하는 사람을 너무 빨리 데려갔다고 화를 내며 '한 번이라도 더 포옹할 수 있었더라면 좋았을 텐데'라고 생각한다. 하지만 얼마나 빠른 게 너무 빠른 것인가? 마지막으로 한 번 더 포옹하는 시간이나 1년 동안 알리가 더 살았다면 어떻게 됐을까? 그때는 내가 "됐습니다. 이제 알리를 데려가도 좋습니다!"라고 말했을까? 아니다! 그때도 너무 빠르다고 불평했을 것이고, 한 번이라도 더 포옹할 시간을 바랐을 것이다.

그러나 삶 자체가 더 나은 선택이 아니면, 죽음을 경원하던 우리 생각도 수그러든다. 과다 출혈로 알리의 신체 기관들은 부정적인 영향을 받기 시작했고, 결국에는 하나씩 기능을 멈추었다. 알리가 고통받는 내내 나는 알리의 회복을 바라며 기도했다. 아직은 알리가 죽음을 맞이할 시간이 아니라고 굳게 믿었지만, 마침내 집중치료실 의사가 알리의 몸에 닥친 손상의 정도를 정직하게 알려주었을 때 내 마음은 크게 흔들렸다. 손상된 뇌로 이 세상에 계속 남아 있는 게 알리에게 더 나은 길일까? 이렇게 생각하며 나는 '어쩌면 지금이 이 땅을 떠나는 최적의 시간일지 모르겠다' 라는 결론에 이르렀다.

좋든 싫든 간에 죽음은 우리 모두에게 이미 예약돼 있다. 예약된 시간이 언제인지 우리에게 알려주지 않았을 뿐이다. 하지만 죽음이 예약된 시간을 모르기 때문에 우리가 살아 있는 시간을 마음껏 즐길 수 있는 것인지도 모른다. 결국 죽음이 찾아오면 생각이 달라질 수 있겠지만, 여러 대안을 저울질하는 과정에서 우리는 죽음을 준비하는 것이라는 느낌을 받을 수 있다.

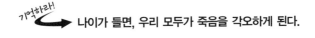

기억하라! ➤ 나이가 들면, 우리 모두가 죽음을 각오하게 된다.

죽음은 고통스럽다

우리가 죽음에 대해 갖는 또 하나의 불안은 '어떻게 죽을 것이냐?' 라는 의문에서 비롯된다. 우리는 간혹 이렇게 생각한다. 난 물에 빠져 죽고 싶지 않아! 몸이 다 젖잖아. 낭떠러지에서 떨어져 죽고 싶도 않아. 재밌고 즐겁게 죽는 방법이 없을까? 그래, 솜사탕처럼 달콤한 죽음이 있다면, 그렇게 죽고 싶어.

쓰나미에 수천 명이 목숨을 잃으면 우리는 세상에 분노를 터뜨린다. 말하자면, 절대자인 신을 원망한다. 세상이 잔인하게 느껴진다.

평온하게 죽는 방법도 있는데……. 그러나 죽음은 언제나 급작스레 닥치고 원망을 불러일으킨다. 이 점에서 어떻게 죽느냐는 큰 차이가 없다.

알리는 죽는 게 두렵지 않다고 말했지만 죽어가는 고통은 무서워했다. 내 기억이 맞는다면, 알리는 열한 살이었을 때 죽어가는 고통에 대해 언급했다. (알리가 생애를 21년으로 압축해 살았다는 점을 고려하면 열한 살에 그런 말을 했다고 그다지 이른 것은 아니었다.) 당시 나는 알리에게 "아빠는 네가 그런 고통을 겪지 않기를 바란다"라고 대답했다. 이 땅을 떠나던 날, 알리는 저녁 10시 30분에 잠자리에 들었고, 그 이후로 지금까지 잠에서 깨어나지 않았다. 알리가 그랬듯이, 나도 똑같은 식으로 이 땅을 떠나기를 바란다. 잠든 사이에 평화롭게 죽는다면, 솜사탕 같은 죽음보다 훨씬 낫지 않을까.

고통스러운 죽음은 우리가 무엇보다 두려워하는 것이다. 하지만 고통스런 죽음은 피할 수 없는 것일까? 아니, 그건 고통스러운 죽음이 아니다. 죽음 직전에 찾아오는 고통스러운 삶일 뿐이라고 생각하라. 이 땅을 떠나면 더는 고통이 없다. 우디 앨런은 "나는 죽는 게 두렵지 않다. 죽음이 있을 때 내가 거기에 있지 않기를 바랄 뿐이다." 라고 말했다. 앨런은 죽음을 맞을 때 거기에 있지 않을 것이다. 물론 우리도 죽음을 맞을 때 거기에 있지 않을 것이다.

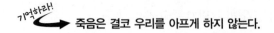

기억하라! 죽음은 결코 우리를 아프게 하지 않는다.

죽음을 면할 수 있다

현대 세계가 만들어낸 대표적인 신화다. '생명을 구한다'라는 약속이 엄청난 돈을 벌어들이는 의료 산업의 초석이 되기 이전까지 죽음은 무척 단순했다. 이제 죽음은 오랜 시간이 걸리고, 더욱 복잡하고 더욱 고통스러우며 값비싼 절차가 됐다.

과거에는 대부분이 급작스레 죽었고, 수명도 비교적 짧았다. 죽음은 예견된 것이었고, 누구나 받아들였다. 죽음은 사랑하는 사람들에게 충격과 슬픔을 주었지만, 죽어가는 사람에게는 오히려 죽음이 편한 편이었다. 죽음으로써 고통이 끝났기 때문이다. 이제 시대가 바뀌었다. 테크놀로지의 지속적인 발전으로 우리 몸에서 뭔가가 잘못되면 곧바로 바로잡을 수 있는 치료법이 꾸준히 개발됐다. 따라서 수십억 인구가 하루를 더 사는 기회를 얻었다. 그 결과로 세계인의 기대수명은 지난 60년 동안 무려 50퍼센트나 늘어났다.[1]

하지만 더 오래 산다고 삶의 질이 향상된다는 뜻은 아니다. 집중치료 전문의 피터 사울은 '죽음에 대해 말해보자'라는 제목의 테드 강연에서 장수와 삶의 질에 대해 다루었다. 그의 지적대로 '생명을 구한다'라는 약속은 분명히 용기를 북돋워주지만, 제공되는 상품은 '생명 연장'이라고 불려야 마땅하다. 이렇게 생각할 때, 하루를 더 사는 삶은 연장할 가치가 있을 때에야 소중한 선물이 된다. 그러나 선진 사회에서는 많은 사람이 이런 구분을 무시한 채 생명의 연장을 홍정하지만, 삶의 연장이 고통의 연장을 뜻하는 경우가 적지 않다. 따라서 열 명 중 한 명이 집중치료실에서 사망하고, 임상적으로 사망이 선고된 후에도 많은 환자가 생명 유지 장치를 떼어내지 못한다.[2]

수명이 길어짐에 따라, 엄청난 액수의 돈이 걸린 또 다른 산업이 생겨났다. 우리 몸에 끈적이는 유동액을 주입하고, 노화의 징후를 제거하려고 우리 피부를 잘라내고 늘리며 꿰매는 산업이다. 게다가 결국 죽음을 맞을 때가 되면 또 다른 산업이 불멸을 제공한다며 우리에게 접근한다. 테크놀로지가 눈부시게 발달하면 우리가 다시 살아날 수 있기를 기대하며 우리 몸을 냉동하는 산업이다. 그야말로 파라오가 꿈꾸던 오랜 숙원이 금방이라도 실현될 듯하다.

하지만 우리가 건강하게 살아 있다는 자체가 기적이다. 당신의 몸을 살펴보며, 그 몸을 계속 유지하기 위해 완벽하게 운영돼야 하는 수많은 기관의 생명 기능을 생각해보라. 정교한 장치처럼 움직이는 각 기관에 내포된 수만 개의 단백질을 생각해보라. 또한 영양을 공급받고 보호되며 교체돼야 하는 수조 개의 세포를 생각해보라. 우리는 아침에 눈을 뜰 때마다 몸이라는 기계가 평소와 다름없이 기능하기를 바라지만, 엄격히 말하면 우리 몸은 무척 유약하다. 하나의 유전자 쌍이 변형되거나, 하나의 세균이 죽지 않고 살아남으면, 또는 하나의 중요한 기관이 기능을 상실하면, 쉽게 말해 하나의 시스템이라도 망가지면 몸이라는 기계는 붕괴된다. 게다가 우리 몸은 고장 날 확률이 무척 높다.

알리를 예로 들어보자. 알리의 죽음은 아주 작은 구멍에서 비롯된 결과였다! 정확히 말하면, 혈관에 구멍을 낸 주삿바늘이 문제의 시초였다. 우리가 정말 그렇게 유약한 존재일까? 그렇다! 우리는 지극히 유약한 존재다. 일반적으로 생각하는 것보다 훨씬 유약한 존재다. 우리 삶에서 많은 것이 잘못될 수 있고, 종종 잘못되기도 한다. 아랍 속담에서 말하듯이 "이유는 무한히 많지만, 죽음은 하나로 똑같다."

알리의 죽음 이후로 나는 끊임없이 죽음을 생각해왔다. 나는 지금 내쉬는 숨이 마지막 호흡일 수 있고, 이 구절이 내가 쓰는 마지막 구절이 될 수 있다는 걸 분명히 알고 있다. 내 몸이라는 기계에는 품질 보증서가 없다. 몸의 사용 설명서에는 몸의 기능이 멎는 때에 관련해 나에게는 어떤 발언권도 없다고 분명히 쓰여 있다. 세심히 관리하면 그럭저럭 몇 년을 더 사용할 수 있지만, 결국에는 예비 부품도 바닥나기 마련이다. 몸과 함께하는 삶이란 게임은 이런 식으로 행해진다.

기억하라! ➜ **죽음을 피할 수는 없다. 누구나 언젠가는 죽기 마련이다!**

뭔가가 우리 통제권 밖에 확실히 존재하는 경우, 그것을 정상적인 삶의 일부로 **받아들이는 법**을 터득할 때까지 행복을 찾기란 불가능하다. 그래도 죽음으로 생명 자체가 사라지는 것이라고 믿는다면, 죽음을 받아들이기가 쉽지 않을 것이다. 하지만 죽음이 정말 생명 자체를 빼앗아 가는 것일까?

오랜 삶이라는 연속체

마침내 니발과 나는 집중치료실에 들어가 사랑하는 아들에게 마지막 작별 인사를 건네도 좋다는 허락을 받았다. 그때 니발은 "사랑하는 아들아, 네가 마침내 집에 왔구나"라고 말했고, 나는 알리의 이마에 입맞춤하고는 "아들, 곧 다시 만나자!"라고 말했다. 우리 부부는 어느새 마음의 평온을 되찾고 있었다. 우리의 마음 상태를 적잖은 독자가 동의하지 않겠지만 그런 마음 상태는 사후 세계에 대한 확고한 믿음에서 비롯된 것이었다.

정의

죽음 후에 우리가 어떻게 되느냐에 대해서는 다양한 의견이 있지만, 반복해서 언급되는 몇몇 기본적인 개념이 있다. 가장 흔히 언급되는 일반적인 개념은 영생과 환상과 무(無)다. 종교적 가르침에 따르면, 우리는 영원히 살며 최종적으로 천국이나 지옥에 들어간다. 따라서 진정한 삶은 사후에야 시작된다는 게 종교의 일반적인 견해다. 이런 극단적인 이분법에서 벗어나, 반복해서 삶의 세계로 되돌아온다고 가르치는 종교도 있다. 이 밖에도 '존재'와 '무'가 있으며, 우리가 죽으면 그것으로 끝이어서 소멸된다고 주장하는 세속적인 사상 체계도 있다.

이처럼 다양한 의견 중 어떤 것도 확실하게 입증되지는 않는다. 그러나 공통점을 찾아내기 위한 목적에서, 나는 '삶이란 무엇인가?'라는 질문에 대한 답을 근거로 통합된 정의를 제시해보려 한다. 여기에서 '삶'이라는 표현은 현재의 물리적 형태를 지닌 생명체를 뜻하고, '죽음'은 그 형태의 종말을 가리킨다. 이 정의에는 어떤 예외도 인정하지 않는다. 삶과 죽음에 대한 정의가 이렇게 결정되면, 우리는 '오랜 삶(long life)'이라는 새로운 개념을 생각해낼 수 있다. '오랜 삶'은 지상에서 누리는 삶과 사후의 사건을 결합한 개념이다. 따라서 종교인의 경우에 '오랜 삶=삶+영생'이 되겠지만, 이분법에서 벗어나 환생을 믿는 사람에게는 '오랜 삶=삶×환생 주기'가 될 것이다. 물론 세속적인 사람에게는 '오랜 삶=삶', 즉 지상에서의 삶에 불과하다.

시간이라는 문제

우리가 당연시하는 몇몇 개념을 어떤 관점에서 다시 해석하느냐에 따라 '오랜 삶'이 달라진다. 예를 들어, 우리는 죽음을 삶의 중단으로 이해하지만, 다른 관점에서 보면 죽음을 중단한 것이 삶이 된다. 죽음은 무한히 오랫동안 지속되는 반면, 삶은 무척 신속하게 끝난다. 삶처럼 소중한 것이 어떻게 그토록 하찮게 여겨질 수 있는가? 또 삶

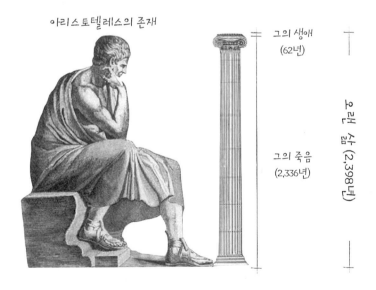

아리스토텔레스의 존재

그의 생애
(62년)

오랜 삶 (2,398년)

그의 죽음
(2,336년)

이 어떻게 그토록 짧은 기간만 지속될 수 있는가? 그런데 왜 우리는 무한히 큰 그림에서 지극히 작은 조각에 불과한 삶을 그처럼 중요하게 여기는 것일까?

이 질문들에 대한 대답은 삶과 시간의 관계에 있다. 다행히 여기에서 형이상학까지 동원할 필요는 없다. 물리학은 지난 150년 동안 물리적으로 크고 작은 것과 그 사이에 있는 모든 것을 꾸준히 연구해 왔다. 그 결과로 얻어낸 이론들, 즉 양자 이론, 빅뱅 이론, 상대성 이론 등은 우리가 삶과 죽음을 지금과 같이 접근하는 이유를 이해하는 데 도움이 될 수 있다. 죽음 이후와 죽음 이전의 삶은 인류의 탄생 이후로 꾸준히 논쟁의 중심이었기 때문에 이런 이론들의 등장은 반가운 소식이 아닐 수 없다. 죽음과 삶의 관계를 객관적으로 논의할 수 있다는 가능성 자체가 정말 환영할 만하지 않은가.

양자물리학에서 실험 대상의 파동성과 입자성을 구분하는 '이중 슬릿 실험(double-slit experiment)'에 대해 십중팔구 들어보았을 것이다. 내가 아는 범위에서 이중 슬릿 실험은 물리학과 삶의 속성을 이어주는 유일한 연결 고리다. 달리 말하면, 이중 슬릿 실험은 아원자 입자(subatomic particle: 원자를 구성하는 입자)의 존재를 당신과 같은 생명체의 관찰에 결부시킨다. 이 단순한 실험에서는 두 개의 구멍(slit)이 나란히 뚫린 장치 너머의 벽에 아원자 입자, 예를 들면 광자가 쏘아진다. 관찰이 없으면, 광자가 두 구멍을 통과함과 동시에 입자 형태로의 존재를 끝내며 확률 파동 함수가 된다. 관찰되는 경우에만 파동 함수가 붕괴되며 입자로서 물리적 형태를 되찾고, 광자 입자는 두 구멍 중 하나만을 통과한다. 결국 광자를 관찰하는 '선택'만으로 광자는 실제의 입자가 되는 셈이다. 이 이상한 특성은 지금까지 많은 연구의 주제가 됐고, 그 많은 연구가 **'삶에 의해 관찰되지 않으면 물리적 세계는 소멸된다!'** 라는 하나의 확고한 결론을 가리키고 있다.

슈뢰딩거의 고양이(Schrödingers Katze)가 이중 슬릿 실험의 유명한 사례다. 오스트리아의 물리학자 에르빈 슈뢰딩거가 양자역학의 불완전함을 보이기 위해 고안한 이 사고 실험에서는 고양이가 철제 상자에 놓이고, 그 상자에는 고양이를 죽일 수 있는 물질이 함유된 장치가 설치된다. 상자 밖에서는 통제할 수도 없고 예측할 수도 없는 임의적 사건이 일어나면, 독가스 같은 것이 방출되는 장치다. 우리는 상자 안의 상태에 대해 아무것도 모르기 때문에, 양자 법칙에 따르면 고양이가 확률 파동 함수에서 어떤 상태에나 있을 수 있다. 고양이는 중첩이라고 일컬어지는 상태, 즉 '죽은 상태이면서도 살아 있는 상태'에 있을 수 있다. 우리가 상자를 열고 고양이의 상태를 관찰할 때에야 중첩이 사라지고 고양이가 여전히 살아 있거나 죽었다는 걸 평가하고 확인할 수 있다. 결국 관찰이 결과를 만들어내고, 평가가 없으면 결과는 존재하지 않는다는 점에서 이른바 '관찰자의 모순(Observer's Paradox)'이라는 것이다.

하이젠베르크의 불확정성 원리(Heisenberg's uncertainty principle)는 이런 이상한 원리에 대한 연구를 더욱 심화한 것으로, 우리가 관찰하는 세계의 실재가 관찰이라는 행위에 따라 달라진다는 걸 입증해냈다. 불확정성 원리에는 모든 물리적 세계, 예를 들어 우리 주변 세계는 관찰자 의존적이라는 뜻이 함축돼 있다. 달리 말하면, 관찰자가 없으면 모든 것이 확률 파동에 불과하다는 뜻이다. 따라서 당신과 나를 비롯해 물리적 형태를 띤 모든 생명체는 물리적 세계의 산물이 아니라, 우리가 만들어낸 산물이다. 우리가 관찰함으로써 물리적 세계가 지금처럼 존재하는 것이기 때문이다.

지금도 이 관계를 생각할 때마다 나는 머리가 지끈거린다.

양자의 이런 이상한 속성을 염두에 두고, 우리의 물리적 세계가 시작한 때까지 되돌아가보자. 우주가 어떻게 시작됐는지에 대한 지배적인 우주 모형은 빅뱅 이론이다. 빅뱅 이론에 따르면, 우주는 높은 밀도에 있던 하나의 물질로 시작됐지만 폭발로 팽창하며 현재의 우주와 그 안의 모든 것이 만들어졌다. 빅뱅 이후, 우리 지구가 지금과 같은 형체를 이루는 데 90억 년이 걸렸고, 지구에 생명체가 서식하기 시작한 지도 어느새 40억 년 이상이 지났다. 그리고 당신과 나를 비롯한 모든 물리적 형체가 지금 여기에 있는 것이다.

양자 이론과 빅뱅 이론을 결합하면 무척 흥미로운 의문이 제기된다. 생명체와 우주, 둘 중 어느 쪽이 먼저 존재했을까? 빅뱅 이전에 존재한 최초의 물질과 팽창하는 기체, 최초의 지구와 그 대기에 존재하던 산소 입자, 최초의 지구를 가로지르던 강의 물방울 등을 비롯해 입자 하나라도 존재하려면, 그 입자를 관찰함으로써 존재하게 해주는 생명체가 필요했다. 따라서 우리가 지금 알고 있는 물리학 법칙들이 빅뱅 이후에도 생명체가 물리적 형체로 나타날 때까지 적용되지 않았다면, 물리적 세계가 존재하기 전에 생명체가 존재했다고 말할 수밖에 없다.[3]

빅뱅 이후, 시간이 물리적 세계에서 가장 끈질기게 지속되는 속성 중 하나였다. 환상적 속성을 지닌 시간은 세 번째 이론이 효과를 발휘하는 영역이기도 하다. 아인슈타인의 상대성 이론은 머리를 지끈거리게 만드는 또 하나의 과학적 결론으로, 모든 시간이 시공간이라고 불리는 사차원 구조에 이미 존재하고 있다는 것이다. 앞에서 언급했듯이, 시간의 상대성은 당신과 내가 속도와 위치와 상황 등 다양한 매개변수에 따라 시간을 여러 관점에서 해석할 수 있다는 뜻이다. 따라서 절대 시간이 없기 때문에 특정한 사건의 시작과 끝에 대한 인식도 사람에 따라 달라진다.

세 가지 기념비적 이론, 즉 양자 이론과 빅뱅 이론과 상대성 이론을 결합하면, 모든 가능한 관찰자를 포괄한다는 점에서 생명체가 먼저 존재한 듯하다. 바꿔 말하면, 물리적 세계는 생명체의 관찰을 통해 존재하고, 생명체는 물리적 세계의 법칙과 원리를 따르지 않는다는 뜻이다. 또한 우리는 다음과 같은 상당히 까다로운 의문을 맞닥뜨리게 된다. 생명체가 먼저 존재했다면, 생명체는 어떻게 끝을 맺는가? 끝이 시간의 한 점이라면 시간은 언제 시작하는가? 누구의 시간이 기준인가? 당신의 시간? 나의 시간? 시간이 예부터 줄곧 존재한 것이라면 어느 생명체가 가장 먼저 나타났는가? 나의 생명인가, 알리의 생명인가? 누가 먼저 죽었는가? 알리인가, 아니면 나인가? 시간이 항상 똑같이 존재하는 것이라면 '처음'과 '마지막'은 무엇이고, '전'과 '후'는 또 무엇인가? 하나의 대답만이 가능하다.

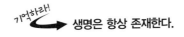

기억하라! 생명은 항상 존재한다.

우리 인간의 물리적 형체는 물리적 우주의 한계에 영향을 받는다.

그러나 아인슈타인의 우주에서는 한 조각의 시공간에 알리의 사망과 나의 탄생이 동시에 담길 수 있다. 그 조각의 실재적 관찰자는 우주보다 앞서는 삶의 일부이기 때문에 시공간의 범위 밖에 존재해야 한다. 실재적 당신과 실재적 나는 물리적 형체 밖에서 '오랜 삶'의 연속체로서 살아가기 때문에 '시간의 화살'을 초월한다.

이해하기 무척 어려운 개념들이다. 따라서 이 개념들에 대해 잠시 생각할 시간을 당신에게 주고 싶다. 필요한 만큼 시간을 사용해도 상관없지만, 물리적 형체도 환상에 불과하며 생명은 시공간의 한계에 영향을 받는 몸이 아니라는 것을 반드시 기억하기 바란다. 당신을 관찰자라 생각하려면, 물리적 세계에서 당신을 뜻하는 물리적 형체가 아니라 실재적 당신을 생각하라.

알리의 물리적 형체는 나의 물리적 형체에서 유래한 것이라 믿지만, 알리의 삶은 그렇지 않다. 알리의 삶은 시공간의 경계 밖에서 과거에도 줄곧 존재했고, 나의 삶도 마찬가지다. 내 정의에 따르면, 죽음은 우리 물리적 형체의 종말이지 삶의 반대말이 아니다. 죽음은 탄생의 반대말이다. 탄생과 죽음은 우리가 물리적 형체를 받아들이고 떼어내는 관문이지만, 삶은 물리적인 것과 아무런 관계가 없다. 삶은 물리적인 것을 '관찰'한다. 삶은 물리적인 것의 밖에 존재하고, 그곳에는 '전'도 없고 '후'도 없다. 알리의 사망에도 불구하고 내가 마음을 평화롭게 유지할 수 있었던 이유가 바로 여기에 있다. 우리가 다시 만나게 되리라는 걸 확신하기 때문이다.

기억하라! ➡️ 우리의 물리적 형체는 썩어 없어지지만

실재하는 우리는 결코 죽지 않는다.

죽음 이후에는 무엇이 있는가?

우리가 죽음을 두렵게 생각하는 이유는 현재의 친숙한 삶을 편안하게 받아들이기 때문이다. 우리는 이곳을 안전하다고 느낀다. 비유해서 말하면, 어머니의 자궁 속에 있을 때와 약간 비슷하게 느낀다. 당시를 돌이켜 보면 따뜻했고 먹는 것도 공짜였다. 시간의 압력도 없었고 세금도 없었다. 그런데 당시 누군가 불쑥 나타나서는 당신에게 이제부터 분만이란 과정의 고통을 겪어야 한다며, 당신을 친숙한 집에서 억지로 끌어낼 것이고, 일단 밖에 나오면 음식과 산소 공급이 중단될 것이고, 평화로운 어둠이 휘황찬란한 빛으로 교체될 것이라고 말했다고 상상해보자. 그럼 당신은 "싫어. 나는 그런 과정을 신청하지 않겠어. 난 여기가 좋아. 이보다 좋은 곳은 없을 거야!"라고 말했을 것이다.

하지만 정말 그곳이 좋았는가? 그래서 지금 당장 돌아가고 싶은가? 여기가 약간 더 낫다고 생각하지 않는가? 이번에는 똑같은 다음 전환기에 적용해보자. 우리는 우여곡절을 겪으며 삶을 살아간다. 그런데 어느 시점에 이르면 누군가 머잖아 죽음이란 과정의 고통을 겪어야 하고 집을 떠나야 한다고 말한다고 상상해보자. 당연한 말이겠지만, 그때 우리는 "싫어. 나는 그런 과정을 신청하지 않겠어. 난 여기가 좋아. 이보다 좋은 곳은 없을 거야!"라고 똑같이 대답할 것이다.

죽음 이후의 세계가 멋질 것이라고 미리 알 수 있더라도 우리 선택은 크게 달라지지 않을 듯하다.

미국에서만 수백만 건의 임사 체험(near-death experience)이 보고됐다. 쉽게 말해, 임사 체험은 죽음을 경험한 후에 되돌아온 사람들의 사례다. 대부분이 무척 긍정적인 이야기를 전해주지만, 가장 매혹적인 이야기는 《그리고 모든 것이 변했다》의 저자 아니타 무르자니가 전하는 경험이 아닐까 싶다. 그녀는 테드 강연에서 이렇게 말했다.

오늘 나는 살아 있지 않아야 합니다. 2006년 2월 2일에 죽었어야 합니다. 4년 전부터 투병하던 림프종이 말기에 도달해 죽어가고 있었으니까요. 그날 아침, 나는 혼수상태에 빠졌고, 의사들은 내 장기들이 기능을 멈추었다며 곧 마지막 순간을 맞게 될 거라고 말했습니다. 나는 눈을 감고 있었지만 주변의 모든 것을 의식할 수 있었습니다. 남편이 옆에서 내 손을 꽉 잡고 슬퍼하는 것도 알았고, 의사들이 무엇을 하는지도 알았습니다. 내 시야가 360도로 열린 듯한 기분이었습니다. 모든 것을 볼 수 있었습니다. 병실에 있는 것만 보였던 게 아닙니다. 내 물리적 몸도 보였습니다. 내 몸은 병실에 똑바로 누워 있었지만 병실에만 얽매여 있지는 않았습니다. 동시에 어디에나 있을 수 있을 것 같았습니다. 내가 어딘가를 인식하면 바로 그곳에 있었습니다. 인도에 있는 오빠가 나를 만나러 오려고 비행장으로 달려가는 모습도 뚜렷이 보였습니다.

이미 세상을 떠난 아버지와 절친한 친구도 보였습니다. 두 사람 모두 나를 저승으로 인도할 것처럼 내 옆에 함께 있었습니다. 그런 상황이 놀랍기도 했지만 나는 모든 것을 훤히 이해하는 듯한 기분이었습니다. 내가 훨씬 뛰어난 존재라는 걸 알게 됐습니다. 실제로 우리 모두가 물리적인 몸으로 존재할 때 생각하는 수준보다 훨씬 더 뛰어나고 유능한 존재입니다. 또한 나는 모든 사람과 연결된 듯한 기분이었습니다. 그들의 기분을 고스란히 느낄 수 있었지만, 감정적으로 휘말려들지는 않았습니다. 처음에는 병들어 죽어가는 내 몸으로 돌아가고 싶지 않았습니다. 내가 가족에게는 부담스러운 짐이었고, 나 자신도 고통스러웠으니까요. 하지만 다음 순간, 내가 무엇을 아는지 훤히 알고 있었기 때문인지 내가 병든 몸으로 돌아가는 쪽을 선택하면 내 몸이 아주 빨리 치유될 거라는 확신이 다가왔습니다.

놀랍게도 아니타는 혼수상태에서 깨어났다. 병원 기록에 따르면, 5일 후에 종양의 크기가 70퍼센트가량 줄어들었고, 5주 후에는 병원을 퇴원해 집으로 돌아갔다. 그것도 암에서 완전히 해방된 완치된 몸으로![4]

대부분의 임사 체험이 비슷하다. 어두컴컴한 터널을 통과하다가 빛을 보고, 사랑하는 사람을 만난다. 또 모든 것이 평온하고 사랑으로 충만하며 아무런 근심도 없는 정원과 강변을 거닌다.

임사 체험이란 죽어가는 과정과 관련된 뇌의 생물학적 반응에 지나지 않는다고 설명하는 학자가 적지 않다. 그런 설명에 나는 "그래서 뭐?"라고 대꾸해주고 싶다. 죽음 이후의 삶이 실제로 그런 모습이든 우리 뇌가 죽어가면서도 기능의 완전한 중단을 거부한 것이든 무슨 차이가 있는가? 마이크로소프트 윈도가 최종적으로 기능을 멈추기 직전에 아름다운 푸른 화면을 보여주는 것처럼, 임사 체험이 우리 뇌가 마지막으로 꾸며내는 가공의 이야기라고 가정한다고 뭐가 달라지는가? 어느 쪽이든 임사 체험은 재미있게 들리지도 않지만, 그렇다고 섬뜩하고 무섭게 들리지도 않는다.

개인적으로 나도 임사 체험을 경험한 적이 있었다. 알리가 세상을 떠난 나이 정도에 받은 작은 수술이 잘못돼서였다. 그때 나는 빛을 보았고 전력을 다해 터널을 지났다. 그러고는 임사 체험에서 흔히 말하는 평온함과 편안함을 느꼈다. 솔직히 말해서, 기막히게 좋았고 즐거웠다. 따라서 누군가 또 임사 체험을 경험하겠느냐고 제안하면 거절하고 싶은 마음이 조금도 없다.

하지만 그때까지는 죽음의 반대편에 있는 상태, 즉 삶에 집중하고 싶다.

얄궂게도 죽음이 우리에게 소중한 '라이프 코치' 역할을 한다. 어차피 죽어야 할 목숨이지만, 그래도 행복을 찾는 법을 배워보자. 죽기 전에라도 행복한 삶을 사는 편이 낫지 않겠는가.

죽음과 행복

내 생각일 뿐이지만, 환희의 길은 삶 자체를 객관적으로 바라보는 데 있다. 알리의 죽음으로 나는 삶의 균형을 되찾았다. 따라서 알리가 이 땅을 떠날 때 잠깐 되돌아와서는 나에게 마지막 선물을 안겨준 듯한 기분이다. 알리는 삶의 가면을 벗겨냈다. 알리는 삶의 진실한 모습을 드러냈다. 그때까지 중요하게 여겼던 것이 무가치한 것으로 드

죽음을 피할 수 없다는 진실과 삶의 험난함

사건의 무의미함   기대의 축소

러났고, 삶에서 진정으로 중요한 것만이 환히 빛나게 됐다.

죽음은 우리를 진실하게 만든다. 죽음은 모든 환상을 벗겨내는 풋
말이다. 우리에게 통제권이 있다고 믿는다면, 죽음이 그런 환상을 산
산조각 낼 것이다. 지나치게 많은 것을 물리적 세계에 결부시키면,
물리적인 것은 어김없이 사라져 없어진다는 진실을 죽음이 우리에
게 다시 일깨워줄 것이다. 지식을 자랑하면, 죽음의 미스터리가 우리
를 당혹감에 빠뜨릴 것이다. 삶의 쇠퇴를 늦춰보려 애쓴다면, 죽음이
시간 감각을 짓밟아 없애버릴 것이다. 하지만 죽음이라는 현실을 받
아들이면, 더는 두려워할 것이 없다. 그제야 비로소 우리는 환상에서
해방된 삶을 살게 된다. 환상이 없으면, 우리는 생각의 덫에서 벗어
나 최고 수준의 환희를 경험할 수 있게 된다.

다른 모든 진실이 그렇듯이,

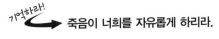

기억하라! → 죽음이 너희를 자유롭게 하리라.

하지만 그 이전에 죽음은 너희를 짜증나게 하리라.

세계 최고의 라이프 코치

이슬람 문화에는 "스승을 구하려 한다면 죽음보다 나은 스승은 없다"라는 교훈이 있다. 죽음이 존재하지 않는 것처럼 모른 척하지 않고 죽음에 진정으로 관심을 가지며 죽음에 대한 이야기를 귀담아듣고 죽음에 대해 허심탄회하게 이야기한다면, 죽음은 우리에게 교훈, 즉 죽음을 맞이하는 방법이 아니라 가치 있고 충만한 삶을 사는 방법에 대한 교훈 세 가지를 전해준다.

교훈 1: 죽음은 피할 수 없는 것이다

죽음은 반갑지 않은 불청객이지만 궁극적으로 승리를 거둔다. 그렇다면, 죽음과 싸우며 소중한 삶을 낭비할 필요가 있겠는가? 유능한 장군은 패할 것이 뻔한 전쟁이면 시작조차 않는다. 유능한 장군은 자신이 영향을 끼칠 수 있는 것에 에너지와 생각을 집중한다. 죽음이 우리에게 가르쳐주는 첫 번째 교훈은 죽음을 인정하라는 것이다.

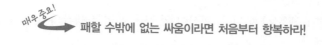

매우 중요! ➤ 패할 수밖에 없는 싸움이라면 처음부터 항복하라!

교훈 2: 삶은 지금 사는 것이다

우리 삶의 시작과 끝은 책의 표지와 비슷하다. 겉표지가 그럴듯하게 보이더라도 그 안에 담긴 내용만큼 중요하지는 않다.

중요한 것은 그 사이에 전개되는 삶이다.

죽음 | 탄생

오늘이 당신의 마지막 날이라는 걸 알고 있다면 오늘을 어떻게 살겠는가? 더욱더 중요한 질문으로, 오늘이 당신의 마지막 날일지 모르는데 오늘 그렇게 살지 않는 이유는 무엇인가?

이번 식사가 당신의 마지막 식사라는 걸 확실히 알고 있다면, 웨이터가 친절하게 행동하지 않았다는 이유로 화를 내겠는가? 아니면 한 입 한 조각을 천천히 음미하며 즐기겠는가? 이번 교통지옥이 당신에게 마지막 교통 체증이라면 그 시간을 저주하며 보내겠는가? 아니면 그 시간이 조금이라도 더 길어지기를 바라겠는가? 화를 내며 경적을 울리겠는가, 아니면 라디오를 켜고 당신이 좋아하는 노래를 마지막으로 듣겠는가? 왜 우리는 마지막 순간이 돼서야 그 순간을 즐기려는 것일까?

기억하라! → 이 순간을 당신에게 허락된 마지막 순간인 것처럼 살아라.

알리가 세상을 떠난 후, 언젠가 우리 부부는 알리의 아름다운 사진첩을 훑어보고 있었다. 니발이 알리가 아기였을 때의 몇몇 사진을 가리키며 말했다. "알리는 정말 조용한 아기였어요. 한 번도 울지 않았고 한 번도 징징대지 않았어요. 이 아기가 잠시 이곳을 방문했다가 떠난 거예요. 이 모습은 영원히 사라졌고 아장아장 걷는 아이가 왔어요. 호기심이 많고 행복한 아이였지요. 그런 그 아이도 떠났고 다시는 돌아오지 않았어요. 이번에는 점잖고 상냥한 꼬마가 찾아왔어요. 그 꼬마가 떠난 후에는 모두를 사랑하고 무엇이든 퍼주는 소년이 왔고, 그 후에는 차분하고 박학한 10대 소년이 뒤따라왔고, 마침내 지혜롭고 잘생긴 청년이 찾아왔어요. 이제 그 청년도 떠났어요. 아기부터 청년까지 모두를 알았다는 게 기쁘고, 모두를 다시 보고 싶어요. 하지만 그들 모두가 어차피 떠났어야 했던 거예요."

날마다 당신의 한 단면, 또 당신이 사랑하는 사람들의 한 단면이 죽는다. 그 단면은 떠나고 나면 다시 돌아오지 않는다. 하나의 단면이라도 무심코 떠나보내지 않길 바란다. 우리는 서둘러 살아가며, 삶다운 삶을 사는 건 차일피일 미룬다. 우리는 버킷 리스트를 하나씩 지워가며 살아가는 시간이 결코 오지 않을지도 모른다는 사실을 망각한 채 리스트를 끝없이 채워간다. 삶 자체가 긴 버킷 리스트다. 살아 있는 동안 삶다운 삶을 사는 게 낫지 않겠는가.

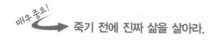

매우 중요! → 죽기 전에 진짜 삶을 살아라.

교훈 3: 삶은 빌린 것이다

마침내 그 시간이 닥치면 당신은 모든 것을 남겨두고 떠나야 한다. 물질적인 풍요, 당신이 사랑하는 사람들 등 당신이 소중히 간직하던 모든 것과 작별해야 한다.

여기에서 가장 중요한 질문이 제기된다. 금세 모든 것과 헤어져야 하는데 우리가 집착하며 떼어놓지 못하는 이유는 무엇일까? 당신의 돈을 모두 남겨두고 떠나야 한다는 걸 분명히 알고 있다면, 당신에게 필요한 정도 이상으로 악착스레 돈을 모으는 데 골몰하는 이유가 무엇인가? 누군가 머잖아 당신의 역할을 대신할 것이 분명한데 그 역할을 잃을까 그처럼 두려워하는 이유는 무엇일까? 내일이 찾아오지 않을지도 모르는데 오늘 우리에게 필요하지 않은 재물을 축적하려는 이유는 또 무엇일까? 우리의 이런 행동이 어떤 점에서 잘못됐고, 이런 잘못을 바로잡기 위해 우리가 어떻게 행동해야 하는지를 추적하는 데는 간단한 수학이면 충분하다.

삶은 제로섬 게임이다. 다시 말하면, 빈손으로 삶을 시작하고 빈손으로 삶을 떠난다는 뜻이다. 이 관계가 수학적으로 맞아떨어지려면, 우리에게 주어지는 모든 것이 언젠가는 없어져야 한다.

기억하라! ➜ **무엇이든 손에 넣은 것은 결국 사라지게 마련이다.**

당신은 위의 선언을 읽으며 눈물지을 수도 있겠지만, 진실로 받아들여 자유로워질 수도 있다. 내 삶은 물론이고, 내가 '나의 것'이라 일컫는 모든 것은 본질적으로 **빌린 것이다.** 나는 임차인으로서 삶을 충만히 즐기고 있지만, 머잖아 즐거운 마음으로 삶을 다른 사람에게 넘겨줄 것이다. 그렇게 함으로써 자유로움을 만끽할 것이다. **아무것도 소유하지 않으면 잃을 것이 하나도 없다.** 따라서 나는 모든 것을 자유롭게 오가게 허용하고, 어떤 것이든 내 곁에 있는 동안에만 함께한다. 나는 무엇이든 진정으로 사랑하고 즐겁게 받아들이며, 고맙게 생각한다. 비록 사물이지만, 나의 그런 마음을 사물에게도 전달하려한다.

모든 것을 놓아주고 자유롭게 흘러가게 내버려두는 법을 터득했을 때 나는 결국 더 많은 것을 가진 듯한 기분이었다. 일반적인 직관에 어긋나는 사실이지만, 여기에는 과학적으로 명확한 이유가 있다. 뭔가 내 삶에서 빠져나가면, 새로운 것이 유입될 만한 공간이 생긴다. 따라서 가진 것을 놓아주면 내 삶은 더욱 풍요로워진다. 이른바 공유 경제(sharing economy)와 비슷한 것이다. 한 대의 자동차를 소유하지 않고도 최고급 자동차를 타고 돌아다닐 수 있다고 생각해보라. 그렇다면,

기억하라! ➡ **행복하고 충만한 삶을 렌트하라!**

렌트한 삶, 즉 빌린 삶은 나에게 희망을 잃지 않게 해준다. 힘든 시기도 결국에는 끝난다는 걸 분명히 알고 있기 때문이다. 슬픔과 질병, 상실과 박탈의 시기는 결국 지나가기 마련이다. 우리가 받은 상처, 우리가 드러낸 나약함은 일시적인 것이다. 빌린 삶에서 한없이 지속되는 것은 없다.

죽는다는 것은 모든 것을 남기고 떠난다는 뜻이다. 문법적으로 말하면, '죽다(to die)'라는 동사는 목적어를 취하지 않으며, 오직 주어만을 취한다('나는 죽는다'). 나는 죽는 걸 두려워하지 않는다. **내 방식대로 죽는 걸 선택하기 때문이다.** 물질적 재물은 어떤 이유로든 나에게서 멀어지기 때문에, 그 이전에 나는 물질적 재물에 대한 애착을 포기하기로 결정한다. 나에게 닥치는 모든 경험을 빌리고 충만히 즐기겠다고 다짐하지만, 어떤 것의 소유가 되지 않기로 결심한다. 모든 것을 내려놓는 법을 배우면, 죽기 전에 죽는 법을 배운 것이나 다름없다. 내려놓는 법을 배우면, 삶의 모든 것이 간직하고 소유해야 하는 것이 아니라 즐겨야 하는 것이 된다. 따라서 두려움을 떨쳐내고 다양함을 간직한 삶을 살게 된다. 이제야 비로소 우리는 영원한 안식을 얻게 될 때에 대한 생각을 멈추고, '평화롭게 사는 법'을 깨닫게 된다.

매우 중요! 평화롭게 사는 법을 배워라.

삶이라는 게임

알리가 죽었을 때 나는 삶이 대체 무엇인지 이해하려고 안간힘을 다했다. 머릿속의 미로에서 길을 찾는 데 글쓰기가 많은 도움이 됐다. 자아의 환상, 지식의 환상, 시간의 환상, 생각의 환상, 통제의 환상과 죽음에 대한 진실 등을 중심으로 퍼즐 조각들이 제자리를 잡기 시작하자, 전체적인 그림이 한층 명확해졌다. 마침내 이 모든 것이 결합되며, 지금 내가 삶의 철학에서 핵심이라고 생각하는 것이 형성됐다.

실재적 당신이 당신의 몸도 아니고 당신의 생각도 아니라면, 실재적 당신이 당신의 물리적인 몸과 어떻게 연결되고, 당신의 몸에게 우리가 살고 있는 이 세상을 돌아다니라고 어떻게 명령하는지 의문을 제기하지 않을 수 없다. 내 생각에 이 관계를 상상하는 가장 쉬운 방법은 게임 플레이어가 1인칭 시점의 액션 비디오 게임에서 아바타를  어떻게 제어하는지 시각화하는 것이다. 비디오 게임에서 '1인칭'은 플레이어의 캐릭터 시점에서 형성되는 입체적 모형을 가리키므로 아바타의 눈을 통해 게임 세계를 보는 듯하다. 이런 게임에서 플레이어는 게임 컨트롤러를 사용해 캐릭터의 모든 움직임을 조종한다.

알리와 나는 비디오 게임을 함께 즐겼다. 우리가 좋아하는 게임은 〈헤일로〉였다. 이 게임에서 우리는 플레이어로서 '마스터 치프' 역할을 했다. 마스터 치프 이외에 우리가 맡은 캐릭터들은 수많은 외계인과 벌레와 괴물에게 에워싸였다. 우리는 공격과 총격을 받았고, 높은 곳에서 내던져졌다. 폭발물에 온몸이 찢어지거나 칼에 찔려 쓰러지며 죽음을 맞았다. 주변의 땅은 화산에서 흘러내리는 용암이거나 미끄러운 비탈이었다. 위험이 사방에서 우리를 위협했고, 험준한 풍경에서 보이는 것들은 언제라도 우리에게 큰 상처를 입힐 듯한 기세였다. 하지만 마스터 치프는 노련한 전사였다. 우리의 조종에 마스터 치프는 게임에서도 가장 뜨거운 교전이 벌어지는 전쟁터에 뛰어들었고, 적들에게 총을 쏘며 전진했다. 물론 마스터 치프도 공격을 받아 만신창이가 되고 부상을 당해 흙바닥에 쓰러졌지만 다시 일어나 게임을 계속했다.

알리와 나는 전략을 교환하고 캐릭터를 멋지게 움직이며 서로 칭찬을 아끼지 않았지만, 반대로 캐릭터를 잘못 조종하면 간혹 신랄하게 비판을 쏟아내기도 했다. 우리는 하나하나의 움직임에 온 신경을 집중했고, 실제로 공격하는 것처럼 진지하게 몰두했다. 대형 텔레비전 화면, 정교한 그래픽, 인상적인 배경음악, 빗발치는 탄환과 폭발음, 거실을 뒤흔드는 사실적인 음향 효과 등으로 모든 것이 현실처럼 느껴졌다. 우리는 게임에 완전히 빠져 시간이 가는 줄 몰랐고, 게임을 중단할 때까지 '실재' 세계를 떠나 있었다. 그러고는 게임의 잔혹성에 구애받지 않고, 게임 컨트롤러를 내려놓으며 **"와우, 정말 재밌었다!"**라고 말했다.

재밌었다고?! 하지만 게임 화면을 눈여겨본 사람이라면 누구나 '잔혹한' 게임이었다고 말할 것이다. 캐릭터가 짓밟히고 온몸이 찢기고 총격을 당하는 장면이 난무했다. 상상할 수 있는 모든 각도에서 캐릭터는 난도질을 당했다. 온 세상이 당신의 적이었다. 그야말로 대학살이었다. 그런데 어떻게 재미있다고 생각할 수 있단 말인가?

그 대답은 간단하다. '우리'가 공격을 받은 게 아니었기 때문이다. 타격과 총격에 우리는 조금도 영향을 받지 않았다. 승패는 상관없었다. 게임의 전개 방식이 최고였다. 게다가 나는 사랑하는 아들과 함께 소파에 앉아 있었다. 그래서 더욱더 재밌었다.

이번에는 다음의 질문을 생각해보자. 당신이 이 땅에서 누리는 삶은 비디오 게임과 어떻게 다른가? 당신의 물리적인 형체, 즉 당신이 물리적 세계를 돌아다니기 위해 사용하는 아바타가 실재적 당신이 아니라면, 당신이 물리적 세계에서 문젯거리를 맞닥뜨리는 경우 무엇이 달라지는가? 물리적 세계가 때때로 당신에게서 뭔가를 빼앗아 간다면, 그런 현상이 실재적 당신, 예를 들어 게임 컨트롤러를 쥐고 소파에 앉아 있는 당신에게 어떤 영향을 주는가? 우리는 삶이라는 게임에 몰두한 정도에 상관없이 어떻게든 삶을 헤쳐 나아간다. 삶의 과정에서 영고성쇠를 거듭하며 이득도 얻고 손해도 보지만, 모든 경험이 새롭게 느껴지고 모든 것이 재밌게 여겨지는 삶의 전개 방식에 초점을 맞추면 손해와 이익 따위는 중요하지 않다. 진정한 게이머가 승패에 연연하지 않는 것과 똑같다.

진지한 게이머는 항상 게임의 난이도를 최고에 맞춘다. 알리는 혼자 게임할 때면 〈헤일로〉의 난이도를 최고 수준인 '전설'에 맞추었고, 나와 함께 게임할 경우에만 난이도를 '영웅'으로 낮추었다.

게임이 지나치게 쉬우면 자극을 받을 만한 것이 없어 지루하고 따분하며 재미가 없다. 게임이 점점 어려워져야 비로소 우리는 흥미를 느끼고 뭔가를 배우며 새로운 스킬을 익힌다. 그때까지 최고로 군림하던 플레이어가 망신을 당하면, 새롭게 배우고 능력을 키워 다시 돌아온다. 이상하게 들리겠지만, 게임은 어려워질수록 더욱더 재밌어진다.

삶이 어려워지더라도 미소로 받아들이자. 삶이라는 게임이 그런 식으로 설계된 것일 뿐이다. 음향효과를 곧이곧대로 믿어서는 안 된다. 가짜 폭발음에 겁먹을 것도 없다. 게임하는 동안 요란한 폭발음이 들리고 연기가 피어오르면, 알리는 어김없이 그곳으로 자신의 아바타를 보냈다. 내가 알리에게 아바타를 어디로 보내는 거냐고 물으면, 알리는 신나는 액션이 있는 곳으로 달려가는 것이라 대답했다. **게임에서는 시끌벅적하고 까다로운 부분이 가장 재밌고 흥미진진한 부분이다.**

난이도에 대해 잠깐 생각해보자. 비디오 게임에서 난이도 레벨은 플레이어가 목표를 완료하는 동안 허용되는 공간 전체다. 어떤 레벨을 끝내면, 일종의 관문을 지나게 된다. 그리고 게임기가 잠시 작동을 멈추고, 다음 레벨의 내용을 빠짐없이 로딩한다. 화면이 다시 환해지면 우리는 완전히 새로운 환경, 즉 새로운 레벨에 있게 된다. 예를 들어, 도심의 전쟁터를 떠나 정글에 있을 수 있다. 이런 새로운 레벨에 들어서면 게임에 대한 느낌마저 달라진다. 정글에서는 천천히 움직여야 하고 시야도 불분명할 수 있기 때문이다. 물론 새로운 도전거리가 더해지며 게임은 한층 더 재밌어진다.

각 레벨을 통과할 때마다 우리는 새로운 스킬을 습득하고, 게임의 전개 방식에 대해 더 깊이 알게 된다. 이렇게 하위 레벨에서 축적한 스킬과 지식을 바탕으로 상위 '레벨의 목적'을 성취하려고 애쓴다. 어떤 레벨에서 이루어야 하는 목적을 달성하면 그 레벨에 더 이상 머물러봐야 소용이 없다. 오히려 지금까지 수집한 것을 조금이나마 상실할 수 있다. 따라서 다음 레벨로 곧바로 넘어가 새로운 과제에 도전하는 편이 낫다.

우리 삶과 신기할 정도로 비슷하지 않은가?

비디오 게임의 어떤 레벨에
감춰진 목적과 비교할 때 삶의
목적을 알아내기가 약간 더 어
렵겠지만, 그 과정은 놀라울 정
도로 비슷하다. 우리는 탄생이
라는 관문을 통해 삶이라는 레
벨에 들어서지만 삶에 대해 전혀 모른다. 비디오 게임에서 이전 레벨
에서 새로운 레벨에 들어설 때, 새로운 레벨에 대해 전혀 모르는 것
과 다르지 않다. 또 우리는 죽음이라는 관문을 통해 우리가 전혀 모
르는 세계로 향한다. 그럼 우리 삶은 웅장한 게임의 한 레벨에 불과
하다고 말할 수 있지 않을까?

대부분의 종교적이고 영적인 가르침은 사후 세계의 존재를 진실
로 믿는 듯하다. 종교의 가르침에 따르면, 죽음은 다른 삶으로 가는
관문에 불과하고, 우리는 결코 죽지 않는다. 물리적 몸만이 죽는다는
뜻이다. 삶이라는 레벨이 이루어낸 훌륭한 업적 덕분에 다음 레벨에
서 유리하게 시작할 수 있을지 모르지만, 삶을 떠날 때 우리는 아무
것도 가져가지 못한다. 한편, 삶이라는 게임을 진행할 때 필요한 능
력을 얻지 못한 경우, 환생을 통해 삶으로 돌아가 다시 시작해야 한
다고 믿는 종교도 있다.

삶과 게임의 비유를 좀 더 심화해 이번에는 치트(cheat: 게임에 이기기
위해 컴퓨터에 주는 지시—옮긴이)라는 지름길에 대해 살펴보자. 앞에서도
말했듯이, 알리는 진지한 게이머였다. 내가 캐릭터를 힘들게 조종하

면서 화면의 풍경을 중년의 두뇌로 이해할 수 있는 이미지로 힘겹게 전환하는 동안, 알리는 실제로 눈과 다리를 사용하는 것처럼 거침없이 게임을 진행했다. 나와 함께 게임할 때 알리는 언제나 나보다 몇 걸음 앞에 섰고, 나는 알리 뒤에 바짝 따라붙기도 힘겨웠다. 알리는 재미없는 부분은 빠르게 넘어갔고, 재밌는 부분에서 오랫동안 시간을 보내며 게임이 제공하는 모든 것을 즐겼다.

때때로 알리는 방향을 전환해 나무나 벽돌담 앞에서 멈추었다. 그곳에서 잠시 서서 뒤돌아보며 내 위치를 확인하고는 다시 게임에 뛰어들어, 곧바로 다음 레벨로 옮겨주는 치트를 찾아냈다. 그러고는 게임 컨트롤러를 내려놓으며 말했다. "걱정하지 마세요, 아빠. 여기에서 아빠를 기다릴게요." 간혹 나는 치트를 사용하지 못해 해당 레벨을 처음부터 끝까지 지난 후에야 관문 너머의 알리를 만났고, 때로는 똑같은 지름길을 찾아내는 방법을 생각해내기도 했다. 어떻게든 레벨을 끝내고 관문을 넘으면 알리는 항상 그곳에 있었다. 알리는 빙그레 미소 띤 얼굴로 나를 맞았고, 하이파이브를 하며 "아빠가 자랑스러워요!"라고 말했다. 그리고 우리는 게임의 다음 레벨을 함께 탐험하기 시작했다.

알리는 충만한 삶을 살았다. 알리는 '삶'이라는 레벨에서 가장 신나고 재밌는 부분을 마음껏 즐겼다. 친구들과 음악과 사랑을 나누며 항상 행복하게 지냈다. 과학적으로 증명할 방법은 없지만 2014년 7월 2일 알리는 다음 레벨로 넘어가는 지름길을 발견한 게 분명했다. 새벽 4시 11분, 니발과 나는 걱정하며 집중치료실 밖에 앉아 있었다. 그때 이상하게도 우리는 긍정적인 에너지가 우리를 휘감는 듯한 기분이었고 깊은 안도감을 느꼈다. 당시 수천 킬로미터 떨어진 곳에 있던 알리의 삼촌도 똑같은 기분을 느꼈다는 문자를 우리에게 보냈다.

그로부터 얼마 후, 한 의사가 허둥지둥 집중치료실을 뛰쳐나왔다. 그는 황급히 다른 의사들을 불렀고, 의사들이 사방에서 미친 듯이 집중치료실로 달려왔다. 그런데도 우리는 그곳에 조용히 앉아 있었다. 우리는 어떤 결과도 받아들일 각오가 돼 있었다. 잠시 후 의사가 나와서 알리가 안정을 되찾았다고 알려주었지만 나는 알리가 지름길을 찾은 게 틀림없다고 확신했다. 알리가 우리 부부를 사랑스런 눈길로 돌아보며 "걱정하지 마세요, 아빠. 여기에서 아빠를 기다릴게요."라고 말하는 듯했다.

언젠가 나도 이곳에서 내 역할을 끝내면 삶이라는 레벨의 끝에 도달하게 될 것이다. 우리 모두가 마찬가지다. 사랑하는 아들아, 네 일을 하고 있어라. 아빠가 곧 따라갈 테니까.

이해가 되지 않는가? 삶은 그저 게임일 뿐이다. 즐기며 놀고 배워라. 그리고,

알리의 마지막 바람
알리는 자신의 죽음을 예견했던 것처럼, 죽음을 맞기 2개월 전부터

거의 모두에게 "우리가 죽으면 우리에게 어떤 일이 벌어질까?"라고 물었다. 평소의 알리답게 질문을 던지고 나서 상대편의 대답을 유심히 들었다. 그러고는 질문을 한층 구체적으로 제시한 뒤 대답을 귀담아들었고, 고개를 끄덕이며 "흥미롭네요!"라고 말했다. 이렇게 알리는 무척 다양한 대답을 들었다. 그런데 세상을 떠나기 며칠 전에 나눈 대화에서, 알리는 죽음 후에 대한 자신의 생각을 한 친구에게 밝혔다. "결국 거기에 가봐야 알겠지만 난 낙관적이야! 반대편에 가서 원하는 건 하나뿐이야. 가장 높은 곳에 올라가, 이 멋진 우주를 만드신 분의 얼굴을 보는 것!"

알리는 이 세상을 떠나는 순간에도 잠시 짬을 내 메시지를 남겼다. 죽음을 맞기 며칠 전, 알리는 우리에게 평화를 찾았다고 말했다. 사랑하는 아들아, 부디 마음 편히 살기를 바란다. 하지만 아빠의 마지막 질문에 대답해주면 좋겠구나. 네 바람은 실현되었니? 게임 설계자가 그곳에 있더냐? 정말 누군가가 이 모든 것을 만든 것이 사실이니, 아니면 그런 존재가 있는 거라고 우리가 꾸민 거니?

이런 의문에서 따져봐야 할 또 하나의 진실이 제기된다. 여기에서 멈추지 말고 계속 읽어주기 바란다.

14장

누가 누구를 만들었나?

'하느님'은 우리가 만들어낸 개념일까, 아니면 우리가 '하느님'의 피조물일까? 역사적으로 이 의문만큼 뜨거운 논쟁을 불러일으킨 것도 없다. 이 의문에 대한 이상적인 근거를 찾기 위해 뜨거운 논쟁이 필요하지만, 행복을 위한 해법을 찾기 위해서도 이 의문에 대한 진지한 논의는 필요하다. 특히 물리적 세계의 경계 너머까지 확대되는 상실감을 겪는 경우에는 이 논의가 더욱더 중요하다.

종교적 믿음이 신실한 사람들은 신적인 존재가 모든 것을 창조했다고 믿는다. 그들은 논리적 설명이나 과학적 증거보다 전적으로 신앙에 의지한 채 그렇게 믿을 따름이다. 한편, 반대편 끝의 유물론자들은 그런 신의 존재를 전적으로 부정하며, 불가해한 시간 동안 임의적 사건의 반복이 창조자라고 단언한다. 빅뱅으로 모든 것이 시작됐고, 그 후에는 진화와 자연선택이 우리를 현재의 상태로 이끌었다는 것이다. 두 주장에서 공통분모는 전혀 없어 보인다. 우리는 뭔가를 믿지만, 논쟁의 핵심이 무엇이냐에 대해서는 일치된 의견이 없는 듯하다.

우리가 '하느님'이라 말할 때 뜻하는 존재는 문화권이나 종교적 배경에 따라 무척 다르다. 따라서 많은 논쟁이 근본적인 의견 차이가 아니라 오해에서 시작되는 편이다. 그러나 행복의 탐구는 결국 진실의 추구이므로, 우리는 근본적인 것에 관심을 갖게 된다. 특히 삶이 우리를 느닷없이 놀라게 하고, 심지어 우리를 학대할 뿐만 아니라 우리 기대를 철저히 외면하는 이유를 추적해보려 한다. 행복의 추구에 관련해서는 '삶과 우리 우주는 임의적인 산물인가, 아니면 애초부터 설계된 것인가?'라는 의문이 자연스레 제기된다.

설계와 관련된 의문은 당연히 설계자, 즉 창조주라는 의문과 연결된다. 궁극적인 진실에 대해 쓰기 시작했을 즈음, 이 주제는 피하는 게 좋을 거라는 조언을 적잖게 받았다. 창조주 하느님에 대한 언급은 독자를 양극화하는 확실한 길이며, 어떤 이득도 기대할 수 없는 위험한 시도다. 그러나 '위대한 설계(grand design)'라는 개념은 내가 알리의 죽음을 직시하고 환희 상태를 유지하는 데 중추적 역할을 했기 때문에 이 주제가 끊임없이 내 머릿속에 되살아났다. 알리의 죽음을 우연한 결과로만 생각했다면, 내가 환희에 도달하는 모델은 중대한 기둥을 일찌감치 상실했을 것이다.

위대한 설계라는 개념에는 아주 미세한 움직임도 정교하게 예정된 복잡한 패턴을 따르는 것이며, 임의적인 것은 하나도 없다는 뜻이 담겨 있다. 이렇게 생각하면, 슈퍼마켓 계산대 앞의 긴 줄은 '불운한' 날이기 때문이 아니라, 수요 공급의 법칙이 그 시간에 그 지역에서 상대적으로 많은 인원을 배정했기 때문이라고 이해하게 된다. 또한 위대한 설계를 전제로 하면, 아시아를 덮친 쓰나미는 하느님이 분노하거나 외면한 탓이 아니라, 지각판 운동으로 해저에서 지진이 일어났기 때문으로 해석할 수 있다. 우리 뇌가 어떤 사건이 일어난 이유에 대해 꾸며낸 이야기를 배제하면, 특정한 방정식이 예외 없이 적용되는 고도로 동조화된 우주의 일부로서 모든 것이 움직인다는 걸 우리는 깨닫게 된다. 결국 진실을 추구하려는 집념만이 행복 방정식

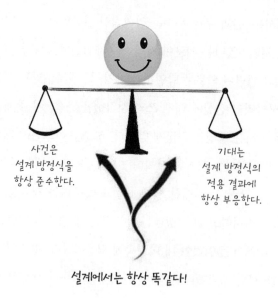

사건은
설계 방정식을
항상 준수한다.

기대는
설계 방정식의
적용 결과에
항상 부응한다.

설계에서는 항상 똑같다!

을 완벽하게 풀어낼 수 있기 때문에 그런 집념은 삶 자체를 바꿔놓을 수 있는 훌륭한 수단이 된다.

간단한 예를 들어보자. 자석의 반대 극성은 서로를 끌어당긴다. 자석의 이런 행동을 지배하는 물리적 법칙이 있다는 것은 보편적으로 알려진 사실이기 때문에 다른 행동을 기대하거나, 그런 현상을 보고 호들갑을 떤다면 어리석은 짓일 것이다. 이와 마찬가지로, 어떤 사건이 내가 합리적으로 기대하는 방식에 항상 맞아떨어진다는 걸 알고 있다면, 그 사건이 전개되는 방식이 마음에 들지 않더라도 다른 방식으로 전개되기를 기대하는 건 순진하고 어리석은 짓일 것이다. 내가 마음의 평화를 구하는 비결이 여기에 있다. 나는 행복 방정식에 직접 입력함으로써 사건에 영향을 끼치려고 애쓰지만, 내가 삶의 행로에 영향을 끼치는 수많은 매개변수 중 하나에 불과하다는 걸 정확히 알고 있다!

설계의 가능성을 믿는다는 것은 결국 설계자의 존재를 믿는다는 뜻이다. 이런 믿음은 우리의 환희 상태에 중대한 영향을 끼친다. 예를 들어, 알리를 잃은 내 상실감에 공감하는 사람이라면 설계자의 존재에 대한 믿음이 나에게는 단순히 마음의 위안을 주는 이야기에 그치지 않는다는 걸 이해할 것이다. 요컨대, 설계자가 존재한다는 믿음은 과학적 타당성과 상관없이 우리가 이 물리적 세계보다 더 큰 존재의 일부이므로 알리도 다른 어떤 곳에서 편안히 지내고 있을 것이란 믿음이다. 따라서 알리는 사라져 없어진 것이 아니다. 이런 '동화 같은 이야기'를 믿으면, 내 심리적 고통을 약간이나마 덜어내는 데 도움이 된다. 그러나 나에게 훨씬 큰 도움을 주는 것은, 그런 믿음이 단순히 동화만은 아니라는 강력한 확신이다.

설계자라는 개념이 실제로 진실에 가깝다는 걸 수학적으로 증명하면 어떻겠는가? 그렇다, 수학적으로 증명이 가능하다. 나는 이런 수학적 증명을 통해, 알리의 죽음 이후로 그럴듯한 이야기에서 단순히 '위안'을 얻는 데 만족하지 않고 진정한 '행복'을 다시 찾았다.

그래서 내가 생각하는 '설계자'라는 개념을 먼저 정의해두고 싶다. 흔히 종교적 신자가 생각하는 설계자가 아니라, 분석적인 공학자가 생각하는 설계자다.

분명히 말해두지만, 여기에서 제시하는 견해들은 순전히 '내 개인적인' 관점이다. 따라서 당신 마음에 드는 것은 받아들이고, 그렇지 않은 것은 무시해도 상관없다. 그러나 당신만의 진실이라고 일컬을 만한 길을 찾아내기 전까지는 쉬지 말고 끊임없이 노력하라.

이제부터 우리는 오랫동안 인류의 골치를 썩인 문제의 답을 찾아보려 한다. 다양한 퍼즐 조각을 논리적으로 결합해 하나의 일관된 틀을 형성하기 전에 그 의문에 대해 먼저 살펴보기로 하자.

준비됐는가?

문제 설정

해답을 찾아내는 과정에서 가장 중요한 단계는 질문 자체를 명확히 규정하는 것이라는 사실은 공학에서나 사업에서나, 심지어 우리 삶에서도 똑같다. **해결해야 할 문제가 무엇인지 모른다면, 적절하지 않은 답을 찾아낼 가능성이 크다.** 따라서 문제 설정(problem statement)

이 무엇인지 정확하게 규정해보기로 하자.

혼란을 피하고, 이 주제와 관련해 수 세기 동안 계속된 뜨거운 논쟁을 넘어서기 위해 나는 '하느님, 창조주, 성령, 전능자, 보편 의식, 권능자' 등과 같은 일반적인 용어를 사용하지 않으려고 한다. 종교적이고 영적인 기관들이 이 용어들에 내재된 진정한 의미를 모호하게 만들었고, 심지어 해당 기관의 강령에 적합하도록 변형하기도 했다. 따라서 나는 여기에서 제기하는 의문의 핵심만을 추려낸 용어 '설계자(designer)'를 사용하려 한다.

켜켜이 덧씌워진 껍데기들

또 하나의 중요한 단계는 표면적으로 관련된 의문들의 껍데기를 제거함으로써 가장 단순한 형태의 질문을 찾아내는 것이다. 핵심 질문을 먼저 해결하면, 그 질문에서 파생된 질문들의 답을 찾기는 한결 쉬울 것이기 때문이다.

유명한 스탠드업 코미디언 조지 칼린은 종교와 하느님에 관련된 많은 쟁점을 풍자했다.

종교는 하늘에 여러분의 일거수일투족을 날마다 매 순간 감시하는 '보이지 않는 투명인간'이 살고 있다고 우리를 설득하는 데 기막힌 성공을 거두었습니다. 그 투명인간에게는 여러분이 절대로 행하지 않기를 원하는 '열 가지 목록'이 있습니다. 만약 여러분이 그중 하나라도 행한다면, 투명인간은 '사방에서 불이 활활 타오르고' 온갖 고문이 난

무하는 '특별한 곳'으로 여러분을 내던져버릴 겁니다. 그럼 여러분은 그곳에서 '종말의 시간까지' 잠시도 쉬지 못한 채 고통을 견뎌야 합니다. …… 하지만 투명인간은 여러분을 사랑합니다! …… 투명인간에게는 '돈이 필요합니다.' 투명인간은 전지전능하고 모든 면에서 완벽하며 항상 지혜롭지만, 이상하게도 돈은 제대로 다루지 못합니다. 나도 전에는 하느님의 존재를 믿으려고 노력했습니다. 하지만 나이를 먹어갈수록 이 세상에서 뭔가가 잘못되고 있다는 걸 깨달았습니다. '전쟁과 질병, 죽음과 파괴, 굶주림과 타락, 가난과 고문, 범죄와 부패.' 좋지 않은 것들입니다. 이런 것들은 초월적 존재의 이력에 어울리는 게 아닙니다. 행실이 고약한 임시 직원에게서나 예상되는 못된 짓거리입니다. 그래서 '하느님'이라는 초월적인 신이 정말 있다면, 그 신이 적어도 무능력하거나 '***을(검열됨) 주지 않는다'는 주장에 반박할 사람은 거의 없을 겁니다.[1]

칼린이 제기한 쟁점들은 중요하고 타당하며, 논의할 가치가 있는 것이다. 당신도 이런 쟁점들을 적잖게 떠올려봤을 게 분명하다. 하지만 이런 쟁점들은 켜켜이 덧씌워지는 껍데기들(layering)의 좋은 사례에 불과하다.

덧씌워지는 껍데기들이 핵심 문제와 뒤엉키면 우리의 사고 과정도 여러 방향으로 진행되고, 문제 해결을 위한 대화는 최단 경로에서 벗어난다. 우리는 좌절하며 불만스러워하고 문제는 더욱더 해결하기 어려워진다. 따라서 이런 껍데기들과 관련된 의문을 설계 또는 설계자로부터 떼어내는 게 상대적으로 효과적인 접근법이다.

풀기가 더 쉽다.
이것이 …… 저것보다!

칼린은 '하느님'이라는 브랜드의 소유권을 주장하는 종교 기관들의 고유한 주장과 해석, 즉 그들이 꾸며낸 이야기를 다루었다. 그런 이야기가 대체로 우스꽝스럽고 도발적이라는 건 나도 인정하시만, 우리가 여기에서 다루려는 내용과는 무관하다. 이렇게 생각해보라. 마크 저커버그의 컴퓨터에 번개가 떨어져서 페이스북이 존재하게 됐다는 터무니없는 이야기를 누군가가 꾸민다면, 그 때문에 저커버그가 존재하지 않는다고 추정하겠는가? 심판의 날, 지옥에서의 영생, 인간의 사악한 행동, 무자비한 자연재해 등 하느님과 관련된 그 밖의 사건들을 믿느냐, 믿지 않느냐는 하느님의 존재 자체와 무관하다. 비유해서 말하면, 우리가 특정한 정당의 주장에 동의하지 않는 것과 유사하다. 우리가 그 정당의 주장에 동의하지 않는다고, 그런 불신을 그 정당이 존재하지 않는 증거라고 주장할 수는 없지 않은가.

쓸데없는 걱정이 무수히 덧씌워진 껍데기를 피하고, 핵심 질문의 답을 구할 때까지 논리적인 흐름에 집중하는 편이 낫다. 그렇다고 **그 껍데기들이 완전히 무시되지는 않는다.** 나중에 한 번에 하나씩 해결할 목적에서 잠시 유보해둘 뿐이다. 여하튼 현재로서는 '설계자'를 종교나 동화 같은 이야기와 묶지는 말자. 먼저 '우리 우주는 우연의 산물인가, 아니면 지적 설계의 산물인가?'라는 의문부터 해결해보자.

궁극적으로 설계자는 없다는 결론에 도달하게 되면, 껍데기와 관련된 문제들은 무의미해진다. 그러나 설계자가 존재할 가능성이 크다는 결론에 도달하면, 그 토대 위에 다음과 같은 의문들을 하나씩 더해갈 수 있다. 그 설계자가 창조한 것일까? 어떤 메시지가 있었을까? 아무튼 시작해보자. 어느 정도 짐작했겠지만, 공학자라는 배경 때문에 특정한 관점에서 시작하는 걸 이해해주기 바란다.

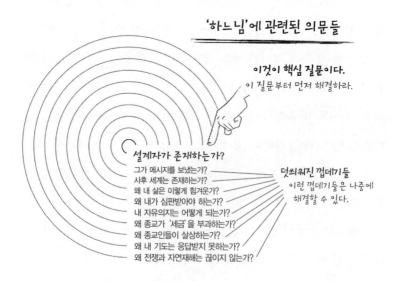

'하느님'에 관련된 의문들

이것이 핵심 질문이다.
이 질문부터 먼저 해결하라.

설계자가 존재하는가?
그가 메시지를 보냈는가?
사후 세계는 존재하는가?
왜 내 삶은 이렇게 힘겨운가?
왜 내가 심판받아야 하는가?
내 자유의지는 어떻게 되는가?
왜 종교가 '세금'을 부과하는가?
왜 종교인들이 살상하는가?
왜 내 기도는 응답받지 못하는가?
왜 전쟁과 자연재해는 끊이지 않는가?

덧씌워진 껍데기들
이런 껍데기들은 나중에
해결할 수 있다.

결국에는 수학의 문제

나는 무슬림으로 태어났다. 대부분의 종교가 그렇듯이, 무슬림 학자들도 "이렇게 행동하고, 저렇게 행동해서는 안 된다!"라며 오래전부터 기계적인 관례에 집중해왔다. 이슬람 영성의 핵심을 등한시했고, 심지어 신도들이 스스로 답을 찾으려는 노력을 억누르기도 했다. 개인적으로 나는 열여섯 살에 그런 가르침에 반발하며 모든 가설을 재점검하기로 결심했다. 나는 마음속으로 불가지론자임을 선언하고, 의문의 답을 구하기 위한 탐구를 계속했다. 도시 전설과 꾸며낸 이야기, 교리와 감정 등 모든 껍데기를 벗겨냈다. 결국 나에게 남은 게 무엇이었을까? 수학이었다! 따라서 나는 숫자를 분석하고, 지적 설계(intelligent design)와 관련된 사실들을 해독하기 시작했다. 덕분에 나는 해묵은 혼돈에서 벗어나, 근본적으로 대립하는 두 개념 '없음(absence)'과 '있음(presence)'을 찾아냈다.

없음 대 있음

불가지론자답게 나는 무신론자의 견해를 취하며 '설계자가 있다는 걸 어떻게 증명할 수 있는가?'라는 의문을 어렵지 않게 제기할 수 있었다. 하지만 내 종교적 배경인 창조설이 불쑥 끼어들며, 어렸을 때부터 귀에 딱지가 앉도록 들은 대답이 귓가에 맴돌았지만, 영적인 이야기와 오래된 경전의 가르침은 하나같이 객관적으로 증명되지 않는 것이었다. 이런 내면의 논쟁은 아무런 성과도 거두지 못했고, 결국 **질문이 불완전한 까닭**에 대답도 불충분할 수밖에 없다는 사실을 깨달았다. 균형 잡힌 불가지론적 질문이라면, 설계자가 존재한다는 증거만이 아니라 **설계자가 존재하지 않는다는 증거**도 요구해야 마땅하다. 이런 요구는 증명하는 부담을 논쟁의 양편에 똑같이 부가하는 효과가 있다. 그런데 놀랍게도 무신론자들은 질문을 결코 이런 식으로 제기하지 않는다. 그 이유는 무엇일까? 나는 그 이유를 추적하기 시작했고, 어렵지 않게 찾아냈다.

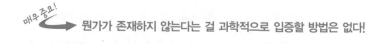

매우 중요! 뭔가가 존재하지 않는다는 걸 과학적으로 입증할 방법은 없다!

과학적 방법론에서 보면, 부정적인 것을 입증하는 건 불가능하다. 이 주장은 무척 단순하게 들릴 수 있다. 그러나 정반대의 주장을 생각해보자. 뭔가, 예를 들어 원숭이가 존재한다는 걸 입증하는 건 가능하다. 원숭이를 찾아내면 증명이 끝난다. 원숭이가 있는 곳을 정확히 찾아내면, 그것으로 원숭이가 존재한다는 명제가 증명된 것이다. 하지만 예를 들어, '플렁키'라는 상상 속 피조물이 존재하지 '않는다'는 걸 입증하는 건 불가능하다. 우리 우주에 플렁키라는 게 없다는 걸 확증하려면, 거의 1제곱밀리미터마다 온갖 가능한 시나리오를 조사해야 할 것이다. 우리 우주는 무척 방대하고 복잡하기 때문에 그런 시도 자체가 불가능하다. 게다가 우리 감각의 한계 때문에 어떤 경우에든 부정적인 것의 입증은 확정적인 결론에 이르지 못한다. 또한 플렁키가 극히 작은 것이라면, 그것을 찾는 데 사용되는 도구가 충분히 정교해질 때까지 우리는 플렁키를 찾아내지 못할 것이다. 반대로, 플렁키가 우리에게 알려진 우주보다 크다면 우리는 플렁키 전체의 모습을 어쩌면 영원히 관찰하지 못할 것이다.

그러나 상황을 더욱 복잡하게 만드는 감춰진 문제가 있다.

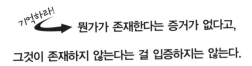

기억하라! ➡ 뭔가가 존재한다는 증거가 없다고,

그것이 존재하지 않는다는 걸 입증하지는 않는다.

많은 역사적 사례에서 입증되듯이, 우리는 우주가 기본적으로 어떻게 구성돼 있는지 제대로 이해하지 못했다. 정확히 말하면, 우리는 무척 오랫동안 우주를 구성하는 요소에 대해 거의 모르고 지냈다. 예를 들어, 우리는 수천 년 동안 광활한 우주를 올려다보며 항성과 행성이 진공, 즉 '빈 공간'에 떠 있는 것이라 생각했지만, 실제로는 모든 것이 암흑 물질(dark matter)에 잠겨 있다. 그런데 우주를 구성하는 이 기본적인 물질이 존재하지 않는다는 걸 입증할 방법이 과거에 있었을까? 없었다! 1960년대에는 암흑 물질이 존재한다는 걸 입증할 방법밖에 없었고, 지금도 암흑 물질은 우리 눈에 '보이지' 않는다. 따라서 암흑 물질이 존재한다는 걸 뜻하는 우주의 행태를 관찰함으로써 암흑 물질의 존재를 증명할 수 있을 뿐이다.

우주를 구성하는 물질과 진공을 제대로 구분하지 못하는 잘못을 수십 년 동안 범한 후에야 암흑 물질의 존재를 알게 됐다. 따라서 그 후로, 실제로 존재하지만 우리 눈에 보이지 않는 물질에 대해 생각하지 않을 수 없게 됐다. 달리 말하면, 존재 자체를 다른 식으로 해석해야만 한다.

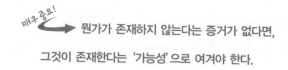 뭔가가 존재하지 않는다는 증거가 없다면,

그것이 존재한다는 '가능성'으로 여겨야 한다.

가능성은 결국 확률의 문제다. 따라서 숫자를 사용할 수밖에 없다. (앞에서 말했듯이, 결국에는 수학의 문제다!)

'확률(probability)'은 뭔가가 존재할 가능성을 측정한다. 그 가능성이 무척 낮아도 상관없다. 내가 플렁키라는 피조물을 조작해냈기 때문에 플렁키는 결코 존재하지 않는다고 당신과 내가 확신하더라도 플렁키가 존재할 아주 작은 확률이 있다. 이런 식으로 생각하기 시작하자, 어떤 조사를 하는 경우에나 '확률'이란 단어가 머릿속에 떠오르기 시작했고, 문제 설정을 명확히 하는 데 도움이 되는 중요한 구분이 가능해졌다.

단정 대 가능성

위대한 설계라는 문제와 관련된 논쟁은 '지식의 환상'에 속한다. 이 논쟁에서 한쪽은 지적 설계를 할 수 있는 신적인 존재를 믿지만, 반대쪽은 임의성을 굳게 믿는다. 물론 양쪽 모두 자신들이 옳다고 '확신'한다.

하지만 안타깝게도 **양쪽 모두가 틀렸다!** 어느 쪽도 자신들의 견해를 옹호하고 반대쪽을 반박하는 결정적인 증거를 제시하지 못한다. 결정적인 답이 없다면, 앞에서 전제한 대로 확률의 문제로 전환된다. 달리 말하면, '어느 쪽이 진실일 가능성이 더 높은가'라는 문제로 바뀐다.

이렇게 관점을 약간만 바꾸어도 문제 설정을 한층 적절히 해낼 수 있다.

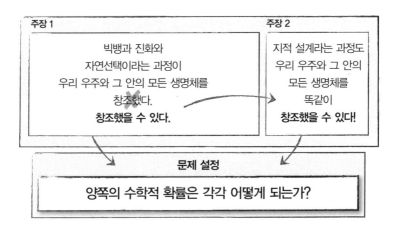

이렇게 문제 설정이 규정되면, 그때부터 우리는 답의 탐색을 시작할 수 있다. 양쪽 주장의 확률을 계산하면 그것으로 충분하다. 고집스럽고 다루기 힘든 주장들에 더는 신경 쓸 필요가 없다. 게다가 질문의 절반에만 집중해도 상관없다. 확률론의 성격상, 문제의 한쪽만 풀면 반대쪽까지 자연스레 풀리기 때문이다. 구체적으로 말해, 한쪽을 옹호하는 수치를 알아내면 100퍼센트에서 그 수치를 뺀 값이 반대쪽의 확률이 된다. 먼저, 과학적으로 옹호되는 임의성과 관련된 숫자들을 분석해보자.

내가 계산을 하는 동안, 당신은 잠깐 휴식을 취하지 않겠는가? 나쁘지 않은 생각 같은데? 잠시 휴식을 취하고 맑은 정신으로 돌아오기 바란다. 무척 큰 수를 다루어야 하니까.

창조의 카지노에 오신 것을 환영합니다

유물론자의 주장에 따르면, 일련의 임의적 사건들이 자연선택에 의해 제어되고 이어지면 우리가 지금 알고 있는 모든 것이 충분히 만들어진다. 임의성이 가능한 모든 시나리오(예를 들어, 주사위의 경우에는 1, 2, 3, 4, 5, 6)를 만들어내고, 그 후에는 자연선택이 개입해 처음 다섯 가지 가능성을 폐기하고 여섯 번째 가능성만을 유지한다. 자연선택이 특정한 결과에 이르는 데 필요한 시도의 횟수를 줄이지는 않는다. 자연선택은 오류가 발생하면 오류를 폐기할 뿐이다. 생명체처럼 복잡한 시스템을 만들어야 하는 경우에는 오류가 상당히 많을 수밖에 없지만, '충분한 시간이 주어지면' 임의적 시행이 반복되며 현재의 우주와 그 안의 생명체에 부합되는 결과를 만들어낼 수 있다는 게 진화론자들의 생각이다. 내 수학적 두뇌도 진화론자의 의견에 전적으로 동의한다. 방정식이 정확하고 '충분한' 시도가 시행되면 어떤 형태라도 예외 없이 가능하다.

뭔가가 가능하다고 해서 그것이 진실이라는 증거는 아니다. 현실 세계에서 자연선택에 의해 제어되는 창조의 순전한 규모를 상상하는 것은 방정식에 숫자를 대입하는 것과는 완전히 다르다. 이론적으로 생각하면, 진화는 모든 것을 창조할 수 있었다. 하지만 문제는 '진화가 실제로 모든 것을 창조했을 가능성이 얼마나 되는가?' 라는 것이다. 게다가 임의적 시도가 얼마나 많이 있었을까? 일단, 수학에 친숙해지도록 간단한 예의 임의성으로 시작해보자.

당신이 카지노에서 10억 달러를 벌 수 있다는 말을 들었다고 상상해보자. 당신에게는 서너 개의 상자가 주어지고, 각 상자에는 상당수의 주사위가 들어 있다. 주사위를 하나씩 굴려서 모두 6이 나오면 10억 달러의 상금을 받게 된다. 자, 주사위를 굴릴 준비가 됐는가?

운의 문제

주사위를 던지는 시도는 임의성을 나타내는 가장 좋은 예다. 주사위를 충분히 던지면, 이론적으로 가능한 모든 결과(1, 2, 3, 4, 5, 6)를 얻을 수 있다. 언젠가는 반드시 성공할 테지만, '언제쯤에나' 성공할까? 그 답은 당신이 성취하려는 결과가 얼마나 복잡한가에 전적으로 달려 있다.

먼저, 주사위를 하나만 던져 6을 얻으려고 해보자. 여기에는 어떤 미스터리도 없다. 평균적으로 여섯 번을 던지면 한 번쯤은 6이 나온다. 운이 무척 좋다면 6이 훨씬 일찍 나올 수 있다. 운이 좋지 않으면 오랜 시간이 걸릴 수 있지만, 일반적으로 6분의 1이란 확률을 기대하는 편이 합리적이다.

이번에는 약간 더 복잡한 결과를 목표로 해보자. 주사위 두 개를 굴리고, 둘 모두 6을 목표로 삼아보자. 이 목표는 꽤 까다롭지만 지레 포기할 정도로 어렵지는 않다. 약간의 행운이 더해지기만 하면 된다. 각각의 주사위를 던져 6을 얻을 가능성은 여전히 여섯 번 중 한 번이지만, 주사위의 숫자가 두 배가 됐다는 이유로, 두 주사위 모두에서 동시에 6을 얻을 가능성은 두 배가 되지 않고 제곱 배가 된다. 구체적으로 말하면, 12번 중 1번이 아니라, 36번 중 1번이 된다.

주사위의 개수가 증가하면, 다시 말해서 시스템이 복잡해지면 목표를 달성할 가능성이 금세 아득히 멀어진다. 예를 들어, 주사위 세 개를 던지면, 평균 216번을 시도해야 세 주사위 모두에서 6을 얻는다. 그런데 주사위 10개, 단 10개만 던져도 가능성은 암울한 지경으로 떨어진다. 6,000만분의 1이니까!

주사위 10개를 던지는 시도 자체는 그다지 어렵게 느껴지지 않는다. 그러나 거기에 당신의 행복을 걸어야 한다면, 주사위 10개를 던지는 게임을 시도하겠는가? 당신이 행복을 얻을 확률이 얼마나 되겠는가? 잠깐 시간을 내어 이 문제를 생각해보라. 당신이라면 베팅하겠는가?

주사위 10개를 던지는 과정인 복잡한 시스템과, 우주 전체 또는 하나의 살아 있는 생명체를 창조하는 복잡성을 비교해보자. 우주와 생명체를 창조해낼 가능성이, 수백만 개의 주사위를 던져 모두 6을 얻을 가능성과 비슷하다는 것을 확인하는 건 그다지 어렵지 않다. 그런데도 베팅을 하겠는가?

운의 문제만은 아니다

우리 우주의 복잡성은 인간의 이해 범위를 넘어선다. 당연한 말이겠지만, 내 수학 실력으로는 그 복잡성을 시뮬레이션 할 엄두조차 낼 수 없다. 우주의 극히 작은 부분, 예를 들어 한 장면의 확률을 계산하는 것은 그럭저럭 가능할 수 있다. 어쩌면 그 장면을 묘사한 소설을 찾는 편이 훨씬 더 쉬울 수 있다. 그 장면이 순전히 무작위로 쓰였을 가능성은 얼마나 될까?

물리학자 브라이언 그린이 《우주의 구조》에서 사용한 예를 인용해 우주의 복잡성을 증명해보자. 그린은 《전쟁과 평화》라는 소설로 우주의 복잡성을 설명했다. 《전쟁과 평화》는 레프 톨스토이가 디섯 러시아 가족의 눈을 통해 프랑스의 러시아 침략을 둘러싼 사건들을 묘사한 대하소설이다. 우리의 복잡한 우주에서 아주 작은 단편을 묘사하는 데 톨스토이는 무려 56만 단어 이상을 사용했다. 톨스토이는 그 시대의 사건들을 '창조'하지 않았다. 다섯 가족, 러시아와 프랑스, 나폴레옹과 그의 군대, 그들이 사투를 벌인 눈보라도 톨스토이가 '창조'한 것은 아니었다. 톨스토이는 그 사건들을 묘사하기 위해 단어들을 질서 있게 배열했을 뿐이다. 하지만 우리 우주의 한 단면을 '고도로 단순화하는 시도가 무작위로 진행될' 가능성은 거의 없다. 먼저 문자를 정확한 순서대로 배열해 수십만 개의 단어를 형성하고, 다시 그 단어들을 정확한 순서대로 배열함으로써 수만 개의 문장, 수천 개의 단락을 만들어내야 궁극적으로는 수백 쪽의 책이 완성된다. 이 모든 가능성을 확률적으로 계산하기 위해 당신이 할 수 있는 가장 단순한 작업, 즉 페이지를 분류하는 작업부터 시작해보자.

먼저 《전쟁과 평화》를 구입하라. 아깝겠지만 책 전체를 낱장으로 떼어낸 후 공중에 던져 무작위로 바닥에 떨어지도록 내버려두라. 판본에 따라 다르지만 대부분은 693쪽이며 양면에 인쇄돼 있다. 물리학적으로 기적이 일어나 원고들이 방 곳곳에 흩어지지 않고 한 무더기로 내려앉았다고 가정해보자. 이런 경우 첫 페이지가 가장 위에 올려지고, 다음에는 둘째, 셋째 페이지가 차례대로 쌓이는 식으로 끝까지 원고가 차근차근 내려앉을 가능성은 얼마나 될까?

원고들이 정확한 순서에 따라 내려앉을 가능성은 하나뿐이지만, 원고의 배열이 페이지 순서에서 벗어날 가능성은 무척 크다. 구체적으로 말하면, 원고가 순서대로 바닥에 내려앉을 가능성은 $10^{1,878}$(1 뒤에 0이 1,878개나 있어야 하는 숫자다)번이다.[2] 이 가운데 단 '한 번만' 원고가 정확한 순서대로 내려앉는다.

이처럼 어마어마하게 큰 수는 진화와 지적 설계의 논의에서 거의 언급되지 않는다. 하지만 이제 우리는 그 수를 알고 있으므로 베팅에 필요한 정보를 더 많이 확보한 셈이다. 슬롯머신이 잭팟을 터뜨리는 데(반듯한 《전쟁과 평화》를 만들어내는 데), 엄청난 수의 동전을 먹는다면 얼마나 많은 도박꾼이 슬롯머신 앞에 줄지어 서 있어야 하겠는가? 그런데도 슬롯머신에서 잭팟을 기대하겠는가?

이 많은 원고를 정확한 순서로 차곡차곡 쌓는 유일한 방법이 무엇일까? **간섭(intervention)이다.** 누군가 원고를 집어 들고, 읽을 만한 소설을 창조하기 위한 '지적' 작업을 해야 한다.

내친김에 더 깊이 들어가보자. 이번에는 범위를 좁혀, 페이지에서 문장으로 넘어가보자. '랜디'라는 원숭이에게 타자기를 주고 자판을 누르는 방법을 가르쳤다고 해보자. 랜디는 어떤 아이디어를 지닌 저자가 '아니므로' 문자를 무작위로 나열할 뿐이다. 그래도 랜디에게 종이와 시간을 무한히 제공해보자. 고전적인 소설을 쓰는 게 쉬운 일은 아니지만, 랜디가 다음과 같은 단순한 문장을 써낼 가능성이 얼마나 되겠는가?

This short sentence can be produced by random keystrokes

이 문장은 자판을 56번 누름으로써 이루어진다. 랜디는 자판을 누를 때마다 26개의 문자판과 1개의 스페이스 바에서 무작위로 하나를 선택해야 한다. 랜디가 무작위로 56번 자판을 누를 때마다 위의 문장을 정확히 써내고 있는지 점검하는 역할이 우리에게 맡겨졌다고 해보자. 쉽게 생각되는가? 전혀 그렇지 않다.

랜디가 지상에서 가장 빠른 타이피스트여서 분당 220단어를 타이핑한다고 가정해보자. 그럼 우리는 2.5초마다 점검을 해야 한다.[3] 따분하고 지루한 작업이겠지만, 어쨌든 신속하게 끝냈다고 해보자. 그래야 본론이라고 할 수 있는 다음 단계로 넘어갈 수 있으니까. 무작위한 시도로 만족스런 결과를 얻으려면 얼마나 많은 시간이 걸릴까? 그렇다, 엄청난 시간이 필요하다. 정확히 말하면, 당신은 1억 4,300만×1조×1조×1조 년 동안, 11조 4,000억×1조×1조×1조×1조×1조 개의 틀린 철자를 점검해야 한다.[4] 그런데 이 숫자는 대략 우리 지구 나이의 25억×1조×1조×1조×1조×1조 배에 해당한다![5] 단순한 작업이라고 말하기에는 충격적인 숫자가 아닌가? 그럼 본론이라고 할 수 있는 《전쟁과 평화》를 정확히 써내려면 얼마나 오랜 시간이 걸리겠는가?

당신에게 계산해보라고 하지 않을 테니 긴장할 것은 없다. 톨스토이가 무작위로 자판을 두들겨 《전쟁과 평화》를 썼고, 단어가 평균 6개의 문자로 이루어진다고 가정하면, 이 소설을 완성하기 위해 $27^{3,480,000}$, 즉 27×27을 $3,480,000$번 시도한 값만큼 자판을 두드려야 했을 것이다.[6] 한편, 랜디가 타이핑한 판본에는 구두점이 없어 소설 전체가 하나의 긴 줄로 이어져 있어서 해독하기가 훨씬 더 어렵겠지만, 원숭이를 더 이상 몰아붙이지는 말자. 위의 숫자를 강력한 계산기에 입력하면, 그 지적인 기계는 곱셈한 값을 한층 이해하기 쉬운 표현, 즉 '무한'으로 대체할 것이다.

정확한 순서로 단어가 배열된 《전쟁과 평화》를 손에 쥐려면 엄청난 시간, 수학적으로는 결코 존재할 수 없는 시간을 기다려야 할 것이다. 무작위로 선택된 원숭이 랜디가 우리 우주보다 조 단위의 자릿수만큼 더 오래 살더라도 《전쟁과 평화》는 무작위로 쓰일 수 없을 것이다. 지적인 존재의 개입 없이 이런 소설의 창작 가능성을 기대하는 것은 전혀 승산이 없는 베팅, 즉 수학자라면 누구에게도 권하지 않을 터무니없는 베팅이다. 정상적인 사고를 지닌 사람이라면 누구나 내 생각에 동의할 것이다.

랜디에게 맡겨진 '단순한' 과제는 한 문장, 그 후에는 소설 한 편을 옮겨 쓰는 것이었다. 소설에 등장하는 사람들과 침략당한 대지, 또한 그들과 관련돼 있지만 소설의 줄거리에는 언급되지 않은 수십억의 생명체를 랜디에게 창조하라고 요구한 것이 아니었다. 랜디에게 그런 요구를 했다면 어땠을까? 임의성이 백지가 아니라 아무것도 없는 진공에서 시작됐다면 어떻게 됐을까? 랜디가 임의로 자판을 두드려 항성과 행성을 만들고, 지구에 생명체가 살기에 적합한 환경과 생명체를 창조해야 했다면 어떻게 됐을까? 이 모든 것을 완성하려면 몇 번을 시도해야 했을까? 어쨌든 이 모든 것을 원숭이가 해낼 수 있다고 정말 믿는가?

숫자를 보면, 소설이 무작위로만 쓰일 수 있다는 주장을 단호히 부정하게 된다. 그럼, 소설이라는 형태로 쓰인 복잡한 세계가 무작위로 이루어진다는 주장을 적잖은 사람이 흔쾌히 받아들이는 이유가 무엇일까? 나로서는 그 이유가 무척 궁금하다.

조작되는 게임

브라이언 그린이 《전쟁과 평화》를 낱장으로 떼어낸 후 공중에 던지는 이미지를 사용한 이유는 우리 우주의 흥미로운 속성인 엔트로피를 설명하는 데 목적이 있었다. 엔트로피는 원숭이의 과제를 훨씬 더 어렵게 만들기 때문에 내가 처음의 계산에서 변수로 포함하지 않았던 속성이다.

타자기가 방금 작성된 줄을 빈번하게 지워버리도록 조종돼 있다고 해보자. 이런 작은 재앙이 더해지면, 그렇잖아도 성취하기 힘든 랜디의 과제를 더욱더 불가능하게 만들 것이다. 안타깝게도 우리 우주가 바로 이런 식으로 작동한다.

우리 세계는 카오스, 즉 혼돈 상태로 향하는 경향을 띤다. 시간이

지남에 따라 모든 것이 무질서한 상태로 빠져들기 쉽다. 따라서 엔트로피, 즉 무질서의 양은 결코 줄어들지 않는다. 극히 드물지만 뭔가가 완벽하게 결합되면 우리 세계는 그것을 중요하게 여기기는커녕 파괴하려는 경향을 띤다는 걸 확인하는 데는 물리학 박사 학위도 필요 없을 정도다. 우리가 몸담고 살고 있는 세계가 무질서를 지향하는 게 분명하기 때문이다.

유리잔이 깨지는 현상은 우리 눈에 보이지만, 그 반대 현상은 결코 볼 수 없다. 야생 식물이 버려진 땅을 무작위로 뒤덮어가는 과정은 볼 수 있지만, 야생 식물이 깔끔하게 정돈된 울타리를 이루며 자라지는 않는다. 수많은 기포가 탄산음료에서 무작위로 발생하지만, 그 기포들이 모여 병으로 되돌아가지는 않는다. 카오스 이론이 후자의 가능성을 방해한다. 카오스 이론 때문에 복잡계에서 연속적인 사건들이 적절한 순서로 일어나는 게 훨씬 더 어려워진다.

순서는 무척 중요하다. 앞에서 이미 말했듯이, 10개의 주사위를 던져 모두 6을 얻을 확률은 6,000만분의 1이다. 그런데 내가 당신에게 이런 가능성을 잇달아 세 번 일으켜보라고 요구했다고 하자. 그렇다면 당신은 10개의 주사위에서 모두 6을 얻고, 다시 10개의 주사위를 던져 모두 6을 얻고, 다시 10개의 주사위를 던져 모두 6을 얻어야 한다. 거의 불가능하지 않을까? 그런데 꽃이 생존할 확률은 훨씬 더 암울하다. 아름다운 꽃이 무작위로 생겨나더라도 생명을 유지하려면 생존에 유리한 환경이 필요하다. 처음에 그 환경에는 벌이 포함되지 않았다. 화석 기록에 따르면 벌은 나중에야 나타났다. 진화론자들은 당시 꽃에는 수분을 위해 벌이 필요하지 않았다고 주장하며, 벌의 부재를 지극히 '사소한' 현상으로 묵살해버렸다. 하지만 당시에도 꽃이 생존하는 데에는 빗물, 양분이 풍부한 흙, 충분한 햇빛 등등 상당히 많은 것이 필요했을 것이다. 그 하나하나가 존재할 가능성은 10개의 주사위를 던져 모두 6을 얻을 확률과 비슷했을 것이다. 따라서 진화론자들은 꽃의 생존 조건과 관련된 사건들이 무작위로 꾸준히 일어났고, 운이 기막히게 좋았던 어느 날 모든 사건이 동시에 일어났을 것이라 추정한다. 이 추정은 잘못된 것이 없고 상당히 설득력 있게 들린다. 그러나 그 확률값이 10개의 주사위에서 모두 6을 얻기 위해 주사위를 던져야 하는 어마어마한 횟수에 해당한다는 사실을 기억해야 한다. 또한 꽃이 나타날 때마다 꽃을 날려버리며 무질서를 지향하려는 우주의 성향 때문에 엔트로피가 게임을 번질나게 조작한다는 사실도 기억해야 한다.

간과되는 세세한 부분들

내 말을 오해하지 않기를 바란다. '진화는 과학적 사실이다!' 안타깝게도 이렇게 주장해봐야 소용이 없다. 그 증거는 우리 주변에 무궁무진하게 많지만, 이상하게도 진화 문제가 논의될 때 사소한 현상은 간과되기 일쑤다. 예를 들어, 소진화(micro-evolution)와 대진화(macro-evolution)는 구분조차 되지 않는다.

최근에 서(西)그린란드에서 생물기원 흑연(biogenic graphite)이 발견됨으로써, 과학자들은 지구에서 생명체가 37억 년 전에 시작됐다고 결론지었다. 과학자들의 설명에 따르면, 그 이후로 진화가 시작됐고 모든 차원에서 생물의 다양화가 진행됐다. 진화론의 타당성을 입증하는 무수한 사례가 있다. 나방은 오염에 대응하려고 색깔을 바꾸었고, 다윈의 핀치는 새로운 식량에 적응하기 위해 부리의 형태와 체형을 바꾸었다. 이탈리아 장지뱀은 초식동물이 되려고 머리 모양을 바꾸었다. 모든 사례가 특별하고 설득력 있게 보인다. 모든 사례에는 분명한 한계가 있다. 변화가 같은 종에서만 일어났다는 점이다. 이른바 '소진화'로 알려진 현상이다. 나방은 여전히 나방이었고, 다윈의 핀치들도 여전히 조류이며, 장지뱀이 초식을 선택했다고 젖소로 바뀌지는 않았다. 진화를 다루는 문헌이면 어디에서나 언급되는 '대진화'로 알려진 유형의 변화가 일어난 증거는 없다. 어류가 양서류나 조류 또는 공룡으로 바뀌었다는 증거는 어디에서도 '확인되지' 않는다. 과학자들은 화석 기록처럼 사건의 연대순을 보여주는 듯한 일련의 '역사적' 증거를 신뢰하며, 그 현상들을 설명하기 위한 이론을 수립한다. 하지만 그런 이론이 현실적으로 구체화된 증거가 객관적으로 관찰된 적은 지금껏 한 번도 없었다. 진화론자의 설명에 따르면, 그런 진화적 사건은 수천 년이 걸리지만 진화론이 탄생한 건 아직 200년이 채 되지 않았다. 따라서 앞으로 충분한 시간이 지나면, 그런 증거가 틀림없이 나타날 것이라는 게 진화론자들의 설명이다. 이런 설명이 수학적으로는 타당할 수 있지만, 객관적으로 관찰되지 않는 한 진화론은 기껏해야 허구적인 이야기일 수 있다는 사실까지 달라지지는 않는다. 객관적으로 관찰된 증거로 뒷받침되지 않은 이야기를 우리는 무엇이라 칭하는가?

맞다. 우리는 그런 이야기를 신앙이라고 일컫는다! 미국 소설가

데이비드 포스터 월리스의 표현을 빌리면,

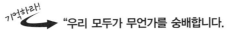

"우리 모두가 무언가를 숭배합니다.
우리에게 허락된 유일한 선택권은 무엇을 숭배하느냐는 것입니다."

진화적 적응은 부인할 수 없는 현상이지만, 우리 주변의 무수한 창조 사례를 설명하기에는 역부족이다. 더 그럴듯한 이론은 없을까? 그 이론을 찾아내려면, 또 하나의 일반적인 통념을 떨쳐내야 한다.

진화 대 설계

설계는 진화의 반대편에 있는 것이 아니다. 진화는 잘 짜인 설계의 한 방법일 수 있다. 우리가 테크놀로지를 토대로 만들어내는 상품에서 설계와 진화가 별개의 것이 아님을 확인할 수 있다. 연속적인 개발과 출시로, 신제품은 항상 과거의 제품보다 모든 면에서 더 낫다. 하지만 모든 제품이 설계를 바탕으로 제작된 것이다. 어떤 제품도 무작위적인 행운으로 만들어지지 않는다.

또한 수백만 년 후에 외계인이 '화석화' 됐지만 보존 상태가 훌륭한 일련의 자동차를 발굴했다고 해보자. 그 고고학적 발굴지에서 외계인이 '아우디' 라고 명명된 종의 몇몇 표본을 발견한다면, 또 외계인이 요즘의 진화론적 방식으로 발굴된 유물을 설명한다면, 아우디가 하나의 종으로서 진화한 것이라고 생각할 수밖에 없을 것이다.

아우디 콰트로 – 잃어버린 고리
사륜구동 장치와 아우디 종의 발전

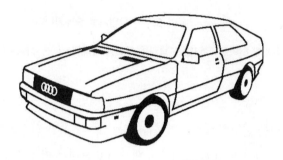

아우디의 변화 과정을 분석해보라는 뜻이다! 아우디는 1980년까지 정말 단조로웠다. 1980년은 화석에서 아우디 콰트로가 발견되는 진화적 혁신이 일어난 해였다. 그야말로 '잃어버린 고리(missing link)'가 발생한 셈이었다. 사륜구동 장치가 처음으로 등장한 해였다. 따라서 콰트로는 과거의 자동차보다 모든 면에서 훨씬 나았고, 경쟁적 관계에 있던 모든 종을 경주에서 따돌렸다. 따라서 경쟁 모델들은 신속히 멸종됐다. 아우디는 가장 환경 순응적이었기 때문에 너끈히 살아남았다. 그때부터 아우디 종은 급속한 진화를 겪었고, 최종적으로 한층 정교하고 복잡한 '생명을 지닌 자동차(careature)'의 단계에 이르렀다. 예를 들어, 아우디 R8으로는 다른 종이 넘볼 수 없는 속도를 이루어냈고, 아우디 Q7으로는 비포장도로를 효과적으로 정복했다.

아우디 종 전체가 한층 믿을 만하게 진화했고, 기대 수명까지 늘어나 모든 종이 수십만 킬로미터를 너끈히 달릴 수 있었다. 게다가

GPS 시스템과 카메라, 거리 감지기 등을 갖추어 주변 환경을 인식하게 됐고, 운전자의 말을 이해하고 대답하는 수준에도 이르렀다. 자연선택으로 과거의 모델은 멸종됐고, 최적의 모델만이 살아남았다. '아우디는 진화했다!'

외계인의 판단은 옳았다. 아우디가 진화하지 않았다는 가정은 비합리적이다. 지적 설계와 공학이 개입하지 않았음에도 아우디 모델들이 무작위로 존재하게 됐다고 가정하는 건 어리석은 판단이라는 데 당신도 동의할 것이다.

물론 진화론의 관점에서는 자동차를 완전히 무작위로 제작하는 게 '이론적으로' 가능하다고 주장할 수 있다. 무한한 시간과 끝없는 시행착오가 허용되면, 지구의 특정한 지역의 금속들이 아우디 자동차와 정확히 일치하는 모형으로 조합돼 떨어질 수 있다. 수학적으로는 가능하지만 현실적인 개연성도 있을까? 물론 자동차가 자기 증식을 하는 생물보다 훨씬 단순하다는 건 사실이다. 그래도 자동차라는 복합적인 시스템을 실험적으로 만들어내려면, 예를 들어 태풍이 폐차장을 지나가며 완벽하게 설계된 자동차를 생산하는, 완전 자동화 시설을 갖춘 공장을 남겨놓는다는 무작위성을 가정해야 할 것이다. 이런 가정의 실현이 수학적으로 가능할까? 물론, 수학적으로는 가능하다. 하지만 현실적인 개연성은 있을까? 내 생각엔 없다.

자동차가 진화만으로 만들어질 수 있다는 주장을 받아들이기 꺼림칙하다면, 진화가 한층 복잡한 우주의 창조자라는 주장에는 어떻게 동의할 수 있는가?

진화적 관점에서 볼 때 뜻밖의 행운이 모든 것을 창조했을 수 있다는 가정은 수학적으로 옳지만, 뜻밖의 행운이 모든 것을 창조해냈다는 주장은 전혀 정확한 진술이 아니다. 그 주장이 타당성을 가지려면, 과학에서 흔히 주장하듯이 우주에 **무한의 시간**이 허용돼야 한다. 안타깝지만, 모든 것이 진화로 설명된다는 주장은 또 하나의 근거 없는 신화에 불과하다.

시간의 문제만은 아니다

우리에게는 무한의 시간이 없었다! 빅뱅으로 탄생한 우리 우주의 나이는 대략 137억 년이며, 지구의 나이는 45억 년에 가깝다. 또한 지금까지 알려진 내용에 따르면, 가장 원시적인 형태의 생명체가 지구에 처음 등장한 때도 37억 년 전이다. 한결같이 무척 긴 시간으로 들리지만, 창조 과정과 비교하면 지극히 짧은 시간이다. 랜디가 집파리를 창조하는 건 고사하고, 9단어로 이루어진 간단한 문장을 타이핑하는 데도 부족한 시간이다. 그렇다고 한 번 더 시도하는 노력조차 포기할 수는 없지 않은가!

여하튼 그 과제를 '제때' 끝내려면 더 빠른 원숭이가 필요하다. 9단어로 된 문장을 45억 년 만에 써낼 수 있어야 한다! 그 일을 해낼 만한 원숭이가 있어야 한다. 랜디는 해고되고, 훨씬 빠른 원숭이 '플래시'로 대체된다. 플래시는 솜씨가 뛰어난 까닭에 요구 사항도 많다. 플래시는 보상으로 아주 커다란 바나나를 요구하고는 작업을 시작한다.

플래시가 해야 할 일도 똑같다. 하나의 정확한 문장을 얻기 위해 11조 4,000억×1조×1조×1조×1조×1조 개의 문장을 써야 한다. 그 일을 해내려면 플래시는 번개보다 빠른 속도로 분당 55만×1조×1조×1조×1조×1조 개의 단어를 타이핑해야 한다.[7] 이 속도는 오늘날에도 지상에서 관찰되는 창조의 속도인가, 아니면 또 하나의 간과된 세세한 부분인가?

신속한 창조를 위한 욕구에다 지구에 서식하는 생명체의 수를 곱하면 어떻게 될까? 현재 바다에 서식하는 것으로 확인된 생명체만 약 22만 6,000종이며,[8] 약 200만 종이 아직 발견되지 않은 것으로 추정된다. 모든 생명체로 범위를 넓히면 약 874만 종이 지구에서 살고 있다.[9] 진화와 자연선택에 관련된 귀에 익은 이야기에 현혹되지 않기를 바란다. 악마는 세세한 수학적 표현에 있으니까. 이런 변종 하나하나의 창조는 타이핑처럼 결코 단순하지 않지만, 그만큼 단순한 것이라 하더라도 얼마나 많은 시도가 필요하고, 우리 주변 세계에서 생명체를 창조하려는 시도를 얼마나 자주 목격해야 하겠는가? 이번에는 수학적 계산을 해 보이며 시간을 낭비하고 싶지 않다. 결론은 명백하니까.

아, 그런데 의문이 하나 더 남아 있다.

모든 화석이 어디로 사라졌는가?

우리와 가장 가깝다고 주장되는 조상 중 하나인 호모 하빌리스와 현생 인류인 호모 사피엔스의 가장 뚜렷한 차이 중 하나는 뇌의 크기다. 호모 사피엔스의 뇌가 3배나 크다. 두 종은 200만 년의 간격을 두고 지상에 출현했다. 원숭이 랜디가 9단어의 문장을 타이핑할 확률을 호모 하빌리스에서 호모 사피엔스로의 진화적 도약에 적용하면, 순전히 우연으로 최초의 호모 사피엔스가 태어나려면 현재 세계 인구보다 200억×1조×1조×1조×1조×1조 배나 많은 호모 하빌리스가 진화에 필요했을 것이다.[10] 그럼 다음과 같은 중대한 의문이 자연스레 제기된다. 무한에 가까운 그 유골은 대체 어디로 사라졌을까? 지상에만 제곱미터당 평균 1억 3,700만×1조×1조×1조×1조 구의 유골이 있어야 하기 때문에 발견하는 게 조금도 어렵지 않아야 한다.[11]

그 많은 유골이 하나도 빠짐없이 전부 썩어 없어졌을까? 설령 그런 일이 있었더라도 매달 5조 7,000억×1조×1조×1조 명의 인간이 창조되고 썩어 없어지는 패턴이 오늘날에도 계속된다는 증거가 어디에서도 관찰되지 않는 이유는 무엇일까?[12] 혹시 우리 인간이 완벽한 단계에 이른 까닭에, 자연이 인간의 진화를 중단하기로 결정한 것일까? 모두의 수학적 재능에 문제가 생긴 것일까? 이처럼 간단한 계산이 지금까지 무시된 이유가 무엇일까?

무작위성이 온갖 가능한 형상을 거친 후, 마침내 유지하며 기반으로 삼기에 '적합한' 모델을 찾아낸다는 가설은 합리적으로 와 닿지 않는다. 가능한 모든 형상을 시도하는 손 빠른 원숭이가 우리에게 필요한 것은 아니다. 오히려 운이 어마어마하게 좋은 원숭이가 필요할 뿐이다. 시도할 때마다 첫 번째에 적합한 것을 얻어낼 정도로 운이 엄청 좋아야 한다.

우리는 그런 원숭이를 찾아냈다

10개의 주사위를 연속해 서너 번쯤 던지면 모두 6을 얻으며, 6,000만분의 1이란 확률을 예외 없이 깨뜨리는 원숭이가 존재한다고 해보자. 속도만으로 문제를 해결하지 못하면, 이 원숭이 '럭키 배스터드'가 우리에게는 마지막 희망이다. 럭키 배스터드는 당면한 과제에 대해 듣고는 난감한 표정을 짓는다. 각각 27개의 면으로 이루어진 55개의 주사위를 던져, 9개 단어로 구성된 문장을 정확히 만들어내라고 요구했기 때문이다. 그 복잡성이 파리를 창조해내는 정도와 유사하다고 가정하면, 요행수가 874만 번 연속적으로 반복돼야 한다. 그렇지만 럭키 배스터드는 원숭이인 까닭에 무모한 도전을 시도하는 데 동의한다. 하지만 보상으로 바나나를 요구하지 않고, 성공할 경우에 당신의 분별력을 내놓으라고 요구한다. 원숭이는 당연히 이 내기를 받아들이겠지만, 당신은 어떻게 하겠는가?

나는 생명의 끊임없는 진화를 자연법칙으로 당연히 인정하지만, 위의 의문에 대한 답을 추적하는 과정에서 근본적인 전제에 의문을 품지 않을 수 없었다. 진화는 명백한 사실이지만, 아우디 자동차의 경우처럼 연이어 출시되는 개량된 모델들, 즉 순전한 변종들은 설계의 일부일 뿐이다. 수학으로 명백히 증명된다. 무작위적인 것은 없다.

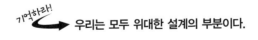

기억하라! **우리는 모두 위대한 설계의 부분이다.**

우리는 무엇으로 만들어졌나

주사위와 러시아 소설과 자동차에 대해서는 이쯤 해두고, 이제 핵심으로 들어가 당신과 내가 무엇으로 만들어졌는지에 대해 말해보자. 당신과 나의 주된 구성 성분인 '단백질'은 우리가 당연시하는 것이 실제로 엄청나게 복잡하다는 걸 가장 확실히 보여주는 예다.

대체로 단백질은 특정한 순서로 결합된 다수의 아미노산으로 이루어진다. 현재까지 과학계에 알려진 아미노산은 20종이다. 그 아미노산들이 결합되는 순서에 따라 단백질 분자의 행동이 결정된다.

묵주를 만드는 데 20가지 색깔의 구슬을 사용한다고 해보자. 녹색 구슬 30개, 흰색 구슬 1개, 다음에는 녹색 구슬 1개와 파란색 구슬 12개를 연결하면, 근육에 적합한 단백질 분자를 얻는다. 한편, 노란색 13개, 빨간색 22개, 검은색 2개를 연결해 얻은 단백질은 항체로 기능한다. 각 단백질은 특정한 기능을 수행하는 고도로 복잡한 기계에 비유된다. 어떤 단백질은 펌프 역할을 하고, 어떤 단백질은 자신의 형태를 바꿔가며 세균과 싸운다. 또, 발동기처럼 기능하는 단백질도 있다. 우리 몸에는 이런 단백질 기계가 2만 개 이상 존재한다. 물론 다른 생명체에도 단백질로 만들어진 기계가 있으며, 이런 기계는 전체적으로 10만 종이 넘는다.

놀랍게도 단백질은 직선으로만 이어지는 게 아니다. 단백질은 연결되는 순서에 따라 접힌다. 단백질은 접히는 과정을 거듭하며, 결국에는 온전한 상태의 구조를 유지하기에 적합한 안정된 '최소 에너지 배열'을 찾아낸다. 종이접기로 뭔가를 만들어내는 것처럼, 최종적인 결과물이 어떤 형태를 갖추려면 접기가 올바른 순서에 따라 정확히 이루어져야 하다. 단백질은 오류, 즉 '잘못된 접기(misfold)' 없이 접기를 완벽하게 이루어내기가 무척 어렵다. 단백질이 접힐 때 물 분자가 그 작은 단백질 끈을 세게 때리며 이리저리 움직이게 만들기 때문이다.

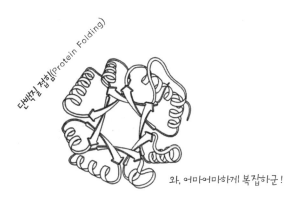

단백질 접힘(Protein Folding)

와, 어마어마하게 복잡하군!

이번에는 우리 조상을 창조하는 데 필요했던 모든 진화 주기(evolutionary cycle)는 접어두고, 우리 몸을 구성하는 2만 개 단백질 중 하나에만 집중해보자. 그 하나의 구성 요소, 즉 그 단백질은 어떻게 존재하게 됐을까? 그 단백질을 구성하는 아미노산들이 올바른 순서대로 정확히 이어졌을 것이고, 그 후에는 정확히 접히며 본연의 기능을 수행하기에 적합한 안정된 구조를 찾아냈을 것이다. 이런 결과가 무작위로 일어날 가능성이 얼마나 될까?

1969년 분자생물학자 사이러스 레빈탈은 단백질 분자가 최종적인 구조에 이르기 위해 가능한 접힘의 수는 천문학적이라고 지적했다. 또한 미국 생화학자로 1972년 노벨 화학상을 수상한 크리스천 앤핀선의 계산에 따르면, 하나의 단순한 단백질이 모든 가능한 접힘을 무작위로 시도해 형성된 후에 최종적으로 안정된 구조에 이르려면 1,026년이 걸린다. **결국 우리 몸을 구성하는 단백질 전부를 만들어내려면 우주의 나이보다 1조 배나 더 오랜 시간이 걸린다는 뜻이다!**

그렇다면 그 단백질이 허용된 시간 내에 정확히 접히는 유일한 방법은 무엇일까? 이제 우리는 그 답을 알고 있다. 간섭이다! 단백질은 접기를 시작하기 전에 기본적인 순서를 알았어야 한다. 뭔가가 최종적인 형태로 변화를 시작하기 전에 어떻게 변해야 한다는 걸 아는 것이 바로 '설계' 다! 그림으로 설명된 종이접기 작업처럼, 단백질 가닥도 늦지 않게 접기 작업을 완료하려면 어떤 순서를 따라야 하는지 미리 프로그래밍돼 있어야 한다.

각각 수조 개의
면으로 이루어진
2만 개의 주사위

우리 몸을 구성하는 2만 개의 단백질이 모두 무작위로 접혀 한 명의 인간을 만들어내려면, 2만 개의 주사위를 동시에 던져 모두 6을 얻는 확률과 유사한 행운이 따라야 한다는 뜻이다. 게다가 주사위가 6면으로 이루어진 게 아니라 수조 개의 면으로 이루어진 것이란 점에도 주목해야 한다. 결국 행운에 행운이 더해져야 한다는 뜻이다.

지금까지 나는 빅뱅, 진화, 자연선택을 옹호하는 주장에서 흔히 간과되고 감추어지는 수학적인 면을 살펴보았다. 이런 수학적 증거를 근거로, 나는 모든 것이 완벽하게 설계된 것이란 이야기를 하고 싶었다. 요컨대 행운에 의존하지 않고 모든 것이 완전하게 상호작용하고, 우연도 없고 시행착오도 없으며, 설계에 의해 설정돼 영원히 변하지 않는 우주 방정식에 따라 모든 것이 예상한 대로 움직인다는 이야기를 해보려 했다. 물론 그 이야기를 100퍼센트 확실하게 증명할 수는 없다. 그러나 우리는 무작위를 포기하고 확률적 관점에서 문제를 설정했다. 수학적인 면을 강조하려면 설계자의 존재가 '전제돼야' 한다. 그런데 안타깝게도 종교가 그 설계자를 넘겨받아 지독히 왜곡한 까닭에, 설계자의 이름으로 범해지는 광기에 공감하느니 차라리 그 존재를 부인하고 싶을 지경이다.

우리 우주는 복잡하기 그지없으며, 우리는 종종 세세한 것에서 허우적거린다. 아인슈타인조차 인간의 이해력 한계를 인정하며 이렇게 말했다. "(창조 과정을 살펴보면) 우리는 여러 언어로 쓰인 책들로 가득 채워진 거대한 도서관에 들어서는 어린아이와 같은 처지입니다. 그 아이는 누군가가 그 책들을 썼다는 것을 알지만 어떻게 썼는지는

모릅니다. 또, 그 책들이 쓰인 언어들도 모릅니다. 아이는 책의 배열
에 미스터리한 질서가 있으리라 짐작하지만 그것이 무엇인지는 모
릅니다. 가장 똑똑하다는 사람조차 하느님을 바라보는 심정은 이렇
지 않을까요?"[13]

스티브 잡스가 누구?

복잡성을 덜어내고, 위대한 설계에 대한 내 논리를 압축해 보여줄 목
적에서 나는 단순한 이야기를 꾸며보았다. 내가 아이폰의 첫 모델을
구입했을 때 당신이 나를 만났다고 가정해보자. 당신은 아이폰을 보
고 깊은 인상을 받아 어디에서 아이폰을 구입할 수 있느냐고 나에게
물었고, 내가 당신에게 다음과 같이 대답했다면 당신은 어떤 기분이
었겠는가?

어이쿠, 미안합니다. 이 첨단 테크놀로지 제품은 일반 상점에서는 구
입할 수 없습니다. 진화를 통해 생겨난 물건이거든요. 우리 집 정원
뒤에 있는 45억 년 된 모래밭에서 내가 우연히 찾아낸 겁니다.
나는 숫자로 표현하기 힘들 정도로 기막힌 행운을 얻은 겁니다. 모래
가 기막히게 녹아 맑은 강화유리를 형성했고, 고양이가 적절한 순간
에 발을 올려놓자 그 강화유리가 알루미늄 틀에 꼭 들어맞도록 잘려
나갔습니다. 또 그 멋진 틀은 수천 년 동안 정원 흙에서 응집되며 정
교하게 제련된 하나의 알루미늄괴가 그 후로 오랫동안 부드러운 모래
바람에 다듬어지고 또 다듬어지며 만들어진 것입니다. 초고화질 화면

은 어느 날 아침에 불쑥 나타나더니, 모래에 함유된 실리콘에서 저절로 만들어진 초소형 전자공학 부품들과 완벽하게 연결됐습니다. 마이크와 스피커는 벌레가 그 장치를 좀먹은 결과로 생겨난 것이고, 근처에 묻혀 있던 고대의 인공물에서 발견된 정련된 구리로 연결이 이루어졌습니다. 엔트로피로 인해 이런 배치가 오랫동안 그대로 유지됐지만, 마침내 믿기지 않는 뜻밖의 행운이 작용하며 몇몇 화학물질과 금속 전도체가 결합돼 배터리가 만들어졌습니다. 그런데 약한 지진이 일어났고, 때마침 번개가 절묘하게 떨어지며 배터리가 충전됐습니다. 알루미늄의 나머지 부분은 뜨거운 열을 받아 형성됐고, 결국 완벽하게 봉인된 틀이 된 것입니다. 아! 소프트웨어는 무작위로 만들어진 컴퓨터에 자판이 무작위로 눌려서 제작된 것이며, 컴퓨터는 1년 전쯤 이웃집 정원에서 발견된 것입니다.

이 놀라운 기적이 일어나는 데 수십억 년이 걸렸을 수 있지만, 우리 우주가 탄생한 지 엄청나게 오랜 시간이 지난 까닭에 이런 경이로운 확률이 현실화된 것입니다. 이 아이폰은 무작위로 만들어진 것입니

시간만 주어지면
이 모든 것이
먼지에서 생성된다.

다. 내가 이렇게 말해서 스티브 잡스가 불쾌하게 생각하더라도 상관 없습니다. 그래도 과거에 스티브 잡스 같은 사람이 정말 있었을 거라고 믿지는 않으니까요. 당신도 그렇게 생각하지 않습니까?

왜 어마어마하게 똑똑한 설계자가 당신이라는 기계를 조립해 만들었다는 걸 믿지 못하는가? 우리 인간이나 아이폰은 무작위로 존재하게 된 것이 아니다.

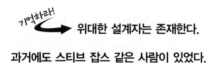

위대한 설계자는 존재한다.

과거에도 스티브 잡스 같은 사람이 있었다.

다시 행복으로

오래전에 나는 위대한 설계를 내 사상의 토대로 받아들였다. 그 후로는 그에 덧씌워진 주장들에 하나씩 의문을 제기하며 많은 시간을 보냈다. 이제 나는 설계자가 존재하고, 그 설계자가 몇몇 세계 종교를 통해 핵심적인 메시지를 우리에게 전해주었다고 확신한다. 나는 그 메시지들에서 지혜를 추구할 뿐, 인간의 해석과 탐욕과 인습이 더해진 부분들은 철저히 무시한다.

이런 관점에서 삶에 접근한 덕분에 나는 머릿속에서 윙윙거리는 목소리를 잠재우며, 이 땅에서의 삶을 헛되이 보내지 않고 수학으로 증명할 수 있는 것에 짧은 삶을 집중함으로써 행복을 되찾았다. 또한 나는 이곳에서의 삶보다 훨씬 큰 세계의 일부이며, 경이로운 우주를 창조할 수 있을 뿐만 아니라 알리를 나보다 더 편안히 보살펴줄 수 있는 설계자의 곁에 녀석이 함께 있다는 것도 알고 있다.

이 장을 시작할 때, 나는 핵심을 제대로 짚은 문제의 답을 찾아내기 위해서라도 설계라는 의문에 두껍게 덧씌워진 껍데기를 벗겨내자고 제안했다. 이제 행복이라는 본래의 주제로 되돌아가기 위해 그런 껍데기 중 하나를 분석해보자.

게임의 규칙

가장 중요한 껍데기는 설계에 대한 우리의 불만과 관계가 있는 것으로, 우리에게 많은 고통을 안겨주는 요인이기도 하다. 우리 인간이 우리가 만들어내는 기계와 다른 점이 있다면, 우리 인간은 설계에 끊임없이 의문을 제기한다는 것이다. 우리는 설계가 더 좋았어야 한다고 생각한다. 우리가 설계에 대해 갖는 가장 큰 불만, 또한 많은 사람이 설계라는 개념을 거부하는 이유는 이른바 설계자의 행동 방식에서 비롯되는 듯하다. 설계자의 일하고 행동하는 방식은 우리 행복 방정식의 기대에 못 미치는 경우가 허다하고, 그 때문에 우리는 불행해진다. 그러나 이런 결과를 설계자의 탓으로 돌리는 게 타당할까?

첫째로, 설계자가 이 땅에서 '대리인'을 선택하는 방법을 마뜩잖게 여기는 사람이 많다. 게다가 모든 것을 엉망진창으로 만드는 주역은 설계자와 교감하는 통로의 독점권을 주장하는 종교 기관들이다. 대부분의 종교가 쓸데없이 엄격해졌다. 또한 대부분의 종교가 핵심적인 전제에서 멀리 벗어나, 심판을 지나치게 과장하며 '세금'을 걷는 데 열중하지만, 종교 지도자들의 비행(非行)은 하루도 끊이지 않는다. 종교 기관의 탐욕과 비행에도 불구하고 나는 나 자신을 합리적인 신자라고 생각한다. 설계자를 향한 내 믿음은 여전히 굳건하기 때문이다. 또한 나는 자기들끼리 성직자라는 직책을 주고받는 중개인을 믿지 않기 때문에 성직자의 비행에 신경 쓰지도 않는다.

종교라는 틀을 벗어나면, 우리가 설계자의 행위로 인식하는 것들을 설명하기가 힘들어진다. 왜 삶이 이처럼 팍팍할까? 전쟁과 질병, 죽음과 파괴, 굶주림과 가난, 고문과 범죄, 타락과 부패는 왜 존재하는 것일까? 자연재해가 빈번히 일어나 우리를 괴롭히는 이유는 무엇일까? 왜 알리는 그처럼 어린 나이에 이 땅을 떠나야 했을까? 설계자가 정말 자상하고 자애로운 존재라면 세상을 이토록 각박하게 끌고 갈까?

나는 설계자가 세상을 이렇게 끌고 가는 것이라고 생각하지 않는다! 설계자가 세운 방정식이 빚어내는 모습일 뿐이다. 위대한 설계, 궁극적인 진실, 더 나아가 행복의 아름다움이 여기에 있다!

쓰나미는 깊은 심해에서 일어난 지진으로 파도가 육지 방향으로 치닫기 때문에 일어나는 자연 현상이다. 쓰나미 뒤에 어떤 극적인 음모도 감춰져 있지 않다. 설계자의 개입도 없다. 설계로 결정된 물리학 법칙에 따라 고스란히 드러난 세상일 뿐이다. 아우디는 자동차를 제작할 때 운전자가 기어를 주행 모드에 놓고 액셀러레이터를 발로 밟으면 자동차가 앞으로 나아가도록 만들었다. 이런 방식보다 말로 지시하는 방법을 더 선호할 수 있지만, 그렇게 하면 자동차가 움직이지 않는다. 그렇게 설계됐기 때문이다. 또, 아우디는 우리에게 자동차를 주기적으로 서비스 센터에 끌고 와 엔진 오일을 교환하라고 요구한다. 결함 때문이 아니라 설계가 그렇게 됐기 때문이다. 엔진 오일을 교환하는 동안, 우리는 자동차 옆에 서서 오일 교환에 대해 왈가왈부할 필요가 없다. 오일 교환이라는 과정을 계획대로 시행하고, 적정한 결과를 기대하면 그만이다. 우리 지구는 때때로 용암을 분출하고, 지각판의 이동으로 지진을 일으킨다. 겨울은 춥고 혹독하다. 70억 명이 태어나고 70억 명이 죽는다. 단지 설계가 그렇게 된 것이다. 극적인 사건은 없다. 그저 사실일 뿐이다.

공학자에게 방정식은 궁극적인 공정함을 뜻한다. 방정식은 언제나 예상대로 움직인다. 입력으로 사용된 값에 따라 출력은 고스란히 예측된다. 탄생과 죽음, 풍요와 가난, 건강과 질병 등은 그저 '일어나는' 사건일 뿐이다. 삶은 설계된 대로 진행된다.

기억하라! ➡ **신의 개입은 없다.**

그런데 왜 설계가 가혹하게 여겨지는 걸까? 나라면, 세상을 좀 더 친절한 곳으로 설계했을 텐데. 왜 뱀은 독이 있고 섬뜩한 기분을 자아내는 것일까? 내가 설계자였다면 뱀이라는 파충 동물을 예쁘장하게 만들었을 텐데.

그래, 좋은 지적이다. 하지만 벌레가 없는 세상을 잠깐만이라도 상상해보라. 정말 아름답고 좋겠는가? 기어 다니며 겁을 주는 짐승도 없고, 사정없이 물어뜯는 모기도 없다면 야외 캠핑이 신나지 않겠는가! 하지만 너무 좋아하지 마라. 벌레가 없으면 캠핑할 곳도 없을 것이다. 우리 지구가 동물의 배설물과 죽은 식물로 완전히 뒤덮일 테니까. 벌레가 없으면 무엇이 그것들을 분해하겠는가! 게다가 벌레는 꽃가루 매개자, 다른 동물의 식량원이라는 중요한 역할을 한다. 따라서 벌레가 없다면 우리 식량 공급원도 크게 줄어들 것이다. 벌레를 없애는 게 더 나은 설계였을까? 그렇지 않다. 우리 세계가 적절히 작동되는 이유는 세계 전체가 한 덩어리, 즉 하나의 생태계로 기능하기 때문이다. 여기에서 불필요한 것은 하나도 없다. 내 말이 의심스럽다면, 이번에도 지우개 검사법을 시행해보자. 우주에서 어떤 부분이라도 좋으니, 당신의 마음에 들지 않는 부분을 마음 놓고 지워보라. 당연한 말이겠지만, 그 부분과 관련된 결과도 사라진다. 그럼, 당신이 보기에 더 좋은 세계로 변했는가?

기억하라! ➔ **설계는 기능적일 뿐이다.**

그런데 우리가 불평하며 넋두리를 늘어놓는 대상이 우리 자신의 행위인 경우가 적지 않다. 예를 들어, 우리가 전쟁을 시작해 수백만 명을 죽이고는 무관심하고 잔혹한 하느님이라고 탓한다. 세계는 70억 인구를 충분히 먹일 수 있지만, 우리의 탐욕과 낭비 때문에 10억 명은 굶주림에 허덕이는 반면에 다른 10억 명은 비만으로 고생한다. 이런 현상도 우리 행동에서 빚어진 결과지만, 우리는 설계를 탓한다. 우리는 핵 실험을 반복하고, 필요 이상으로 많은 부를 축적하며, 이기적인 목적에서 상대편을 이용하며, 세상을 오염시킨다. 우리는 그런 피해의 원인으로 누구를 탓하고 있는가? 우리가 그렇게 행동하지 못하도록 설계자가 애초부터 막았어야 했다. 그렇다면, 우리가 시속 160킬로미터로 자동차를 운전하다가 급격히 방향을 틀어 큰 사고가 일어났는데 그처럼 무모하게 행동한 이유를 두고 자동차를 설계한 사람을 탓하는 꼴이 아닌가?

기억하라! ➡ **우리 행동의 결과를 설계의 탓으로 돌리지는 말자!**

알리와 내가 게임의 규칙을 비판하려고 게임을 했다면 〈헤일로〉를 신나게 즐기지 못했을 것이다. 게임의 규칙을 파악하면 우리는 게임의 전개 과정을 예측하고, 규칙으로 정해진 한계 내에서 게임을 익히며 즐기게 된다.

게임과 마찬가지로 삶에도 규칙이 있다. 규칙이 달라지기를 기대하지 않고, 정해진 규칙 범위 내에서 게임을 익히면, 우리는 반드시 있어야 할 곳에 있게 된다.

나머지 껍데기들에 대한 분석은 전적으로 당신 몫이다. 당신에게 주어진 수수께끼라고 생각하고, 그 수수께끼들을 푸는 게 삶이라는 게임의 일부라고 생각하라.

이 책을 쓰기 시작한 지 수개월이 흘렀고, 어느새 마지막 페이지를 쓰고 있다. 당신을 환희의 상태로 조금씩 끌어갈 목적에서 이 책을 썼지만, 이 책에서 아무것도 얻지 못했더라도 '우리 삶에 무작위는 없다'라는 사실은 반드시 기억하기 바란다. 우리 우주는 정교한 설계의 산물이다. 그렇다고 설계자가 우주를 운영하지는 않는다. 설계자가 설계한 방정식에 따라 우주는 움직인다. 당신의 행복 방정식에 집중하라. 당신이 통제할 수 있는 유일한 것이니까! 당신의 삶에서 일어나는 사건들과 당신의 기대를 비교해보면, 사건의 발단과 전개와 결과는 어차피 그렇게 될 수밖에 없었다는 걸 확인할 수 있을 것이다. 사건 자체를 두려워하지 말고, 당신이 설정한 기대를 먼저 의심해야 한다. 삶이 때때로 가혹하게 여겨지는 이유가 여기에 있기 때문이다.

기억하라! ➤ **삶은 현실적인 기대를 충족할 뿐이다.**

우리 우주는 복잡하기 이를 데 없어서 어느 누구도 정확히 예측할 수 없다. 우리 능력으로는 도무지 이해할 수 없는 설계에 순응해야 자유로워진다. 그 자유로 우리는 환희를 얻는다. 각자의 운명을 개척하며, 세상을 조금이라도 더 나은 쪽으로 바꿔가려고 노력하라. 하지만 위대한 설계와 관련된 방정식들에 우리가 끼치는 영향에는 한계가 있다는 걸 인정하라. 수많은 매개변수로 인해 결과가 당신의 기대에서 멀어지는 사례들을 통해 '명확한 동의' 라는 교훈을 얻기 바란다. 설계의 경이로움을 인정하고 경탄할 때 비로소 삶을 진정으로 즐길 수 있다.

매우중요! ➤ **설계를 받아들이고 인정하라.**

지금까지 우리가 함께 살펴본 내용은, 내가 환상과 맹점이라고 생각하는 것과 진실이라고 믿는 것이다. 아울러 내가 환상과 맹점을 극복하고 진실을 받아들이는 데 효과가 있었던 방법들에 대해 자세히 설명했지만, 그 방법들이 당신에게도 똑같은 효과가 있을 것이라고 생각하지는 않는다. 내가 잘못 판단하고 틀렸을 수도 있다. 따라서 당신에게 적합한 것은 받아들이고, 그렇지 않은 것은 포기해도 상관 없다. 하지만 한 가지만큼은 누구에게나 효과가 있으리라고 확신한다. 마음의 평화와 환희를 찾고 싶다면 모든 환상을 버리고 실재하는 것을 추구해야 한다는 것이다!

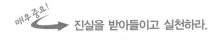

매우중요! ➔ 진실을 받아들이고 실천하라.
그러면 진정한 환희를 쉽게 찾을 수 있다!

___

그것만으로도 나는 행복했다

죽은 아들의 이마에 입술을 맞추었을 때 말로 표현하기 힘든 평온한 감정이 내 마음을 온통 사로잡았다. 그 이유까지 설명할 수는 없었다. 니발과 내가 사랑하는 아들에게 어떤 결과가 닥칠지도 모른 채 집중치료실 밖에서 꼬박 밤을 새우며 가슴을 졸였던 불안감이 어떤 형태로든 끝났기 때문이었을까? 생명 유지 장치로만 연명하고 있는 사람들 사이에 아들이 있다는 걸 알고 있었던 까닭에 마침가 녀석의 고통을 조금이나마 덜어주기를 소망하며, 우리가 집중치료실 밖에 앉아 시달렸던 고통에서 마침내 벗어났다는 안도감이었을까? 혹시 알리가 장기 손상에 따른 부수적 피해로 고통받는 삶을 견뎌야 할 필요가 없게 됐다는 걸 알았던 까닭에 오히려 마음이 편안했던 것은 아닐까?

이런 생각들이 복합적으로 내 마음을 적잖게 위로해주었겠지만, 그 어떤 생각으로도 내가 '평온한' 느낌에 사로잡힌 이유를 합리적으로 설명할 수 없었다. 오히려 사랑하는 아들의 목숨을 빼앗아 간 실수들, 그것도 충분히 예방할 수 있었던 실수들에 내가 마음속으로도 분노하지 않은 이유가 더 궁금했다.

나는 내가 미친 것이라고 생각했다. 하지만 어쩌면 미친 것이 다행이었다. 제정신이 아니었던 까닭에 마음이 평온할 수 있었다. 그렇게 마음이 평온해진 덕분에 나는 기운을 차리고 집중치료실을 나와, 한없이 약해 보이는 니발에게 다가가 충격적인 소식을 차분히 전할 수 있었다. 알리는 이미 공식적인 사망 진단을 받은 뒤였지만 나는 약간 에둘러 말하려고 애썼다. "여보, 알리가 이겨내지 못할 것 같아." 니발의 반응은 내 예상을 완전히 뛰어넘었다. 니발은 "알리에게 데려다줘요"라고 말했다. 나는 흠칫 놀랐다. 자식을 사랑하는 어머니의 애타는 마음에 알리를 똑바로 볼 수 있을까 의심스러웠다. 그러나 니발은 담담히 미소를 지으며 말했다. "알리가 떠났다는 걸 알아요. 그래서 나를 알리에게 데려가 달라는 거예요. 작별 인사를 하고 싶으니까요."

알리는 죽음에 들어선 상태에서도 멋지게 보였다. 전날 수염을 깔끔하게 다듬고, 고불거리는 머리카락도 짧게 자른 터였다. 얼굴도 평소처럼 여유 있고 편안해 보였다. 니발은 진심 어린 미소를 지으며 알리의 얼굴을 매만지면서 뜻밖의 말을 중얼거렸다. "사랑하는 아들아, 네가 마침내 집에 왔구나." 그제야 분명해졌다. 처음에 우리 마음을 포근하게 감쌌던 느낌은 알리가 괜찮을 거라는 확신, 괜찮은 정도를 훨씬 넘어서 있을 거라는 확신이었다. 알리는 있어야 할 곳에 있었다.

요즘 우리 부부는 평온한 마음으로 살아가지만 당시에는 항상 그렇지는 않았다. 병원을 나서자마자, 병원에서 느꼈던 평온함이 사라지며 사건의 중대함이 온몸을 짓누르기 시작했다. 평온한 마음을 다시 찾기 위해 우리는 모든 것을 버려야 했다.

알리를 떠나보내기 오래전부터, 나는 개인적인 행복 모델을 활용해 머릿속의 생각을 그럭저럭 통제할 수 있었다. 예를 들어, 부정적인 생각을 유보하고 바람직한 생각에 매진하는 방향으로 머릿속의 생각을 통제할 수 있었다. 게다가 연습을 거듭함으로써 내 뇌에게 완전히 함구하고 나를 편안히 내버려두라고도 지시할 수 있었다. 하지만 알리의 죽음은 전혀 예상하지 못한 충격적인 상실이었던 까닭에 나는 균형감을 잃었다. 처음에 내가 느낀 평온함은 곧바로 악의적이고 공격적인 생각으로 돌변했다. 나는 완전히 혼란에 빠져들었다.

눈물이 하염없이 뚝뚝 떨어졌다. 알리를 잃었다는 상실감은 창이 내 심장을 후벼 파는 기분이었다. 머릿속에서 끊임없이 이어지는 시끌벅적한 생각에 귀가 먹먹할 지경이었다. 나는 문자 그대로 미쳐가는 기분이었다. 특히 단조롭게 연주되는 낯설고 기묘한 기타 음이 머릿속에서 반복해 들리기 시작했을 때는 정말 미칠 것만 같았다. 내 의지로는 머릿속의 목소리를 끊어낼 수 없었다. 머릿속의 목소리도 제정신이 아니었다.

그 목소리가 잔혹하게도 느껴졌다. 정상적인 상황이었다면 내가 그런 악순환에서 빠져나올 방법에 대해 조언을 구했을 사람이 바로 싸늘한 시신으로 변해버린 그 사람이었다. 나는 알리에게 필사적으로 묻고 싶었다. "알리야, 너를 잃은 슬픔을 아빠가 어떻게 극복할 수 있을까?"

알리를 무덤에 묻은 후 집에 돌아온 나는 피로를 이기지 못하고 풀썩 쓰러져 잠깐 깊은 잠에 빠졌다. 알리가 꿈에 나타났다. 알리가 수술대에 앉은 채로 나를 향해 얼굴을 돌렸다. 알리는 나를 똑바로 바라보며 미소를 지었다. 그러고는 내 뒤쪽을 보더니, 그곳에 서 있는 어떤 사람을 포옹이라도 하려는 듯 내 옆을 스치고 지나갔다. 알리가 무척 사랑하는 사람인 게 분명했다.

꿈속이었지만, 알리를 보고 나는 깜짝 놀라 침대에서 뛰어내렸다. 심장이 미친 듯이 두근거렸지만 그 순간이나마 마음의 평화를 느꼈고, 조금 전에 어떤 일이 있었는지를 기억해냈다. 나는 울었다. 꿈속에서라도 알리를 다시 만나, 모든 것을 속 시원하게 이야기 나누고 싶어 하는 마음이란 걸 깨달았다. 그 후로 며칠 동안 나는 눈을 감고서 알리가 미소 띤 얼굴로 내게 다가오는 상상에 젖었다. 레게머리에 검은 티셔츠와 청바지를 입은 알리의 모습을 머릿속에 그렸다.

나는 자리에서 벌떡 일어나 알리를 껴안았다. "알리야, 돌아왔구나. 정말 보고 싶었다!" 알리는 평소처럼 "그동안 어떻게 지내셨어요, 아빠?"라고 물었다. 어쩌면 그 상황에서는 적합하지 않은 질문이었다. 나는 눈물을 터뜨렸고 속마음을 털어놓았다.

힘들었다, 알리야. 정말 힘들었다. 벌써부터 네가 그립다. 네가 없는 곳에서 아빠와 엄마가 어떻게 살아야 할지 모르겠구나.

"마음 놓고 내게 말해보세요, 뚱보 호빗(알리는 키가 나보다 큰 걸 확인한 그날부터 장난스럽게 나를 '호빗'이라고 불렀다☺). 앞으로 먼 길을 가야 하고, 이야기를 나눌 시간은 충분하니까요."

아빠 머릿속이 터질 것만 같구나, 알리야. 이제 어떤 것도 이해가 되지 않아. 온갖 못된 생각만 떠오르는구나. 의사가 내 아들을 죽였다고! 누구도 그렇게 어린 나이에 죽어서는 안 된다고! 삶은 불공평한 것이라고! 이런 세상에서 하루를 더 산다고, 아니 백만 일을 더 산다고 무슨 의미가 있겠니.

온갖 환상이 아빠에게 밀려들고, 아빠는 거의 망상의 늪에 빠진 기분이야. 자아의 환상은 네 죽음이 아빠 탓이라고 나무라며, 아빠가 지금까지 저지른 잘못 때문에 이런 삶을 벌로 받는 거라고 말하는 것 같아. 아빠의 에고도 여전히 정신적인 고통을 주고. 이런 와중에도 계속 묻는다. 왜 '내' 아들을 '나에게서' 빼앗아 갔느냐고. 또 지식의 환상은 아빠에게 너를 그 병원에 데려가는 어리석은 짓을 하지 말았어야 한다고 꾸짖는구나. 왜 다른 의료팀을 찾지 않았을까? 그래, 아빠가 더 많이 알았어야 했다. 통제의 환상도 아빠의 마음을 갈가리 찢어놓으며 삶에 대한 아빠의 믿음을 산산이 부숴버리는구나. 왜 아빠는 이런 사태를 예방할 계획을 세우지 않았던 걸까? 왜 다른 대안을 계획해두지 않았을까? 시간의 환상에 사로잡혀 시간이 느리게 흘러가는 기분이야. 게다가 눈물과 죄책감에 시달리고, 과거에 대해 분노하면서도 너 없이 살아야 하는 기나긴 미래에 대한 걱정에서 벗어나기가 힘들구나. 앞으로는 하루하루가 견디기 힘들 만큼 길게 느껴지겠지. 끝없이 밀려드는 생각과 감정으로 꽉 채워진 머릿속에 살며 외부 세계와는 담을 쌓게 될 테고, 결국에는 눈덩이처럼 커진 두려움에 짓눌려 네 동생 아야와 네 엄마에게 닥칠지도 모를 사건을 걱정하고, 이 삶이 또 무엇을 빼앗아 갈까 두려워하겠지.

그토록 알리를 꿈에 그리며, 알리가 옆에 있었다면 어떤 재주를 부려서라도 내 머리를 맑게 해주었을 것이라고 생각했지만 머릿속에서 들려오는 응답은 그저 짜증스런 소음이 전부였다. 그렇게 가슴앓이를 하는 사이에 중대한 메시지를 얻었다.

그렇게 하면 알리가 돌아오나요?

알리의 사망 소식은 순식간에 퍼져 나갔다. 나는 두바이 정부의 고위 관리에게 전화를 받았다. 그는 불미스러운 소식을 들었다며, 이번 의료 과실을 흐지부지 넘기지 않겠다고 약속했다. 게다가 조사가 이미 시작됐으며, 내가 조사에 참여했는지도 물었다. 또 알리의 시신을 부검할 예정인데 동의하겠느냐고도 물었다. 나는 니발을 바라보며 알리의 부검을 원하는지 물었다. 그때 니발이 내게 건넨 현명한 질문은 궁극적인 진실로 내 마음에 파고들었다. "그렇게 하면 알리가 돌아오나요?"

니발의 질문은 안개를 뚫고서 멀리까지 퍼져 나가는 등댓불과 같았다. 니발의 질문에 나는 곧바로 생각을 재정리했다. 진실은 간단했다. 우리에게 한없이 상냥했던 아들이 편안히 이 세상을 떠났다는 것이다. 우리가 어떤 짓을 해도 알리를 되살릴 수는 없었다. 그 명백한 진실을 부정하는 생각은 사악하고 무가치한 것, 요컨대 거짓된 것이었다.

그것이 진실인가요?

내 머릿속에서 정신없이 방황하던 목소리들이 그때부터 균형을 되찾기 시작했다. 사악한 생각이 떠오를 때마다 내 귀에는 '그것이 진실인가요?'라고 묻는 알리의 목소리가 들리는 듯했다.

의사가 내 아들을 죽였다! "그것이 진실인가요, 아빠? 어떤 의사가 아침에 일어나 '오늘은 내가 어떤 환자를 죽여서 내 경력을 망치고 말겠어!'라고 말할까요?"

누구도 그 어린 나이에 죽을 수는 없어. "그것이 진실인가요, 아빠? 날마다 매 순간, 수천 명의 젊은이가 죽어요."

너의 죽음으로 아빠의 삶도 멈추었어. "저런, 그것이 진실인가요? 누구의 삶도 다른 사람 때문에 중단되지는 않아요. 아빠도 결국엔 이곳을 떠나겠지만, 그 시간이 될 때까지는 여기에 있어야 해요. 그렇게 생각하며 살아가는 게 훨씬 더 나을 거예요."

네 죽음은 아빠가 겪어야 하는 최악의 사건일 거다. "정말 그럴까요, 아빠? 훨씬 더 고약한 사건이 얼마든지 가능하다는 걸 아빠도 아시잖아요. 내가 지금처럼 편안히 잠을 자다가 죽지 않고, 암 진단을 받아 병마와 지루하게 싸워야 할 수도 있었고, 광기 어린 중동 전쟁에 징집될 수도 있었잖아요."

하지만 이 병원에 너를 데려온 사람은 바로 아빠야. 아빠가 좀 더 신중하게 병원을 선택했어야 했다. "정말 그럴까요? 어떻게 아빠가 알 수 있었겠어요? 아빠는 가장 옳다고 판단한 행동을 하신 거예요. 아빠는 내 고통을 덜어주고 싶었던 거예요. 아빠는 나를 조금이라도 빨리 낫게 하고 싶었던 거예요. 누구도 사태가 이런 지경으로 확대될지 몰랐을 거예요. 지식은 한낱 환상에 불과해요. 지식의 환상에 사로잡혀 괜스레 자책하지 마세요, 아빠."

그래도 이런 식으로는 며칠도 못 살 것 같구나. 죽을 때까지 자책 감에 시달리겠지. "정말 그럴까요? 아빠는 멋지게 잘 사실 거예요. 시간이 지나면 모든 게 잊힐 거예요. 지금은 하루가 한없이 길게 느껴지겠지만, 곧 하루하루가 짧아질 거예요. 머잖아 아빠는 오늘을 되돌아보며 '어이쿠, 알리가 떠난 지 벌써 이렇게 많은 시간이 지났나?'라고 생각하실 거예요. 삶은 지금까지 그랬던 것처럼 앞으로도 횡하니 지나갈 테니까요. 시간은 한낱 환상에 불과해요. 앞으로 다가올 미래에 대해 염려하지 말고, 지금 현재에 집중하세요. 지금 최선을 다하세요. 자랑스러운 아빠가 되면 좋겠어요. 한 번에 하루씩, 현재에 충실히 사세요. 내가 보스턴에서 지낼 때 우리는 일 년에 한 번밖에 만나지 않았지만 만족하며 지냈잖아요. 이번에는 좀 더 오랫동안 더 먼 곳에 있는 거라고 생각하세요. 아무것도 기다리지 마세요. 그저 시간에 맡겨두고, 아빠 건강을 보살피세요."

하지만 삶이 '내게' 이토록 가혹한 짓을 한 이유가 무엇일까? 내 아들을 빼앗아 갔잖아. "그것이 진실인가요? 외람된 말씀이지만, 나는 아빠의 소유물이 아니었어요. 나의 주인은 나였어요. 지금까지의 삶도 내가 주인공인 영화였어요. 그런데 내가 이번에 무대를 바꾸기로 한 거예요."

그래도 아빠가 지금 상황을 바꿀 수 있는 뭔가를 할 수 있을 거다. 아빠는 항상 통제력을 발휘해왔으니까. "하하! 정말 그렇게 생각하세요, 아빠? 누구도 통제할 수 없어요. 우리는 그저 최선을 다할 수 있을 뿐이에요. 적절한 행동을 취하고, 최적의 태도를 유지하며 결과를 기다리면 돼요. 결과는 우리에게 달려 있는 게 아니니까요. 통제는 환상에 불과해요. 아빠가 어떤 수를 쓰더라도 나를 되살려낼 수 없다는 걸 분명히 아신다면 어떻게 행동하고 어떤 태도를 취하시겠어요? 그래요. 아빠가 현실적으로 할 수 있는 것에 생각을 집중하세요."

알았다. 네 죽음으로 모든 게 명확해졌어. 하지만 아빠는 몹시 두렵구나. 엄마가 이 힘든 시기를 이겨낼 수 있을까? 네 동생 아야는 어떤 반응을 보일까? "아빠, 두려움도 환상에 불과한 거예요. 아빠가 두려워하든 않든 간에 일어날 일은 어차피 일어나기 마련이에요. 하지만 결국에는 우리 모두가 괜찮아질 거예요. 진정으로 두려워할 것은 아무것도 없으니까요."

괜찮아질 거라고? 너도 정말 괜찮겠니? 지금은 어디에 있는 거니? 안전한 곳에 있는 거야? 언젠가는 너를 다시 만날 수 있겠지?

알리와의 대화는 내 머릿속에서 끝없이 이어졌다. 알리의 목소리에 내가 어떤 생각을 명확히 정리하면 다른 생각이 툭 튀어나왔다. 알리는 조금도 짜증내지 않고 나를 도왔지만, 내 뇌는 나를 사정없이 다그치며 어떻게든 고통의 늪에 몰아넣으려 했다. 마침내 알리가 이렇게 말하는 목소리가 귓속을 파고들었다. "아빠, 한동안 함께하지 못할 거예요. 지금까지 함께한 걸로 충분하지 않았나요? 왜 아빠는 무의미한 생각으로 고통을 자초하시는 건가요? 고통스러워한다고 변하는 건 없는데. 내가 아빠에게 무엇을 원하는지 아시잖아요? 나는 아빠가 행복하기를 바라요! 생각은 환상에 불과해요. 아빠 뇌에게 무엇을 생각하라고 명령할 수 있는 사람은 바로 아빠 자신이에요. 아빠 뇌에게 진실을 찾아내라고 말하세요."

진실

스위스의 정신의학자 엘리자베스 퀴블러 로스가 말했듯이, 슬픔은 부정으로 시작해 분노, 타협, 우울이라는 단계를 거친 후에야 수용에 이른다.[1] 니발과 나는 운 좋게도 부정 단계를 즉시 넘어섰다. 알리의 죽음이라는 사실을 마음속으로도 왜곡하지 않았다. 알리의 죽음이 알려진 순간부터 우리는 지극히 현실적으로 대응했다. '알리는 죽었다'는 엄연한 사실이었다. 부정한다고 달라질 것이 없었고, 알리를 되살려낼 방법도 없었다. 그러나 우리가 알리의 죽음을 수용하더라도 그 마음은 곧바로 이런저런 생각에 의해 뒤집혔고 심리적 고통이 파고들었다. 우리 부부가 집중치료실에서 느꼈던 평온한 마음이 우리 가족 모두에게 절실히 필요했다. 행복을 꾸준히 연구해온 까닭에 나는 행복을 찾기 시작해야 할 처음과 끝이 진실에 있다는 걸 알고 있었다.

이번 경우에 진실은 아주 간단했다. 알리는 충만한 삶을 살았고, 강렬한 삶을 살았다. 또한 알리는 매 순간 의미 있게 살았고, 항상 행복했다. 결국 나도 부정적인 생각을 떨쳐내면 슬픔에 짓눌려 있어야 할 이유가 없었다.

따라서 나는 알리가 이제는 없다는 슬픔에서 벗어나 알리가 어떤 아이였던가에 집중하기 시작했다. 알리는 우리 집에 빛과 행복을 가져다준 친절한 손님이었다. 하지만 손님에게 영원히 함께 지내자고 요구할 수는 없는 법이다. 여하튼 알리는 금세 떠나지는 않았다. 나는 정확히 21년 전 알리가 태어나며 우리를 축복했던 날을 기억에 떠올렸고, 그 시간이 쏜살같이 흘러간 듯했다. 내가 또다시 21년을 알리와 함께하더라도 그 시간이 금세 흘러가버릴 것이 분명했다. 알리를 잃었다는 생각에 매몰되는 대신, 나는 '우리는 한동안 알리와 함께 지냈다' 라는 아름다운 진실에 대해 생각하기 시작했다. 알리가 우리 삶에 환희를 가져다준 시간을 기억했다. 알리가 떠났다는 슬픔에 사로잡히지 않고 우리를 처음 찾아왔던 때에 집중하자 행복감이 밀려들었다.

죽음과 설계에 대한 굳은 믿음도 슬픔을 떨쳐내는 데 큰 도움이 됐다. 죽음과 설계는 일반적으로 쉽게 받아들여지지 않지만 내 생각에는 분명한 진실이다. 나는 젊은 시절 종교적 가르침에서 자주 발견한 암호처럼 난해하고 때로는 왜곡된 메시지를 연구하던 때, 더 나아가 설계라는 개념을 연구하던 때를 기억에 되살렸다. 모든 종교의 공통된 핵심 메시지는 '죽음은 끝이 아니며, 이 세계에서 친절한 사람은 다음 세계에서 보상받는다' 라는 것이었다. 우리가 지닌 물리적 형체는 분명히 죽지만, 그 죽음이 끝은 아니다. 실재적 나와 실재적 당신, 실재적 알리는 결코 죽지 않는다. 머잖아 나는 알리를 만나 다른 세상을 함께 탐험할 것이다. 이 땅에서 구체적으로 벌어지는 안타까운 사건 때문에 우리가 때로는 엉뚱하게 생각하지만, 설계자는 근본이 너그럽고 자애로운 존재다. 설계자가 나보다 알리를 훨씬 잘 보살필 것이라 확신한다.

물론 이런 믿음을 객관적으로 명확히 증명할 방법은 없지만, 본질적인 지식이란 게 워낙 그렇지 않은가? 의심과 냉소로 가득한 목소리가 내 머릿속에서 주도권을 잡으려고 시도하면, 나는 행복의 황금률을 떠올린다. 어느 쪽도 확실히 입증되지 않는 두 생각 중 하나를 선택해야 한다면, 우리를 행복하게 해주는 쪽을 선택하라! 이보다 쉽고 단순한 황금률이 있겠는가?

나는 행복하게 사는 쪽을 선택했다. 알리는 다른 세계에서 편안히 지내고 있을 것이다. 알리는 그의 게임에서 다음 레벨로 먼저 넘어가 있을 뿐이다.

알리가 마지막으로 남긴 말

긍정적인 생각들이 머릿속을 지배하기 시작하자 나는 한층 명확하게 생각할 수 있었다. 내가 알리와 나누기를 바랐던 대화는 알리가 죽기 전에 이미 시작되고 끝났다는 걸 새삼스레 깨달았다.

마지막 몇 주 동안, 알리는 누군가를 만나면 거의 모두에게 "우리가 죽으면 우리에게 어떤 일이 벌어질까?"라고 물었다. 다른 주제에 대해서는 거의 언급하지 않았다. 돌이켜 보면, 그가 곧 시작하게 될 여정을 준비하는 것만 같았다. 알리는 호기심이 많았다. 그렇게 질문하고 상대편의 대답을 유심히 들었다. 상대편의 대답을 판단하거나 상대편과 논쟁하지 않았다. 뜻하지 않게 세상을 떠나기 며칠 전, 그 주제에 대해 나눈 대화에서 알리는 자신의 생각을 밝혔다. "결국 거기에 가봐야 알겠지만 난 낙관적이야!" 알리는 준비가 끝난 뒤였다.

이 땅을 떠나기 전에 이미 마음의 평화를 얻었다는 뜻이다. **그것만으로도 나는 행복했다.**

이곳을 떠나기 일주일 전날 아침, 알리는 누이에게 꿈을 꾸었다고 꿈 이야기를 해주었다. 꿈에서 알리는 어디에나 있었고, 모두의 일부였다. 알리는 당시 어떤 기분이었는지 말로 표현할 수 없지만, 더는 몸뚱이라는 물리적 형태에 갇혀 있고 싶지 않다고 말했다. 알리가 세상을 떠난 후, 세계 곳곳에서 많은 사람이 알리의 이야기에 감동을 받았다. 요즘에도 많은 사람이 알리를 직접 만난 적은 없지만 알리를 사랑한다고 말한다. 이 책도 알리의 존재를 훨씬 더 많은 사람에게 알리는 역할을 할 것이다. 알리는 지금도 어디에나 있고, 모두의 일부다. 그의 꿈이 실현된 셈이다. **그것만으로도 나는 행복하다.**

그로부터 며칠 후 알리는 지혜로운 할아버지처럼 자신의 마지막 조언을 우리에게 받아쓰게 했다. 알리는 니발과 아야와 나에게 자신이 우리를 얼마나 사랑하는지에 대해 말하고는 진정한 삶과 마주하려면 어떻게 해야겠느냐고 물었다. 알리는 "왜 내가 이런 공연한 말을 하는지 모르겠어요. 하지만 꼭 해야만 할 것 같아요."라고 말했다. 알리는 사랑으로 우리 마음을 채워주었고, 우리 한 명 한 명에게 다정한 말을 건네고는 조언을 남겼다. 엄마에게는 "행복하세요"라고 간단히 말하고는 월터 미티(제임스 서버의 소설 《월터 미티의 은밀한 생활》에 나오는 주인공—옮긴이)처럼 신나는 삶을 살라고 부탁했다(이 소설을 영화로 만든 〈월터의 상상은 현실이 된다〉를 보기 바란다). 누이 아야에게는 "항상 깨어 있으렴"이라며 진정으로 아름다운 자아를 발견하기 바란다고 말했다. 끝으로 나에게는 일을 중단하지 말라며 "잘하고 있어요, 아빠.

아빠는 우리 세상을 다르게 만들고 있잖아요. 아빠 역할은 아직 끝나지 않았어요."라고 덧붙였다. 그 조언이 내 삶을 바꿔놓았고, 지금의 나를 만들었다. 알리는 나에게 상실감을 극복하려면 어떻게 해야 하는지 알려주었던 것이다. **그것만으로도 나는 행복하다.**

그러고는 알리는 평온한 미소를 지었다. 그의 얼굴에서 만족감이 한없이 피어올랐다. 돌이켜 생각하면, '이제 내가 여기에서 할 일은 끝났어요'라고 말하는 듯했다. 알리는 평소의 말투를 되찾으며 "됐어요. 더는 할 말이 없어요."라고 말했다. 그 말이 알리가 그날 남긴 마지막 말이었다. 그리고 평소의 알리처럼 조용한 모습으로 되돌아갔다. 아니, 과거의 어느 때보다 조용한 모습이었다.

마지막 날이 다가올수록 알리의 말수는 눈에 띄게 줄어들었고 평소보다 잠을 오래 자며, 거의 아무것도 먹지 않았다. 알리는 이 땅에서 허락받은 모든 예산을 다 소진한 듯했다.

알리가 나에게 마지막으로 남긴 말들은 지금도 기억에 생생하다. 그날 이후로 내 가슴에 뚜렷이 새겨졌다. 알리가 자신의 삶에서 후회한 것은 단 하나였다. 10대에 새기고는 나에게 오랫동안 감추었던 문신이었다. 알리는 내가 그의 선택을 존중한다는 걸 알았지만, 내 허락을 받지 않고 내 돈(정확히는 내가 알리에게 준 용돈)을 사용한 것에 죄책감을 느꼈다. 알리는 나에게 그 사실을 고백할 적절한 기회를 오랫동안 엿보았다. 알리가 오래도록 간직한 유일한 비밀이었다. 알리는 엄마에게 문신한 사실을 고백했고, 니발은 나에게 알려주었다. 나는 알리가 마음의 준비를 끝낼 때까지 문신에 대해 아는 척하고 싶지 않았다. 우리가 병원에 도착했을 때 어떤 이유였는지 몰라도 니발은 나에게 문신에 대한 기억을 되살려주었다.

알리는 수술실로 옮겨 갈 때 병상에 앉아 있었고, 그때 나는 처음으로 문신을 보았다. 나는 괜스레 큰 소리로 말했다. "아빠도 허락한다, 아들!" 나는 알리가 내 허락을 들었기를 바란다. 알리가 문신한 것을 후회할 이유가 없었기 때문이다. 내 허락을 들었든 듣지 못했든 간에 알리의 평온함은 완벽했다. 의도하지 않게 그 사실을 나에게 알렸으니까. 알리는 죄가 없었다. **그것만으로도 나는 행복했다.**

알리의 문신은 알리가 나에게 전한 마지막 조언이었고, 궁극적인 진실의 선언이었다.

전쟁의 심각성은 평화롭게 살아가는 사람들에게는
아무런 의미가 없다.

알리야, 아빠에게 궁극적인 진실을 깨닫게 해줘 고맙구나. 또, 너와 멋진 대화를 나눌 수 있었던 것도 고맙게 생각한다.

내가 긍정적인 마음을 유지하려고 의지할 만한 것을 찾는 것일 뿐이라고 생각하는 사람도 있을 것이다. 그렇다. 과거에는 그랬다. 그렇다고 그 방법이 잘못된 것은 아니잖은가! 심리적 고통은 선택에서 비롯되지만, 나는 심리적 고통마저 거부하기로 결심했다. 그러자 부정적인 생각들이 사라졌고, 어느덧 꿈에서도 세상을 긍정적으로 보게 됐다.

알리의 장례식이 있던 날, 모두가 떠난 직후 나는 잠이 들었다. 꿈속에서 나는 알리가 사람들 틈에 서 있는 것을 보았다. 알리는 팔짱을 끼고 함박웃음을 지은 채 주변을 둘러보며, 자신에게 경의를 표하려고 다가오는 사람들에게 사랑의 눈길을 보냈다. 알리는 한없이 행복해 보였고, 장례식장을 가득 채운 긍정적인 행복 에너지를 자랑스럽게 생각하는 듯했다.

이 책을 쓰기 시작하고 며칠이 지난 후, 나는 또 꿈을 꾸었다. 이번 꿈에서는 알리가 춤을 추며 빙빙 돌았고, 유쾌하게 웃으며 두 팔을 허공에서 흔들었다. 알리는 신나는 곡조로 노래도 불렀다. '하지만 난 모두가 자랑스러워. 모두가 자랑스러워.' 당시에도 나는 알리를 상실한 슬픔을 적잖게 느끼고 있었지만 행복했다. 꿈 때문이 아니라, 사랑하는 아들이 보낸 메시지를 명확히 해독한 덕분이었다. 그렇지만 여전히 내 마음에 꺼림칙한 느낌을 남기는 것이 하나 있었다.

알리가 떠나고도 그 곡조는 내 머릿속에서 끊임없이 윙윙대며 잊히지 않았다. 그 곡조를 잠재우려고 무진 노력했지만 쉽지 않았고, 결국 어떤 이유가 있어 그 곡조가 내 기억을 떠나지 않는다는 걸 깨달았다. 또한 그것도 어떤 메시지라는 걸 깨닫는 데는 상당한 시간이 걸렸다. 알리가 나에게 마지막으로 전하려는 메시지는 그 노래에 암호처럼 감춰져 있었다.

포탈

알리가 비디오 게임을 단순히 즐긴 것만은 아니었다. 알리는 삶을 모방하는 게임의 방식에서 메시지와 철학을 찾았다. 알리는 음악에도 재능이 있었다. 알리가 나에게 메시지를 보내려 했다면, 음악과 게임이 아닌 다른 수단을 동원할 것 같지는 않았다. 나는 정신을 집중했다. 그제야 그 곡조를 전에 들은 적이 있다는 기억이 되살아났다. 단한 번이었지만, 수년 전 알리와 함께 참석한 공연장에서 들은 적이 있었다. 조너선 콜턴이 작곡하고 엘런 매클레인이 노래한 〈포탈 (Portal)〉이라는 비디오 게임의 주제곡이었다. 우리 둘이 무척 좋아한 게임이었다. 게임이 끝나고 제작 관계자들을 소개하는 자막이 나올 때 그 노래가 흘러나왔지만, 나는 그 게임을 끝낸 적이 없었던 까닭에 공연장에서 들었던 것이 전부였다.

〈포탈〉은 사악한 컴퓨터 글라도스(GLaDOS)를 축으로 전개되는 게임이며, 글라도스는 플레이어의 친구인 척하며 플레이어가 애퍼처 사이언스 연구소에서 이런저런 실험을 하도록 안내한다. 따라서 플레이어는 글라도스를 사랑하지 않을 수 없다. 우리 머릿속의 목소리처럼 글라도스는 표면적으로 도움이 되는 것처럼 보인다. 글라도스는 플레이어에게 무엇을 하라고 지시하며, 그 지시는 대체로 훌륭한 조언처럼 들린다. 글라도스는 플레이어에게 동기를 부여하고, 어려운 과제를 수행하면 케이크를 주겠다고 약속한다. 그러나 연구소 깊이 들어간 플레이어는 벽에 '케이크는 거짓말'이라고 쓰인 낙서를 보게 된다. 당연히 각 레벨이 끝나도 글라도스는 약속을 이행하지 않는다. 그런데 플레이어는 케이크를 얻지 못해도 여전히 글라도스를 사랑한다. 글라도스가 재미있기 때문에 플레이어는 기꺼이 글라도스를 용서한다. '실제로' 이 게임은 무척 재밌다!

하지만 게임을 하는 동안 플레이어는 글라도스가 우리 머릿속의 목소리처럼 거짓말한다는 걸 깨닫는다. 실제로 글라도스는 플레이

어에게 타격을 줄 기회를 끊임없이 엿본다. 마
침내 플레이어는 우리 삶에 덧씌워진 모든 환
상처럼 케이크도 거짓말에 불과하다는 걸 깨
닫는다. 글라도스의 목소리에 귀를 닫고, 게임
의 전개 과정에 집중해야만 게임에 승리할 수
있다. 많이 들어 귀에 익은 말이 아닌가?

케이크는 거짓말
케이크는 거짓말
케이크는 거짓말

게임 곳곳에서 플레이어는 '포탈 건'을 사
용한다. 포탈 건은 이름처럼 살상하는 무기가 아니라, 연구소의 물리
적 경계를 관통하며 포탈(관문)을 쏘면 플레이어가 현재의 위치에서
원하는 위치로 옮겨 가는 걸 도와주는 장치다. 이런 게임 방식을 생
각하면, 뜻밖의 포탈을 통해 알리가 사라진 상황을 이처럼 상징적으
로 압축해 보여주는 게임은 없는 듯하다.

그 노래를 어디에서 들었는지 기억해내자마자 나는 그 출처를 찾
아 유튜브를 검색하기 시작했다. 최상위 검색 결과는 가사가 포함된
동영상이었다. 가사는 알리가 항상 흥얼거렸던 것처럼 재치 있고 가
벼운 기운을 띠었다. 노래는 아득히 멀리 떨어진 곳에서 전하는 메시
지를 받기 위해 라디오의 주파수를 맞추려고 할 때처럼 아련하게 찌
지직거리는 듯한 소리로 시작한다. 몇 초 후에는 마음을 진정시키는
기타 연주와 함께, 다른 차원에서 들려오는 것만 같은 감미로운 목소
리가 노래하기 시작한다.

이건 우리의 승리야

여기에 글을 남길게: **엄청난 성공이라고**

내 만족감을 말로 다 표현하기 어려워.[2]

나는 온몸이 오싹해지는 기분이었다. 나는 동영상을 정지했고, 쏟아지는 눈물을 멈출 수 없었다. 정말 알리가 메시지를 보냈다면, 이 노래보다 더 분명한 것은 없었다. 알리는 편안히 지내는 게 틀림없었다. 아니, 편안한 정도가 아니었다. 알리는 온갖 영광을 누리고 있었다. 알리는 자신의 삶과 죽음이란 게임을 되돌아보며, '승리'라는 한 단어로 결론지었다. 노래가 계속되며, 알리가 나에게 남긴 소명을 다시 떠올려주었다.

애퍼처 사이언스
우리는 해야 할 일을 해야 해
우리가 할 수 있으니까
우리 모두를 위해서.
죽은 사람이 아니라.

그 가사는 알리의 충고를 그대로 되풀이하는 것처럼 들렸다. "아빠, 일을 절대 그만두지 마세요. 우리 세상을 계속 바꿔주세요. 어떤 특별한 이유가 있어서가 아니라, 아빠가 할 수 있는 일이니까요. 죽은 사람을 위해 아빠가 할 수 있는 일은 없지만, 살아 있는 사람을 위해서는 많은 일을 할 수 있잖아요." 알리는 세상을 떠나기 며칠 전에 그렇게 말했다. 결국 그 조언은 나에게 남겨진 소명이 됐다. 노래는 다음과 같이 계속된다.

하지만 실수할 때마다 운다고 소용없어.

케이크가 바닥날 때까지 도전해보는 거야……

내 목숨을 빼앗아 간 인간의 실수를 탓하며 울지 마세요. 이 땅에서 아빠의 시간이 다할 때까지 아빠에게 맡겨진 소명에 충실하세요. 삶에 충실하며 선행을 베푸세요. 아빠가 여생을 그렇게 보냈으면 좋겠어요. 이 땅을 떠날 때까지, 쭉!

나는 절대 화난 게 아니야.

정말 진지하게 하는 말이야.

그대가 내 마음을 아프게 하고,

나를 죽이더라도……

내 사랑하는 아들은 항상 그랬듯이 이번에도 용서했다. 알리는 용서에서 선의가 시작된다는 걸 알고 있었다. 따라서 우리가 시련을 극복한 것을 알면 알리도 기뻐할 것 같았다.

어서 가, 나를 놓아두고.

나는 안에서 머물고 싶어.

그대를 도와줄 다른 사람을 찾아낼 수 있을 거예요.

어서 가, 나를 놓아두고? 나는 다시 눈물이 쏟아졌지만, 메시지는 분명했다. "아빠, 중단하지 말고 계속 정진하세요. 무엇을 해야 하는

지 잘 아시잖아요. 아빠가 소명을 다하도록 도와줄 사람들이 틀림없이 있을 거예요. 또 모든 독자가 이 메시지를 세상에 널리 퍼뜨리는 걸 도와줄 거예요!" 이 메시지가 귓속을 파고들면서 나는 가슴이 미치도록 아팠다. 나는 알리를 옆에 두고 싶었지만 그렇게 할 수 없었다. 노래가 끝날 즈음에야 알리는 그 이유를 나에게 말해주었다.

……믿어주세요. 나는 여전히 살아 있어요.

과학을 하면서 여전히 살아 있어요.

기분이 기막히게 좋고, 여전히 살아 있어요.

그대가 죽어가는 동안에도 나는 여전히 살아 있을 거예요.

그대가 죽은 후에도 나는 여전히 살아 있을 거예요.

여전히 살아 있을 거예요.

여전히 살아 있을 거예요.

그래, 아빠는 네가 살아 있다고 확신한다. 네가 어느 곳에 있든 행복할 거라고 확신한다. 이 땅에서 살았던 흥미진진한 사람들과 즐겁게 이야기를 나누며 행복하게 지낼 거라고 확신한다.

아빠도 이 땅에서 내 역할을 끝내면, 아빠를 위한 '포탈'을 발견하게 되겠지. 우리 모두가 언젠가는 저마다의 포탈을 발견

하기 마련이니까. 그래도 아빠는 네가 보고 싶고 그립구나. 하지만 분명히 약속하마. 네가 아빠에게 바라듯이 행복하게 살겠다고! 또 너에게 부끄럽지 않은 아빠가 되겠다는 것도 약속하마. 네가 아빠에게 나아갈 방향을 알려주었다는 것도 항상 고맙게 생각할 거다.

지금까지 내 이야기를 읽어주고, 삶에 대한 내 의견을 함께 고민해준 것에 감사의 말을 전하고 싶다. 또 당신도 당신만의 행복을 찾아내기를 바라며, 언젠가 당신을 만날 수 있기를 진심으로 바란다. 우리의 만남이 이루어지기 전까지, 이 책에서 제시된 어떤 개념이 당신에게는 어떻게 효과가 있었는지 써서 나에게 알려주기 바란다.

죽음을 주제로 한 마지막 대화에서, 알리는 친구에게 자신은 낙관적이라고 말하며 마지막 바람을 이렇게 표현했다. "반대편에 가서 원하는 건 하나뿐이야. 가장 높은 곳에 올라가, 이 멋진 우주를 만드신 분의 얼굴을 보는 것!"

알리의 바람이 이루어질 수 있도록 기도해주기 바란다.

감사의 글

———

노스스타웨이출판사 팀의 헌신적인 지원이 없었다면 이 책은 결코 빛을 보지 못했을 것이다. 먼저, 미셸 마틴에게 감사의 뜻을 전하고 싶다. 그녀의 혜안과 단호한 결정력과 도움에 박수를 보내며, 이런 책을 쓸 기회를 준 것에 감사한다. 다이애나 벤티밀리아는 분위기를 바꾸는 데 탁월한 재능을 발휘했다. 그녀는 항상 미소 띤 얼굴로 우리에게 어떤 자세로 일해야 하는지 알려주며 그런 방향으로 유도했다. 덕분에 나는 즐겁고 재밌게 일할 수 있었다. 미셸과 다이애나의 도움으로 이 책은 첫 원고보다 훨씬 나은 모습으로 완전히 변신했다. 미셸과 다이애나에게 거듭 감사의 말을 전하고 싶다.

내 대리인이며, 이제는 평생을 함께할 친구가 된 마이클 칼라일을 만난 것은 내게 운명이었다. 칼라일은 내 소명을 믿고, 나를 알맞은 길로 인도해주었다. 그 빚은 평생 갚아도 부족할 것이다.

알리의 엄마 니발에게도 감사한다. 지금까지 함께한 시간 동안 지혜와 우정과 사랑으로 나를 보살펴주었다. 이 책에 담긴 모든 생각이 니발과의 대화에서 잉태된 것이다. 니발, 당신이 없었더라면 나는 완전히 다른 사람이 됐을 거요.

내 삶의 햇살, 아야! 너를 사랑하고, 너와 함께하는 대화도 좋아한다. 아빠는 딸인 너에게도 많은 것을 배웠다. 네 앞날에 밝은 햇살만이 가득하기를 기도하마.

어머니, 당신은 최고이십니다. 내가 어렸을 때는 마음껏 책을 읽도록 해주셨고, 조금 나이가 든 후에는 마음껏 세상을 모험하게 해주셨습니다. 지금도 항상 옆에 계셔주시는 것에 감사합니다.

캐럴 톤킨슨, 당신은 이 책과 관련된 프로젝트의 성공을 처음부터 확신하며 내가 이 책의 기초를 구축하는 데 많은 도움을 주었습니다. 감사합니다.

피터 구차디, 좀 더 많은 시간을 함께했으면 좋았을 것이라 생각합니다. 당신의 경험과 인내와 격려에 고맙다는 말을 전하고 싶습니다.

윌리엄 캘러헌, 당신은 그야말로 힘이 넘치는 발전기였습니다. 뛰어난 통찰력과 설득력, 넘치는 투지에 순발력까지! 게다가 민첩하기도 했습니다.

릭 호건, 당신은 돈으로 따질 수 없는 소중한 지식을 나에게 가르쳐주었습니다. 최고의 감사와 존경을 표하고 싶습니다.

윌리엄 패트릭, 당신의 헌신적인 도움에 감사합니다.

나에게 많은 청중 앞에서 강연할 기회를 열어준 엘리스와 차트웰 에이전시에 감사한다.

라틴아메리카에 내 사상을 확산시키려고 애쓰는 그라시아 마르셀라 고메스에게도 감사의 말을 전한다.

제니퍼 애이커, 당신은 문자 그대로 이 책을 포용했습니다. 스탠퍼드 학생들에게 이 책의 개념들을 전함으로써 내가 세계에서 가장 똑똑한 사람들과 함께할 기회를 주었습니다.

동서를 가로질러 홍콩에서도 내 생각을 전할 기회를 주었던 베티 린과 에밀리 마에게도 고맙다는 말을 전하고 싶다.

이 프로젝트를 진행하는 과정에서 나는 이 책의 초고를 온라인에 공개했다. 수백 명의 독자가 원고를 읽고 각자의 의견을 제시하며 논쟁을 벌였고, 심지어 철자를 교정해주기도 했다. 그들의 평가를 받아들여 수정을 거듭한 까닭에 이 책은 독자들이 쓴 것이나 다를 게 없다. 앤, 오사마, 칼라, 로리 앤, 굴나라, 조지, 메이, 앨릭스, 네이더, 에밀리, 메이섬, 이멜, 에슬람, 해너, 아그네츠카, 이후이, 애스투터, 제니, 다이애나, 새머, 오로르, 글래디스, 카리나, 카리슈마, 에반, 안젤라, 라미아, 니케슈, 트레이시, 비비애나 등, 이 책을 위해 크고 작은 도움을 준 모든 독자에게 감사한다.

내가 참조한 책을 쓰고, 그 책에 담긴 지혜로 나에게 길을 밝혀준 많은 저자와 사상가에게도 감사의 뜻을 전하고 싶다.

나에게 탐구하고 또 탐구하며 내적 성찰을 거듭하게 해준 힘든 시기에도 감사하고 싶다. 무엇 하나도 지워내고 싶지 않다.

내가 아직 만나지 못했지만 이 책을 구입함으로써 이 프로젝트에 동참하며 행복 방정식을 찾아가려는 여러분에게도 미리 감사를 전한다. 여러분의 참여가 없다면 '1,000만 명 행복 프로젝트(#10millionhappy)'도 성공할 수 없을 것이다.

끝으로, 알리에게 고맙다는 말을 전하고 싶다. 알리야, 고맙다. 네가 아빠에게 가르쳐준 모든 것, 아빠의 마음을 온통 사로잡은 사랑, 또 아빠에게 이 책을 쓰는 이유를 준 것 등 모든 것에 고맙다고 말하고 싶구나. 사랑한다, 아들아. 아빠가 이곳에서의 역할을 끝내고 우리가 다시 만날 때까지 행복하게 지내렴.

행복의 지름길? 관점을 바꾸라

대통령 선거를 앞두고 후보자들이 난립해 열띤 토론을 벌이고, 사실이나 확인되지 않은 소문에 기반한 폭로가 줄을 잇는다. 이런 와중에 대북 송금에 대한 폭로가 있었고, 방송국과 신문사의 경쟁적인 '팩트 체크'가 뒤따랐다. 때마침 휴가를 맞아 집에서 빈둥대던 사색적인 큰아들이 이른바 언론사들의 팩트 체크가 상충되는 걸 보고는 낄 낄대고 웃으며, 우리 국민이 '팩트'가 무슨 뜻인지 정확히 알았으면 좋겠다고 말한다. 한마디로 언론이 자랑처럼 내세우는 '팩트 체크'에는 편향성이 개입된 것이니 국민이 현혹되지 않기를 바란 것이다. 맞는 말이다. '팩트'는 진실이 아니다. 진실의 한 단면에 불과하다. 영어에서 fact와 face의 어원이 같다는 점을 고려하면 그 차이가 쉽게 이해될 것이다. 구체적인 예를 들면, 아그리파 석고상을 데생하던 때를 생각하면 된다. 아그리파 석고상은 언제나 똑같지만, 그 석고상의 모습은 화가의 위치, 즉 관점에 따라 달라진다.

행복을 찾아가는 길을 모색하는 책에서 '관점'을 말하는 이유는 간단하다. 어떤 현상을 관찰하는 관점은 무수하며, 그 결과가 때로는 가슴을 후벼 파지만 때로는 반대로 서글픈 마음을 다독여줄 수 있기 때문이다. 또한 우리에게 고통을 안겨주는 관점이 전부는 아닌데, 우리의 교만함이 그것을 부정한다. 세상에는 우리가 아는 것보다 모르는 것이 더 많고, 우리가 통제할 수 있는 것보다 통제할 수 없는 것이 더 많다. 하지만 이런 현실을 부정하는 까닭에 위선과 거짓을 반복하며 심리적 고통을 자초한다. 그 결과로 행복은 우리에게서 점점 멀어진다.

그럼 어떻게 해야 행복하게 살 수 있을까? 이 책을 쓴 저자는 구글 X의 신규 사업 개발 총책임자로, 공학자라는 점에서 행복론의 저자로는 어울리지 않는 듯하다. 하지만 어떤 의미에서는 참신한 행복론을 읽게 된다. 저자는 행복 방정식이란 개념을 제시한다. 쉽게 말하면, 좌변의 변수에 적절한 값을 대입해야 우변에서 행복이란 최종적인 답을 얻을 수 있다는 뜻이다. 좌변의 변수에는 저자가 오랫동안 연구한 끝에서 찾아낸 환상과 맹점과 궁극적인 진실이 주어진다. 6가지 환상과 7가지 맹점을 극복하고, 5가지 궁극적인 진실을 받아들일 때 우변에서 행복이란 값을 얻을 수 있다.

전반적으로 저자는 상당히 친절하게 글을 쓴 편이다. 환상과 맹점을 다룬 부분은 이해하는 데 어렵지 않을 것이다. 다만, 궁극적인 진실에서 죽음과 설계를 다룬 항목은 다소 난해하다. 하지만 현대 과학에 대한 지식이 상식적인 수준으로라도 있으면 죽음에 대한 저자의 글이 한층 설득력 있게 와 닿을 것이다. 또한 설계를 다룬 항목은 자칫하면 진화론과 지적 설계론의 대립처럼 읽히지만 수학적 관점에서 마음을 열고 읽는다면 저자가 설계를 주장하는 이유를 조금이나마 이해할 수 있을 것이다.

저자 모 가댓이 말하듯이, 이 책은 사랑하는 아들을 급작스레 잃은 후에 미친 듯이 써 내려가기 시작했고, 그 후에는 온라인에 공개한 초고에 대한 논평을 근거로 보충한 것이다. 따라서 아들을 향한 그리움과 사랑을 곳곳에서 드러내며 개인사적인 냄새를 물씬 풍기지만 보편성을 띠는 내용인 것은 분명하다.

충주에서
강주헌

1장 행복 방정식

1 Ed Diener and Richard Easterlin, "Rising Income and the Subjective Well-Being of Nations," *Journal of Personality and Social Psychology* (2013), https://www.apa.org/pubs/journals/releases/psp-104-2-267.pdf.

2 Andrew J. Oswald, Eugenio Proto, and Daniel Sgroi, "Happiness and Productivity," 워릭대학교 사회과학부, 조사보고서, 2014년 2월 10일, https://www2.warwick.ac.uk/fac/soc/economics/staff/eproto/workingpapers/happinessproductivity.pdf.

3 Malcolm Gladwell, *Outliers: The Story of Success* (Little, Brown, 2008).

2장 6-7-5

1 Mihaly Csikszentmihalyi, *Flow: The Psychology of Optimal Experience* (Harper Perennial Modern Classic, 2008).

3장 머릿속의 작은 목소리

1 Eckhart Tolle, *A New Earth: Awakening to Your Life's Purpose* (Penguin, 2008).

2 Gartner, "Gartner Says 6.4 Billion Connected 'Things' Will Be in Use in 2016, Up 30 Percent from 2015," press release, November 10, 2015, http://www.gartner.com/newsroom/id/3165317.

3 Daniel Kahneman, *Thinking, Fast and Slow* (Farrar, Straus & Giroux, 2013).

4 Bhavin R. Sheth, Simone Sandkühler, and Joydeep Bhattacharya, "Posterior Beta and Anterior Gamma Oscillations Predict Cognitive Insight," *Journal of Cognitive Neuroscience* 21.7 (2009), http://www.mitpressjournals.org/doi/abs/10.1162/jocn.2009.21069#.Van3LhOqpTI.

5 Norman A. S. Farb et al., "Attending to the Present: Mindfulness Meditation Reveals Distinct Neural Modes of Self-Reference," *Social Cognitive and Affective Neuroscience* 2.4 (2007), http://scan.oxford journals.org/content/2/4/313.full.

4장 당신은 누구인가?

1 *The New York Public Library's Science Desk Reference* (Stonesong Press, 1995).

2 Nicholas Wade, "Your Body Is Younger Than You Think," *New York Times*, August 2, 2005, http://www.nytimes.com/2005/08/02/science/your-body-is-younger-than-you-think.html?_r=0.

5장 당신은 무엇을 아는가?

1 Donald Rumsfeld, U.S. Department of Defense news briefing, February 12, 2002, *Wikiquote*, https://en.wikiquote.org/wiki/Donald_Rumsfeld.

7장 휴스턴, 문제가 생겼다

1 Nassim Nicholas Taleb, *The Black Swan: The Impact of the Highly Improbable* (Random House, 2010).

2 '나비 효과'에 대해서는 https://en.wikipedia.org/wiki/Butterfly_effect를 참조할 것.

8장 변화를 모색하는 편이 낫다

1 존 B. 왓슨에 대해서는 https://en.wikipedia.org/wiki/John_B._Watson을 참조할 것.

2 '고통을 견디는 정도'에 대해서는 https://en.wikipedia.org/wiki/Pain_tolerance를 참조할 것.

9장 진실일까?

1 Mihaly Csikszentmihalyi, *Flow: The Psychology of Optimal Experience* (Harper Perennial Modern Classic, 2008).

2 Raj Raghunathan and colleagues, *If You're So Smart, Why Aren't You Happy?* (Portfolio, 2016).

3 Chopra, Deepak, "Why Meditate," *Deepak Chopra*, https://www.deepakchopra.com/blog/article/470/.

4 Roy F. Baumeister, Ellen Bratslavsky, Catrin Finkenauer, and Kathleen D. Vohs, "Bad Is Stronger Than Good," *Review of General Psychology* 5.4 (2001), http://dare.ubvu.vu.nl/bitstream/handle/1871/17432/Baumeister_Review?sequence=2.

5 Felicia Pratto and Oliver P. John, "Automatic Vigilance: The Attention-Grabbing Power of Negative Social Information," *Journal of Personality and Social Psychology* 61.3 (1991), http://people.uncw.edu/hakanr/documents/AutoVigilanceforneg.pdf.

6 David L. Thomas and Ed Diener, "Memory Accuracy in the Recall of Emotions", *Journal of Personality and Social Psychology* 59.2 (1990), http://psycnet.apa.org/psycinfo/1991-00334-001.

7 Tugend, Alina. "Praise Is Fleeting, but Brickbats We Recall," *New York Times*, March 23, 2012. http://www.nytimes.com/2012/03/24/your-money/why-people-remember-negative-events-more-than-positive-ones.html.

8 Rick Hanson, *Just One Thing: Developing a Buddha Brain One Simple Practice at a Time* (New Harbinger Publications, 2011).

9 Christopher Chabris and Daniel Simons, "The Original Selective Attention Task," *The Invisible Gorilla*, http://www.theinvisiblegorilla.com/videos.html.

10 Vilayanur S. Ramachandran and Diane Rogers−Ramachandran, "Extreme Function: Why Our Brains Respond So Intensely to Exaggerated Characteristics, *Scientific American*, July 1, 2010, http://www.scientificamerican.com/article/carried−to−extremes/.

11 Daniel Kahneman, *Thinking, Fast and Slow* (Farrar, Straus & Giroux, 2013).

12 Dan Cray, "How We Confuse Real Risks with Exaggerated Ones," *Time*, November 29, 2006, http://content.time.com/time/health/article/0,8599,1564144,00.html.

13 Shawn Achor, "The happy secret to better work," *TED*, February 2012, www.ted.com/talks/shawn_achor_the_happy_secret_to_better_work.

4부

1 Stanley, Jan B., "Arianna Huffington is Redefining Success," *livehappy*, May 21, 2015, www.livehappy.com/lifestyle/people/arianna_huffington_redefining_success.

10장 지금 여기에서

1 Matt Killingsworth, "Want to be happier? Stay in the moment," *TED*, November 2011, https://www.ted.com/talks/matt_killingsworth_want_to_be_happier_stay_in_the_moment.

11장 진자 운동

1 Robert A. Emmons and Michael E. McCullough, "Counting Blessings versus Burdens: An Experimental Investigation of Gratitude and

Subjective Well-Being in Daily Life," *Journal of Personality and Social Psychology* 84.2 (2003), http://www.stybelpeabody.com/newsite/pdf/gratitude.pdf.

2 "In Praise of Gratitude," Harvard Mental Health Letter, November 2011 을 참조할 것. www.health.harvard.edu/newsletter_article/in-praise-of-gratitude.

12장 사랑, 우리에게 필요한 모든 것

1 Elizabeth W. Dunn, Lara B. Aknin, and Michael I. Norton, "Spending Money on Others Promotes Happiness," *Greater Good*, http://greatergood.berkeley.edu/images/application_uploads/norton-spendingmoney.pdf. 를 참조할 것.

13장 평화롭게 사는 법을 배우라

1 World Health Organization, Global Health Observatory(GHO) Data, http://www.who.int/gho/en/.

2 Peter Saul, "Let's Talk about Dying," *TED*, November 2011, https://www.ted.com/talks/peter_saul_let_s_talk_about_dying?language=en.

3 관찰하는 생명체는 우리 중 한 명일 수도 있었고, 태양계 밖에 존재하는 외계인일 수도 있었다. 그 외계 생명체가 우리 지구와는 다른 고유한 일련의 물리적 법칙들을 창조하지 않았다면, 지구를 창조할 때 다시 똑같은 창조의 어려움을 겪었을 것이고, 우주를 창조하기 시작한 때부터 관찰하는 생명체가 필요했을 것이다. 하지만 그 생명체도 자신의 존재를 관찰하는 다른 생명체가 필요했을 것이며, 이런 관계는 끝없이 이어진다. 그렇지 않으면 그 생명체는 모든 생명체의 설계자가 돼야 한다. 이 문제는 다음 장에서 더 자세히 살펴보기로 하자.

4 Anita Moorjani, "Dying to Be Me!," *TEDx*, December 11, 2013, http://tedxtalks.ted.com/video/Dying-to-be-me-Anita-Moorjani-a.

14장 누가 누구를 만들었나?

1 George Carlin, https://youtube.com/8r-e2NDSTuE.

2 Brian Greene, *The Fabric of the Cosmos: Space, Time, and Texture of Reality* (Vintage, 2005).

3 초당 문장 (*S*)= (9 *words* / 220 *words/minute*)*60 *seconds/minute*.

4 끝내는 데 걸리는 햇수 (*Y*)=(*C*)×(*S*)/(60*60*24*365) *seconds/year*. 가능한 배열의 수 (*C*)=27 *possibilities*^56 *positions*.

5 지구 나이의 배수=(*Y*)/4.5*10^9 *years*.

6 《전쟁과 평화》를 무작위로 쓰는 시도=27 *possibilities*^(580,000 *words*＊6 *letters/word*).

7 제때 끝내기 위해 필요한 타이핑 속도=(*C*)*9 *words/sentence* / (60*24*365) *minutes/year*＊4.5*10^9 *years*.

8 World Registry of Marine Species, http://www.marinespecies.org/.

9 Camilo Mora et al., "How Many Species Are There on Earth and in the Ocean?," *PLOS Biology*, August 23, 2011, http://journals.plos.org/plosbiology/article?id=10.1371/journal.pbio.1001127.

10 인구의 배수 (*M*)=(*C*) / 7*10^9 *humans*.

11 제곱미터당 유골=(*M*) / 1.49*10^14 육지 면적

12 매달 창조돼야 하는 인간의 수=(*C*) / 2 *million years* / 12 *months*.

13 George Sylvester Viereck, *Glimpses of the Great* (Macaulay, 1930), http://www.thinknice.com/albert-einstein-quotes/.

에필로그

1 Elisabeth Kübler-Ross, *On Grief and Grieving, Finding the Meaning of Grief Through Five Stages of Loss* (Scribner, 2007).

2 Jonathan Coulton, "Still Alive," YouTube, https://www.youtube.com/watch?v=Y6ljFaKRTrI&spfreload=10.

SOLVE FOR HAPPY

옮긴이 강주헌

한국외국어대학교 불어과를 졸업하고, 같은 대학교 대학원에서 석사 및 박사 학위를 받았다. 프랑스 브장송대학교에서 수학한 후 한국외국어대학교와 건국대학교 등에서 언어학을 강의했으며, 2003년 '올해의 출판인 특별상'을 수상했다. 현재 전문 번역가로 활동하고 있으며, 뛰어난 영어와 불어 번역으로 정평이 나 있다. '펍헙(PubHub) 번역 그룹'을 설립해 후진 양성에도 힘쓰고 있다. 《습관의 힘》《어제까지의 세계》《문명의 붕괴》《생각의 해부》《우리는 어떻게 여기까지 왔을까》 등 100여 권이 넘는 책을 우리글로 옮겼다.

구글X 공학자가 찾은 삶과 죽음 너머 진실

행복을 풀다

제1판 1쇄 발행 | 2017년 6월 22일
제1판 8쇄 발행 | 2022년 5월 4일

지은이 | 모 가댓
옮긴이 | 강주헌
펴낸이 | 오형규
펴낸곳 | 한국경제신문 한경BP

주소 | 서울특별시 중구 청파로 463
기획출판팀 | 02-3604-553~6
영업마케팅팀 | 02-3604-595, 583   FAX | 02-3604-599
H | http://bp.hankyung.com   E | bp@hankyung.com
T | @hankbp   F | www.facebook.com/hankyungbp
등록 | 제 2-315(1967. 5. 15)

ISBN 978-89-475-4214-2   03320